周易全书

郑红峰 主编

〔第二卷〕

光明日报出版社

䷊ 地天泰

泰字，从大，从水。形以两手决水，取水从中分，流通无滞，水去而民得安居也。自昔中土，大禹治水，疏通九河，则土壤，教稼穑，奠厥民居，斯地平天成，而万民得生活于其间，永享泰平之福，是泰之义也。此卦坤上乾下，坤阴也，乾阳也，是天地合气，阴阳爻和，资生资始，而民物咸亨，故名此卦曰泰。

泰：小往大来，吉亨。

《彖传》曰：泰，小往大来，吉亨，则是天地交而万物通也，上下交而其志同也。内阳而外阴，内健而外顺，内君子而外小人。君子道长，小人道消也。

此卦乾天在下，坤地在上，就天地之形体言之，上下颠倒，如不得其义。然此卦所取，不在形而在气。乾为天之气，坤为地之精，天地之形，高卑隔绝，以气相交，乾气上腾，坤气下降，二气来往，能成雨泽，雨泽成而万物生育，因名此卦曰泰。泰者，通也，又安也，宽也，如《彖传》所言也。

以此卦拟人事，乾为夫，坤为妻，阴阳交和，定然家室和平安乐。乾阳坤阴，阴阳二气，包括甚广，天地间一物一事，莫不各有阴阳。就人身体而言，气为阳，血为阴，阴阳齐则血气自平；就人起居而言，静为阴，动为阳，阴阳交则动静自定。此卦以乾下坤，似乎阴阳倒置，然《彖传》曰"内阳而外阴"，盖以退阴进阳，重君子而抑小人也。《易》理于阴阳消长，防维甚严。人生涉世，是宜推崇阳刚，抑止阴柔，斯二气各得其正，而万事泰然矣。

以此卦拟国家，政府体天地造化之原理，公明正大，以布人民化育之政。乾者，君也；坤者，臣也。君礼其臣，推诚以任之；臣忠其君，尽诚以事之。圣主得贤臣，以弘功业；贤士得明主，以展才猷。于是万民感其德化，和亲康乐，一道同风，是诚天地交泰之世也，谓之"上下交而其志同"也。以上下二体言之，阳为君子，阴为小人，君子在内，布政施令，小人在外，安分服教，谓之"内君子而外小人"。盖天地之间，有阳即有阴，有君子即有小人。泰和极盛之世，不能无小人，但君子能善化夫小人，小人亦乐从夫君子，两不相害，而其情相通。自我出去者阴之小，自彼入来者阳之大，小人往而各安其生，大人来而乐行其道，是泰道之成也。道有消长，即时有否泰，总括天地阴阳之交，可见世运升降之会。"君子道长，小人道消"，消长之极，正国家治乱之大防也。此卦下三爻为天下治平之时，上三爻为自泰趋否之时，君子当玩味爻辞，深察气运之变迁，维持泰运于不替也。

圣人之序《易》也，以乾坤为始，乾之后凡十有一卦，而后始得泰。盖君之以屯，教之以蒙，养之以需，理之以讼，正之以师，和之以比，约之以小畜，礼之以履，而后始泰。故乾以下十卦，奇数之爻，凡三十；坤以下九卦，偶数之爻，亦三十，而后始得乾坤相交。开泰之运，其难如是，圣人之所以垂诫于后者深矣！

通观此卦，天气下降，地精上升，天地之气相交，始开造化之功。初九，君子得位，拔擢同气之贤者，共立朝廷，以勤劳国事，谓之"拔茅茹以其汇，征吉"。"汇"，类也，盖以同类而并进也。九二有刚健中正之德，为济泰之大臣。"包荒"，谓能包容群才，即所谓"尊贤而容众"是也。然亦一于"包荒"，又必济以果决。"用冯河"取其勇敢，足以任事。"不遐遗"，谓其思虑之诚实，不唯留心于目前，且远及僻偏之域；不唯顾虑于方今，且远图长久之谋。至为国家选择人才，不涉私情，其可进者，虽仇怨而不弃，其不可用者，虽亲近而不举，谓之"朋亡"。九二之行为，公明正大，中正以应尊位，宜六五之信任不疑也，谓之"得尚于中行"。九三居阳之极，其位不中正，且值盛极将衰之时。以卦体见之，天气不能久居下，地气不能久居上，有各将复其本位之象，谓之"无平不陂，无往不复"。夫阴阳之消长，如寒暑之往来，时运使然，无如之何；然天定胜人，人亦足胜天，将陂而预防其陂，将复而预虑其复，克艰其心，贞固其守，尽其人事，以挽天运，是保泰之道也。如此则可永食其福矣。六四以阳居阴，逼近尊位。上三爻皆以虚谦接下，下三爻皆以刚直事上，四当上下之交，故"翩翩"相从，乐与共进，是以不徒富而从邻，不持戒而相孚也。志同道合，正《象传》所谓"上下交而其志同"也。六五温顺之君，虚己而信任九二，降其尊而从臣，有"帝乙归妹"之象焉。用此道而获福祉，则大吉而尽善矣。上六，泰之终，泰极而变，有"城复于隍"之象。当九二九三之时，尽人事之孚，可以维持泰运，然怠其道以至于是，虽天运循环之自然，亦人事之所自招。上六之时，失泰之道，上下睽隔，民情离散，以兵争之，盖乱之时耳，故曰"勿用师，自邑告命"焉。盖将守其城邑，明其政教，以挽天心，拨乱而返正，亦足以保泰之终也。"平"、"陂"、"城"、"隍"，其机甚捷，其象甚危，垂诫深哉！

爻辞，初曰"茅"，地之象。二曰"荒"，曰"河"，亦地之象。三曰"陂"，地之形也，以内卦皆阴，为主坤而客乾也。四曰"富"，曰"实"，五曰"帝乙"，上曰"城"，皆阳之象，外卦皆阳，为主乾而客坤也。客还而主常住，其义可见矣。

《大象》曰：天地交泰，后以财成天地之道，辅相天地之宜，以左右民。

此卦天地二气交通之活象。万物即受天地之化育也，圣人见此象以赞天地之化育，为天地之所不能为。盖天地之生万物，笼统无别，圣人能历象日月星辰，分别分至启闭而成岁功，相度东西南北山川道路，以定城邑，察天之时，辨地之利，春夏耕耘，秋冬收积，无非尽致泰之道也，谓之"裁成天地之道，辅相天地之宜，以左右民"也。人民之生，必赖君上，斯得遂其生成。"裁成"所以制其过，"辅相"所以补其不及也。

（附言）近年卫生之道普及，医学之研究，日益进步，种痘之法盛行，生民免夭折之患，皆足以燮理阴阳，参赞化育也。欧罗巴诸国，以土地之硗瘠，人畜之繁殖，众民生活之艰难，创举移民之略，还殖人民于南北亚米利加、亚弗利加、濠斯太剌利亚及亚细亚诸岛，维日不足。即如我国以土地与人口比较，统计前后数年，每年得四十万口之增加，生活不告不足者，抑有故也。我国之土地膏腴，全国中得米麦两作之暖地，殆居其半；维新以前，两作之地，不满十分之三，今渐增加，既居十分之七。是以人口虽见增加，而生活有资，故不忧其不足。然由今以往两作之地，所余仅居十分之三，人口增加，岁多一岁，朝野贤士，晏然犹未知预筹，不亦可忧？现今开铁路于北海道，渐次移住凡一千万人口，得减内地人民增加之半数，五十年间，犹可保国家之安泰也。其间当设殖民之地于海外各邦，以计国家永远策，谓之"左右民"。

【占】问国家气运：正当君明臣良，黎民安泰，是全盛之时也。然盛之极即衰之渐，否泰在天，回挽在人，所当深虑，家道亦然。

　　○问谋事：事必可成，后败须防。

　　○问婚嫁：阴阳合体，大吉之象。

　　○问商业：买卖均吉，然卖出利微，买入者利大，其象于"小往大来"见之。

　　○问年成：雨水调和，丰登之象。

　　○问六甲：有男女孪生之象。

　　○问失物：须就左右近处寻觅，自见。

初九：拔茅茹以其汇，征吉。

　　《象传》曰：拔茅征吉，志在外也。

　　"茹"者，草根牵连之貌。"拔茅茹"者，谓拔茅之一根，其牵连者与之皆拔也。此爻具刚明之才德而居下，六四之大臣，阴阳相应，是在野之贤才，为大臣所荐举者也。以三阳同体，一阳进而众阳共进，犹拔一茅而其茹连类而起也，故设其象曰"拔茅茹"。自古君子得位，则贤士萃于朝廷，同心协力，以成天下之泰；小人在位，则不肖者立进，以启天下之乱，是各从其类也。今初九之"拔茅"，能引荐九二九、三之贤士，相共并进，故曰"以其汇"。"汇"者，类也。初九为泰之始，得其正位，克履怀德之道，是以吉也，故曰"征吉"。《象》曰"来"者，谓天气之下降；爻曰"征"者，谓君子之上进。卦以气交，自上而降；爻以位升，自下而升。凡君子之学道也，修之于身，以待其时，居天下之广阔，立天下之正位，行天下之大道，欲使其君为尧舜之君，使其民为尧舜之民，是学者之夙愿也。然天命不佑，不得其志，曲肱饮水，独居陋巷，是独善其身也。然其心要未尝一日忘天下也。《象传》"志在外也"者，谓初九贤士，身虽在下，志在泽民。"外"者，指天下国家也。此爻变则全卦为升，升初六之辞曰"允升，大吉"，可以卜贤者之升进也。

　　【占】　问时运：有因人成事之象。

　　○问家宅：有家室团圆，人口平安之吉。

　　○问营商：得主伙合志，货财汇萃之象。

　　○问功名：有逐渐升迁之喜。

　　○问战征：以进攻获胜。

　　○问失物：宜于丛草处寻觅。

　　○问六甲：初胎者生女，三四胎则男。

　　【占例】　明治二年，某藩士氏来，请占从事商业之可否，筮得泰之升。

　　爻辞曰："初九：拔茅茹以其汇，征吉。"

　　断曰：此卦其象为天气彻微地下，地气升腾天上。以人事言之，是彼我相合，上下相通之会也，故谓之泰。今得初爻，其辞曰"拔茅茹"，夫茅之为物，其茎虽分生，其根则相连。想足下旧交，必有奉职宦途者，就其人而谋仕途，事可必成。余观足下之貌，适于为官，不适于为商。余据《易》理断之，知足下之人品才力，宜从友人而谋进身也。

　　后此人果从事仕官，渐得升迁。

九二：包荒，用冯河，不遐遗，朋亡，得尚于中行。

《象传》曰：包荒，得尚于中行，以光大也。

"荒"，如洪荒之荒，又兼荒野之义。"包"者，容也"冯河"者，徒涉也。"不遐遗"者，不忘远也。"朋亡"者，犹坤为地之"丧朋"也。"中行"，犹曰中道也。此爻具刚明之才，秉中正之德，与六五之君，阴阳正应，匡王佐霸，是有猷有为之荩臣也。盖其雍容大度，能包容荒远之细民，抚育教诲，使无一夫不得其所；且有冯河之果断，不流文弱，故曰"包荒"、"用冯河"。自来圣贤之心无弃物，非包荒不足示天地之慈祥，非冯河不能发天地之威怒，雨露雷霆，宽严兼济，而又不弃幽遐，不私习近。九二能体此刚中之德，光明正大，符合中道，故曰"不遐遗，朋亡，得尚于中行"。治泰之道，有此四者，所谓宽则得众，信则民任，敏则有功，公则众悦，诚不失中行之德也。而其要首在于宽，故《象传》统举"包荒"二字以括之，谓其得配中行，以光大也。旨深哉！

为活用占筮，姑就开拓之事而言之。"包荒"者，谓荒野也。"用冯河"者，谓开垦荒地，诱导无业贫民，开道架桥，以从公役。"不遐遗"者，谓极至深山幽僻之地，越险犯阻，而开拓之也。"朋亡，得尚于中行"者，谓无朋比之私，率众而举事，得天下之爱敬者是也。盖"包荒"，仁也；"冯河"，勇也；"不遐遗"，智也；"朋亡"，公也。备此四德治天下，尚有余力，若夫有包容而无断制，则非刚柔相济之才也。不遗遐远，而或阿私党类，则偏重而失公正之体。故必包容荒秽，而又果断刚决；不遗遐远，而又不私昵朋比，则不忘远，不狙迩，是合于中道者也。《象传》"以光大也"者，谓胸次宽阔，有容人之量。"光"则其明足以有照也，"大"则其器足以有容也。

【占】问时运：目下正当功名显达之时，可以远游海外，创兴事业。

○问仕途：有奉使远行，或从事军征之兆，均获吉也。

○问商业：利在行商，贩运外物。

○问失物：定坠落水中，恐难寻得。

○问疾病：不吉。

○问家宅：用人宜宽，处事宜决，不可专信仆从，致损家业。

○问战征：有怀柔远人，征伐不庭，疆宇日辟之势。

○问六甲：生男。

【占例】东京友人某氏，在常陆欲开垦沼地，请占吉凶。筮得泰之明夷。

爻辞曰："九二：包荒，用冯河，不遐遗，朋亡，得尚于中行。"断曰：泰古字，像人以左右手决大水之形。凡洲泽之地，由大雨骤降，山岳砂土，冲激崩坠，随流壅积而成，其中低所，或为湖水，或为沼陂。足下今欲开垦沼地，其有利益于社会，以助国家之经济，可知也。爻辞"拔茅茹"者，谓芟除芜草，播种五谷，开垦之好结果也。又"包荒"，谓买荒地之象；"用冯河"，谓尽力乎沟洫也。盖人有巨多之财产，往往以安乐送世为目的，使子孙可永享素餐，以为上策，而不知此真失策之大者。何则？凡世间富者，不计公益，贫者无由得衣食；贫者不得衣食，必至不顾礼义，败坏廉耻，其极至犯禁令而罹法网，谓之国家乱民，乱民之起，皆由游手坐食而来也。足下能包容此辈，奋发而抛资财，欲为众人开垦沼地，藉以赈济饥寒，其志气操行，光明正大，诚有超绝于朋济者也，故谓"朋亡"。足下之为此事业，利己利人，谓之"尚于中行"，必光大也。友人曰：谨奉命。然余年老，不能亲至其地，监督工业，目今紧要事务，欲余所信任某氏为代理，委以此事，请筮以决之。筮得坤之豫。

爻辞曰："六四：括囊，无咎无誉。"

断曰：此卦全卦纯阴，无一阳爻。《易》之道，阳为尊，阴为贱。今筮得此卦，恐其人为卑贱之小人也。世之皮相者，皆就人之阶级，以别贵贱，余则专论心术。第一不为己谋而为人谋，众人之所喜，己亦喜之，众人之所恶，己亦恶之，其性情之所发，公正而无丝毫之私，是为上。第二，己之所欲，望人亦有之，万事以和衷相济，不任己之自由，是为其次。第三，专顾利欲，不顾亲戚朋友，苟所得利，遑知廉耻，是为最下。此余之平素所持论也。自来上智之人，生性完善，不见异而思迁，谓之贵人；下愚之人，其心残忍卑鄙，偏于不善，谓之贱人。坤之初爻曰，"履霜，坚冰至"，谓争利而至犯上作乱；上爻曰"龙战于野"，谋利而至相争相战，两家俱伤。如委此人以任事，犹售盗以键也，宜括财囊之口而戒于心焉，谓之"括囊，无咎无誉"。此事必当自任，未可委人也。

友人乃从予言。

九三：无平不陂，无往不复，艰贞无咎。勿恤其孚，于食有福。

《象传》曰：无往不复，天地际也。

"无平不陂，无往不复"者，时运变迁之常，犹月满则亏，花开则落。此爻以全卦见之，正当泰运全盛之时，然玩占爻位，为阳穷阴逼，泰之时将终，否之时将至也。凡物中则平，过中必倾，天数人事皆然。泰至九三，天道复其上，地道归其下，君子抚泰运之极，唯当尽人事以挽回天运，是以思患预防，常惕艰危，如是则可以无咎。此爻重刚不中，互卦有震，居健动不止之体，健进一步，即为陂复之象。是乾本上也，坤本下也，下交上，故乾居内而坤在外。乾苟不安于下，必上而迫坤，坤苟不得安于上，必下而夺乾，故曰"无平不陂"。复而不听其复，持其平，守其往，防微杜渐，用保厥终。凡小人欲乘急而入者，君子则弥思其难，小人欲伺隙而攻者，君子则必保其贞。其操心之危如此，则举动措置，必无有过咎也，故曰"艰贞无咎"。夫天下之事，未有不戒惧而能保其终者也，《易》之垂诫，于始终消长之机，最为深切。世运之陂复，犹日月之食也，当食霎时晦冥，过时而复光明，故曰"勿恤其孚，于食有福"。"食"即蚀也。以日月之食喻祸，而以食终而光明喻福。

按六十四卦中，不拘爻之阶级，专以内外卦分时运之转迁者四卦：泰、否、既济、未济是也。此卦以内卦三阳，为泰中之泰，以外卦三阴，为泰中之否。盖以阳为有余，为实，为富，阴为不足，为虚，为贫。九三居内卦之极，遇六四而当乾坤二体之会，为泰中之泰将终；六四居外卦之始，为泰中之否将来。故于三四两爻，示时运之转变。《象传》曰"天地际也"者，"际"即交际之际，是阴阳之两交接也。

【占】问时运：谨慎者昌，逸欲者败，最宜留意。

　　○问商业：现虽失意，后必大利。

　　○问战征：须防敌兵埋伏，宜固守，不宜进攻。

○问失物：不久即得。

○问生产：虽危无咎，必生福泽之儿。

○问家业：宜谨守先业，可以永保富也。

○问疾病：少者无咎，老者大限有阻。

【占例】 明治十八年，奉故三条相公之命，占公气运于滨离宫，筮得泰之大壮。此时陪从者，为武者小路君、福泽重香君两氏。

爻辞曰："九三：无平不陂，无往不复，艰贞无咎。勿恤其孚，于食有福。"

断曰：此卦太阳之火气，透彻地下，地精为之蒸发，天地之精气相交，万物发育，国家安泰之象也。拟之国家，政府之恩惠，透彻下民，下民之情志，上达政府，君能信任臣，臣能服从君，故曰泰。然泰之极，变而为否，是阴阳消长，自然推移之运也，故有自泰趋否之时，又有自否趋泰之时。此卦内卦三阳，泰平最盛；外卦三阴，自泰趋否。今筮得三爻，第三爻内卦之极，泰中之泰既去，将移外卦之阴，将转入泰中之否也，故爻辞曰，平者无不遂陂，往者无不复返，喻时运变迁之义。在时运使然，原非人力所能争；然保其固然，防其未然，惕以艰危，矢以贞诚，人定亦可胜天，故谓之"艰贞无咎，勿恤其孚，于食有福"。阁下声名显赫，勋业崇隆，可媲尹周，小心翼翼，持盈保泰，自有鬼神默相呵护也，故《象传》曰"天地际也"。

后相公解显职，就内大臣之闲位，永矢尽诚，克光辅翼之业。

六四：翩翩不富，以其邻，不戒以孚。

《象传》曰：翩翩不富，皆失实也。不戒以孚，中心愿也。

"翩翩"者鸟刷羽之貌。"邻"者，指六五上六而言。此爻在泰之时，上与二阴在外卦，皆与下应。阴柔之质，宜在下位，今居上体，志不自安，故上三爻相连，同欲下行，是上者以谦虚接下，不待告诚而自信孚，谓之"翩翩不富，以其邻，不诫以孚"。"不富"者，阴虚之象。此爻是运过中，泰将转否，为小人合志，谋害正道之时，君子所当戒也。五上皆阴，不富识量，故《象传》曰"翩翩不富，皆失实也"。"皆"者，指坤之三阴；"实"者，指阳爻。阴之从阳，犹贫之依富，今三阴在外，失所依也。然当泰之时，阴气上升，阳气下降，上下不相疑，兴国利，植民福，谓之"不诫以孚，中心愿也"。

【占】 问时运：喜得朋友同心相孚，诸事可谋。

○问商业：外则场面甚好，内实空虚，全赖同业相助，可以成事。

○问战征：粮饷缺乏，当劫掠敌粮，以供军需。众心坚固，有胜无败。

○问家业：本一富家，目下外强内弱，幸亲戚邻里，皆得有无相通，不忧匮乏。

○问失物：主遗落比邻之家，问之即得。

【占例】 东京豪商某氏甲干某来，告曰：维新以来，商况大变，主家遂赴衰运，欲建维持之策，不得方向，如何而可？请筮一卦。筮得泰之大壮。

爻辞曰："六四：翩翩不富，以其邻，不诫以孚。"

断曰：此卦天气下降，地精上升，上下安泰，共守旧规而耽安乐，无事之时也。足下今所占问，无论主人及经理伙友，皆唯知株守旧法，依向来之规则，不知随时而变迁。近今宇内各国通商，商业亦随而更新。彼家信用旧人，不诸新法，又不雇用能才，于是商业日居人后，将数代之积产，遂至艰于接续。泰之四爻，泰既过半，将渐入衰运，正合彼家之运也。此时欲谋立维持之策，想旧时伙友，不富于经验，宜代以适任之人，委之事权。使众人投票推荐，以定其人，悉从其指挥。旧时伙友，亦不宜恋恋旧态，勤勉从事新业可也，谓之"翩翩不富，以其邻，不诫以孚"。如此则彼家之衰运，尚可得而维持也。

某氏从余言，奋然改革其家风，至仓监辈，使之投票推荐，果得适任之人。其家至今益致繁盛。

六五：帝乙归妹，以祉元吉。

《象传》曰：以祉元吉，中以行愿也。

"帝乙"者，殷纣之父也。此爻柔而居尊位，下与九二之刚，阴阳正应，恭己无为，虚心下贤，是当位之君，开太平之治者也。九二成卦之主，辅弼六五之君，以成乃治，故引"帝乙归妹"，下嫁从夫，以喻圣君虚己，下礼贤臣，开国承家，永保福祉，故曰"帝乙归妹，以祉元吉"。"元吉"者，谓大吉而尽善者，即所以成治泰之功也。夫帝女之归也，非求胜其夫，将以祉之；坤之复下也，非欲侵乾，将以辅之，《象传》曰："上下交而其志同"者是也。又互卦有归妹，故与归妹之六五，爻辞相同。《象传》曰"中以行愿也"者，当泰之时，君虑泰极变否，谨慎恐惧，所愿保持之终，永享至治之福，是所谓"中以行愿也"。

【占】 问时运：目下亨通，宜谦虚柔顺，万事皆吉。
○问商业：宜贸达海外。吉。
○问家宅：得内助之贤。
○问婚嫁：宜远嫁远娶，吉。
○问六甲：主生贵女。
○问疾病：必得神佑，吉。
○问失物：拾者必自来归还。

【占例】 有相识豪富某来，请占家政气运，筮得泰之需。
爻辞曰："六五：帝乙归妹，以祉元吉。"
断曰：此卦上下通气之象，主从相应，家政安泰之时也。今筮得第五爻，尊府之财产，相承旧业，足下性质良善，家教完全。但于方今之时势，未免碍于通达。今得第二爻为之经理，能负担一切事务，忠实可靠，故家政整理，商运益盛。然旧时伙友，不免有阴相嫉妒，潜生谗毁者。好在二爻经理人，能如新婚之妇，柔顺相从，谗毁自消，得以十分尽力，克保其家，谓之"帝乙归妹，以祉元吉"。

上六：城复于隍。勿用师，自邑告命。贞吝。

《象传》曰：城复于隍，其命乱也。

"隍"者，城壕也，无水为隍，有水为池。"城"者，筑土所成，隍者辟土所成。"城复于隍"，谓其高城崩而复旧隍也。"自邑告命"，谓从下邑发命令，而告上国也。此爻泰之终，将转而为否，其象取阴弱之君，不能制阳刚之臣，而以时运之变革为辞，以示盛衰消长之机，曰"城复于隍"。当时运既衰，天命将革，君倦于政，臣工于谗，取民无制，贿赂公行，其极必起逆乱。且军旅之要，以人和为主，上六之时，世运方否，，人心不和，犹冰炭之不相容也，若以兵争之，成败难知。且城已坏而不修，岂可据此以战斗乎？故戒之曰"勿用师"。至是而君德既衰，威权尽废，武功不可用，惟返而修文，远略不可图，惟退而治近，故曰"自邑告命"。盖固守城邑，明示政教，如孟子所谓效死勿去，冀得民心，以挽天运也。"贞吝"者，圣人谓其不告命于未否之前，而告命于将否之际，借已晚矣，虽正犹可羞也，故曰"贞吝"。《象传》曰"其命乱也"者，是上下俱乱也。彼守成之君，生长深宫之中，与妇寺为伍，虽有师传，多非正士。君则骄奢淫佚，臣则阿谀逢迎，无所不至，于是下情抑郁，不通于上，君泽涸滞，不流于下，鬼蜮奸贼，惑乱其间，终至人心离散，国家倾覆，是之谓，"其命乱也"。

【占】问时运：目下气运颠倒，宜谨慎自守，须防小人播弄。
〇问商业：宜就小做，以待时运。
〇问战征：攻夺城地，必胜。
〇问家宅：防有颠覆破败，宜牢稳守业。
〇问生产：生女。
〇问失物：恐难复得。

䷋ 天地否

否字从不，从口。不者弗也，弗与荓通。荓者，车后之蔽障。以荓蔽口，呼吸蔽塞之会意。医书"心下痞硬"之痞亦同，即取此义也。

否之匪人，不利君子贞。大往小来。

《象传》曰：否之匪人，不利君子贞，大往小来，则是天地不交而万物不通也，上下不交而天下无邦也。内阴而外阳，内柔而外刚，内小人而外君子。小人道长，君子道消也。

此卦乾天在上，坤地在下，自天地实体见之，在上在下，位置自然得宜。然此卦所取，不在形而在气，谓天气不降，地精不升，阴阳呼吸，否塞不通之象，名之曰否。盖天地阴阳之气，不相交通，虽造化亦无能作用。其交通不正，以致上下否塞，数十百年中，时或有之。尝闻天明年中，夏大旱，太阳之色，赤如丹砂，五谷不登，天下饥懂，即天气不降，地精不升。否之时也。否字分之为不口，即谓凶荒，万民不得口食也。《象传》曰，"天地不交而万物不通也"。泰否二卦，《象传》始用"则是"二字，犹曰其故不过如是，非有他故也。

以此卦拟人事，凡一家之中，上卦为父兄，下卦为子弟，父兄过于刚猛，于弟过于愚柔，上下性情不合，以致动辄相左，百事乖张，往来悉是奸邪，仆妾敢行背逆，或凭空而启狱讼，或无故而陷飞灾，钱财耗损，声名破裂，家道之日替，实由时运之否而来也。推否运之极，年时则风雨不调，疾病则胸隔不通，经商则有货难销，求名则历试被黜，虽有善者，亦无如何也，故曰"不利君子贞"。君子亦唯顺守其变，以避患而已。故当初爻，君子唯连类而退，汇守其贞。二爻唯以道自处，不肯屈己从人。三爻则以尸位素餐为羞。四爻则否极泰来，方可乘时而动。五爻否已将止，又惕"其亡"之诫。上爻则"否倾"矣，故曰"后喜"。处否之难如此，苟一不慎，祸必随之，是所谓"小人道长，君子道消"之时也。凡人值此否运，终当守道安命，以俟时运之亨，斯不失为君子也。

以此卦拟国家，乾在上，坤在下，阳气上浮而不降，阴气下沉而不升，上下二气隔绝，是君臣之志不通也。小人柄政而在内，君子退居而在外，一时乘时得势者，皆非君子也，故曰"匪人"。国家值此否运，君骄臣谄，国事日非，正道日坏，内则权臣擅政，外则强敌压境，岁时不登，而饥馑洊臻，兵役不息，而疆土日蹙，故曰"天地不交而万物不通，上下不交而天下无邦"。国家将奚由得治哉！此时君子唯居《易》俟命，独善其身，所谓邦无道则隐，故曰"不利君子贞"。小人则洋洋得意，诡计百出，其巧者或将内挟奸邪，外托正真，掩其不善，以著其善，谓之"内阴而外阳，内柔而外刚"。又或收罗君子，以张羽翼，如王莽之礼贤下士，藉以文奸，即二爻之"包承"是也。是以小人日进，君子日退，谓之"小人道长，君子道消"也。"道"字中，包括天之阴阳，地之刚柔，国家之治乱，内外之处置，进退得失，其义甚广，所以明否之运，皆由阴阳不交和而来。《易》之系辞，泰则归之于天，否则责之于人，故泰之《大象》曰"财成辅相"，不敢贪天功，否之《大象》曰，"君子以俭德辟难，不可荣以禄"，圣人垂诫之意，可谓深也。

通观此卦，下三爻者否之时，为小人用事，上三爻者否运已极，为趋泰之渐。初六虽小人并进之时，亦未尝无君子，君上亦未尝不求士也。在下之君子，不忍忘君，见可进而进，故曰"贞吉"。六二，当否之时，君子固当退避，然或有枉道行权，屈身济世，如汉陈平之于诸吕，唐狄仁杰之于诸武。亦足以救否也，故曰"包承"。又"包"者，苞也；"包承"者，受苞苴也。君子处浊世，往往独立廉介之节，为小人所畏忌，不啻不能保身，且不利于国家，故有姑受小人之苞苴，以晦清节也。是随流扬波之士，谓之"包承"。又有痛恨小人，而欲去之，因势有不可，姑以利啗之，以潜消其凶焰，即枉道行权之计，亦谓之"包承"。在小人而能"包承"君子，是小人中之君子也；君子受小人所"包承"，是君子中之小人也。大人当否，必不受其包，故亨。六三，小人之尤者，本欲伤害君子，尚蓄而未发，今感君子之德，内省而羞耻，故曰"包羞"盖君子遇凶顽，使之畏，不如使之耻。九四，当阳来之初，为转泰之渐，上近九五，君子见泰机之已动，方将出而济否，故曰"有命无咎，志行也"。九五，明君在上，从容而休否，即中兴之君也，故曰"休否"。上九，否运倾消，已及泰来之时，故曰"倾否"。"休否"之后，又恐其正之复陷于邪，治之复入于乱，故有"系于苞桑"之戒。夫天地以好生为德，圣人以思治为心。人君而知此，必思所以杜祸患之端；人臣而知此，必思所以严邪正之辨；小人而知此，当亦知所以变也。

此卦泰之反，而次于泰，盖人情安乐，则生骄情，骄情则生凶咎，是自然之势也。故《序卦传》曰："泰者，通也，物不可以终通，故受之以否。"然人能畏天命，应时而守中庸之道，纵令时运之否，可使转而趋泰。故否而泰，保泰而期其不否者，君子之心也；泰而否，任否而不期复泰者，小人之心也。此卦天气归地，隔塞而为否，否运之来，虽为天运之使然，而君子不敢委之于天，必欲尽其道以济其否。盖泰卦先言往来，以时而言；否卦先言"匪人"，属人而言。泰者时为之，否者人为之。益知天道未尝不欲长泰，人实为之。谓之何哉？唯君子为能以人胜天，故天与人常相因者也。

《大象》曰：天地不交，否，君子以俭德辟难，不可荣以禄。

"天地不交"，即阴阳二气闭息之会也。此时君臣乖睽，上下离叛，内政不修，外乱交迫，是无道之极也。所谓"天地闭而贤人隐"，君子于此，惟当潜身修德，隐居避禄而已。若犹萦情利禄，恐禄之所在，祸即随之，至此而始欲避难，已不及也。是以君子必韬光匿彩，穷约自守，避之唯恐不远，即有以禄来"包承者"，君子亦不受其包，盖唯知以德为荣，而不知以禄为荣也。

【占】问时运：目下诸事不利，宜慎守，不宜妄动。

○问营商：宜买入，不宜卖出。隐藏待价，后可获利。

○问战征：不利攻，宜退守。

○问家业：惟宜克俭克勤，方可免祸。

○问疾病：是痞隔之症，宜节饮食。

○问生产：恐生男不育。

○问失物：恐不可复得。

○问婚嫁：有分离之象。

○问谋事：不成。

初六：拔茅茹以其汇，贞吉亨。

《象传》曰：拔茅贞吉，志在君也。

"拔茅茹以其汇"，解见泰初九下。此卦与泰卦虽同，而别分内外。以气运变迁言之。下卦坤，为否中之否，上卦乾，为否中之泰。此内卦之三阴相连，犹泰内卦之三阳相连，故初爻之辞，与泰初爻同。唯此爻以阴柔之小人，三阴相连，一阴起则众阴并起，例如大奸得志，群奸竞进，谓之"拔茅茹以其汇"。初之时，小人恶迹未形，且与四相应，尚有改而为君子之意，故圣人不虑绝之，而教之以贞，如能祛邪从正，以道匡时，固可得吉而亨也。《象传》曰"拔茅贞吉，志在君也"，谓小人初时得位，亦未尝无忠君爱国之心，苟与君子并进，能从君子之道，即可为君子也，较之只知有身，而不知有君异矣。

【占】问时运：吉，宜以合伙谋事。

○问营商：于新立商业，用人宜慎。

○问战征，当牵左右营，合队并进。吉。

○问家宅：主有亲戚同居，吉。

○问疾病：恐患传染之症，然无害也。

○问六甲：生女。

○问失物：可得。

六二：包承。小人吉，大人否亨。

《象传》曰：大人否亨，不乱群也。

"包承"者，谓承顺于上，下顺上，臣承君，阴为阳所包之义。"小人"，皆指占者德位，及事之大小而言。夫为臣者不一，有事人君者，有安社稷者，有天民者，有大人者，如六二则事其君而为容悦者也。此爻柔顺中正，上应九五，小人之巧者，包承容悦，以得其君之宠幸，爵禄之崇，赐予之丰，可为吉矣。然阴柔不才，当否之时，无开通闭塞，拨除骚乱之力，但与上下二阴，为阳所包。以其能包容君子，礼贤下士，藉作攀援，较与嫉正妒贤，残害君子者，固有间焉，故曰"包承，小人吉"。而在大人，则唯固守其否，穷居乐道，必不肯委曲以效其承，其身虽否，道自亨也。盖志高品洁，断不随流扬波，混入于小人之群，故《象传》曰"不乱群也"。盖可见君子处否，不失其道也。

【占】问时运：目下顺适，能以宽容待人，万事皆吉。
○问商业：买卖皆利。
○问讼事：防有贿赂伪造等弊，始审或不利，上控则吉。
○问家宅：家口平安，年老家长，或恐有疾，亦无害也。
○问战征：必可获胜，主将或有小害。
○问失物：须就包裹内见之，必得。
○问生产：得女，产母有疾，无妨。

【占例】明治二十二年春，亲友某氏，访余山庄，某氏系卖蚕丝为业。曰：今年横滨丝价大昂，势必随日腾贵，欲归吾乡奥州，多请办之，占一大利，请占其得失。筮得否之讼。

爻辞曰："六二：包承。小人吉，大人否亨。"

断曰：此卦天升而在上，地降而在下，拟之物价，有高低悬隔之象。《象》辞曰"大往小来"，明明言去出之金大，而收人之利小也。据此占，则有损无利必矣。在足下以生丝为商业，际此时机，固未可袖手旁观，当授一有盈无亏之计。爻辞曰"包承，小人吉，大人否亨"，吾劝足下归于奥州，买卖生丝。可效牙保之行，今日所买，即今日卖之，获利虽微，保无亏耗，万不可作一抛万金之想。所谓"包承，小人吉"者，盖明言小利则吉也，若必以巨万购买，恐货方买入，而时价低落，且各处蚕丝贩集，货多价跌，恐后日价亦未必再腾也，谓之"大人否"。

后某氏趋福岛地方，从事生丝卖买。一时丝市腾贵，人皆争购；未几，价忽低落，买者均多损失。氏独信此占，斯不亏本，且得微利。

六三：包羞。

《象传》曰：包羞，位不当也。

羞者，耻其非之谓也；"包羞"者，掩蔽羞辱也。此爻居内卦阴之极，为恶既深，既昧于审时，又短于量己。今否中之否既去，否中之泰将来，有为之士，出而图治，施其才力，正宜拨乱反正，以济国家之否也。乃六三阴柔无才，不中正而在阳位，较六二更为凶险。六二尚欲包承君子，六三则已有伤害善人之意。但当否运已转，恶势已衰，欲伤不能，见得君子，反觉自形羞耻，是以曲意掩饰，谓之"包羞"。内羞而外包，其中心之凶险，未可测矣。不言凶者。其既知羞，当必自知其凶也。《象传》曰"位不当也"者，谓其不中不正，柔居阳位，不得其当也。

【占】　问时运：目下正当好运将来之际，宜谨慎自守，以避羞辱。

○问商业：防内中暗有耗失，外面仍然瞒盖，以用人不当也。

○问家宅：恐内行不修，有墙茨之羞。又不宜以妾作妻。

○问战征：防为敌军所困。

○问疾病：防以寒包热之症，恐药不对症，宜急看良医。

○问讼事：恐辨护士，不得其当。

○问失物：防窃者含羞自尽，反致多事。

○问行人：防其人恋女色，一时未归。

【占例】　明治中兴以来，迄今二十有余年矣，文运大兴，学者彬彬辈出。而其学贯汉欧，识彻古今，受博士之宠敬，为一世士君子之楷模者，独有我敬宇先生而已。先生讳正直，幼字曰敬助，姓中村。父某豆州宇佐美村人，以农为业，弱冠好学，来江户，其后纳娶武州幸手驿农之女。居数年，患无子，祈小石川中天神祠，遂举一男，即先生也。先生天资慧敏，甫三岁，能作字，七岁善赋诗。当时贤太守德川齐昭（水户藩主）、岛津齐彬（广岛藩主）、锅岛齐正（佐贺藩主）皆闻其早慧，奇之，召见使之赋诗，诗成，声律整齐，句意俱佳。三侯感叹不措，或疑其父预所教，留之旬日，复试以他题，愈出愈佳，三侯益奇之，敬以神童。稍长，入昌平学校，勤勉超越侪辈，学业益进，未几为助教。年二十二，幕府命列布衣格，诸老辈无不钦羡者。及幕府与外国缔结条约，置蕃书调所，以先生为其头取。既而先生奉命，率生徒隽秀者数十人趋欧洲，未及归，国势一变。王室中兴。先生既归，卜居于静冈县下，著《西国立志编》，公之于世，盖先生口自翻译，夫人某氏笔之云。凡先生所翻译之书，世人争购读之，纸价为贵，先生因是得巨利。先生谓此资，由学而所获，复宜用之于学事，乃设同人社，大聚后进，延师教授，受其熏陶而辈出者，不可指数。初余闻先生名，渴思一见，明治十二年，由栗本锄云、向山黄村两氏为介，始得相识。先生温粹端严，一见而知为德行之君子也。余既缔交先生，意气投合，恍如旧识，与之谈《易》，数日不倦。余窃重先生以为益友，每相见，欢然莫逆，十数年如一日。明治二十四年，余漫游京摄，留数十日而归。时既夜，有忽赍急信者，受而见之，为先生之息一吉氏书翰，报先生之疾笃。余惊叹心动，一夕不能寐，翌日早起，直访其庐。时先生患中风，困卧褥中，见余之至，欣然目迎，如有欲言，然舌端涩缩，不能出口，仰出右手，书卜字而示。余知其意，筮得否之遁。

爻辞曰："六三：包羞。"

断曰：此卦内卦为地沉下，外卦为天腾上，是心魂归天，形体归地，即心身相离之象。且否之为字，从不，从口，为口不能言，是气息将绝之时也。今六三在上下之境，变则为遁，是先生将避俗世而超升仙界也。九四为翌日之未来者，其辞曰"有命无咎，畴离祉"，"有命"者，即所谓死生有命也；曰"无咎，畴离祉"者，行将逍遥极乐，永享天神之福祉矣。变而为观，观者祭祀之卦也，先生殁后，世人追慕其德而祭祀之。

据占，已知先生翌日将殁，乃书否之六三示之。先生固知《易》理，一见首肯而瞑目，其状盖自知天命，顺受其正。翌日果溘然仙逝，乃以神祭葬之云。

呜呼！君子视死如归，余于先生见之。

九四：有命无咎，畴离祉。

《象传》曰：有命无咎，志行也。

"命"者，天命也；"畴"者，类也。"畴离祉"者，谓三阳同类而共受福也。此爻上近至尊，有济否之才，居济否之位，若不待君命而举事，急于图功，虽济亦不能无咎。要必奉五之命令，斯名正言顺，才力足以除奸，威权一归于上，故曰"有命无咎"。迨事平论赏，固不独为一己之功，凡与谋诸贤，皆得并受福祉，故曰"畴离祉"。"离"者，丽也；"畴"者，谓同类济否之三阳也。夙具济否之志，向以未得其时，故未行也；今则上奉君命，进而举事，乃得行其夙志，而克奏济否之功也。

【占】 问时运：目下已得盛运，随意谋事，必获利益。

○问商业：大得转机，但须立定意志，审度市面，从前所失，今可复得，且获盈余。

○问家宅：宅运已转，吉。

○问战征：命将出征，大吉。

○问疾病：命根牢固，无害。

○问失物：必夹入在用品物中，寻之即得。

【占例】 秋田县人根本通明氏，近世之鸿儒，长于经学，尤精《易》义，博学洽闻，有名当世，余素相亲密。曩者余欲著《易断》，相与商榷，曰：君邃古《易》，于先圣古哲之说，无不究其精奥，请君著《易》义，余述自得之活断，共公示世。氏大喜，奈氏虽有此意，懒于执笔，余屡促之，未尝从事。余乃转计曰：君精《易》学，世人所共知，好《易》者必叩君之门，当今有精《易》学而长文才者，请介绍之。氏乃以齐藤真男告。此人旧佐仓藩士，久奉职于滋贺县，后转任元老院书记院书记官，近时闲散。余拟延请齐藤氏，先占其编述可否，筮得否之观。

爻辞曰"九四：有命无咎，畴离祉。"

断曰：否者，塞也，故夙无面之识，今得友人介命，得以相晤，共事著作。余虽通《易》理，长活断，文章非吾所能，幸逢齐藤氏，得以成余素志，齐藤氏得亦藉显其长技，则"畴离祉"之占也。

因访齐藤氏，告以余之意中，氏欣然许诺，遂得从事《易断》之编纂。《易断》十卷，脱稿之后，氏任岛根县某郡长，颇有良宰之称。不幸罹肺患，以二十二年五月没于神户，令余不堪悲怆。余永诀良友，追怀往事，特记之。

九五：休否，大人吉。其亡其亡，系于苞桑。

《象传》曰：大人之吉，位正当也。

"休否"者，谓能休止其否运。"苞桑"者，谓桑之丛生者也。"系"，维系也，谓系之而坚牢也。此爻刚健中正，而居尊位，其才德威望，足以休否而开泰，是有德有位之大人也，故曰"休否，大人吉"。六二"大人否"，以六二之时，大人有德无位，时会未来，只得守其否。至居九五，则德位兼备，适当休否之会也。然否之方休，而泰未全复，譬如病之新愈，痛痒虽除，元气未充，苟不慎起居，不节饮食，则旧患再作，其祸更烈，危亡立见。是以休否之后，内怀敬畏之心，外尽保护之计，常恐天命之难知，人心之难保，夙夜深虑，凛凛灭亡，其虑患深，操心危，正不容一刻偷安也，庶几长治久安，可得保也，故形容其危曰"其亡其亡"。不嫌反复重述，垂诫深矣！曰"系于苞桑"，象旨以二在巽下为桑，初、三与二，同类系之，令桑止于其下，无复向上而长，则根本不摇，三阳得并力休否，而启泰运也。无道之君，自谓不亡，故必亡；有道之君，常怀其亡，故不亡。《系辞传》引申其辞曰："安而不忘危，存而不忘亡，治而不忘乱，是以身安而国家可保也。"《象传》曰"位正当也"，六二曰"位不当"，属之"匪人"，九五曰"位正当"，谓之大人，故六二曰"大人否"，此则曰"大人吉"也。

【占】问时运：目下渐入佳境，惟安而不忘危，百事皆吉。

○问商业：恰当绝好机会，但须改用伙友，谨慎做去，必获利益。

○问家宅：祖业深厚，吉。

○问战征：暂宜休战。

○问疾病：有碍。

○问讼事：和。

○问失物：防难复得。

○问行人：不利。

○问生产：大人无碍，小人难保。

【占例】明治十八年五月，出云大社教正千家尊福君，枉过余庄，叙寒暄，既而曰：顷日传闻政府为筹人民之归向，有定国教之议。所谓国教者，我国固有之神教乎？或佛教乎？抑耶稣教乎？未悉庙议何属。是虽非我侪所敢议，然欲预知其归着，请劳一筮。余乃先筮神道之气运，筮得否之晋。

爻辞曰"九五：休否，大人吉。其亡其亡，系于苞桑。

断曰：此卦阴进阳退，智术盛行，道德渐衰之象。又泰为通，否为塞，占神道气运，得此卦，即为神道闭塞之时也。卦象阳在上，阴在下，显见上下隔绝，威灵不通之象。阴阳消长之理，非人所能为力。《序卦传》曰，"物不可以终否"，且否自遁来，一阴进则为观，爻辞曰"观国之光"，可知观神灵显赫，大观在上，将复光大我国教也。爻辞所云，能系神道气运于将亡者，唯有苞桑一缕而已。苞桑丛生，一根数茎，殆可充揲蓍之神草乎？复兴我国上古卜部所掌太卜之道，有事占问神意，以感动天神地祇，守护国家，其灵妙有不可思议者。以此神卜，可传神道于悠久，使人民永仰神威也。是我国诸神灵，特假卦象以示世；且我国古称扶桑，维系扶桑之神教而永存也，故谓之"神道"。近时各国创兴理学，独吾国崇奉太卜神事，使彼理学者敬服，因更示实验，俾世人敬畏神明，知神教系留而不亡者有在也。

教正大感此言。

○明治十五年某月日，某贵显来谈曰：方今我国有四十万之士族，皆以解旧禄陷贫困。夫衣食足而知礼仪，古今之常则。今此辈遭此穷厄，或转而起不良之事，未可知也。欲代谋安置之策，请为一筮。予曰：予亦向为此辈忧之，谨筮之。筮得否之晋。

爻辞曰："九五：休否，大人吉。其亡其亡，系于苞桑。"

断曰：方今我国士族贫塞，甚于穷民之惨者，无地无之。昔者乞丐之徒，其生来本贫，贫固其常；至于士族，本非贫者也。袭祖先之功绩，得膺俸禄，生平不知经营为何事，衣租食税，习惯为常。维新一变，俄解世禄，于是百方计划，或从事商业，或劳力农务，双刀纨绔之余习未去，诸务向不习谙，凡所谋划，有耗无赢。衣食乏资，室家交谪，其困苦殆不可言状。天下四十万之士族，陷此穷厄者居多。在往时守世禄之常，以一死报君为本分，其临事也，以有进无退为荣誉，零落至今，犹凛凛乎不失其勇气。其从来行为，固与农商辈大异，是以不能为农商之事也。惟当与应分产业，使之尽其所长，是当道之责也。此爻辞曰"其亡其亡"者，盖谓士族生计之困难，殆将濒死；"系于苞桑"者，谓足维系其将亡，唯有苞桑而已。爻象将令此辈士族，开垦新地，种艺桑树，使之专营养蚕制丝之术，维持其家计也。今试论其方法：关东地方，多荒芜之原野；关西地方，多坦夷之山郊，其原野之杂草，可供肥料，山郊之荆榛，可供薪柴。例如其肥料，南亚米利加有鸟粪，其价甚廉。今政府贷与资本及一舰，输载我国产，交换彼鸟粪，沽买之于各土人民，购入杂草丛出之原野，使旧士族开拓之，可种之以桑也。为此举也，布设铁道于全国，使兵士实地演习，为兵营多造设家屋，如一村落，使彼士族移住于此，以男子依常备兵之年限，为屯田兵，以练习军事；使女子勤牧畜养蚕之业，是其大略也。若夫详细处置，一任当局划策而已。如是施政，今日贫苦士族，得以安居乐业，国家之盛业，无复加于此者也。

上九：倾否，先否后喜。

《象传》曰：否终则倾，何可长也。

"倾否"者，谓倾毁否运，而渐复泰运也。此爻以阳刚之才，居否之极，能倾毁其否者也。九五之君，既有休否之务，上九居其后而辅佐之，鞠躬尽瘁，能恢复既坠之国运，故曰"倾否"。盖否泰本有循环之机，处否之极，其势必倾，否塞已尽，泰运将至。然当否之时，要不可委之天运，终当尽其人事，故九五不曰否休，而曰"休否"；此爻不曰否倾，而曰"倾否"，见运会之转，人力居多。夫天道开导人事，人事赞辅天道，拔乱者贵夫德，成治者在夫时。上九阳刚，而具有为之才，居否之机，又值可为之极，故能拔乱反正。从前忧苦于否塞之乱，今乃复遇康泰之盛，安宁喜乐，谓之"先否后喜。"盖往者无不还，终者无不始，是天运循环之定理。假令否之时，天地闭塞，阴阳不交，天下无道，而小人得时，一旦否倾则泰来，即天地生生之道也。《象传》曰"何可长也"，是之谓也。

【占】问时运：亨通。
○问商业：春夏不利，秋冬大吉。
○问家宅：迁居大吉，老宅不利。
○问讼事：即日可结。
○问战征：小败大胜。
○问六甲：生男。
○问失物：即得。
○问疾病：即愈，但复发可虑。

横滨商人某来告曰：目下商业上，有一大事，欲谋之于东京友人，请占其成否如何？筮得否之萃。

爻辞曰："上九：倾否，先否后喜。"

断曰：此卦天地之气，塞而不通之时也。足下欲与人谋事，其人必因事疏远，心气不通，非知己之友也。今得上爻否之终，是将释其前嫌，重寻旧好。倾谈之下，彼此愉悦，谋必可就，谓之"倾否，先否后喜。"

其后某来谢曰：东京之谈，果如贵占。

䷌ 天火同人

同人一卦，离下乾上，故合为"炎"字，有光明上际溥见之象。乾天也，离火也，天气上升，火性炎上，与天同也，故为同人。按同人之卦，上承否，天地不交为否，上下相同为同人。盖与否相反，而足以相济，故虽同道相与，乃能济否也。是卦之所以次否也。

同人于野，亨。利涉大川，利君子贞。

同人之道，要在广远无间，中外如一，斯谓之大同。"野"谓旷野，取远与外之义；"于野，"则上天下地，空阔无际，无所容其私心，斯物无不应，人无不助，故"亨"。心无私欲，则地无险阻，无往不利，虽大川亦可涉。但同亦分公私，合我者同，不合者异，是小人之党也，非同也；要必公正无私，浑然天心，虽千里之遥，千载之后，志无不合，道无不同，故曰"利君子贞"。

《彖传》曰：同人：柔得位得中而应乎乾，曰同人。同人曰，同人于野，亨，利涉大川，乾行也。文明以健，中正而应，君子正也。唯君子为能通天下之志。

《彖》以卦体释卦义。柔谓六二，乾为九五。六二以柔居柔，得位得中，以应九五，故曰"应乎乾"。乾者健也，健而能行，足以济险，故曰"利涉大川，乾行也。"文明"者，离之象，刚健者，乾之德。二五皆中正，得以相应，君子之道也，故曰"君子正也"。君子心公，公则天下感之，君子道正，正则天下化之。遐迩一体，上下同德，则天下之志皆通矣。唯君子能之，故曰"唯君子为能通天下之志"。

以此卦拟人事，全卦五阳一阴，六二一爻，以阴居阴，位得中正，为内卦之主，上应九五。全卦之象，恰如以一女居五男之中。以一女对五男，宽裕温柔，周而不比，众阳和悦，而同心合意，天下皆通。"同人，柔得位得中而应乎乾"，不曰应九五，而曰应乾，可知不专应九五一爻，而遍应众阳，为"能通天下之志"也。凡天下之事，以一人独成则难，与人共成则易。而与人之道，有公有私。公则道合，私则道离，且以私同者其道小，以公同者其道大。譬如平原，一望无垠，绝无隐蔽，是即"同人于野"之象也。内卦离为明，为智；外卦乾为正，为健。人能得夫离之明，离之智，以应乎乾之为正为健，以此而谋事，则事无不利，以此而涉险，众险皆可涉，即以此而交天下之人，则天下之人志无不通，是率天下而大同也。

以此卦拟国家，上卦为君，至刚至健，威权赫赫，卦中之九五也；下卦为臣，得位得中，文明有象，卦中之六二也。二与五为正应，君臣合志，正明良际会之时也。同人之卦，次于否后，否则"天地不交，万物不通"，其要在于不能"通天下之志"，唯同人为能通之。通则为泰，是国家所以济否开泰者，实赖同人之力也。《序卦》曰，"物不可以终否，故受之以同人"。可知天地不交为否，上下相通为同人。是故有国家者，君得其位，又当得其刚之中，臣得其位，又当得其柔之中，庶几刚柔相应，上下合志，虽大川之险而可涉，天下之志而能通。且六二之臣，不特上应九五，又必比合初、三、四、上诸阳，一心一德，同朝共济，体离之明，法乾之行，出以至正，不涉偏私，斯天下之人，正者感而通，不正者亦化而通，安往而不通，即安往而不同哉！

通观此卦，上卦为乾，下卦为离。离本乾也，坤交于中而生离，其象为火。盖乾本元阳，火者阳之真气，与乾同体，故曰同。天之生人，耳同听，目同视，口同味，心同觉。一人之所是，万人同以为是；一人之所非，万人以为非。亲者同爱，长者同敬。人虽至愚，此心此志，无不同也，故孟子曰："圣人先得我心之所同然者也"，"天之所与我者，不异也"。盖公则无不同，一涉私欲，遂致去离乖僻，不可复同，然其秉彝之良，卒不可昧也。是天之所与于我，而其不可昧者，离也；不可异者，乾也。故人秉离之明、行乾之健，至公无私，自然亨通，险阻化而为平地，虽涉大川，亦无不利，是同人之所以亨也。观诸爻无同之象。盖凡人有意求同，便涉于私，私则不同，盖同者不言同而自同也。初九曰"于门"，谓出外无所私昵也，故"无咎"。六二曰"于宗"，虽中且正，以涉宗党之私，为可吝也。九三以刚强居二五之间，强欲求同，虽伏藏三年，终不敢兴，知惧，故不凶也。九四近五，如隔墉耳，知义弗直，弗敢强攻，则为吉也。九五刚健，应二爻明，当其未通，不胜愤郁，一旦贯通，自觉喜悦，故曰"先号咷而后笑"也。上九遁居郊外，无意求同，故"无悔"。合而言之，同人一卦，初上二爻，"于门""于郊"，皆在外也，故无咎悔；二有"于宗"之吝，三有戎莽之祸，五有"大师"之患，是皆同于内，故无吉者。盖"于宗"不若"于门"，"于门"不若"于郊"，"于郊"不若"于野"。总之出外则无党援，亦无阿好，地愈远而心愈公。公则平，平则通，故圣人以四海一家，中国一人为心，斯谓之大同矣。若求同于近，虽同亦私，是以《象》辞首曰"于野"，可知同人之道，当以天下为量者也。

《大象》曰：天与火，同人，君子以类族辨物。

此卦乾上离下，《象传》不曰火在天下，而曰"天与火"，盖以乾为日，离亦为日，象相同也，故曰"天与火"，取其同也。乾阳上升，离火上炎，性相同也，犹人生性无不相同，故曰同人。君子法乾之健，以类其族，用离之明，以辨其物。于异中求同，故族必类之；于同中求共，故物必辨之。凡异之不可不明辨，益知同之不容以相混也。"即此而推之，知人有善恶邪正之分，心有是非公私之判，君子亦必当类而观之，辨而别之。如周之与比，党之与群，其貌若相似，其心则自别。要必明析严辨，不稍假借，是异其所不得不共，乃能同其所不得不同。此所以为同之大者也。

【占】问时运：目下大有升腾之象，且得朋友扶助，大吉。

○问商业：宜于合资会社等业，大利。

○问家宅：得合家和悦之象，吉。

○问战征：主军士同心，即宜调兵进攻，大利。

○问疾病：是火症也，恐医药有误，宜别求良医。

○问讼事：防有同党私庇，一时未可结案。

○问六甲：生女。

○问失物：须细细于物类中寻觅，乃得。

○问行人：即日可归，必与友偕来。

初九：同人于门，无咎。

《象传》曰：出门同人，又谁咎也。

初九居一卦之始，为同人之首也。此卦以二爻为主。初变阴，下卦为艮，象门，故曰"于门"，亦不愿独同于二，故欲出门以广交也。门以外无所私昵，故"无咎"。《象传》则颠倒其辞曰，"出门同人"，显言一出门外，天地万物，孰不吾同？不曰无咎，而曰"又谁咎也"，盖无咎，第属己言，"又谁咎"，则见门外之人，皆乐与之同，谁复得咎之者？《易》以人名卦者，家人同人两卦。家人者，一家之人，宜位正夫内；同人者，天下之人也，宜志通夫外。《易》言"出门"者，随与同人两卦，随曰出门有功，同人曰出门无咎，皆以门内为易溺于私，门外则廓然大公矣。

【占】问时运：目下平顺，宜经营出外，利。

○问家宅：一门之内，雍雍和睦，无咎。

○问商业：利行商，不利坐贾。

○问疾病：宜避地调养，无碍。

○问讼事：防有惩役之患，宜预出躲避，可以免咎。

○问失物：须于门外寻觅。

○问六甲：即时可产，得男。

【占例】一日友人某氏来，请占气运，筮得同人之遁。

爻辞曰："初九：同人于门，无咎。"

断曰：此卦为出门求友之象也。交际之道，宜与善人同，不宜与不善人同。爻辞曰"于门"，《象传》曰"出门"，言出外自得同人之助。盖在内则相与者皆亲好，不能无私，私则有咎；出门则往来者皆同与，故无咎也。今占得同人初爻，知君必初次出门者也。君可放胆做去，他日必得高位，博众望，可预决也。

某用之，后果大得人望，如占所云。

六二：同人于宗，吝。

《象传》曰：同人于宗，吝道也。

此爻以阴居阴，文明中正，而为全卦之主。卦中诸阳，皆求应二。二与九五为正应，九五为君，居一卦之尊位，二爻曰"同人于宗"，"宗"尊也，言二得同于至尊。在二与五，刚柔中正，时位相应，可谓尽善，但两相亲密，未免偏私，有失至公大同之量。且三四两爻，求同不得，见二与五，同意亲密，致生嫉妒，即所以取吝也，故曰"同人于宗，吝"。《象传》曰"吝道也"，道字最宜玩味，谓一时即未见吝，而已有取吝之道也。《象》辞以六二得位得中，曰"亨"，爻义以"同人于宗"，曰"吝"，盖卦体主大同，爻义戒阿党也。

【占】 问时运：目下未佳，虽有相助，而相忌者多，未能百事遂意。

〇问商业：利于大宗买卖，惟须出纳宜留意。得利。

〇问讼事：不利。

〇问家宅：以勤俭起家，得长子之力。

〇问疾病：有魂归宗庙之象，凶。

〇问行人：即返。

〇问六甲：生女。

〇问失物：被拾者藏匿，不见还也。

【占例】 明治三年，占自气运，与将来之方向如何。

我国维新之初，明治元年，有奥羽北越之役，二年有箱馆之征讨，天下之形势未宁。三年干戈既息，天下拭目，以望升平。当是时，余大有所感，自以生长商家，唯汲汲谋兴家业，未遑计及国事，兹幸遭遇圣代，得与贵显诸公，朝夕面晤，深荷款遇。在诸公毁家纾难，勤劳王事，皆维新之功臣；如余者得生长今日，际盛运，而于国家毫无建树，实可耻之甚也。兹愿稍展寸长，勉力从公，冀图深厚之报，为此自占现时气运，与进步之方向。筮得同人。

断曰：幕府末路，升平日久，政纲废弛，加以外交事起，当时君子不得其位，小人得逞其奸，上下闭塞，秩序紊乱。于是豪杰之士，所在兴起，天下翕然应之，拨乱反正，一变否极之世，得启今日泰平之盛，是即同人之卦也。今筮得此卦，《象传》曰，"同人，柔得位得中而应乎乾，曰同人"。以六二一柔得位中正，应上卦九五之中正，是余居民间中正之地位，上与政府之政略相应，同其目的。"柔"者，谓余本无爵位，才力柔弱。曰"同人于野"，谓余本是在野草莽之臣也。"亨"者，谓余之气运与天下之大势，悉当亨通，凡为国家创兴事业，无不成功也。按同人一卦，卦体则主大同，爻义则戒偏私，独"于野"曰亨，盖宜远取于外，不宜近取于内也。且《象传》曰"乾行"，"乾行"者，自强也；曰"利涉大川"，"利涉"者，兴造舟楫也；曰"文明以健"，"文明"者，创修文学也。卦象所言，皆一一示余着手之方向，且教余取法海外之造作，通行于天下，故曰"为能通天下之志"。

余既得此卦象，唯冀有辅政府剧务万一，区区家资，遑足惜乎！明治三年，决志抛资产，先设飞脚船，便内国之运输；次谋创铁道；次建设洋学校，聘教师于外国，以振起教育之业；布设瓦斯灯于横滨港内。至七年之冬，得成此四大创始工业。此四大工业，当时邦人，实未尝着手，余为之创始也。明治七年，瓦斯灯建成之日，荣邀天皇陛下临幸，蒙赐接见。余当时怀藏先考灵牌，冀得同观天颜，又荷宠颁进步首倡勅语。拜受之下，荣何如之！

此卦以第五爻为同人之主，以年计之，初爻至五爻，恰是五年。今自明治三年，至七年，其间九三之伏莽，九四之乘墉，多有障碍余事业者，然余公平无私，百折不屈，果得奏效。然物盛必衰，势极必变，是天理之常，余虽乘同人之运，得成厥事，若昧人事穷通之理，知进而不知退，恐有"亢龙"之悔，即同人上九诫之曰"同人于郊，无悔"。是《易》理之妙用也，其旨深矣。迨八年，余居神奈川郊外望欣台，优游逍遥，间玩《易》理，以至今日。爰述同人之卦义，追怀往事，附记数语。

九三：伏戎于莽，升其高陵，三岁不兴。

《象传》曰：伏戎于莽，敌刚也。三岁不兴，安行也。

"戎"者，兵戎也。"莽"者，草深处也。此卦六二，一阴居中，卦中诸阳，皆欲与同。三爻接二最近，欲同之意尤切，然二爻中正，为九五正应，不与三同。三爻过刚不中，性情刚暴，位居二五之间，欲用强而同之。然惧二之中正，畏五之刚健，不敢显发。"伏戎于莽"，以俟其机，上升高陵，以窥其隙，至三岁之久，终不敢兴，亦可见小人之情状矣。其不言凶者，以久而不兴，故未至凶矣，然曰"伏"，曰"升"，其凶已露矣。《象传》曰"敌刚"也者，谓其所敌九五刚健，自知不能胜也；"安行"也者，"三岁不兴"，亦安行乎？离为甲，兵戎之象，互卦巽，为隐伏之象。此卦九三九四，不言同人者，两爻共有争夺之象，非同人者也。此爻变为无妄，其六三之辞曰："无妄之灾，或系之牛，行人之得，邑人之灾"。可以见其有凶咎也。

【占】问时运：目下宜潜伏，三岁后方可出而谋事。

○问商业：宜开山林，三年后大可获利。

○问家宅：防有盗贼窃伺。

○问战征：须防敌军埋伏。

○问讼事：虑有意外葛藤，一时不了。

○问失物：须于丛草中寻之，或山上草中。

○问行人：俟三年后可归。

【占例】明治二十四年，某贵显来请占当年气运，筮得同人之无妄。

爻辞曰："九三：伏戎于莽，升其高陵，三岁不兴。"

断曰：此卦有公同谋事之象，故曰同人。在世间智者少而愚者多，古今皆然。今人往往采取朝野大众之论说，谓之公议，所云谋野则获者是也，故《象》曰"同人于野，亨"。及三爻刚而不中，强欲求同，不曰"于野"，而曰伏莽；又自知畏惧，终久而不敢兴。其象如是，气运可知，请俟三年后而谋之可也。

后果如此占。

九四：乘其墉，弗克攻，吉。

《象传》曰：乘其墉，义弗克也；其吉，则困而反则也。

"墉"者，城垣也。此爻以刚居柔，而不中正，四与二非应，亦非比，而欲强同于二，且中间隔以九三之"墉"，并忌二五之亲密，故欲"乘其墉"而攻焉。既思九五刚健中正，攻之于义不直，于势亦不敌，必弗能克，故不攻也。即此转念间，悔过而改善，乃得变凶而为吉，谓之"乘其墉，弗克攻，吉"。《象传》曰"义弗克也"者，谓不自逞其强，而能反省夫义，是以吉也。"困而反则也"者，谓不义之举，必陷困厄，止其邪念，而反于法则也。此卦名同人，三四两爻，均有乖象。人情同极则必异，异极则复同，犹国家之治极而乱，乱极复治也。是人事分合之端，即《易》道循环之理也。凡《易》曰不克，皆以阳居阴之爻，唯其阳，故有讼，有攻；惟其阴，故弗克也。此爻及讼之九二九四，如"不克讼”，皆是也。

【占】 问时运：目下宜退守弗动，吉。

○问商业：宜垄断货物，待价弗售，后必获利。

○问家宅：宜修葺墙垣，吉。

○问战征：宜坚筑营垒，防敌袭击。

○问讼事：今虽不直，后反得胜。

○问失物：久后可得。

○问疾病：虽凶无害。

【占例】 友人来告曰：今有一业可兴，请占其成败。筮得同人之家人。

爻辞曰：“九四：乘其墉，弗克攻，吉。”

断曰：此卦有合众兴事之象，其事必关公共利益，可知也。九五乾之有金力者，与六二离之聪明者，阴阳相应而成事，其间有九三九四两爻，嫉妒其利益，于中阻挠，以谋占取之象。足下为占事业，以爻辞观之，知足下或羡彼之事业，谋彼之权利，将夺取而代之乎？足下一时不露声色，唯阴使同意者九三，为之计划，即爻辞所云乘其墉，如乘垣而伺敌，潜伏而谋事之谓也。然此事必难遂志，不如中止，谓之“弗克攻，吉”，故《象传》曰“困而反则也”。

后有所闻，果如此占。

九五：同人，先号咷而后笑，大师克相遇。

《象传》曰：同人之先，以中直也。大师相遇，言相克也。

“号咷”者，谓悲忧之甚而啼哭也。此爻君位，当与天下同应，若独与二亲密，非人君之道，即非大同之道也。是以为九三九四所嫉妒，隔绝阻挠，使不得与六二相遇，遂致兴师攻克，始得相遇。盖其初以不遇而号咷，今得相遇而笑乐，谓之“同人，先号咷而后笑，大师克相遇”。在五与二，刚柔相应，上下相洽，其情似私，其理本正，故《象传》明其“中直”，《象传》称其“中正”，是师壮而得克也，岂得以私匿病之哉！

又一说：长国家而欲和同众人，其间有猜疑而离间者，使之隔绝而不相遇，极之号咷悲泣，使离间者亦服其德，复得和同而笑乐也。

【占】 问时运：目下正当欢乐之时，从前苦志，今得遂愿。

○问商业：虽小有挫折，终获大利。

○问家宅：防有惊惶之虑，然终得平和也。

○问疾病：先危后安。

○问讼事：须请大好辩护士，方能得直。

○问行人：防中途有阻，须缓得归。

○问六甲：生男。

【占例】 明治二十五年三月，余漫游骏州兴津，阅新闻纸，知北海道炭矿欣道会社长堀基氏免职。余为是社评议员，遂速归京，与同事涩泽荣一、汤地定基、田中平八等，共为会社周旋，方得协议，评议委员定以汤地与余两名中，充任社长，请愿于该官厅。同事诸君，预问余之诺否，余先取决于筮，筮得同人之离。

爻辞曰："九五：同人，先号咷而后笑，大师克相遇。"

断曰：此卦六二一阴得时，又得中正之地位，上下五阳应之。余之就任社长也，九五之政府，九三之北海道厅长官，九四之大臣，初九之社员，上九远方之株主，不特不倡异议，定必同心喜悦可知也，谓之同人，柔得位得中而应乎乾，曰同人。"至处之之道，如平原广野，无所隐蔽，一以光明正大为主也，谓之"于野，亨"。余虽不才，于此等事业，久经历验，加之以六百五十万元之金力，与政府补给之利子，余唯公明正大，毫无私曲，可得胜此责任，谓之"文明以健，中正而应，君子正也"。此会社在人迹稀绝之区，凡执工业者，多非常劳动，亦不免暗生情弊，此亦势所必有也。一旦革绝其弊，必生诽谤，然既任其事，自当任怨任劳。谚曰一功能服，百论得快。政理则疑谤自灭，谓之"君子为能通天下之志"。即有如九三九四，以不得兴事，生出意外枝节，百计窥伺，相谋窃夺，余当预定目的，终不受其害也，谓之"同人先号咷而后笑，大师克相遇"也。

余得此占，承诺社长之任，后果如此占。在任五百四十日间，会社之整理，幸博同人之信用，价格四十四圆之株卷，腾贵至八十四元，其十三万株，合计五百二十万元，足见会社之盛运也。以在任之日数除之，平均一日，大凡一万元，是可谓全以道德得之者也。呜呼！谁谓为仁不富乎？谓道德与经济相反者，此乃愚而无知者之言也。夫道德之功效，优于区区之经济，不知其几千百倍也。世之好夸大，言内无实学者，宜知所猛省矣！

○明治二十八年四月，我国与清国讲和约成，将遣大使于清国芝罘，交换条约。时法、德、俄三国，联合告我以不可久占辽东，且聚战舰于芝罘，有动辄起事之势，上下心颇不安。各大臣及机密顾问官等，皆赶西京，余亦闻之至西京，会土方宫内大臣、杜边大藏大臣于木屋町柏亭。两大臣谓曰：今日之势，三国联合迫我，其意有不可测者。我军舰劳数月之海战，且有许多损伤，不复适战斗之用，实危急存亡之秋也。占筮决疑，其在此时乎？余曰：曾已占之，筮得同人之离，请陈其义。

《象传》曰："同人，柔得位得中而应乎乾，曰同人。同人曰：同人于野，亨。利涉大川，乾行也。文明以健，中正而应，君子正也。唯君子为能通天下之志。"

爻辞曰："九五：同人，先号咷而后笑，大师克相遇。"

同人一卦，二爻一阴得中正，在五阳之间，辉离明于宇内之象。卦德有文明与刚健，通志于天下时也。今得五爻，则知大事必遂也。法、德、俄三国，联合妨我行为，且欲逞溪壑之愿，聚合军舰于芝罘，又在各要港，悉整戎备，有不愆时期而举事之意，又有夺我所得清国偿金之胸算，其狡计炳如见火。就爻象推究，其中妨阻二五之交者，三四两爻，三爻之辞不云乎？"伏戎于莽，升其高陵，三岁不兴。""伏戎于莽"者，谓自航海之要路，突然袭击之备；"升其高陵"者，谓从旁窥伺其隙也；"三岁不兴"者，谓等机而动，不遽发也。四爻之辞不云乎？"乘其墉，义弗克也；其吉；则困而反则也。"四与三同意，欲乘隙而起者也，谓之"乘其墉"；然以义有不直，故曰"义不克也"。是亦不能举事而止，故曰："其吉；则困而反则也"。三国之非望如此，天命不许，不足介意也。今得五爻之占，虽忧三国之障，然必得清帝批准条约，喜可知也，谓之"同人，先号咷而后笑"。日后不为宇内各国所轻侮，终得战胜之誉，宜扬国光于万里，谓之"大师克相遇"。占筮如此，我元老何须忧虑？于是两大臣扬眉，不堪欣喜。

后果庙议一如此占，直以商船遣伊东已代治氏于芝罘，交换条约而归。当时三国虽伺我衅隙，无举事之辞，非常之备，无所复用，如《易》辞所示也。

○明治二十九年一月，余避寒于热海，偶得神奈川县吉田书记官报曰：前农商务大臣白根专一君罹大患，入大学病院，内外名医，无所施治，束手待死而已。吾得君之知遇久矣，不堪忧苦，希其万死一生，敢烦一筮，筮得同人之离。

爻辞曰："九五：同人，先号咷而后笑，大师克相遇。"

断曰：白根君疾，一时国医束手，谓症必不治，待死而已。据此占，料君不特不死，且即日愈快，谓之"同人，先号咷而后笑"；其病或必得大汗大泻而愈，故曰"大师克相遇"。但此卦上爻为归魂，今得五爻，则上爻正当明年，明年恐或难保。然上爻之辞曰，"同人于郊，无悔"，此番愈快之后，宜移从近郊闲散之地，远于世累，休息静养，尽我人事，亦足挽回天命，或得无悔。乃记以报之。

后果大患徐徐而愈。德人白耳都氏以下诸名医，不知其快复之理，后余亦访君子病院，面渠夫人，劝以出院之后，宜就闲地休息静养。然君以得复健康，不复应余之劝，翌年果复得疾不治，不堪痛惜。

上九：同人于郊，无悔。

《象传》曰：同人于郊，志未得也。

"郊"者，国都之外，旷远之地。此爻在五爻之上，为无位之地。同人一卦，卦中五阳皆欲同于六二一阴，三爻与二相比，其欲同之意尤切。四爻非应非比，然以介在二五之间，亦欲强同于六二。五爻与二为正应，唯此爻居上，与二非应非比，孤介特立，置身荒郊之外，较初之"于门"更远。无私匿之情，免争夺之患，在六爻中，最为完善，谓之"同人于郊，无悔"。盖同人之量，愈远则愈大，国外曰郊，郊外曰野，"于郊"较野殊近，故"于野"则亨，"于郊"则第曰"无悔"。《象传》曰"志未得也"，志即"为能通天下之志"而言，其仅曰"于郊"，犹未能通天下之志也，故曰"志未得也"。

【占】 问时运：目下顺适，诸事无所障碍，但宜在闲散之地。

○问商业：宜立业于市尘之外，无忧耗损，一时亦未能获大利益。

○问战征：宜在荒地屯营。

○问失物：于郊外觅之。

○问讼事：恐难得直。

○问家宅：平顺无灾。

此卦为归魂之卦，若占命数而得此卦，至上爻必死。师之上爻，可参看也。

【占例】 有相识会社役员某氏来，告曰：近来我会社头取，与大株主之间，颇生纷议。株主欲开总会，改选社员，又有一派赞成当时之社员者，竞争颇甚。余不自知免职与否，请占前途之气运。筮得同人之革。

爻辞曰："上九：同人干郊，无悔。"

断曰：同人者，与人相同也。勿论社员株主，皆思其社之利益，非各谋私利者，唯其所为有左右之差，而遂生纷议也。盖此纷议之来，由五爻之头取，与二爻之支配人，其间过相亲密，致启他人之疑，然其疑可不久解也。如足下不偏不党，无所关系，亦无免职之忧，故曰"于郊，无悔"。郊者，田舍之谓，而离市街烦杂之地也。

后果如此占。

䷌ 火天大有

按大字从一从人。一者天也，以人贯天，天人一致，所以谓大也。有字从又从月。又手也，持也；月渐渐生光，满则光大，有大有之象焉。此卦离上乾下。卦位六五一阴居尊，五刚之大，皆为尊位所有，故曰大有，遂以大有名卦。阴小阳大，阳为阴所有，宜曰小有，不知爻虽阴，位则居阳，五刚为九五主阳位者所有，故不曰小有，曰大有。

大有：元亨。

《正义》曰：柔处尊位，群阳并应，能大所有，故称大有。元为善之长，大有得乾之元，以流行成化，故以"元亨"归之。程子曰：诸卦"元亨利贞"，《彖》皆释为"大亨"，恐与乾坤同也。凡卦有"元亨"者四，大有、蛊、升、鼎也。

《彖传》曰：大有：柔得尊位，大中而上下应之，曰大有。其德刚健而文明，应乎天而时行，是以元亨。

此卦下乾上离，乾者天也，离者日也，是日在天上，遍照万物，庶类繁昌，君心下交，贤才辈出，物之大者，人之大者，皆归我所有之象也。以其所有之大，名此卦曰大有。大有者，包括宇宙之大而有之也。卦中一阴五阳，五阳皆服六五柔中之德化，故曰"大有，柔得尊位，大中而上下应之，曰大有"。"大中"者，犹曰正中也。从容中道，见天子建中和之极，启天下大顺之化，柔能应天，故上下皆应之也。六五之君，虚以容人，中以服人，明以知人，是以得独擅大有之尊称。无论诸爻得位或失位，并无凶咎者，以其皆应六五也。且内卦乾刚健，外卦离文明，六五之君，应于乾之九二，应乎乾，即应乎天也。应天而时行，其德如是，是以"元亨"，不在上下五阳，而在六五一阴。夫健而不明，则不能辨，明而不健，则不能决。唯健而明，乃足以保其大有也。盖"刚健而文明"者，德之体，存其德于身也；"应乎天而时行"者，德之用，施其德于政也。应天乃所时行，时行必本于应天，德本一贯。人君有如此之德，天下虽大，可运于掌上也。"元亨"者，元即从乾元来，亨者通也；乾健离明，居尊应天，是得"元亨"之道也。

以此卦拟人事，凡人处世，贵贱尊卑，各从分限，有所宜有，故各宜保其所有。然求有之道，又宜出于公，而不宜溺于私也；又宜取诸远，而不宜拘于近也。私则情意系恋，而有必不正；近则见识狭隘，而有必不广。譬如求学，当扩其识于上下古今，而识斯大也；譬如求财，当搜其利于山川海陆，而利斯大也。然必健以行之，而无或自怠；明以察之，而无为所蔽。德则应乎天，行则合乎时，如是以求有，则我之所有，可包括夫天下之有；天下所有，皆统归于我之所有，庶几所有者皆公而非私，亦可即近而及远矣。此之谓"大有元亨"。人能玩味《易》象，凡其作事，顺天而无违，出于公不溺于私，取诸远不拘于近，是即大有之道也。

以此卦拟国家，六五一阴在天位，而抚有五阳。乾为富，为正大；离为福，为公明。具此公明正大之德，即未尝富有天下，而其量已足包天下矣，《系辞传》所谓"富有之谓大业"是也。《周易》六十四卦中，一阴五阳之卦凡六，而一阴占君位者，唯此一卦，是以能得大有之名也。故大有之世，六五之君，虚己而抚育万民，集臣民之贤者，使之从大中之政。九四为近侍之臣，以明哲而有为；九二为正应之臣，刚健而多才。六五能信任不疑，凡臣民之有为有才，皆得收用其效，而若己有之者也。制作尽善者，元也；治化四达者，亨也。是以其政公明正大，德被四海，天下之事，各得其理，天下之民，各得其所，国富民裕，上熙下安，世日进者文明，治堪追者康乐。抚此良庶之人民，大起富强之国势，纳四海之广于利用厚生之中，图天下之大归一道同风之俗。凡下民身家衣食，皆得被其泽，使不敢自私其有，咸欲以所有举之于上也。是之谓大有，谓之"上下应之"也。

同人之卦，文明之化行于下，庶民皆有君子之风，而无乖戾之俗；大有之卦，文明之德备于上，天下咸被圣人之泽，而无缺陷之遗。比卦以一阳居尊，下应五阴，其应者皆系民庶；大有以阴居尊，下应五阳，其应者皆系贤人。得天下贤人而应之，其德之所有，岂不大乎！

通观此卦，以五阳函一阴，一阴具离明之德，升五爻之天位，诸阳崇之，天子富有四海之象也。比卦以一阳统五阴，受师之后，宜继乱用刚；此卦一阴统五阳，受同人之后，宜继治用柔。离火为阳精，与天同体，天体高而火炎上，高明无极。上九"自天佑之，吉无不利"者，为君同于天之象。六爻皆以贡上为义。初为民，二为臣，三为诸侯，四为辅政之大臣，五为天子，上为天人。天子富有天下，天下百物之利，九壤之赋，皆天之所生。五者天之子也，以天之物，养天之子，造化之定理，谁得而干之！士君子涉世饮啄皆天也，况其大者乎？此大有之占也。

《大象》曰：火在天上，大有，君子以遏恶扬善，顺天休命。

离为日，乾为天，日在天上，照见物之繁多，故曰大有。夫"日在天上"，明至也，明至则公明正大，而善恶无逃。君子体天，善则举之，恶则抑之，庆赏威罚，各得其当，即福善祸淫之道也，故曰"遏恶扬善，顺天休命"。其"遏恶"，使其有所惩也；其"扬善"使之有所劝也。民能惩恶劝善，天下岂有不治者哉！夫天命之性，有善而无恶，"遏恶扬善"，亦不过顺天命之本然。推之讨有罪，奉天之休命而遏之也；命有德，奉天之休命而扬之也。五刑五用，怒非有私，五服五章，喜非有私，于是恶无不化，善无不劝，大有之治，长保永久也。

【占】问时运：目下亨通，如日在天上，有光明遍照之象。

○问商业：可放胆大做，有富有日新之象。

○问家宅：必是祖基素封，积善之家。宜诫劝子弟，培植善根，家业可永保也。

○问战征：主将星明耀，赏罚得中，万军用命之象。

○问行人：必满载而归，大利。

○问六甲：生男。

○问疾病：不利。

○问讼事：主公明断结，否则亦必和息。

初九：无交害。匪咎，艰则无咎。

《象传》曰：大有初九，无交害也。

"交害"者，涉害也。九居一卦之初，虽卦属富有，初阳在下，未与物交，所以未涉于害也，何咎之有？凡处富有之时，易致自满，满则骄生，骄生则害即随之，有害即有咎。惟时时克思厥艰，斯小心敬惧，有而不自以为有，即出而无相交，必矢刻苦自劝之心，不敢稍存骄盈之念，故曰"艰则无咎"。盖富有本非有咎，在初时未交于害，以为"非咎"，则一交而遂得咎者，咎由自取之耳。能思其艰难，则可以保其有，即可以免其咎。《象传》曰"大有初九"，言当大有初爻，无所交涉，不关灾害也。一说，训"无交害"三字，为国无交而害者，盖以初九之应在九四，两刚相遇，其情不相得。此意亦可备一解。

【占】　问时运：目下尚未交盛运，须刻苦自勉，待好运到来，自然得利。

〇问商业：想是基业初创，百货未曾交办，须要谨守其初，自得无害而有利也。

〇问战征：必是初次动众，尚未交锋，须要慎始，自无后患。

〇问家宅：必是新富之家，艰难创业，自得后福。

〇问讼事：尚未投告，还宜和息为善。

〇问行人：尚未有归志也。

〇问六甲：生男，产期尚远。

〇问失物：一时难以即得，待久可有。

【占例】　佐贺县士族深江某，余之亲友也。明治四年，从事纸石灰等商业，来横滨为奸商所败。此人虽有才学，不惯商业，请余占后来气运。筮得大有之鼎。

爻辞曰："初九：无交害。匪咎，艰则无咎。"

断曰：此卦大有，足见后运昌盛。今九居初爻，是将近运来之时，故不免为小人所害。虽近来有意外之损失，原来足下于商业本未惯习，虽有小害，未足咎也。今谋出仕官途，将来必得升迁，但一值盛运，不思厥艰，咎必难免。惟持盈保泰，虽有而不忘其艰，时时刻苦自勉，以今日之苦，期他日之亨，即得他日之亨，又仍虑今日之苦。不忘其艰，则无咎也。如是，则可长保其有矣。愿足下勉之！后果如此占。

〇相识某县人永井某来，请占气运，筮得大有之鼎。

爻辞曰："初九：无交害。匪咎，艰则无咎。"

断曰：卦曰大有，已兆资产丰足之象，可欣可喜。今得初爻，知为一时之初运，未得大利。若不思经营之难，稍涉骄盈，便干灾害，万宜戒慎。就尊府论之，尊大人性情笃实，平生拮据勉励，未能扩充家计。足下意犹未满，欲发一攫千金之念，幸此盛运初交，得此利益，是正大有之初爻也。其辞曰："初九，无交害，匪咎，艰则无咎。"此艰字，最宜审慎。盖谓爻居初九，未与物交，是以"非咎"，一经交际，害即伏之，若不思克艰，咎必难免矣。慎之勉之！

某氏一时虽面从我言，然年少意气，不能自抑，渐耽骄奢，卒致败事，遂即非行，而陷囹圄。爻象垂诫，不爽如此，岂不可畏哉！

九二：大车以载，有攸往，无咎。

《象传》曰：大车以载，积中不败也。

此爻以阳居二，阴阳刚柔，适得其宜。当大有之时，居臣下之位，上应六五之君，是具大有为之才，遇大有为之时，以一身而任国家之重者也。二阴柔，是以能容，九阳刚，是以能行，象车。初、三两刚，比辅于左右，为"大车"，故曰"大车以载"，谓其才之足以任重而行远也。二以刚中之德，恢有容之量，能以天下之人才，属之于群，量才器使，俾得各效厥职，而无有丛脞，故曰"有攸往，无咎"。占者如此，则位足以酬其志，德足以堪其任，上不负君之所托，下不失民之所望，何咎之有？《象传》曰"积中不败也"者，言大车得初三左右两刚比辅，车体完厚，虽积重于中，行远而不败，犹九二才力刚强，能肩当天下之重，断无败事之虞也。此爻变则为离，离六二辞曰，"黄离，元吉"，可以参考也。

【占】问时运：目下正交好运，一路顺风，无往不利。

○问商业：贩运货物，贸迁有无，极之域外通商，无不获利。

○问战征：利于陆战，率军直进，攻取皆捷。

○问家宅：平安无咎，若谋高迁，更吉。

○问疾病：宜出外就医，吉。

○问行人：因在外谋事，诸多利益，一时未归。

○问讼事：得胜。

○问六甲：生男，逾月则生女。

【占例】明治二年，友人来请占某贵显气运，筮得大有之离。

爻辞曰："九二：大车以载，有攸往，无咎。"

断曰：此卦六五一阴居君位，统御五阳。内卦为乾，乾纲独揽，正大之象；外卦为离，离明普照，光明之象。光明正大而有天下，谓之大有。二爻具刚中之德，与六五之君，阴阳相应，能积载天下之大任，辅佐天下之大业，恰如大车运转自在，谓之大"车以载，有攸往，无咎"。据此爻辞，知某贵显，后必当大任，奏大功也。

后果如此占。

○占明治三十二年，占德国之气运，筮得大有之离。

爻辞曰："九二：大车以载，有攸往，无咎。"

断曰：此卦五爻阴得中，统御五刚，恰如德帝统御普国，众民悦服，国中兵食完备，战守咸宜，正国军盛大之象。今得二爻，其辞曰"大车以载，有攸往，无咎，"可以见矣。

九三：公用亨于天子，小人弗克。

《象传》曰：公用亨于天子，小人害也。

"亨"与享同。"公用亨于天子"者，谓天子设筵，宴会公侯也。九三与之，此爻居下卦之上，公侯之象。九五之君，虚己下贤，一时四方公侯，感化来宾，如《诗》所咏"喜宾安乐，蓼莪湛露"之义是也，故曰"公用亨于天子"。盖诸侯之于天子，藩屏王家，天子喜其功，宴享而劳之。此爻以阳居阳，具纯正之才德，可得与此宠荣；若使小人当此，捧富有，擅威福，慢上凌下，必招祸患，安得与享礼之优待乎？上无比应，君上必不信任，故曰"小人弗克"，《象传》亦曰"小人害也"。

一说"享于天于"者，谓能以所有贡奉于君上。凡土地之富，人民之众，皆天子之有也，诸侯谨守臣节，忠顺奉上，抚育黎庶，以效屏藩，丰殖货财，以资贡献，享之天子，以其有为天子之有也。若小人而居此位，则私有其富，不复知奉公之道，故曰"小人弗克"。此义亦通。

按：凡《易》辞曰"先王"者，以垂统言；曰"帝"者，以主宰言；曰"天子"者，以正位言；又"后"者，天子诸侯之通称；"大君"者，天子之尊称也。

【占】 问时运：目下正当显荣之时，利为公，不利营私。
〇问仕途：恰得宠任荣赏之象，若取赂必败，宜慎。
〇问商业：不特得利，且可得名。
〇问战征：有犒赏三军之象，得获胜仗，恐于兵众有损。
〇问家宅：有喜庆宴会之象，家食丰富，但使用婢仆中，须当留意。
〇问讼事：若为饮食起衅，恐难得直。
〇问六甲：生男，主贵；但幼小时，防多疾厄。

【占例】 大阪友人某来，请占某豪商时运，筮得大有之睽。
爻辞曰："九三：公用享于天子，小人弗克。"
断曰：此卦大有，可知为富豪之家。"公用享于天子"者，为大臣宠荷君恩也。在商人处涉王事，得官家优待，其象亦同。商人而获此宠遇，宜慎守其常，切勿恃势怙宠，不然，挟富有，假威权，恃宠而骄，必损资产。吉凶悔吝，唯在其人自取而已。

其后某豪富，管理某省用途金，与贵显交往，自负富有，颇招人怨。偶罹病死，不能办偿官金，致破其产。

〇明治五年，土州人渡边小一郎来，请占气运，筮得大有之睽。
爻辞曰："九三：公用享于天子，小人弗克。"
断曰：大有之世，天子虚己用贤，金帛之出纳委之臣下。大臣为能谨慎任事，小人则必失奉上之道，故辞曰"公用享于天子，小人弗克"。足下今负担铁道局神户出张所事务，出纳金钱，最宜注意。昔封建之世，士民共有义气，往往有监守自盗者，则屠腹而谢其罪。维新以来，刑法宽缓，人少廉耻，不可不深留意也。

后在神户，某属员为私买米市，偷用官金若干，渡边氏亦不免其责；且为救护属员，借入某商人之金若干，以办偿官金。后事发觉，与属员某共处其罪云。

〇江京虎之门，琴平神社宫司鸿雪爪者，余之知己也。二十九年某月，来告曰：顷日浅野侯爵罹大患，以其危笃，不堪忧虑，请筮一卦，以占休咎。筮得大有之睽。
爻辞曰："九三：王用享于天子，小人弗克。"
断曰：大有者，以示生命之有在也。上爻为有之终，恰值归魂，今占得三爻，病之用享，利在药饵，知必昨日医奏功也，贫贱辈请良医难得，良药万难。"克"者，愈也，故在小人或防"弗克"，在侯之家，良医易招，即贵重药品，亦易购觅，故谓之"王用享于天子"。如得天子之赏赐良药也，病必无碍。

后果快愈，今犹无恙也。

九四：匪其彭，无咎。

《象传》曰：匪其彭，无咎，明辨析也。

"彭"者，盛多貌。《诗》曰"行人彭彭"，曰"出车彭彭"，曰"驷骥彭彭"，曰"四牡彭彭"，皆形容人马之强盛也。此爻以刚居柔，当大有之时，在执政之位，有刚明之才德，立众贤之上，与六五之君，阴阳亲比，君上之眷顾至渥，宠遇殊盛，所谓位极人臣，威权富贵，萃于一身，是处过盛之势者也。过盛则可危，唯能体离之明，居柔善逊，见几而避，虽处其盛，以为非已之盛也，故曰"匪其彭，无咎"。《象传》释"无咎"曰，"明辨哲也"，"哲"者明之体，"明辨"者，得外卦离日之象。

一说以"匪"为筐，此爻威权之盛，天下之人，辐辏其门，非无赠贿之嫌。身居大臣之地，运值大有之时，琐琐赠贿，何足动其心乎？是谓"匪其彭，无咎"。《易》之取象广大，不容偏执一义也。

【占】问时运：六爻已值其四，是目下已到极盛之会，当持盈保泰，知止不辱。
○问商业：已得利益，毋过贪求，斯无害。
○问家宅：必苟完苟美，如卫公子荆之居室，则善矣，否则未免盈满有损。
○问疾病：防有膨胀之患。
○问六甲：生男。
○问讼事：得明决之才，判断得宜。
○问失物：在竹筐内寻之。

【占例】亲友某氏，以商业旅行，托余代襄其事。一夜深更，其伙友某，突来哀诉曰：有一疑事，而不知所措，请一占为解。仆穷厄，今朝有一商来，领受金三百元，藏之簞笥。忘施锁钥，至夕检取，不见其金。或疑遗忘他所，搜索不得，于是检查朝来出入，及在家者，其人皆夙所信任，无可疑者，遗失所由，实不可知。筮得大有之家人。

爻辞曰："九四：匪其彭，无咎。"

断曰：卦名曰大有，知未出外，而在家中可知也。又以卦拟全家，上卦者为二阶，爻辞曰"匪其彭，无咎"，"匪"者，盛玉帛之竹器，子宜速还，检二阶之竹器，必可得之也。

某谢而去，少顷来报曰，果发见之于二阶之竹器中也。

六五：厥孚交如，威如，吉。

《象传》曰：厥孚交如，信以发志也；威如之吉，易而无备也。

"孚"者，所以通上下之情；"威"者，所以严上下之分也。情不通则离，分不严，则亵。"交如"者，交接之义；"威如"者，威严之义。孔子曰，"正其衣冠，尊其瞻视，俨然人望而畏之"，此之谓也。此爻以柔中居尊位，虚心礼贤，下应九二，上下五阳，皆归其德，故曰"厥孚"。明良一德，朝野倾心，如良友之善交，故曰"交如"。然君心贵和，而君体贵尊，所谓有仪可象，有威可畏，故曰"威如"。盖大有之世，在下者有协助之志，在上者又能诚信接下，足以感发之，故《象传》曰"信以发志也"。又《象传》曰"易而无备也"者，六五居群刚之间，独用柔道，未免为人所易慢，而无畏怖之心也。

【占例】 一日亲友某来，请占气运，筮得大有之乾。

爻辞曰："六五：厥孚交如，威如，吉。"

断曰：此卦拟之于国家，六五柔中之君，备公明、正大、威信、温和之德，与九二阴阳相应，与九四阴阳相比，统御众阳，以保大有之治。以一个人观之亦同。足下信用忠实之伙友，虚己而容人，以众之喜为己之喜，以众之忧为己之忧，主仆相和，家政克行。然有不可无威，无威则命令不行，国政然，家政亦然。今当大有之时，预体此意，可注意于恩威并行也。

某氏守之，家业益臻繁昌。

上九：自天佑之，吉无不利。

《象传》曰：大有上吉，自天佑也。

此爻居大有之极，不居其有者也。以刚在六五国君之后，可谓尽人事而待天命者也，是贤师付也。为能则天道，以计划国政，使大有之君，应天时，统万机，积德行，享有全盛之福。此非"自天佑之"，岂能享其有哉！所谓不期而自致者。当此时得天助之，凡百事业，无不吉利，故曰"自天佑之，吉无不利"。夫圣人之作《易》，其要在天助人归。如云"天之所助者顺也，人之所助者信也"。此爻之辞，可谓一言足以蔽三百八十四爻也。

【占例】 明治十五年，占某贵显气运，筮得大有之大壮。

爻辞曰："上九：自天佑之，吉无不利。"

断曰：此卦如日之辉天，五阳之众贤辅翼之，得见大有之治。今占得此爻，积善积德，得自天佑，天下之事业，无不吉利，谓之"自天佑之，吉无不利"。

然此年某贵显死去，以卦大有之终为归魂，即谓之归天也。

☷☶ 地山谦

谦字本从𢘑，谓心所念，常收敛向在氐下也。取心念常在下，而不自满亢，故屈己下物曰谦，贬己从人亦曰谦。《子夏传》作嗛，嗛与谦同。此卦艮下坤上，是即山在地下之象。或曰：山各有脉，其形起于地上，其根发于地下，故山从地而上。盖山本高也，伏于地下，而不自以为高，是为谦之义也。遂以谦为卦名。《序卦》曰，"有大者不可盈，故受之以谦。"此谦之所以次乎大有也。

谦：亨，君子有终。

谦者，卑退为义，屈己下物也。止内而顺外，谦之意也；屈高而居卑，谦之象也。守之以虚，行之以逊，故亨也。小人亡而为有，约而为泰，是自满也，满者故难保其终；君子则尊而能卑，高而能下，心愈小而道愈宏，志弥显。坤曰"大终"，艮曰"厚终"，故曰"君子有终"。今文曰终下当有吉字，盖本刘向《说苑》。《象》辞曰"君子有终"，亦不言吉。盖不言吉，而吉自在也。

《象传》曰：谦亨。天道下济而光明，地道卑而上行。天道亏盈而益谦，地道变盈而流谦，鬼神害盈而福谦，人道恶盈而好谦。谦尊而光，卑而不可逾，君子之终也。

此卦下艮为山，上坤为地。山本在上，退而居于地下，如人去高位而降下位，能以谦退而居下也，故名此卦曰谦。"济"，助也。天道高明，其气下降而助乎地；地道卑俯，其气上腾而交乎天，是天地自然之道也。"天道下济"，"地道卑"，所以成谦也；天气光明，地气上行，所以为亨也。"盈"者"谦"之反，所谓谦受益，满招损，满则盈也。天之"亏盈"者，日月晦明是也；地之"变盈"者，山川河岳是也；鬼神之"害盈"者，奸雄末路，每为鬼神揶偷；人道之"恶盈"者，暴富起家，多为群情怨府。盖"亏"、"变"、"害"、"恶"，自从"益"、"流"、"福"、"好"中而出，循环自然，毫无偏私。谦则不自尊，而人愈尊之，故其道光也；卑则不自高，而其道弥高，故"不可逾"也。君子戒其盈而守其谦，体造化之功，察阴阳之理，万事咸亨，而终身可行，此所以为君子之终也。

以此卦拟认事，有谦逊卑退之义，为德之基也，即礼义所由生也唯君子能之。若小人有位而自恃其显，有才而自夸其能，有功而自矜其劳，视人之有位有才有功者，则嫉妒之，谗毁之，唯期其颠覆倾败而后快，绝无相扶相助之情，偏多相轧相倾之意，何怪夫吉凶利害之相寻于无穷也哉？鲜克有终，此小人之所以为小人也。君子守谦逊退让之道，其心愈小，其德愈光，其志益虚，其道益高，人虽欲逾之，而卒不可逾也，故曰"谦亨，君子有终"。夫天下之事，始而亨者，十得八九，终而亨者，十不过一二而已，是终之难也，故其终为"君子之终"也。

以此卦拟国家，上卦者地也，下卦者山也。即以山之高，入于地中之象，是谦之义也。六五之君，虚己礼贤，不敢自作威福，一以委任臣邻，或用其"吉"以济险，或善其

"鸣"以作乐，或取其"捣"以制礼，或尚其"劳"以兴师。有文德，又有武功，愈卑下，乃愈高大。尧之克明克兴，舜之舍己从人，禹之拜昌言，所谓恭己无为而天下治者也，其皆同行谦之道者乎？后世不察，君耽暴慢，臣溺骄盈，擅权而虐下，窃位而蔽贤，品尊而德益晦，名高而行益污，君不能终其位，臣不能终其禄，凶莫大焉。无他，在不知持谦之道也，故《易》惟谦一卦，六爻皆吉，反此则凶，《易》之垂诫深远矣！

通观此卦，谦者兼也，卑而能尊，故曰兼。六爻之象，下艮上坤，艮止坤顺，能止而不上，所以谦也。夫造化之理，不足者常益，有余者常损。君子以不足留有余，以有余待不足，故有余者终不至过盈，不足者终不至大损。此两兼之道，称平之权也。诸卦以第三爻为凶地，唯谦能保终；诸卦以第五爻为尊也，惟谦独用武。盖以谦为主，则卑者尊；以无为盈，则高者危；以平为福，则盈者蓄，是"衰多益寡"之理也。下卦三爻，皆吉而无凶，上卦三爻，皆利而无害。为君而利，为臣而亦利；处常而吉，涉险而亦吉；平治利，即戡乱而亦利。爻象初六谦之始，"卑以自牧也"。六二谦之中，积中以发也。九三谦之至，以功下人也。六四谦之过，不失其则也。六五谦之尊，以武服柔也。上六谦之极，反而自治也。盖自初至三，自谦而进之；自四至上，自谦而反之。进至三而止，能济险，能扬善，能立功，一以谦行之，有以进为退之象；反至六而止，能顺则能服人，能克己，自上反下之象。盖其谦也，非以不足而谦，正以有余而用谦。故君子之谦，非委靡也，器大而识远，基厚而养定。震世之事功，处之以虚怀，及其当大任，决大疑，戡大乱，剪大恶，世之退诿所不敢任者，君子未常不兼任之也。有可为之才，而不敢为，象山之止，不得不为而后为，象地之顺，谓之"君子有终"也。

《大象》曰：地中有山，谦，君子以衰多益寡，称物平施。

山本高耸地上，今入地中，有谦退在下之义，故曰"地中有山，谦"。夫地至卑也，百步而上丘陵，人以为高，此咫尺之见而已。四隅八极，相距万里，高山峻坂，不知其几也。千仞之山，自百里之外而视之，已没而为平地，岂其山之不高哉？以地之能谦也。盖上卦居夫多，多则衰，下卦居夫寡，寡则益，圣人设象，最有深意。君子见此象，称量品物，宜酌量贫富，使人各得其平，谦之道在此，谓之"衰多益寡，称物平施"。

【占】问时运：目下平顺，有步步渐高之象。

○问商业：物价均平，利益顺适，此业可保永远。

○问家宅：此宅想近山麓，家道平顺，大利。

○问战征：营屯宜近山，须整齐队伍，严明赏罚。至五爻进师，六爻可以攻取城邑，大胜。

○问讼事：宜平和，不宜纷争。

○问疾病：是内郁之症，宜宽怀调治。

○问行人：舟行而归，吉。

○问失物：须于积土中寻见。

○问年成：风雨调顺，在不丰不歉之间，平平。

初六：谦谦君子，用涉大川，吉。

《象传》曰：谦谦君子，卑以自牧也。

此爻柔而居谦卦之初，是谦中之谦者，为笃行之君子，而在下位者也。克善其始，知必克全其终也，故曰"谦谦君子"。大凡涉江海之险，轻率急进则多失，宽容缓济则无患，故曰"用涉大川，吉"。"用涉"与"利涉"不同，"用涉"者，谓用谦道以涉之，不言期其利，而要无不利者也，故吉。《象传》曰"卑以自牧也"者，正以释"用涉大川"之义。"牧"者，驯养六畜之名。夫牧牛马，守之不使奔逸，君子之牧心，亦犹此也。能安其卑，不与人争先。此爻变则为明夷。明夷之初九，有垂翼之辞，君子涉难之象。但"卑以自牧"，不求闻达，则大难可以涉，所以吉也。又互卦（二三四）有坎，大川之象。一说牧为郊外之地，大川在郊外，故曰"用涉大川"。

【占例】某县劝业课长某，以上京顺途，过余山庄，自云："奉职某县，意欲举行劝业实际，购种牛于美国，改良品质，将劝牧畜，并大开桑园，扩张蚕业，及蒐集米麦等良种，勉劝农业。某县知事，亦乐为赞成。初着进步，后日功效，尚难预知，烦为一筮。"筮得谦之明夷。

爻辞曰："初六：谦谦君子，用涉大川，吉"

断曰：此卦以山之高，下地之低，即以尊下卑之义，故曰谦。是上而为下谋，贵而为贱谋，皆得谦退之道也。足下所占事，适合此卦义。《象辞》曰："谦，亨，君子有终"，谓谦则事无不通，终必成就。爻辞曰"用涉大川，吉"，谓此绝大事业，勉而行之，不患不成也。《象传》曰"卑以自物"，卑者卑下之事，"牧"者，牧畜也，"自牧"者，谓自愿从事于牧畜也。或谓郊外为牧，郊外者，郊野也，农桑之事，皆属之矣。

某氏感谢而归。后据所闻，某就居农场近旁，朝夕劳苦，"卑以自牧"，属僚下吏，相与共事，果得创兴厥功，悉如此占。

六二：鸣谦，贞吉。

《象传》曰：鸣谦贞吉，中心得也。

此爻柔顺中正，与三相比，与五相应，服三之刚，从五之柔，并用谦退之道，故得令闻传于远近，世人盛称其德，谓之"鸣谦，贞吉"。"鸣谦"者，非自鸣其谦，谓谦德积中，必闻于外，名誉彰著，而人皆知其谦，称为谦德之君子也。誉称其情，非自我而干誉；名符其实，非向人以沽名。谦者德之本，六二者，臣位也，人臣而过谦，恐流佞媚之嫌，惟其贞而正，故吉也。《象传》"中心得也""中心"者，谓积中而发也。

【占】问时运：目下名称藉藉，定多得意。
○问商业：得利。
○问家宅：家中积产富足，外面名声亦好。
○问战征：可鸣鼓直前，攻取中营，大捷。
○问疾病：是用心过劳之症。
○问功名：有必得之喜。
○问讼事：鸣冤得伸。
○问失物：即得。
○问六甲：生女。

【占例】 明治二十二年，闻旧友元老院议员井田氏病笃，驰往访之。时楠田三浦两议官亦相会。两氏谓余曰：井田氏有功劳于维新前后，人所共知。明治四年任陆军少将，后又任外国公使，今与余辈同在元老院。维新功臣，各有爵赏，氏独不与，余辈甚憾之。故余辈欲谋代请，俾氏生时得拜恩命也。请为一占，以卜成否。筮得谦之升。

爻辞曰："六二：鸣谦，贞吉。"

断曰：此卦以山之高，下地之低，故曰谦。以人拟之，有功高而居卑之象，恰与井田氏有功未赏相合。今诸君朋友之情，代谋申请，谓之"鸣谦，贞吉"。又爻变而为升，即升闻上达之谓也。三爻变则为地，是山崩也，料身死之时，恩命可下。

〇一书生携友人干众叶人某介书来，曰：自今将就学事，请占其气运。筮得谦之升。

爻辞曰："六二：鸣谦，贞吉。"

断曰：此卦以山之高，就地之低，以人比之，有高尚君子，不显于世之象。子临就学，得此卦，子将就高尚君子以求学也。近从乡里来，尚不知世间之广大，一到东京，得良师之教诲，日夜勤学，心愈虚而业愈进，积中发外，必得广闻令誉也，谓之"鸣谦贞吉，中心得也"。

九三：劳谦，君子有终，吉。

《象传》曰：劳谦君子，万民服也。

此爻以一阳居众阴之中，众阴皆顺之，有一人信任，万民归服之象。盖三爻为成卦之主，大公无我，人好其德，未尝期人之服，而人自服之。且艮为身，互卦二三四为坎，坎为险难；三四五为震，震为动，为知惧。身在险难，动而知惧，所谓有劳而不自居其劳者，故曰"劳谦"。爻以一阳居下卦之上，位高而责重，处己而求贤，有吐哺握发之风，《系辞》所云劳而不伐，有功而不德者也。其器度之大，识量之高，是足令天下众民畏服，如此则天下无与争功者，其位可终保矣，故曰"君子有终，吉"。以乾九三之君子，入坤而为谦，故谦之三，亦曰"君子"。艮者万物成终之象，故曰"有终"。变而之坤，坤六三曰"或从王事，无成有终"，是可见其谦之德也。

【占】问时运：一生劳苦，目下万事亨通，老运更佳。

〇问商业：经营之始，百般勤劳，今基业已成，可以永远获利。

〇问家宅：必是辛苦起家，积资成富，能复持盈保泰，家业可长保也。

〇问疾病：恐病成劳弱，天命有终。

〇问失物：后可复得。

〇问六甲：生男。

〇问讼事：枉者自服，即可了结。

〇问功名：得此劳绩，自必升用。

六四：无不利，扬谦。

《象传》曰：无不利，扬谦，不违则也。

此爻居大臣之位，上戴柔顺谦德之君，下有劳谦大功之君子，己处其中，位得其正，故上无所疑，下无所忌，谦之善者也，故曰"无不利"。然以阴居阴，德不及五，功不及三，不敢自安，动作施为，无在而不"挠谦"。"挠"字，注作挥，《本义》作发挥。挠为与挥本通，即《文言》"六爻发挥"之挥，谓发越挥发也。《象传》释之曰"不违则也"。"则"者，法则也，谓其发挥谦德，能合夫法则也。《尚书·泰誓》曰："如有一臣，断断兮无他技，其心休休焉，其如有容焉。人之有技，若己有之，人之彦圣，其心好之，不啻如自其口出，实能容之。以保我子孙黎民，尚亦有利哉。亦可见其发挥休休有容之度也。若无功而受其禄，无实而窃其名，是失其则矣。

一说：此爻在大臣之位，初六"谦谦"，如一味谦虚，未免反失权势，恐开轻蔑之渐，故戒之曰"挠谦。"盖谓谦而违其则，必招轻侮，唯不违其则，斯为之"挠谦"也。

【占】 问时运：目下正当好运，万事吉利。
〇问商业：任从指挥，无不获利；凡买卖但宜留些余步为好。
〇问家宅：盍家以谦和作事，事事吉利。
〇问战征：指挥如意，必得大捷。
〇问疾病：宜表散之，吉。
〇问六甲：生女。

【占例】 明治二十二年，某贵显来，请占某院气运，筮得谦之小过。
爻辞曰："六四：无不利，挠谦。"
断曰：此卦全卦中唯九三一阳为上所任，为众所宗，有功而在下位者也。某院众贤所集，今以阴居阴，气运委靡不振，有登用九三之望，故曰"无不利，挠谦。""挠谦"者，谓虚心以求贤，进而信任之也。

后未几，果如此占。

六五：不富以其邻。利用侵伐，无不利。

《象传》曰：利用侵伐，征不服也。

"不富"者，谓不以己之爵位为富，即谦逊之意。本《虞书》"臣哉邻哉"，邻即臣也。"以其邻"者，谓愿与臣邻同心图治，亦即德必有邻之义也。此爻居尊位。有柔中之德，以为温恭克让之君。为君而能谦顺，不以崇高自满，则天下之人，莫不归心焉，是谦德之至也。然谦虽美德，专尚柔和，或致有轻慢而不服者，故柔宜济以刚，则"利用侵伐"，威德并著，然后能怀服天下，安往而不利哉！故曰："不富以其邻"，"利用侵伐，无不利。"谦柔之过，或失威武也，圣人故发此义，防其过。一说，九三一爻，以全卦言，为劳谦之君子；自六五而言，为过刚不服之臣。《易》之取象，变动而不拘如此。

大有六五，以不自有而能有人，谦之六五，以不自用而能用人，谦之用，可谓大也。

【占】 问时运：目下虽处正运，然或有龃龉，宜自振作，不可一味姑息也。
〇问商业：所获利益，防为他人分取，致生事端。
〇问家宅：能以择邻而处，自得守望相助之义。
〇问婚姻：得邻近之女议婚，大利。
〇问疾病：利用消伐之剂，吉。

○问讼事：宜取邻人作证，得直。

○问失物：于邻家觅之，得。

（附言）山入地中，地变也，有地脉陷落之兆。余十七岁时，与静冈藩士早川和右卫门氏相知，时氏已八十余岁，语余以少时之事。天明年间，该氏修文武之业，经历诸国，时或卖卜，以充旅费。一年夏，偶至羽州象泻辏，船舶辐辏，风景奇绝。为北海之大辏，氏留此数旬。一日午后，结发于旅店楼上，见室内船虫蝟聚，初疑为此地常有，问旅店主，答曰：未尝有也。转顾左右壁上天井，悉皆船虫，因益骇异，筮之得谦之蹇。此卦山入地中，有地陷之象，《易》爻经验，未尝或爽，然如此大数，未可妄言告人，唯中心畏惧，急切收拾行李而行。时已将暮，主人劝留明朝，不听，提灯直发。山路险恶，至夜半，渐行四里许，猛闻山谷震荡，神魂惊骇，伏地傍徨。既而震息，灯火已灭。昏黑不能行，踌躇无计，远远闻有人马之声。往前问之，答以因惊受地震，驮倒货覆也。于是谓马丁曰：黑夜难以前往，不如焚火，以待天明，众皆以为然。迨晓，见有赍飞信过者，问之曰：昨夜地大震，象泻辏变陷成海，其他山谷倾倒，顿改旧形，闻之毛发悚然。《易》爻之昭示未来，灵应如此，益为惊服，至今追思，心犹凛凛。推之古老传言，洪水之年，獭凿穴于高处；大风之年，鸟不巢于乔木之梢。昔江户有大火灾，前数夜，鼠连绵结队，转渡桥栏之外，避就他处。他如老狐能知未来，鹊知前吉，鸦知前凶，皆有令人所不可解者。蠢然动物，尚感天地，预知祸福，人为万物之灵，不克前知，可谓人而不如禽兽者也。

【占例】明治二十七年，占国家气运，筮得谦之蹇。

爻辞曰："六五：不富以其邻。利用侵伐，无不利。"

断曰：此卦以山之高，入地之卑。拟之国运，在维新之际，天下牧伯，悬命于军门，脱万死而得一生，渐得平定，奉还数百年管领之封土，复古郡县之制，非尽心力于国家者不能也，盖其劳而不伐，有功而不德，厚之至也。尔后政府创行欧美文化，抚育人民，政令宽裕，世人名之曰"自由"。一时多误解自由之义，为可以放纵自由，不受朝廷节制，此诚盛世之顽民也。今占国运，得谦之五爻，其辞曰"不富以其邻"，"利用侵伐，无不利"，盖谓人居国中，往往有不事生产，徒羡他人之资财，窃效欧州社会党所为。政府虽宽厚待民，此中有不得不惩罚者。猛以济宽，亦势之不得不然也。

○明治十年，某贵显嘱余占本年国运，筮得谦之蹇。

爻辞曰："六五：不富以其邻。利用侵伐，无不利。"

断曰：此卦以山之高，屈而入地之象，故名曰谦。今圣明天子治世，又得贤明之臣辅弼，四海静谧，太平有象。当维新之初，诸侯奉命，勤劳王事，以奏复古之大业，各藩奉还封土，改置郡县，一时赞襄诸臣，皆可谓劳谦之君子也。然其间亦有功劳卓著，偶因意见不合，辞朝归隐者，朝野瞩望，以为此公谦退避位，有高山入地之象，群情惜之。朝廷因以人望所归，势不得不复征召。此公以"劳谦"自居，不应征辟，于是平日不平之徒，乘机启衅，相传而煽惑人心。朝廷见之，以为不廷之臣，不得不用侵伐，是九三过谦，而败于谦之象。当时任侵伐之权者，上六之臣也。上六与九三，阴阳不应，《易》谓之敌应，是以曰"利用行师，征邑国"也。既而此年果有西南之乱，征讨之议，某贵显所专任。战经数月，贼军扑灭，王师凯旋，既爻辞所云"利用侵伐，无不利"。至明年五月，某贵显过东京纪尾井坂，猝罹暴徒之毒，迄今西海有九三之塚，东京有上六之塚。占爻早隐示其兆,愈知天命之不可诬也。

〇明治二十九年冬至,占三十年台湾之施政,筮得谦之塞。

爻辞曰:"六五:不富以其邻。利用侵伐,无不利。"

断曰:此卦以山之高,下地之卑,故名曰谦。夫台湾之地,当明季为郑成功所据,后为清人战而取之,故岛民常不驯服清国。清廷苦其难驭,使满洲人监之。满人不通南方风俗人情,驾驭不奏其绩,唯以多得蛮人首级,受清廷赏誉为功。往往台湾知县,聚广东福州等剽悍之徒,有蛮人不服者,则使之伐之,窃为得施治之方。是以剽悍之徒,常施诈谋奇计,或设陷井,伐蛮人犹猎禽兽。积年之久,蛮人复仇之念,不能复已,争斗殆无虚日。今归我版图,务镇抚其民,专施恩惠,以得该地之奥情。然彼一时不知戴德,亦无可如何。在我官吏,亦苦于风俗之不同,言语之不通,每于施政,终相隔膜。是以抚恤岛民,格外宽柔,恰有以山之高,下地之卑之象。盖蛮民之凶悍,屡起骚乱,抗拒官吏,此台湾总督府所深患也。加之为之魁首者,清国阴为输送铳器弹药,我若以武力镇压之,外国宣教师等,将訾我处置之残酷,故总督府亦不能不踌躇也。今占得五爻,知本年尚有匪众未靖之象,不得不一奋兵威也。我兵士之出征,军用甚巨,区区台湾之势,有必不敷岁入,不得不以国帑偿之,谓之"不富,以其邻"。化外之民,以武力压之,谓之"利用侵伐,无不利"。就此五爻推之,明年值上爻,又有"鸣谦,利用行师,征邑国"之象,不如今年剪伐,毋使复滋也。

上六:鸣谦。利用行师,征邑国。

《象传》曰:鸣谦,志未得也。可用行师,征邑国也。

此爻不中而在上卦之极,即处谦之极。处极谦之地,而未得其志,所谓不得其平则鸣,故曰"鸣谦",与六二之"鸣谦",诚中而发者,辞同而义异。六以柔处柔,柔而未得其志,不能不济之以刚,故曰"利用行师,征邑国"。《象传》换"利"字以"可"字,可者,谓当其时之可,可则用,不可则已。上六之用师,岂得已乎?故断曰"可"。然邑国属己之小国,上六才柔,未足克大敌,力柔不足兴王师,是以有不能昭神武于天下,振王威于华夷之意。《象传》曰"志未得也",中心未得之意,亦可见也。豫之利行师,用其顺而动也;谦之利行师,用其顺而止也。

【占】 问时运:盛运已过,目下未见得意。

〇问商业:有名无实,宜整顿旧业。

〇问家宅:防有怪祟,时作响动,用法镇压治之。

〇问疾病:宜自调养心志。

〇问六甲:生女。

【占例】 明治九年,应某贵显之嘱,为占一事,筮得谦之艮。

爻辞曰:"上六:鸣谦。利用行师,征邑国。"

断曰:此卦有以山之高,入地之卑之象,恰如有功大臣,去高位而就下位,辞俸禄而隐山林,使天下之人,皆颂扬其谦德也。是以众望益归之,君上亦屡征召之,其人终谦逊而不应,迨至有可疑之迹,于是朝廷不得不声其罪,而用侵伐。上六为九三之应,虽惜九三之为人，庙议命讨，不得已也。"鸣谦，志未得""利用行师，征邑国"之辞，可玩味也。上爻变而为艮，见内外两卦，显现二冢之象，当时苦不得其解，至翌十年，西海起一冢，十一年东京又起一冢，遥见东西相对。余一日，与某贵显谈往事而及此，感天命之可畏，相与悚然者久之。

䷏ 雷地豫

按豫字从象，从牙，左旁之牙垂地，象之大者也。象性柔缓，进退多疑，以其外行安舒，一俯一仰，而不抑藏，故以安舒不抑藏为豫，遂以豫名卦。卦体坤下震上，坤下顺而载乎上，震上动而振乎下，盖谓扬舒于外，而不抑藏于内，是以为豫也。豫与谦对，《序卦》曰："有大而能谦必豫，故受之以豫"，此豫所以次于谦也。

豫：利建侯行师。

豫，和悦也。震动也。坤顺也，上动而下顺，故"利"。坤为国，震为侯，是以利于建侯；坤为业，震为行，是以利于行师。夫不动则不威，不顺则不利，以顺而动，所以君立而民顺，师出而有功，利莫大焉，故《传》曰"顺以动"。主万帮，集大众，非豫不能也。

《象传》曰：豫，刚应而志行，顺以动，豫。豫顺以动，故天地如之，而况建侯行师乎？天地以顺动，故日月不过，而四时不忒；圣人以顺动，则刑罚清而民服。豫之时义大矣哉！

卦体下坤上震，震雷坤地，有雷出地奋之象。坤地静也，纯阴主闭，闭极则郁结而不畅；震动也，阳气动而万物出，故悦。九四一阳当坤之交，静极而始动，闭极而始宣，不先不后，应时顺动，故曰豫。夫天下之事，逆理而动者，其心常劳，其事多难，唯以顺动，从容不迫，此心安和，故"刚应而志行"，全在顺以动之也。顺而动，在天则"四时不忒"，在人则动止和顺，其"建侯"也，屏藩王国，其"行师"也，吊民伐罪，皆出于豫乐之义，谓之"刚应而志行，顺以动，豫"也。盖"顺以动"三字，为此卦之德性，故"天地如之，况建侯行师乎"？天地顺动以下，言豫之功用无比。"日月不过"者，谓日月之行度无过差；"刑罚清而民服"者，谓圣代至治之准则。狱讼衰息，民志大畏，协中而民服也。盖圣人无心，唯顺物而动，彼善则顺其善而赏之，彼恶则顺其恶而罚之，不敢稍存偏私。刑无过刑，罚无过罚，而刑罚自清。如此皆出于"顺动"之德。三才之道，万物之理，皆不过此，故曰"豫之时义大矣哉"。《象传》前曰"顺以动"，后曰"以顺动，""顺以动"者，就卦象之自然释之；"以顺动"者，就人事之作用而说。曰"天地"，曰"圣人"，相对而言也，后"则"字，对上文，当用故字，今曰"则"字，大有意味。"天地以顺动"者，即亘万而无有退转，必然之定理也，以"故"字承之。《易》中单称"圣人"者，即指天子，盖必有圣人之德者，而后富有四海，尊为天子，是谓顺命。文王、周公、孔子之圣，皆不得其时，不得其位，是则圣人之在天位，有不可必然者，故后文以"则"字承之，是此篇之主眼，《易》教之本意也。故以天地日月四时为宾，以圣人为主，重在圣人一句，读者勿匆匆看过。

凡《象传》用"大矣哉"，共有十二卦，其上有曰"时义"，有曰"时用"，或单言

"时"。其中曰"时义大矣哉"五卦，豫、随、遁、姤、旅是也。言浅旨深，欲人熟思之也。曰"时用大矣哉"三卦，坎、睽、蹇是也。虽皆非美事，圣人有时而用之。曰"时大矣哉"四卦，颐、大过、解、革是也，皆因大事变而警诫之。要之其义各有取也。

以此卦拟人事，此卦五柔一刚，其人必多柔少刚。柔主顺，刚主动，柔必应刚而能行，故曰"应"。夫"刚应而志行，顺以动，豫"，天地之动，日月往来，而四时乃定。圣人则之，以定刑罚，而万民乃服。人处天地之中，沐圣人之化。人而在下，无所谓建侯，凡求友亲师者类是；无所谓行师，凡祛邪嫉恶者类是，凡有所动，皆当法天地之顺，斯动无过则也。能顺天地，则天地亦顺之，使得永保其安豫；若过豫而不省，则必将为初六之"凶"，六三之"悔"，六五之"疾"，上六之"冥"，是自失其豫矣。其为豫，乃其所为忧也，必如六二之"介"，九四之"勿疑"，斯得焉。人固当顺理而动，动顺夫理，动乃无咎，所以豫也。

以此卦拟国家，震为动而在上，坤为顺而居下，上动下顺，是上行威令，下皆顺从也，故曰"主万帮，聚大众，非豫不能也"。夫天下之人不同，其心同也，天下之心不同，其理同也，己能顺理而动，则人莫不顺之。九四一阳，居执政之位，有刚明之德，威权赫赫，以统治国家，故卦中众阴皆和顺而悦服。震为侯，为建，坤为国，为臣民，为顺，即为臣民服从之象。四为成卦之主，与六五之君，阴阳相比，而辅佐之，使万民豫乐和顺。至其行政，一法天道，如寒极则温风至，暑极则凉风至，世之所好好之，世之所恶恶之，赏罚公明，毫无私意，是豫之时也。但执政负国家之重，威权独揽，未免近逼，或致动群僚之"疑"，启君心之"疾"，尾大不掉，亦可惧也。唯当尽其至诚，勿有疑虑，乃能合众力以安其上，庶几上之信任愈隆，将赏其功劳，而封建为侯，有不服王命者，即命之以征伐。上卦震之方伯，动而俱进，下卦坤之众民，悦而顺从，谓之"利建侯行师"。四体震，震为长子，故曰"建侯"；以一阳统众阴，故曰"行师"。此卦五爻以下，有比之众，比为建国亲侯，故曰"建侯"；三爻以上，有师之象，故曰"行师"。"利"字括"建侯""行师"两行，豫之时势如此。上下悦乐之余，豫之极，危之基也，所当反之以谦，一转移而天下治乱安危系焉。唯其善则归君，过则归己，利公而不专，害审而不避，是为大臣处豫之道，而上下交泰矣。

通观此卦，其要旨不出"顺以动"三字。凡顺之至者，不动则不悦；动而顺应，故悦。未顺则不先，既顺则不后，由气机之自然而已。豫之时心劳意足，其乐已极。处乐之极，遂至纵情逸欲，流连忘返，亦恒情所不免也。圣人忧之，故未豫而先者为"鸣豫"，不动者为"介"豫，坐而观者为"盱"，当豫而顺者为"由"，过豫而不忘者为"疾"，极豫而忘返者为"冥"。在初爻则戒其"穷"，在六三则警其"悔"，在六五则防其"疾"，在上六之"渝"，则危不可长，幸其终改。"鸣"、"盱"、"疾"、"冥"四者，居豫之咎，所谓失豫者也。唯六二之"介于石"，为能熟察忧乐治乱之机，故顺莫善于"贞"，动莫善于"由"，"贞"以待顺，"由"以行动，由未豫而豫必至，既豫而豫不忧。天地圣人之悦豫无疆者，惟其能处乎豫也。读此卦而圣人谆谆于世之意，可见矣。

按，六爻言豫不同。初六上六之豫，逸豫也；六二之豫，几先之豫也；六三之豫，犹豫也；九四之豫，和豫也；六五之疾，弗豫也。《象》之言豫，众人和同之豫也；爻之言豫，各人一己之豫也。要之示悦豫之必与众同，非可自私之意也。盖人事不可无豫，人心不可有豫也。

《大象》曰：雷出地奋，豫，先王以作乐崇德，殷荐之上帝，以配祖考。

雷者，得时而奋出地上，阳气宣发，震动有声，足以鼓动天地之和发越阴阳之气，通达和畅，豫之象也。故先王法震之动以作乐，为象其声以鸣盛也；先王法坤之顺以崇德，为明其体以报功也。盖乐之作也，近而闺门，远而邦国，显而人事，幽而鬼神，无不用之。至于荐上帝而上帝来格，配祖考而祖考来享，幽感明孚，豫之所以为豫也。故履为《易》中之礼，豫为《易》中之乐，人君克体此意，以使万民乐和，豫之至也。

【占】问时运：目下如春雷发动，正得时会，万事皆吉。
〇问商业：时当新货初到，市价飞腾，绝好机会，必得大利。
〇问家宅：防有变动，宜礼神祭祖，以祈福佑，得安。
〇问疾病：宜祷。
〇问战征：雷厉风行，必胜之兆。
〇问功名：所谓平地一声雷，指日高升之象。
〇问失物：自然出现。
〇问六甲：生男。

初六：鸣豫，凶。

《象传》曰：初六鸣豫，志穷凶也。

"鸣豫"者，自鸣得意之谓，悦豫之情动于心，而发于声者也。初爻阴柔不才，居最下之位，与四相应，恃其爱眷，心满意溢，不胜其悦，应而自鸣，其凶可知也，故曰"鸣豫，凶"。《象传》曰"志穷凶也"。"穷"谓满极，初才得志，便为满极，盖时方来而志，已先穷矣，故凶。一说穷在凶下，谓志凶穷也。

按豫初六，与谦上六相反，谦上曰"鸣谦"，应九三而鸣也；豫初曰"鸣豫"，应九四而鸣也。鸣人之谦吉，鸣己之豫凶，故曰："谦可鸣，豫不可鸣也。"

【占】问时运：初运颇佳，但一经得意，使尔夸张，以致穷也。
〇问商业：初次必得利，不可过贪。
〇问家宅：恐鸟啼猿啸，致有怪异之惊，凶。
〇问疾病：不利。
〇问讼事：鸣冤不直，宜自罢讼。
〇问失物：不得。

【占例】余一日赴横滨访亲友某氏，客有先在者，求余一占。筮得豫之震。
爻辞曰"初六：鸣豫，凶。"
断曰：此卦九四一阳，得时与位，威权赫赫，上下五阴皆从之。今足下得初爻，四爻阴阳相应，有大受爱顾之象。足下得其爱顾，藉其权势，颇有扬扬自得之意，谓之"鸣豫，凶"。占筮如此，劝足下宜顾身慎行。客怫然而去。
客归后，主人告余曰，彼以其女为某贵显之妾，时时出入其邸，卑鄙谄谀，无所不至。时或假贵显手书，历赴诸外县，以营私利。又临豪商等集会宴席，举动效如贵显亲族，诳惑俗人。今君占断，道破小人心事，使彼不堪惭愧而去。

六二：介于石，不终日，贞吉。

《象传》曰：不终日，贞吉，以中正也。

"介于石"者，谓操守坚固，而不可移动也。夫逸豫之道，恣则失正，故豫之诸爻，多不得正，唯此爻以中正居阴，其与九四之刚，非应非比，有自守独立之操，其节之介，犹石之坚也。夫人之处豫也，或洋洋而自得，或恋恋而不舍，或昏迷而不悟，是皆失其正中矣，遂致豫方来而祸即随之，世之不知自守者，往往如此。六二独节操坚固，不为外物所动，知豫乐之不可恋，而去之不待终日，其察理甚明，其操身甚固，其审几甚决，其避患甚速，故曰"介于石，不终日，贞吉"。"介"者，坚确不拔之谓，所谓"不以三公易其介"者是也。惟其能介，是以中正也。《象传》曰"以中正也"。惟"以中正"，故能辨之明，知之速也。按此爻互卦为艮，艮为石，故有"介于石"之象。

【占】问时运：其人品行高尚，不随世为隆汙，吉。
〇问商业：能决定己志，不为奸商摇惑，贩运快速，获利。
〇问家宅：主家者宜严正持之，凡非人来往，速宜斥绝。吉。
〇问战征：所谓守之如山，发之如火，能审机也。
〇问疾病：新疾即愈，凤疾即亡，终日间也。
〇问六甲：生女，即产。

【占例】明治二十二年，某局属官某氏来访，曰：余自明治四年创局之始，奉职一等属，尔来十八年，日夜黾勉，当事务多端之冲，未尝少息，足下之所知也。部下新任者，多升上任，今日居我上者，大概昔日之部下也。凡所升迁，亦非有过人之学问，余甚不慊于意。本欲辞职，犹恐别无位置，是以郁郁居此。请为一筮，以占后来气运。筮得豫之解。

爻辞曰："六二：介于石，不终日，贞吉。"

断曰：此卦九四一阳，专擅威权，五阴不得不应之。今占得二爻，与九四非应非比，故于足下眷顾独薄。在足下品行中正，不事谄媚，唯以坚守职务为事，确乎不拔，如石之介，凡非分之事，唯恐浼焉，避之甚速，故曰"介于石，不终日，贞吉"。然自二爻进之四爻，气运一变，三年后，必可升进。

后至明治二十四年，此人果升高等官。

六三：盱豫，悔，迟有悔。

《象传》曰：盱豫有悔，位不当也。

"盱"者，为张目企望之象，譬如见鸟之飞，仰瞻太空，见鱼之泳，俯眄深渊，不胜眷恋，故曰"盱豫"。六三阴居阳位，不中不正，其所盱者，盖上视九四之权势，而欲趋附之也。九四为一卦之主，居大臣之位，独擅威福，众阴皆归附之，六三是以唯盱瞻视，欲冀攀援，以固豫悦，谓之"盱豫"。九四以其窥探窃视，不得中正，为所鄙弃，是以有悔也。既知其悔，当翻然立改，效六二之介，决意远避，不俟终日，悔复何有？若一念以为悔,一念以为豫,迟疑不决,流连不返,悔必难免矣,故曰"悔,迟有悔"。"迟"之一字,可谓当头一棒,提醒昏昏,教其及早审悟也,最当玩味。《象传》曰"位不当也",谓其柔居阳位,优柔不决,不当其位也。此爻变则为巽为不果,故知悔而犹不改,有迟疑不决之象。

【占】问时运:目下运非不佳,在自己作为不正,是以有悔。
○问商业:能窥探商情,为商家之能事。然一得消息,卖买宜决,若一迟疑,便落人后。
○问家宅:须防窃盗,宜速警备。
○问失物:速寻则得,迟则无矣。
○问讼事:宜速了结。

【占例】某县官吏,携友人介书来访,请占气运。筮得豫之小过。
爻辞曰:"六三:盱豫,悔,迟有悔。"
断曰:此卦九四一阳得时,上下五阴皆归应之,足下占得三爻,与四爻阴阳亲比,可知长官意气相投。然在他人见之,或未免有阿谀长官,假弄威福之嫌。今后宜注意,毋贻后日之悔。
后闻长官转任他县,此人请附骥尾,其事不成,遂辞其职。

九四:由豫,大有得。勿疑,朋盍簪。

《象传》曰:由豫,大有得,志大行也。

九四以一刚统率众阴,为一卦之主,凡众阴之所豫,皆由九四之豫而为豫,故曰"由豫"。四近五,居大臣之位,承柔弱之君,负天下之重,包容诸柔,独得倚任,任大责重,故曰"大有得"也。但当此信任过重,易致招疑,惟能开诚布公,自然无复疑虑矣。"勿疑",乃能率众阴以奉上,犹如簪之贯众发而不乱也。"盍",合也;"朋",即众柔也。四刚而位居阴,犹得与诸柔相类为朋,故曰"勿疑,朋盍簪"。夫疑则生隙,隙则生忌,忌则众情离散,百事丛脞,虽有安豫之鸿业,必不能得其终也,故戒以"勿疑"。斯猜疑悉绝,上下同心,秉至诚以图事,合群力以从公,众贤汇萃,德泽宏施,足以成天下之豫者,斯之谓欤?《象传》曰"志大行也",即所谓得志则泽加于民,功施于后。大道之行,可由豫而致也,庶乎交泰之道矣。此卦自初爻观之,为权臣,其豫者逸豫也;自四爻观之,为任政之贤臣,其豫者,和豫也。《易》道之变动不居如此。

【占】问时运:目下正大运方通。
○问商业:会萃众货,大得利也。
○问家宅:门庭豫顺,得财得福,大有之家。
○问功名:即卜弹冠之庆。
○问讼事:由此罢讼,两造豫悦。
○问行人:必主满载归来。
○问出行:由此前行,一路顺风,大得喜悦,可"勿疑"也。
○问六甲:生男,易长易成,且主贵。
○问失物:即得。

【占例】 一日缙绅某来，请占某贵显气运，筮得豫之坤。

爻辞曰："九四：由豫，大有得。勿疑，朋盍簪。"断曰：此卦春雷得气，奋出地上，有扫除积阴，启发阳和之象。拟之国家，必是祛谗进贤，能致太平之硕辅也。此爻九四一阳，居执政之大位，负国之重任，上承君德，下集群才，斯得大行其志，以启豫顺之休也。今占某贵显气运，得此爻，在某贵显，刚毅有为，德望夙著，固不待言，唯爻辞"勿疑"二字，最当审慎。盖一有疑心，则上下猜忌，庶政丛脞，必不能臻太平之治，故曰"勿疑，朋盍簪"。是某贵显所宜注意也。

缙绅闻之，甚感《易》理精切，曰：吾他日当转语诸某贵显。

〇明治二十八年四月九日，占我国与清国和议之谈判，筮得豫之坤。

爻辞曰："由豫，大有得。勿疑，朋盍簪。"

此卦雷出地奋，有威武和乐之象。今占得四爻，爻辞曰"由豫，大有得"，盖谓两国和议，成后大得有为，豫顺之休，由此来也。又曰"勿疑，朋盍簪"，谓从此两无猜疑，如唇依齿，并将合宇内友邦而同欢，犹簪之贯万缕之发而为一也。和议之成，可预决也。

四月十七日，果议和约成。

此卦《大象》曰："先王以作乐崇德，殷荐之上帝，以配祖考。"曰"上帝"，曰"祖考"者，即伊势大庙以下历代之皇灵也。

六五：贞疾，恒不死。

《象传》曰：六五贞疾，乘刚也；恒不死，中未亡也。

"贞疾"者，痼疾，谓不可愈之疾也。上下耽逸乐，即"贞疾"之症。此爻柔中而居尊位，信任九四，九四阳刚得权，众皆归之。六五柔弱之君，受制于专权之臣，欲豫而不能自由，战兢恐惧，中心凛凛，常如痼疾之在身，故曰"贞疾"。疾者豫之反也，《书·金滕》曰，"王有疾，不豫"是也。顾六五虽阴柔，其得君位者，贞也，其受制于下者，疾也，虽失权，其位未亡，故曰"恒不死"。《孝经》曰，"天子有诤臣七人，虽无道，不失其天下"，此之谓也。夫升平之久，人主恒耽逸豫，非以刚暴失势，必以柔懦失权。势孤于上，权移于下，虽未遽亡，而国事日非，为人君者，安可不戒哉！《象传》曰"中未亡也"，盖为四所逼，心恒有疾，幸而得中，故未亡，然曰"未亡"，亦几几乎将至于亡矣，危矣哉！

按六二与六五，并贞者也。贞者不志于利，故不言豫，然其所以贞不同，故六二得吉，六五得疾。六二本不屑从四，可则进，否则退，故吉；六五以阴居阳，力不能以制四，而心甚疑忌之，故其贞适足为疾而已。贞虽为疾，其中之所守未亡，故"恒不死"，可知居贞之可恃也。

【占】 问时运：知其人本尊贵，因素性柔弱，不能自振。

〇问商业：其基业甚好，因用人不当，钱财落他人之手，几致亏耗。

〇问家宅：恐被借居者侵占，业主反不得自主。

〇问战征：以偏将擅权，主帅失威，虽未丧师，亦幸免也。

〇问疾病：是带病延年之症。

〇问六甲：生男，必有病。

〇问失物：可得。

【占例】 相识之富豪某,请占其气运,筮得豫之萃。

爻辞曰:"六五:贞疾,恒不死。"

断曰:此卦就一家而论,有家产殷富之象。九四一阳擅权,上下五阴皆应之,如一家之中,旧管家统辖家政,主人居虚位而已。今足下为海内屈指富豪,承累世之旧业,专任一能事管家,统辖事务,主人不得自主,而反受其所制,虽豫乐而不能自由,其状恰如宿疾在身,心甚快快。幸守此祖宗遗规,不致陨坠,谓之"贞疾,恒不死"。

〇明治二十八年十月以来,余横滨本宅侍女,年四十五,罹疾几至危笃,医师多言不治。筮得豫之萃。

爻辞曰:"六五:贞疾,恒不死。"

断曰:豫者雷出地奋之象,在人为得春阳之气,精神尚能透发,未至衰亡。此疾虽危重,尚不至死。但快愈之后,不能强健如故,犹可延其余喘也,谓之"贞疾恒不死,中未亡也"。

后果得快复,今(三十二年)尚存也。

上六:冥豫。成有渝,无咎。

《象传》曰:冥豫在上,何可长也。

"冥豫"者,昏冥于豫,而不知返者也。此爻以阴柔之性,居豫乐之极,纵欲而不顾,极乐而无厌,故谓之"冥豫"。上六居豫之终,在卦之上,纵情逸欲,不觉其非,如人幽冥之室。下卦坤,坤为冥,是过顺之咎也;上卦震,震则动,动则变,变则渝,是以有"渝,无咎"。凡人之溺情私欲者,亦苦于不知改变耳。此爻有雷厉之性,虽昏迷既成,一旦阳刚发动,便能改志变行,复归正道,夫复何咎?《象传》曰,"冥豫在上,何可长也,"示逸豫之不可长,以劝人之反省自新也。故爻辞不责其"冥"之凶,而反称其"渝"之"无咎",意深哉! 此爻变则为晋,则无冥暗之咎。凡《易》曰"渝"者,当以变卦观之也。

【占】 问时运:目下歹运已极,好运将来,翻然振作,大有可为。

〇问商业:宜作变计,改旧从新,必得利益。

〇问家宅:老宅不利,或迁居,或改造,吉。

〇问战征:宜别遣主帅,改旗易辙,乃可得胜。或更就别路进兵。

〇问讼事:宜罢讼和好,无咎。

〇问六甲:逾月可产,得女。

【占例】 友人某来谓曰:现今商事繁忙之时,别有见机,着手一事,请占其成否? 筮得豫之晋。

爻辞曰:"上六:冥豫。成有渝,无咎。"

断曰:"冥豫"者,昏冥于豫,是所谓沉溺而不悟者也。在商业上,是妄想图利,而不知其害也。急宜变志,斯可免咎。爻象如是,当知所戒。

某闻此言,大有所感,返守旧业,免致破产。

䷐ 泽雷随

随泽上雷下。震奋下，兑虚上，其中疏流，则内动不自主，而顺从外。从外，故曰随，遂以随名卦。兑为少女，震为长男，以少女从长男，是随之义也；兑为泽，震为雷，雷震泽中，泽随而动，是随之象也。其义其象，皆取以阳下阴，阴必悦随，朱子所谓"此动彼悦，成随"是也。《序卦》曰，"豫必有随，故受之以随"，盖为豫悦之道，物来随己，己亦随物，此随之所以次于豫也。

随：元亨利贞，无咎。

卦体震自下而震动，兑在上而感悦，从而应和之，为随。盖有舍己从人，乐取于人以为善，故随之道，可以致大亨也。震为健，得夫乾，故曰"元亨"；巽于地为刚卤，合夫坤，故曰"利贞"。《杂卦》曰"随无故也"，谓上下各从其所处而安，不待有所为也。无故则无事，无事则何咎之有？然失之贞正，则枉己徇人，易于有咎，亦足戒也。

《象传》曰：随，刚来而下柔，动而说。随大亨贞，无咎，而天下随时，随时之义大矣哉！

此卦本坤下乾上之否，否之卦顺以随健。今否之上爻，下入坤之初爻，而为震，其初九为成卦之主；否之初爻，上入乾之上爻，而为兑。是以阳下阴，以高下卑，阳动阴悦，物来随我，我亦随物，谓之随。"刚来而下柔，动而悦，随"也，是随之义也。凡人君之从善，臣下之奉命，学者之从义，子弟之从师，皆随也。至于人之从天，欲之从理，邪之从正，为随之善者也。随之道利贞正，若反之，则谓之诡随，即违夫时矣。君子随时而动，随时而悦，各得其宜，是以所为无不奏功，故曰"随大亨贞，无咎"。随之义，以动而随，不动则必不能随；以悦而随，不悦则必不欲随。雷发于下，雨水随之降于上，是泽随夫雷，上随夫下也；违其时，则雷不动，泽不悦，上下必不相随。不知随之道，必宜合时，推之天下，阴阳刚柔，莫不皆然，故曰"天下随时"。随之时义如此，岂不大哉！

以此卦拟国家，则内卦为人民，行动勤勉，从事职业，不敢上抗政府，唯从政府之所命；外卦为政府，不挟威权，唯施悦民之命令。故得上下君民之间，亲密和悦，上倡下顺，天下和平，人心镇静，此随之时也，谓之"随，元亨利贞，无咎"。当此之时，九五之圣明在上，居中正之位，廓然大公，相孚于善。君能虚己从臣，臣更恭顺以从君，是以初爻则"有渝"而不失其正，二爻则有"系"而不免于私，三爻则以"居贞"而"有得"，四爻则以"在道"而无咎，上爻则以"从维"而"用享"。总之，从正则吉，从邪则凶；非随之咎，其所以随者自取其咎。夫人臣随君，以诚相通，是以"元亨"；事必"在道"，以正相从，是以"利贞"。如是则君之随臣者，谏则必纳，言则必听；臣之随君者，令无不从，命无不奉。斯以动感悦，以悦应动，上下相随，而治事"大亨"，故曰："随时之义大矣哉！"

以此卦拟人事，唯在以强随弱也。夫阳刚之人，不肯下人，是以人心常多乖离，而事业概不得成。若能以刚下柔，措置得宜，则众心必服，何咎之有？随者，不专己之意，即舍己从人，取人为善，其机甚捷，其理甚顺，其功必易成，故曰"元亨"。然随之道，有正有邪，苟其一于柔顺，必致枉道以徇人；过于容悦，则将违道而干誉，是失随之正也。

惟其动其悦，悉随夫时，内不失己，外不失人，斯随得其正，咎何有焉！故曰"利贞，无咎"。《易·象》中系"元亨利贞"之辞者凡七，乾、坤、屯、随、临、无妄，皆在上经，革一卦在下经，皆大有为之时，以我得乘时之势，曰"元亨利贞"。"元亨利贞"之解，详乾下，须参看。随时之义甚大，推之造化，则震者春也，东方之卦也，万物随之而生，兑者秋也，西方之卦也，万物随之而成，故春生之，夏长之，秋成之，冬藏之，各随其时也。天下之理，不动则无所随，不悦则不能随。是随之义也，人事莫不皆然。

通观此卦，三阳三阴，初九以阳与六二遇，阳之随阴也；九五之孚上六，亦阳之随阴也；六二以阴居阴，是阴之从阴也，故曰"系"。有系必有失，不言凶咎，而凶咎可知。六三以阴居阳，是阴之从阳也，以阴故亦曰"系"，然系所当系，系即随，故曰"利居贞"。九四是以阳而随阴，逼近于五，刚而有获，臣道凶矣；惟能感之以诚，保之以哲，复有何咎乎？九五尊位，上动下悦之主，取人以为善，吉莫大矣。上六以柔顺居随之极，极夫随者也，能善用其系，系亦得其正也。总之，随之道，宜随时为动，从宜适度，处以至诚，出以大公，不特可感格群民，且可用享上帝，将率天下为随时矣。君子观此爻，而知随时之义甚大。盖前卦自豫来，悦以随时，无拂逆之情，《序卦传》曰，"豫必有随，故受之以随"，人能谦以致豫，则能悦以随时。不谦则安能豫？不豫则安能随？三者道同，而机会相因。机会者，惟在于时而已，而适时莫如随。然"随必有事"，有事而后蛊，此所以蛊次于随也。是故随如文王之事殷，蛊如武王之造周。夫《易》者不测之神藏，圆妙之灵府也，观之于万物，推之于万事，无所不在，无所不赅，非神圣之道，则安能如此乎？

《大象》曰：泽中有雷，随，君子以向晦入宴息。

此卦以震阳陷兑阴，有藏伏之象，《象》曰"泽中有雷，随"，不曰雷之动，而曰雷之有，《本义》以雷藏泽中释之，深得其旨，盖知象之取义，在雷伏势时也。君子观此象，故不言动作，但言"宴息"。雷之伏藏，在寒冬，人之宴息，在"向晦"，盖亦各随其时也。君子应天而时行，时当"向晦"，入居于内，宴息以养其身，起居随时，惟宜自适。盖其动也，与雷惧出；其静也，与雷俱入。豫之"作乐崇德"，大壮之"非礼弗履"，无妄之"茂对时育"，皆法春雷之动也；复之闭关息旅，随之向晦宴息，皆法秋雷之藏也。夫舍百为之烦扰，就一枕之安闲，所以养精神于鼓舞之余，以为将来应用之地。故以形息者，凡民所同；以心息者，君子所独。君子虽才德兼备，当随时适宜，否则亦必有咎，是以遇随之时，韬智藏德，辞禄不居，养晦以遵时，抱道而伏处。文王之服事殷纣，勾践之隐会稽，皆得向晦宴息之义者也，谓之"君子以向晦入宴息"。互卦三、四、五为巽，二、三、四为艮，巽为入，艮为止，即入而止息之象也。

【占】问时运：目下气运平常，宜暂时晦藏，明年利于远行，至第五年，则可得利。
○问战征：宜退守，明年当小有功，必俟六年，斯敌皆就缚矣。
○问商业：有货一时难售，来春可以获利。
○问家宅：防有伏怪，夜间致多惊惧。
○问讼事：恐有牢狱之灾，明年又防征役远行。凶。
○问失物：宜在枕席间觅之。
○问六甲：生女。
○问行人：即归。

〇问出行：以明年为利。

初九：官有渝，贞吉。出门交有功。

《象传》曰：官有渝，从正吉也。出门交有功，不失也。

此卦六爻，各以随人立义，专取相比相从，不取应爻。"官"，谓心之官，凡人作事，皆以心官主之。"渝"者变也，"有渝"者，谓变易其所主司也。官虽贵有守，处随之时，不可不知权变，变者趋时从权之谓也。此爻刚而得正，为成卦之主，主者不可随人，故不言随。有渝"而得其正，故曰"贞吉"。"出门"则所见者广，所闻者多，不溺于私，惟善是从，则随不失时，变不失正。虚己听人，广交而有功也，故曰"出门交有功"。

【占】 问时运：目下正当换运之时，交入新运，一动便佳，尤利出门。
〇问商业：货物当贩运出外，得利。
〇问家宅：当以修造吉，或迁居出外，更利。
〇问战征：击东者变而击西，击南者变而攻北，吉。
〇问疾病：恐药不对症，宜改变药饵，乃吉。或于远方求医，更利。
〇问失物：门外寻之，得。
〇问六甲：生男。

【占例】 占友人某就官，筮得随之萃。
爻辞曰："初九：官有渝，贞吉。出门交有功。"
断曰：此卦兑上震下，为刚阳伏而从阴，是随卦之所取义也。今占得初爻，足下虽学力刚强，不得不俯从愚柔，亦时为之也。凡始入仕途者，以不熟事务，每事须从老成之指挥，是又随之道也。此中固不能自主，所当舍己而从人，谓之"官有渝，贞吉"。又不宜独处，所当广交以集益，谓之"出门交有功"。
后果如此占。

六二：系小子，失丈夫。

《象传》曰：系小子，弗兼与也。

刚有以自立，谓之随，柔不足自立，谓之系。故初、四、五，刚不言系，二、三、上，皆柔曰系。随则公，故无失；系则私，故有失。六二以柔居阴，与四隔位，遂系乎四，四阳而居阴，谓之"小子"，是隔位为系之谓也。系四则不能比初，初爻为随之主，是谓"丈夫"，故曰"系小子，失丈夫"。旧说谓二系初。失在初，阳犹微，谓之小子，五居尊位，谓之丈夫。然初为卦主，何得曰小子？五为君位，何可曰丈夫？且阳爻为丈夫，初阳爻也，目为小子，其说亦反。夫人之所随，得正则远邪，从非则失是，六二系失所系，虽无凶咎之辞，其不吉可不言而知。《象传》曰"弗兼与也"，谓天地之道，无两全之义，"系小子"，必"失丈夫"，理之当然也。

【占】 问时运：目下气运颠倒，宜自审慎。
〇问商业：有贪小失大之惧。

○问家宅：阴阳倒置，有女子小人弄权，反致家主受制之象。

○问战征：只能捉捕敌兵，未获斩将拔旗之捷。

○问六甲：生女。

○问失物：小品可得，大件必失。

○问婚嫁：恐非良缘。

【占例】 熊本县人尾藤判事，曾学《易》于余。同氏有女年十八，容貌艳丽，时某缙绅丧妻，以媒求婚于氏，氏因请占其吉凶。筮得随之兑。

爻辞曰："六二：系小子，失丈夫。"

断曰：此卦刚从柔之象，而非柔从刚之时也。今足下卜嫁女，则女家为柔，而男家为刚也。爻象以刚从柔，殊嫌相反。二爻曰"系小子，失丈夫"，想某缙绅必是老夫也，令女或不喜之，宜嫁少年小子，斯两相得也。

氏闻之，如有所感悟曰：夫妇者，女子终生之事也，不可以亲之所好，枉女子之志。遂谢缙绅。

六三：系丈夫，失小子。随有求得，利居贞。

《象传》曰：系丈夫，志舍下也。

"丈夫"，指初九；"小子"，指九四。初为随卦之主，以刚居阳，出门有功，谓之"丈夫"；四以刚居阴，其义有凶，谓之"小子"。系初失四，故曰"系丈夫，失小子"，正与二爻相反。初爻本欲出门求交，得三之随，必与之亲善，故三之随初，有求而得也。初以随求人，苟枉己徇人，虽得亦失，故云"利居贞"。六三才虽弱，位得其正，系"贞吉"之初，失"贞凶"之四，是得居贞之利，即随道之善也，所以求道而得道，求仁而得仁，无求而亦自得焉。互卦巽为近利，故"有得"。"居贞"者，谓守常止分，以道自固，以义自裁，不以动而妄求也。《象传》曰"志舍下也"，阳上阴下，三居阳位，所系在阳，所失在阴，故曰"志舍下也"。一说：丈夫指四，小子指初，与二爻以五谓丈夫，前后不同。且四"贞凶"，何得云丈夫？初"有功"何得云小子？于以刚从柔为随，以柔从人为系之说，亦不合。

【占】 问时运：目下交正运，求财求名，无不如意。

○问商业：小往大来，必得利益。

○问战征：主生擒敌将，必得大捷。

○问家宅：家道丰富，但防小儿辈有灾。

○问疾病：大人无妨，小人恐有不利。

○问六甲：恐生而不育。

○问失物：得。

○问婚嫁：主结高亲。

【占例】 神奈川町净土宗成佛寺住职辨真和尚，名僧辨玉和尚之徒，修小乘之学者也，一日来问余讲《易》，感悟而欲学《易》，且云学之得成与否，请烦一筮。筮而得随之革。

爻辞曰："六三：系丈夫，失小子。随有求得，利居贞。"

断曰：随卦虽为刚从柔，在爻则否。阳爻曰随，阴爻曰系。今子就余学《易》，即探以内典之精奥，旁求神《易》之微妙，是所求皆天神之道，不关尘世琐细小务，故谓"系丈夫，失小子"也。故从余学易，纵使内典中有难解之事，自可求神而问之，求之必得，现世未来，皆得安心决定也。故曰"随有求得，利居贞"也。

和尚闻之，大悦，从此学《易》，今尚不倦。

九四：随有获，贞凶。有孚在道，以明，何咎？

《象传》曰：随有获，其义凶也。有孚在道，明功也。

获者，取非其有之辞。"有获"者，谓得天下之心，使之随己也。是私据其所有，而不归于五，失臣道也，故曰"贞凶"。为臣之道无他，唯在以诚相孚而已，"诚则明"，明则无疑，无疑则君臣一心，德施于民而民随之。其得民之随者，相率而共随于君，足以成君之功，致国之治者，皆在此相孚有道耳，复何有咎？否则上下疑猜，即所当获，不免启挟功凌上之嫌，虽正亦凶也。九四具阳刚之才，处大臣之位，才高致谤，位重启嫌，一涉偏私，便招凶祸。惟其中之所存，一秉于诚，外之所行，一循夫理，尽其道以事上，明其几以保身，位虽高不疑于迫，势虽重不嫌于专，君嘉其让，民服其谦，得随之时，协随之宜，何咎之有？故曰"有孚在道，以明，何咎"。"有孚"者，谓有孚于九五也；"明"者，谓自明其志也。自古人臣处功名之际，不克保终者，多由我心之不孚，与不能自明其志也。如汉萧何韩信，皆受君重任，韩信求封于齐，求王于楚，无欲而不获者也，久之积疑生嫌，卒不免祸。萧何虽素知高帝之心，得保首领而终，不免械击之辱，是于"有孚""以明"之义，犹未尽者也。如唐郭子仪权倾天下，而上不忌，功盖一世，而上不疑，可谓得"有孚在道"者矣。《象传》曰"有孚在道，明功也"，以功云者，释爻之"何咎"。盖"有孚"者，即以孚随之道；"明功"者，即明其随之功也。

一说"随有获"者，谓以权在我，任己所为之意；"贞"者谓所系国家之正务；"凶"者有僭逼之疑；"有孚"者心尽其诚；"在道"者行尽其道；"何咎"者，无失臣职之意也。亦通。

【占】 问时运：目下有凶有吉，利在单月，不利双月，明年则吉。

○问商业：获利后，防有意外之祸，必俟辨明方可。

○问家宅：或新买，或新造，皆不吉。

○问战征：小胜后，防大败。

○问疾病：先凶后吉。

○问讼事：始审凶，上控则无咎。

○问失物：一时难觅，待后方见。

【占例】 明治二十六年六月，相识岩谷松平氏来告曰：往年，政府下付士族以金禄公债证书，鹿儿岛县士族中，有遗漏此典者，今欲补请恩给，请占其准否。筮得随之屯。

爻辞曰："九四：随有获，贞凶。有孚在道，以明，何咎。"

断曰：随有获者，是专意求获之谓也。鹿儿岛县士族，维新之际，伟烈丰功，为政府所优待，遍世所知也。今欲谋请恩给，占得随之四爻，以阳居阴，乘政府之优待，意在强求，务期必获，故《象传》曰"随有获，其义凶也"。然当以公平之道，请求于上，必可得许，谓之"有孚在道，明功也"。

〇某缙绅来，请占某贵显气运，筮得随之屯。

爻辞曰："九四：随有获，贞凶。有孚在道，以明，何咎。"

断曰：此卦吾能从人，则人亦从我。今占得四爻，某贵显在现职，众人咸乐为随从。其所以随从者，非服从其德量，实欲攀附其权势也。若因此自负得民，则不祥之道也，故曰"贞凶"。际此民心之归向，以诚相孚，以明自审，即所获以归诸君上，不以自私，道可孚也，功可明也，何咎之有？反是则难免于咎。

九五：孚于嘉，吉。

《象传》曰：孚于嘉，吉，位中正也。

"嘉"者，善也，谓择善而从之。随其善者，非随其人也。"孚"者，以真实诚一之心，相与感通也。"吉"者，谓君明臣良，天下从之，无不服从其化也。舍己从人，乐取于人以为善，即所谓"孚于嘉"是也。五爻阳刚中正，位居至尊，为全卦悦随之主，是圣君至诚相感，以乐从天下之善者也。夫人主之尊，其所随之可否，悉系国家之休戚。尚贤而信之，其所以吉也，如此则不失人，亦不失己，随道之正也，谓之"孚于嘉，吉"。《象传》曰"位中正也"，以阳刚居阳位，得其正也，处中正之位，行中正之道，是以嘉也。

一说此爻以阳刚，比上六之柔正，谓上六以柔居阴，有女子之象。今九五孚之为婚，是取婚礼为嘉礼之义。盖随之道，莫切乎夫妇，天下之政化，始于闺门，故曰"孚于嘉"，亦通。

【占】问时运：目下处盛运，万事获吉。

〇问商业：以其货物嘉美，获利百倍。

〇问家宅：必是积善之家，众咸信从，为一乡之望也。

〇问战征：军众同心，必获胜捷，吉。

〇问婚嫁：百年好合，大吉。

〇问讼事：和好。

〇问疾病：吉。

〇问六甲：生男。

【占例】明治三年某月，应某贵显之召，贵显曰：有一事，为烦一筮。筮得随之震。

爻辞曰："九五：孚于嘉，吉。"

断曰：此卦当秋冬之时，震雷藏于兑泽，有强随弱之象，《象传》谓之"刚来而下，柔动而悦，大亨贞，无咎"。全卦初、二、五、六四爻，以刚随柔，皆谓得位，四、三二爻，以柔系刚，谓之失位，惟四爻系恋于柔，且能率众而随九五。由是观之，知有威权者，能使众从己，相率而从九五之君也。今占得九五，可见天下之人心，无不从君上之所命也。天命如此，故《象传》曰："随时之义大矣哉！"

后未几而有废藩置县之令。

〇元老院议官某氏，转任某县知事，将赴任，请余占施政准则。筮得随之震。

爻辞曰："九五：孚于嘉，吉。"

断曰：随卦有以刚从柔之义，是降尊从卑之象。今足下治该县，下从民情，不涉私意，人民自然嘉乐悦豫，可以随从归豫也，谓之"孚于嘉，吉"。

从前该县之治，纷争不绝，某氏赴任之后，因此施治，静稳乎和，乃得无事。

上六：拘系之，乃从维之。王用亨于西山。

《象传》曰：拘系之，上穷也。

"拘"者，执而不弃之谓也；"维"者，交结也。管子曰："礼义廉耻，谓国之四维，乃维民之道也。"盖其所随，极其诚意缠绵，固结而有不可解者矣。至诚之极，可以孚君心，可以享鬼神，是随之极则也。"王"者，指周王而言；"西山"指岐山而言。此爻以阴居随之极位，天下之臣民，随顺化服之极也，故不复言随，反将拘系九五，九五亦从其所系而维之。居随之极，效至诚于君，相知之深，相信之笃，终始无间者也。譬如一物，人所爱好，唯恐或失之，既"拘系之"，又从而维之，即所谓拳拳服膺，而不失之意也。昔周大王避戎狄之难，去豳移居歧山之下，民之从之者如归市，是"拘系之"也，大王亦即以道维之。夫大王之去豳也，势穷而人益随之，故周室之业，自此而兴。文王之时，天下之人，无思不服，而文王尚守臣节，享大王于封内之西山，不敢僭郊之禘礼。固结其鬼神，正所以固结于君也，故有此上六之诚意，足以通神明，神明亦随之，谓之"王用享于西山"。凡《易》之爻曰"王用享"者三，皆谓王者用，此爻则以贤臣而享山川，非指其爻而为王也。若夫使之主祭，而百神享之，可以见王者之克当天心，莫大于用贤也。《象传》"上穷也"者，"上"，即尚字，是谓随道之极，无以复尚之也。

【占】问时运：目下左支右绌，不甚如意。

〇问商业：坚固结实，稳当可做，但未能事事舒展。

〇问家宅：恐防范约束过严，家人怨苦。

〇问疾病：祷之则吉。

〇问婚嫁：有赤绳系臂之缘。

〇问讼事：恐有桎梏困系之患。

〇问失物：是自己包裹藏之，未尝失也。

〇问六甲：生女。

【占例】南部山本宽次郎氏，余之旧友也。维新之际，赴函馆之役，边地战争之时，在将帅中颇有勇武之名。明治十二年七月，与旧藩士五人，过访敝庐，谓余曰：君有谈《易》之癖，以为快乐，予甚苦之，若换以他乐如何？君自言《易》占必中，谓政府所不可不用；陆海军关人命之重，系国家之存亡；裁判所，明是非，分曲直，皆不可不用。然于未来之事，或中或不中，恐难一一预知。余曰：小人闻道而笑之，"不笑不足以为道"，《易》岂如足下所言哉？余二十年之久，未尝一日废《易》，所以然者，以百占百中也。山本氏闻之，笑曰：果如君言，则吾命何时而终？愿一占迟速，俾可前知。余曰：是极容易。筮得随之无妄。

爻辞曰："上六：拘系之，乃从维之。王用亨于西山。"

断曰：随者为震之长男，从兑之少女，又为归魂之卦。今占得上爻，君之命，可终于本年也。君之妻子墓祭之象，正见于爻辞。"拘系之"者，谓系连于君者；"维之"者，谓有子女；"亨于西山"者，谓葬足下于宅之西也。

山本氏听毕，冷笑，如不介意。诸士或疑或笑。既而其年十月，南部某寄书于余云：山本氏昨夜急罹中风，半身不遂，因召唤妻子于本国。其妻子未至之时，请借神奈川别邸中一户为寓。未几妻子来迎，同归盛冈，迨十二月不起。于是当时诸士，听余言而笑者，皆为惊叹。

○明治三十一年十月，宪政党分离为二，旧改进党称宪政本党，旧自由党称宪政党，各树旗帜。时策士井上角五郎、尾崎三郎、雨宫敬治郎等，见宪政党权力之薄，使之提携山悬内阁，乘其虚，将使实行板垣伯所主张铁道国有论。三氏来请占宪政党内阁之提携成否，筮得随之无妄。

爻辞曰："上六：拘系之，乃从维之。王用亨于西山。"

断曰：此卦下卦之雷动，上卦之泽悦。《系辞传》曰："服牛乘马，引重致远，以利天下，盖取诸随。"由是观之，宪政党不啻随从政府，粉身碎骨，能贯彻政府之意向。今占得上爻，其辞曰"拘系之，乃从维之"，谓提携之密着也；"王用亨于西山"，谓政府得宪政党之援助，海陆军扩张之费用，得如其意，喜悦之余，得举行靖国神社之祭礼也。

后果如此占。

☶ 山风蛊

此卦巽下艮上，艮为山，巽为风，山下有风之象。风者空中之气，流通气候，往来寒暑，发育万物者也。今风入山下，闭息而不得振，风不通，则物腐而生虫。又巽为臭，为气；艮为止，为覆器。艮上巽下，是藏臭物干器中，复从而覆之也，故腐败而生虫。一虫而化为三，愈生愈多，虫在皿中无所食，遂至同类相食，是乱之义也。蛊字从三虫，在一皿中，故《春秋传》曰："皿虫为蛊"。朱子曰："言器中聚那毒虫，教他自相并，总是败坏之意，故名此卦曰蛊。"《说文》，"腹中蛊，悔深所生"，故又有淫溺惑乱之诠；又转训事，或为修饬之义。《序卦传》曰"蛊者事也"，《杂卦传》曰"蛊则饬也"。凡遇蛊败，必有谨饬修治之事，犹训乱为治之意，是以卦名取败坏之义，爻辞用为事之义也。

蛊：元亨，利涉大川。先甲三日，后甲三日。

蛊，坏之极也。坏极必当复治，治则必有治蛊之才，应世而出焉。得此治蛊之才，则足以致元亨矣。凡用才以图治，犹用舟楫以涉川，《书》曰"若涉大川，用汝作舟楫"，此之谓也，故曰"利涉大川"。"先甲""后甲"，诸儒之说纷如，马氏以卦位言，子夏氏以癸丁言，卢氏以贲与无妄变卦言，郑氏取用辛用丁之义，苏氏据尽巳尽亥之说，皆各执一见。《全书》独以先三后三，为六爻已终，七日更始，取复卦"七日来复"之义。简端曰：甲，事之始；庚，事之变。蛊乱极而复治，故曰甲；巽化阴而归阳，故曰庚。此说最精确。程氏谓"先甲三日"，以穷其所以然，而处其事；"后甲三日"，以究其将然，而为之防。其说亦通。

《彖传》曰：蛊，刚上而柔下，巽而止，蛊。蛊元亨而天下治也。利涉大川，往有事也。先甲三日，后甲三日，终则有始，天行也。

此卦艮一阳在上，二阴在下；巽二阳在上，一阴居下。内外阴阳不交，内志不决，外行不健，因循坐误，此所以渐积而成蛊也。蛊则安得元亨？所谓"元亨"者，必使蛊之坏者复完之，蛊之塞者复通之，斯元亨而天下治矣。《序卦》曰，"蛊者，事也"，饬蛊则必有事，往则不能无险，险莫如大川，以饬蛊而往涉，无不利为。"先甲三日，后甲三日"，先、后，即终始也。原其蛊之始，要其蛊之终，先不敢荒，后不敢怠，惟日不足，终而复始，是非天行之健者不能也。此饬蛊之全功也。

以此卦拟人事，我巽而从，彼艮而止，意气两不相通。意气不通，则彼我不能合而成事，因循苟且，事必败坏，亦势所必至也。譬如木朽则生蛀，谷久则变蛊，此蛊之象也。蛊为后天之卦，艮巽与乾坤易位，是父母老而子用事，故六爻中，五爻皆言家事。初爻干父蛊而承意；二爻干母蛊而得中；三爻干之，虽有悔而无咎；五爻干之，以"用誉"而承德；唯四爻以"裕"而"见吝"，是失于顺也。凡人事以孝为首，即家事而推之，无事不当如是也。至上爻居蛊之终，独善其志，而不言饬蛊，盖将守其志而治身心之蛊，扩其志而济万世之蛊，是则人事之大者也。

以此卦拟国家，上卦为政府，下卦为人民，艮上巽下，一高一低，尊卑悬殊，上下隔绝，臣下逡巡畏缩，而无振作之才，人君因循苟且，而乏有为之志。祸乱之萌，已伏治平之中，自此而百弊生，万事隳，是蛊之卦名所由起也。然当蛊之时，要必有干蛊之才，而蛊乃可治。《象》曰"蛊，君子以振民育德"，盖以振起其民，育养其德，为饬蛊之要道也。此卦六爻，皆言齐家，不及治国，要之齐家，即所以治国，无二道焉。初爻之干蛊"终吉"，如管仲之相齐桓，孔明之辅后主是也。二爻之干蛊得中，如周勃之事吕后，狄相之事武后是也。三爻之干蛊"无咎"，如伊尹之相太甲，终得复位是也。四爻之裕蛊"见吝"，如李勣之不谏，终至酿祸是也。五爻之干蛊"用誉"，如周公之相成王，终成兴周是也。若上爻"高尚"，则如许巢之不受天下，夷齐之不食周粟也。后世君臣，思艰图治，所当凛"先甲""后甲"之惧，守成始成终之道，用震之动，法乾之健，斯"元亨而天下治"矣。不然，柔顺而自安，退止而不前，蛊坏日深，虽有善者，亦难保其后矣。可不惧哉！可不慎哉！

通观此卦，艮以刚止在上，上亢而不下济；巽以柔入在下，下卑而不上承。刚柔不接，两情乖隔。下者愈卑而愈巽，逡巡不进；上者愈高而愈亢，忽略苟安。其中日积日敝，渐积渐坏，内腐而外朽，其破败有不可救药者矣。故曰"刚上而柔下，巽而止，蛊"，是自卑于内，苟止于外，所以成蛊也。古书曰："流水之不腐，以其逝故也；户枢之不蠹，以其运故也。"故器欲常用，久不用则蠹生；体欲常动，久不动则疾生。则知蛊之生由于止，其所由者非朝夕矣。《象》曰"山下有风，蛊"，风欲行，遇山阻之而止，旋转于山而不能达。风字从虫，故曰蛊以风化。君子欲治其蛊，则莫如"振"，"振"者，动而不止也。"振民育德"，即"明德""新民"之道也。是以诸爻皆曰"干"。"干"者植立之谓，所以饬治而扶起之，其义与"振"同，皆反夫止而用之也，反其止则蛊治矣。若四爻之"裕"，是益其蛊也，故"吝"。五爻皆言干蛊，有子道焉。上爻居五爻之上，处一卦之极，有为父之象，故不言干蛊。以干蛊之事，属之五爻之王，诸爻之侯，而上爻不复事其事。故曰"不事王侯，高尚其事"者，谓其事更有高出王侯之上者也。是将以一言而为天下法，一行而为天下则，其不言治蛊，而所以治蛊者。其道可为万世法则，故《象》曰"志可则也"。若以"不事王侯"，谓隐居高尚者所为，仍蹈苟止卑巽之习，非饬蛊，适以滋蛊矣，于爻义未合。总之此卦，五爻所言，称"父"，称"母"，称"子"，皆家事；上爻则曰"王"，曰"侯"，乃国事。邱氏曰，"以此为子，是诤父之子；以此为臣，是诤君之臣"，此言得之矣。

《大象》曰：山下有风，蛊，君子以振民育德。

小畜"风行天上"，观"风行地上"，涣"风行水上"，无所阻，故皆曰"行"；蛊，山下有风，风遇山而止，故曰"有"。"行"在外也，"有"在内也，在内必郁而不宣，郁久则坏，语曰"蛊自内生"，此也。君子当此，以之振起其民，养育其德。艮之止者使之动，巽之入者使之出，将推己之德化民，民亦感其德，而振发有为，得以革去旧染之污，"日新其德"，此君子治蛊之能事也。如是而蛊济矣。

【占】问时运：目下好运方来，须力图振作，可改旧观。
〇问商业：防货物堆积致坏，宜急起贩运出售。
〇问战征：屯营宜就旷地，不宜近山，防有风鹤之惊。
〇问家宅：须整肃门庭，凛海淫蛊惑之戒。
〇问疾病：防巫蛊咒诅，或腹患蛊毒之症。
〇问讼事：想是听人蛊惑所致，急宜罢讼。
〇问婚嫁：恐有男女私情。
〇问失物：其物已坏。
〇问出行：防阻风。
〇问六甲：防有异胎。

初六：干父之蛊，有子，考无咎，厉，终吉。

《象传》曰：干父之蛊，意承考也。

"干"者木之正干，得枝叶以附立之，所以维持木身也。故称人能耐事负重任曰"干事"。蛊者事也。"有子"者，赞美之词，即所谓有子克家是也。"考"者，父也，殁曰考。蛊者，物腐虫生之谓，其所由来，非一朝一夕之故，是以蛊之诸爻，皆系父子而言之。孝子家庭之间，不幸而父有蛊，蛊而待干，子心戚矣；然幸而得干，则"考无咎"，子亦得以无厉，故吉。

【占】问时运：好运初交，克勤克俭，克光前业，吉。
〇问商业：旧业重兴，必多获利。
〇问家宅：想是祖先旧宅，当改造重从，大利。
〇问战征：如勾践覆吴，子胥伐楚，必获重兴。吉。
〇问讼事：前不得直，复宜上控，无咎。
〇问疾病：虽危无妨，若无子者，占此不利。
〇问婚嫁：佳儿佳妇，吉。
〇问六甲：生男，必能兴家，吉。

【占例】　和歌山县材木商某者，初次伐采材木，运售东京大阪等处。后得金主，业亦大振。时东京被火，某商适有材木到东京，大得利益。由此多财善沽，愈推愈广，不料偶罹感冒，遂陷重症，二十余日而死。在家一妻一子，子男年才十五，一切遗产，如在山之材木，及运往他处之材木，并运送船只，与金钱出入等款，当时某商一人自主，妻子皆不详悉也。一日访余，告以情实，乃为其子一筮。得蛊之大畜。

爻辞曰："初六：干父之蛊，有子，考无咎，厉，终吉。"

断曰：此卦山下有风，风者鼓动万物者也。风在山下，止而不动，故郁蒸生虫，有群虫相食之象。今占得此爻，显见汝父死后，所有采伐材木等，坏耗殆尽。今汝虽幼弱，当思继续父业，身当艰难，非常勤勉，彼金主亦将感汝之志，出力援助，一切所存材木，并遗金之款，皆可收纳也。谓之"干父之蛊，有子，考无咎，厉，终吉"也。

后此子果能勉承旧业，益增兴旺。

〇明治二十五年，熊田某养子某，占家政得失，筮得蛊之大畜。

爻辞曰："初六：干父之蛊，有子，考无咎，厉，终吉。"

断曰：此卦以长女嫁少男，有一家嗣续之象。在养父负债，非一朝一夕之故，积弊之所由来久矣。初六者，蛊之初，其弊未深，处之不难。是子受父债，力当抵偿，故曰干蛊，有子，父无咎也。"干"者，谓负担其事而处之也；"厉无咎"者，谓虽危终无咎也。

后果如此占。

九二：干母之蛊，不可贞。

《象传》曰：干母之蛊，得中道也。

干蛊之解，见初爻下。此爻体巽，以刚中之才，上应六五，巽顺而得中道者也。初爻言"考"，二爻言"母"，是父没而母存也。蛊六爻，称"父之蛊"四，称"母之蛊"一，盖以妇人无专制也，在亚细亚古来所戒，如《书》所云"牝鸡司晨，惟家之索"是也。九二以刚中谏其母，故曰"干母之蛊"，必若凯风七子之歌，斯为得矣。以此卦属之君臣，则二爻为大臣，五爻必是幼主，或母后也。幼主则为周公之相成王，劝进豳风，婉转开导，期归于善是已。女主则为陈平、周勃之辅吕后，狄仁杰、娄师德之相武后，从容巽顺，辅翼国政，不使蛊时至大坏者也。盖治蛊固不可过柔，亦不可过刚，过刚则伤恩，过柔则流慢。此爻刚得其中，故能酌量损益之宜，有用刚之实，无用刚之迹，以柔济刚，弥缝得法，自不致蛊之复炽也，故《象传》曰"得中道也"。

【占】问时运：目下贵将顺调剂，不可草率。

〇问商业：防有旧债积弊等事，宜宽缓调处。

〇问家宅：恐有母党擅权启衅，宜忍耐善处。

〇问战征：防有阴险，不可直进。

〇问疾病：壮年防是疟母痞块等疾，小儿或是胎气不足，宜服柔和之剂。

〇问行人：在半途，后日可归。

〇问失物：得。

〇问婚姻：当得佳妇。

【占例】 友人某来告曰：余之亲族某殁后，因其家所关，亲族将为之集会妥议，苦难处分，意见未决，为请一筮。筮得蛊之艮。

爻辞曰："九二：干母之蛊，不可贞。"

断曰：蛊者山下有风，刚柔不接，有因而生虫之象。巽为风，为长女，艮为山，为少男，是寡妇幼子主家政也。蛊者腹中之虫，淫晦而生，且有淫惑之事。今亲族若欲显发其隐事，势必至破裂，其蛊之祸益甚。四爻曰"干母之蛊"，必其子自能处分也，宜缓待四年后，小子长成，蛊将自绝矣，今尚非其时也。

友人闻之，感曰：亲族某氏，以若干资金，开店于横滨，勤勉得力，获资二十万元。其妻殁后，纳艺妓为妾，生一子，今才十岁。某氏殁后，因子尚幼，以母主家事。母与某伙共营其业，遂与私通。因专委家事于某伙，亲族皆不怿之，于是某伙将割其资产之半，以为己有，故亲族相会为之妥议，苦难处分。今得此占，始知处置之法，容俟四年之后，其子成立，相扶协议，自能整理旧业也。

后遂依爻定。

○占明治三十年教育气运，筮得蛊之艮。

爻辞曰："九二：干母之蛊，不可贞。"

断曰：此卦山下有风，风为巽，入山为艮止，是风在山中，入而不出。风字从虫，故致久郁生蛊，虫无饵，则同类相食，故名曰蛊。就国家上见之，是风化不通，人心败坏之象。夫人有身有心，故教育亦即在治身治心两事。治身首重衣食起居，治心首重仁义道德。人人不乏衣食起居，则恒产充足，自不至流为匪僻；人人得知仁义道德，则恒心完善，自可以共学圣贤，小之得一家团聚之乐，大之启国家裕泰之休。我国屹立于亚细亚洲中，土地延长，膏腴寒暖，皆适其宜，不仰他国之物，而国用充足，礼教修明。二千余载以来，君王则圣圣相承，人民则熙熙乐业。且全国子民，多系天家支派，中世天子赐臣下源、平、藤、橘四姓，其实皆出于皇族，故民之见王室，犹支庶之于大宗，其相爱相戴之情，无异骨肉。迄至武门专权而后，皇威不振，纪纲紊乱，然犹如兄弟阋墙，终未尝觊觎王室也，以视他国僭夺相循，以天位作传舍者，大不相同。而所以历久不替者，由全赖此治身治心教育之泽，得以绵延耳。今自维新以来，风教一变，竞新尚奇，见异思迁。行则有铁道，居则有电灯。海有轮舶，陆有电线。凿矿采金，通商开埠，视万国如一家，以四海作比邻，则效泰西，日新月盛，所谓富强之业，未始不今胜于古，而独于教育之法，窃谓今不如古也。何则？以今慕习欧美学术，使少年英敏子弟，往习其业，学成归国，即奉为师长，以教授在国之子弟。彼严然为师者，三五年间，才学得欧洲奇异之浮文，全般抛弃我国向来身心之实学。凡子弟受其薰陶者，不由智识之顺序，不关长幼之秩序，曰自由，倡利己，徒以优胜劣败、弱肉强食为天则，不复知有仁义道德之天赋。于是身教不谨，心术日坏，为子者不言孝，为臣者不言忠，为弟者不言悌，为友者不言信，残忍狠毒，泪没天良，甚至视父母如路人，等兄弟于秦越，作乱犯上，无所不为，其弊有不胜言者矣。阅今《日日新闻》所载，杀人、盗财、奸淫、诈伪等事，风俗之坏，浑如蛊毒入心，不可救药。此教之来，起自泰西，西，阴方也，故谓之母蛊。染蛊已深，未可刚克，故曰"干母之蛊，不可贞"。

九三：干父之蛊，小有悔，无大咎。

《象传》曰：干父之蛊，终无咎也。

干蛊之解，见初六下，至九三而蛊已深，非有阳刚之才德，难革此弊。此爻承父破坏之后，若复因循坐视，不思补救，是长父之恶，非为子之道也；然过刚不中，或径情直行，欲补父过，致伤父心，亦未免有悔也。非刚阳之才，未易言干，幸能干之，虽"小有悔"，可"无大咎"，谓之"干父之蛊，小有悔，无大咎"。"小有悔"者，所以警之也；"无大咎"者，所以劝之也。"小有悔"者，固非善于事亲，若因悔而不干，则咎益大矣。是以三爻干而有悔，终胜于四爻之裕而得咎也。

【占】 问时运：目下宜痛革前非，纵小有挫折，终得有济。

〇问商业：宜重兴旧业，改立章程，或有小失，必得大利。

〇问家宅：恐栋宇年久，多致蛀腐，毋惜小费，急宜改造。

〇问战征：刚武直进，未免小败，然必无大害。

〇问失物：得则必得，防有小小口舌之灾。

〇问六甲：生男，但生下小孩，未免小有疾厄。

〇问疾病：无妨。

【占例】 某会社社长某来，请占会社之盛衰，筮得蛊之蒙。

爻辞曰："九三：干父之蛊，小有悔，无大咎。"

断曰：蛊者风在山下，为空气不通，有因而生虫之象。以会社见之，社业不振，物品资本，不能通融，社员中因之生纷议也。今占得此爻，知此社之失策，由旧而来，欲挽回之，深虑其难。在本年虽多失策，至年度决算，可无大差，明年为紧要之时。今后社员当拮据黾勉，除去旧弊，维持社运。至明后年，可奏实功，定卜社运之盛大也，谓之"干父之蛊，小有悔，无大咎"。父蛊者，谓此弊承前而来也；明年者，指第四爻，明后年者，指第五爻，可就四五两爻之辞观之。

社长闻之曰：占筮可谓适当矣。本年以社员因循，致社业不振，而酿损失。社员中且有不适其任者，每启蛊惑，以及危殆，故先罢用其人，以仆自任。如贵占料知明年社运之困，生于今日，可卜明后年之隆盛也。

六四：裕父之蛊，往见吝。

《象传》曰：裕父之蛊，往未得也。

"裕"者宽也，与"干"相反。"裕父之蛊"者，谓因循苟且，惮于改作，是宽容其蛊而蛊益深也。此爻以柔居柔，不能有为，爻至四，蛊已过半，治之宜如救焚拯溺，迅速从事，斯克有济。父既柔懦而积成其蛊，子复柔弱而不能救，持是以往，必见吝也，故曰"裕父之蛊，往见吝"。此爻变则为鼎，鼎九四之辞曰"鼎折足，覆公餗，其形渥，凶"，亦可以见其益吝也。初六六四，共阴柔，同当干蛊之象，而爻辞不同。初六居蛊之初，其败未大，故虽阴柔，其功易成，是所以为吉也；六四蛊败过半，其坏较甚，而犹气馁力屈，不能贞固干事，是以见吝也。

【占】 问时运：运亦平常，但一味因循，终致自误。

○问商业：徒知守常，不知革弊，长此以往，难以得利。

○问战征：威不肃，令不严。未可前往也，往必见败。

○问家宅：父业虽裕，敝败已深，难保其往也。

○问疾病：外形尚裕，内患已深，不急图治，后必莫救。

○问六甲：生女。

【占例】 友人某来，请占富豪某氏之家政，筮得蛊之鼎。

爻辞曰："六四：裕父之蛊，往见吝。"

断曰：此卦山下有风，风者鼓舞万物而助生育者也，山者止而不动者也。今"山下有风"，则风入山中而生虫，谓之蛊。以人事见之，则风者过而不留，为见识不定之人；又山者止而不动，为精神萎靡之人。如此之人，不能振作大事，徒贪目前小利，甚至与亲友相残，是人中之蛊也。四爻以阴居阴，才智钝而气力弱，无义无勇者也，当此蛊坏之家，不能奋然用力，扶弊救衰，而犹优柔偷安，坐视蛊败，虽在豪家，难保资产，谓之"裕父之蛊，往见吝"。

某闻之曰：某富豪之父，虽以勉强兴家，因无子，养亲族之子为嗣。此子智识寻常，远不及父。当承家之初，虽小有负债，本有资产可抵，乃少年子弟，忽为富豪，愚而自用，不听人言，遂至破败其产。占辞切当，真可感服。

六五：干父之蛊，用誉。

《象传》曰：干父用誉，承以德也。

此爻以柔居刚．又得中而居尊位，与九二刚中之贤臣，阴阳相应，专心委任，使翼为辅弼，匡救坏乱之旧弊，故曰"干父之蛊"。五爻君位，爻辞曰"父"，知帝王必有父也。卦中初三两爻，皆曰"干父之蛊"，三则曰"有悔"，故仅得免咎；初则"考无咎"，故曰："终吉"，不可谓非干之善者也。至五爻不特其父无过，且因而得誉，补其过，更扬其名。恶归己而善归亲，其曲委弥缝，非善继善述者不能臻此。《象传》曰"干蛊用誉，承以德也"，益干蛊则可以才济之，"用誉"则必以德承之，故曰"承以德也"。

【占】 问时运：虽门祚衰薄，能自振作，自足立身扬名。

○问商业：旧业虽不甚佳，此番从新改作，必能获名获利。

○问家宅：祖遗之产不厚，幸能扩充前业，必至光大门楣。

○问战征：能克复城池，军声远播，吉。

○问疾病：当延名医治之。

○问六甲：生男。

○问嫁娶：定是名门贵族。

【占例】 友人某来，请占某豪家改革，筮得蛊之巽。

爻辞曰："六五：干父之蛊，用誉。"

断曰：蛊谓食贮器中，覆之而风不通，腐败生虫之象。以国家拟之，必是幼主承统，深居九重，不接外臣，母后乘帏，掌握朝政，于是小人充朝，君子退野，为宵小蛊惑之时。今六五之君既长，与九二刚健之大臣，阴阳相应，立策定谋，洗除国家积年之旧弊。当其改革之际，尤为非常之戒严，前后七日，竞竞业业，谨慎周密，谓之"先甲三日，后甲三日"也。想在豪家家政改革，亦同此理。某豪商内政之弊害，非一朝一夕之故，今得善良之伙友，洗除积年之宿弊，必能奏改革之功也。然此事宜刚不宜柔，宜速不宜缓，不出七日，当果决专断，谓之"干父之盅，用誉"。

友人闻之大感，云主人夫妇以下，皆已允可，仅仅数日，已得断行。后果能充复其旧资。

上九：不事王侯，高尚其事。

《象传》曰：不事王侯，志可则也。

此爻为成卦之主，以刚明之才，居艮止之极，不比九五，亦不应九三，逍遥于外，高居卦极，不关世之毁誉荣辱，其清风高节，足以振起颓俗，激动人心，其益世岂鲜少哉！九五者王也，九三者侯也，不比应之，故曰"不事王侯，高尚其事"。上九高尚，固非放情物外者所可托也，是不仅治一时之盅，实足治万世之盅也。其志之可则，岂有过哉！故《象传》曰"志可则也"。

一说：此卦自初爻至五爻，皆以盅言，不言君臣，而言父子，人臣之事君，与人子之事父一也。此爻位居最上，独以"不事王侯"言者，盖非君非臣，亦非子，是身居父位者也，故高尚其志，不复事天下之事，而其志之所存，实足为天下法则者矣。

凡读《易》者，须先熟察其卦爻之象，与卦爻之时，然后能读得其辞义也，不然而徒拘泥文字，虽终身读《易》，不能得其要。如此爻《象传》无难，难得其旨，何则？"不事王侯，高尚其事"之人，虽有才德，不为人所知，不为世所用，古今来亦不乏其人。若必指是等人，而称之曰其"志可则"，则圣贤君子之用世者，反将曰其志不可则，不几大妨名教，有害纲常者乎？盖上九备阳刚之德，居全卦之极，当此盅坏日甚，不忍坐视天下。是以自初六至六三，奋振其才力，以济时艰，以光前业；迨盅坏既除，人人得浴太平富贵之泽。上爻独脱然勇退，"不事王侯，高尚其事"，是见几而作之君子也，其志岂不可则哉！

【占】　问时运：宜以退为进。
　〇问商业：目下货价，必将逐渐增高，不必急售。得利。
　〇问家宅：宜傍高阜之地，吉。
　〇问疾病：卦为归魂，恐天年有阻。
　〇问婚嫁：必是女贞男良，天缘巧合。
　〇问战征：想已值战胜凯旋之时。
　〇问出行：宜行商，不宜求名。

【占例】　　友人某来，请占某贵显之气运，筮得盅之升。
　爻辞曰："上九：不事王侯，高尚其事。"
　断曰：盅者由风入山中，郁积而生者也。以国家拟之，政府为山，有高傲之象，人民为风，有卑从之象。一高一卑，两情不洽，浑如物入器皿中，风息不透，湿热郁蒸，变腐成盅，同类相食也。曩年外交未通，攘夷锁国时之政略，恰相似也。然当维新之际，二三雄藩，首创改革，奋发有为，在幕府诸士，悲坠祖先之遗业，慷慨切齿，欲一死守之，战争不止。是时某贵显，能洞见内外之大势，调剂两间，以樽俎息干戈，不使内忧外患，一时并起，是诚治蛊之能臣，非庸庸者所能及也，其功不亦伟哉！今占得此卦，值上爻之位，即为某贵显功成身退之象，谓之"不事王侯，高尚其事"。

䷒ 地泽临

临字从人从臣从品。人者以君上为尊；臣者以臣民统之；品者，以品类别之。言人君临御天下，统率臣民，品别品类之贤否，而器使之，是谓君临民，尊临卑，上临下也。临又有监守之义，故监字从临省文。又按临卦，兑下浸上，坤上陵下，下陵过乎上，有密迩切近之形。卦体兑为泽，坤为地，地在泽上，是地临泽也；上四阴，下二阳，阳欲上进，是以阳临阴也，故《象》辞曰：下悦而依附乎上，上顺而反降乎下。附乎上，自下附上，降乎下，是上莅下，总其象谓临莅也。自有临辞，遂以临为卦名。

临：元亨利贞，至于八月有凶。

临，兑下坤上。兑，悦也；坤，顺也。坤曰"元亨"，以顺来也；临得坤之顺，故亦曰"元亨"。兑曰"利贞"，以悦致也，临得兑之悦，故亦曰"利贞"。"元亨利贞"，四德也，首备于乾。乾天也，临民者，宜法乎天，故临亦备此四德。"八月"之说，诸儒纷议，然《易》之道，不外阴阳消长。以辟卦言之，临为二月之卦，二月当春仲，阳方长也，八月当秋仲，阳渐消也，阳消阴长，凶道也，故曰"至于八月有凶"。曰"至"者，未至而预防其至之谓也；曰"有"者，未有而预虑其有之谓也。若已至焉，若已有焉，凶既临身，虽欲避之，则已晚矣。圣人以《易》垂诫，期临民者先时杜维，亦即"履霜""坚冰"之意也。万事能有吉而无凶，斯天下可常治矣。

《象传》曰：临：刚浸而长，说而顺，刚中而应，大亨以正，天之道也。至于八月有凶，消不久也。

"刚"指兑下二画，谓初爻二爻。"浸"，渐也。二阳渐长于下而上进也。内兑外坤，内悦而外顺也。"刚中"者，谓二爻刚得其中。"应"者谓五爻，得柔之中，以应刚中，是刚柔相应也。"大"即元，"以"即利。凡《象传》以字，即释利字。卦德备"元亨利贞"者，乾、坤、屯、随、临、无妄、革，凡七卦，诸卦四德皆从乾六阳来，乾为天，故曰"天之道也"。"浸而长，悦而顺"，是道之得其亨；"刚中而应"，是道之得其正，所谓尽人以合天也。"八月有凶，消不久也"，盖临当二月，"刚浸而长"，至八月柔浸而长，刚浸而消矣。"不久"者，言方消也，即浸之意。刚而浸长，君子应天而行，乃得"大亨以正"；刚而浸消，君子所当前时而戒，斯能免凶矣。阳长阴消，以天道言，则谓寒暑之往来；以治道言，则谓君子小人之进退。圣人特于临卦，反复垂诫，意深哉！

以此卦拟人事，或临高而望，或临渊而羡，或临事而惧，或临财，或临难，皆为临也。人事之害，不失于刚，即失于柔。刚之长，能济以柔，柔之长，能济以刚，斯和悦巽顺。刚柔两得，则必万事亨通，百为公正，是人事之至善者也。阴阳消长，天道之循环，固非人力所能挽，而人事之吉凶伏焉矣。浅言之，未寒而不谋其衣，既寒则谋之不及，必致冻矣；未饥而不谋其食，既饥而谋已迟，必致馁矣。推之恶未著时，而不自检摄，则恶必浸增，至恶大而不可复改；邪未盛时，而不自防闲，则邪必浸炽，至邪极而不可复治，皆凶道也。任其欲而纵之，放僻邪侈，盗跖之所以终盗跖；复其性而明之，戒慎恐惧，伯夷之所以终为伯夷。天道之阴阳寒暑，在转移之间，人事之善恶邪正，亦一转移间耳。临卦六爻，惟五爻刚柔得中，称曰"知临"，智则明，能察几，自有先时之吉，斯无后时之凶。人事之所以趋吉避凶，道不外是焉。

以此卦拟国家，六五之君，临御天下，以悦得众，以顺承天，握乾而阃坤，举直而黜枉，临之以庄，莫不大亨而得正矣。欲以一人临天下，其势难，以天下临天下，其势易，故人君不贵独临，必贵得人以共理。昔舜有五臣，武有十臣，皆是也。此卦六五之君，委任九二，刚柔相济，内悦外顺。察天时之变，度人事之宜，居正以"体元"，"嘉会"以敦"亨"，利用以裕民，"贞固"以"干事"，道足以教育天下英才，德足以容保子孙黎民。以此而临一国，而一国治，以此而临天下，而天下平。而君子不敢自为已治已平也，谓治难而乱易，必于未乱防其乱，谓泰极即否来，必于未否虑其否，此古人感羽翮而绸缪牖户，闻牛端而调燮阴阳者，盖皆有深虑焉。临卦六爻，无一言凶，亦以其能思患预防耳。六爻中五居尊位，可谓聪明睿智，足以有临之圣君；二爻可谓咸有一德之大臣；初爻则行之以正；四爻则至近当位；上爻则敦厚终吉；虽三爻不中，幸其知忧而无咎。一人当阳，群贤荟萃，宜其君明臣良，得以长安而久治也，岂不休哉？

太阳历者，因方今外国交际频繁，沿而用之，至其数月，似于月之盈虚失准。然欧美各邦，古亦用太阴历，故今犹以十二分太阳历之一年，同以月称。是以占断上，数月必据太阴历。《易》以冬至为一月之初，故至一年终始，与太阳历无有大差，故不复附月之解释。

通观此卦，明主在上，为天下大悦之时也。地势卑而下顺，泽水浸而上悦，水土本相亲近，犹人主平易而近民，民皆欢乐而附上也。临之所以为临也。初九九二，同为"咸临"，泽水自山而下也。初九泽犹未盈，故曰"行"；九二泽水已满，故"无不利"；六三水既及岸，故为"甘"；六四地与水接，故曰"至"；六五地泽正应，有智者乐水之象，故曰"智临"；上六，地愈厚，泽愈深，故曰"敦临"。"咸"者临之速也；"甘"者临之贼也；"至"者临之诚也；"智"者，临之明也；"敦"者，临之久也。"咸临"见其德之能感；"甘临"见其性之过柔；"至临"见其位之得当；"智临"见其道之克明；"敦临"见其志之笃厚。盖六五之君，不以独临，而能任人，故以"智临"称之。用其"咸"，用其"至"，用其"敦"，而君子之道长；去一"甘"，而小人之道消。阳悦而长，阴顺而消，于是天时正，人事和，上下同德，熙熙皞皞，而天下治矣。是诚临民之极则也。

《大象》曰：泽上有地，临，君子以教思无穷，容保民无疆。

上卦之地高，下卦之泽卑，以上临下。故曰临。夫临下之道，不外教养二者。兑取夫悦，教而能悦，以集其思也；坤取夫顺，养而能顺，足以容其众也。教而有思，如泽之浸得其润；容而又保，如地之厚而能载。"无穷"者，泽之长也；"无疆"者，地之广也又兑为口，是以能教；坤为腹，是以能容。君子取象泽地，以临万民，教之道在育英才，保之诚如抚赤子，泽普群生，量包一世，斯临治矣。

【占】 问时运：目下作事，恰如一潭活水，流行自在，好运正长。

○问商业：泽为货物，地为贩运之地也，得此占，其获利厚而尤远，大吉。

○问家宅：此宅必近水泽之乡，家业正旺。财丁两盛，大吉。

○问战征：其阵宜临水处，不特一时得胜，且有万民归服之象。

○问疾病：其命可保，其病必延久，一时难愈。

○问讼事：恐久久不了。

○问婚嫁：两姓和合，五世其昌，大吉。

○问六甲：生女。

○问行人：一时未归。

○问失物：在川岸处觅之，保可得也。

初九：咸临，贞吉。

《象传》曰：咸临贞吉，志行正也。

山泽通气之卦，名之曰咸；此卦泽上有地，阴阳之气相感，故初二两爻，皆曰"咸临"。初居卦之始，其阳犹微，与四相应。四以柔而当位，初以刚而得志，行各得其正，乃能应而进于五，相与得行其道，以佐大君"智临"之治也，故曰"贞吉"。《象传》曰"志行正也"，盖初爻位居其正，是以志之所行，莫不正也。

【占】问时运：目下新运初爻，能守其正，行无不利。

○问商业：时当新货初出，市价平正，尽可贩行，无不如志。

○问家宅：必是忠厚中正之家，现下适有吉事临门，大利。

○问战征：初次临阵，宜从大路进军，吉。

○问疾病：病是初起，正气充足，可保即愈。

○问婚嫁：门户相当，品行端正，佳偶也。

○问讼事：一经临审，即可了结。

○问六甲：生男，临盆有喜。

【占例】 友人某来，请占气运，筮得临之师。

爻辞曰："初九：咸临，贞吉。"

断曰：此卦地下有泽，泽者为水所停蓄之处。泽得地而流，地取泽而润，彼此相临，故其卦曰临。今足下占得临初爻，初与四相应，四近尊位，有贵显之象；但四为贵显，阴柔而居阴位，势力尚有所缺。足下为初爻，阳而居阳，虽有才智；以无其位，未得行其志。在爻辞曰"咸临"，"咸"感也，两情定相感孚。今为初爻，是初次相见，意气虽投，尚未可望其速行，必俟二爻"咸临"，则无不利矣。必也其在明年也。

于是某敬服而去。

九二：咸临，吉，无不利。

《象传》曰：咸临，吉无不利，未顺命也。

此爻成卦之主，以刚中之才，与六五柔中之君，阴阳相应，虽在大臣之位，任官之日犹浅，不保无众阴嫉之也。故直临则必有咎，宜待在上之君长感我才德，而后临之，然后可得吉也。此爻曰"吉"，曰"无不利"，于六爻中特见赞美，盖初爻以正感，二爻以中感也。《象传》曰"未顺命也"，谓此爻在下体而不当位，故小人未尽从其命也。

【占】　问时运：目下正佳，又得贵人照应，大吉。
　　○问商业：初次既获吉，二次更利。
　　○问家宅：有福星照临之象，前后皆吉。
　　○问战征：再接再励，所向皆吉，但防偏裨中，有不从令者，以致败事。
　　○问婚嫁：咸利，唯属羊者最佳。
　　○问讼事：却不致败，但一时未得顺从。
　　○问六甲：生男，但未产也。
　　○问行人：在外者归期未定。

【占例】　友人来，请占某贵显气运，筮得临之复。
　　爻辞曰："九二：咸临，吉，无不利。"
　　断曰：此卦下之二阳长进，上之四阴衰微，阳者君子，而阴者小人也。君子在位，则国家安宁，万民得福，是临民之善者也。今占得此爻，以九二为贵显，与六五之君位，阴阳相应，谓之"咸临，吉，无不利"，可知某贵显本年之气运大吉。
　　○明治二十七年，友人金原明善氏来访，曰：余生长之乡在远州滨松附近，以培植山林为业。近在东京经营银行，家乡旧事，未能兼顾。孙女现已及笄，欲得一配偶，使之相续家督，并可奉事老母。与余妻共归故乡，请占其吉凶如何？筮得临之复。
　　爻辞曰："九二：咸临，吉，无不利。"
　　断曰：临卦下兑上坤，坤为老母，兑为小女。又兑为悦，坤为顺，是老母爱悦少女，少女顺从老母也。今占得二爻，其辞曰"咸临，吉"，二爻与五爻相应，二爻阳居柔位，五爻阴居阳位，恰合赘婿之象。爻辞曰"吉，无不利"，可使速完婚姻，若愆时期，三四两爻，皆不利。明后两年，未可成婚，必以本年为吉。
　　金原氏谢而去。

六三：甘临，无攸利。既忧之，无咎。

《象传》曰：甘临，位不当也。既忧之，咎不长也。

"甘"者，五味之中，为人之所最嗜，为恬乐之义。"甘临"者，谓不能临人以德，而以甘言谄之，必无诚心实意也。三爻近二爻，见二爻未从其命，遂欲巧言求进。究之，言虽甘，而位不当，何利之有？既知其非而"忧之"，反邪归正，去恶从善，则以今日之是，亦足补前日之非，则可以免咎，谓之"既忧之，无咎"也。《象传》曰"位不当也"，以阴居阳，是位之不得其正也；"咎不长也"，幸以其忧之速，故其咎未至于长也。

【占】　问时运：运既不佳，行亦不正，幸能知悔，后运可望。
　　○问商业：店基不得其位，惟贩运糖业则佳。
　　○问家宅：屋运不佳，宜迁徙为吉。
　　○问战征：屯营地位不当，迁营则吉。

○问疾病：药不对症，宜进苦辛之剂，无咎。

○问婚姻：不合。

○问行人：外不得利，近时可归。

○问失物：可得。

○问六甲：生女，恐难长养。

【占例】 明治五年，友人某来，请占某商人气运。筮得临之泰。

爻辞曰："六三：甘临，无攸利。既忧之，无咎。"

断曰：此卦地上有泽。地坤卦，坤以生育万物，为母；泽兑卦，兑以三索得女，为少女。有母女相临之义。临三爻曰"甘临"以阴居阳，位不中正，恰如少女恃宠，以甘言取悦于母，冀专家政。今某商人，占得此爻，知某商人必夙性阴险，专以机巧取利，一旦得志，便自盈满，如妇人小子之为，何利之有？若能迁改，尚可免咎。

友人曰：甚感《易》理之妙。某商人曾以一步金十钱价格，买横滨吉田新田之沼地若干，后因某豪家为抵当某省寄托金，以一步一元价格买之，以为抵当，故某商人一时占万余元巨利，从此遂生骄慢，轻视众人，其状恰类狂病者。余将对友人详说《易》占之妙，使之转告某商也。

六四：至临，无咎。

《象传》曰：至临无咎，位当也。

此爻位近至尊，才志俱弱。以柔顺之资，居台鼎之贵，能略分忘势，下应初九之刚正，尊贤尚德，情意恳至，故曰"至临"。盖大臣有休休好善之诚，无科科自足之意，以至诚之心，感应初九，初九之贤，亦感而悦服，共谋国事，是以无咎。临政之吉，莫大于此，《象传》曰"位当也"，谓得柔正之德也。

【占】 问时运：好运已至，无不得当，有吉无凶。

○问商业：目下贩运，正当其时，无往不利。

○问家宅：宅位得当，家业兴隆，无咎。

○问战征：其时已至，正可临敌获胜。

○问疾病：虽至危笃，尚可无咎。

○问婚姻：彼此欢洽，门户亦当。

○问行人：即至。

○问失物：即得。

【占例】 友人某氏来，请占某贵显气运，筮得临之归妹。

爻辞曰："六四：至临，无咎。"

断曰：此卦内卦兑为口，外卦坤为众，为俯听舆论，酌量民情，出而临事之谓，故名曰临。四爻具柔正之德，下应初九之刚正，忘势略分，厚意礼贤，可谓诚之至也，谓之"至临，无咎"。某贵显能体此意，可得无咎。

六五：知临，大君之宜，吉。

《象传》曰：大君之宜，行中之谓也。

"知"者，智也，"智临"者，知人善任之谓也。夫以一人之身，临天下之广，自任其智，适足以为不智，惟能取天下之善，任天下之事，如此则"知周万物，道济天下"，是恭己无为之郅治也。此爻具柔中之德，居至尊之位，下应九二，知其贤而任之，所谓"聪明睿知，足以有临"，此爻得之矣，故曰"大君之宜"。舜之称大智，合天下之智以为己智，曰"舜好问而察迩言"，亦此意也。《象传》曰"行中之谓也"，谓五有柔中之德，倚任刚中之贤，以成"知临"之功，中道而行，是即不偏之谓也。

【占】问时运：目下运得其时，又得好人相助，事事宜成，吉。

　　〇问商业：知往知来，通晓商情，自然获利，吉。

　　〇问家宅：有五福临门之兆，吉。

　　〇问战征：能得军心，斯知己知彼，战无不胜也。

　　〇问疾病：当得良医，详知病由，治之自然得愈。

　　〇问婚姻：宜家宜室，大吉。

　　〇问失物：有人拾得，久后自知。

　　〇问六甲：生男，主贵。

　　〇问行人：尚在半途，后日可归。

【占例】明治二十二年，占某贵显气运，筮得临之节。

　　爻辞曰："六五：智临，大君之宜，吉。"

　　断曰：此爻居五，为大君之位，爻曰"智临"，有大君之象，非人臣所宜。今为某贵显占得此爻，五与二相应，五君，二臣也，当以二爻为某贵显。"智临"者大君，受大君所知者，某贵显也。受大君之知以临政，凡有善政，皆宜归君，故曰"智临，大君之宜，吉"。然位高任重，众忌所归，往往宜于君，转不宜臣，亦阴阳消长之机也。临六爻无凶象，特于《象》曰"至于八月有凶"，圣人就此吉卦，突示凶灾，盖以长之初，消即伏之，福之来，祸即继之，谓吉在今日，凶宜预防于将来也。

　　《易》机甚微，未易测度。后十月某贵显猝遭凶暴所伤，不在八月观之数，延至十月遁之数。虽筮者有不能确知其数者，然吉凶之理，要不出消长循环中也。后进之士，须注意焉。

　　〇明治三十年五月十二日，访横山孙一郎氏于东京，山下町雨、宫敬二郎、小野金六两氏，亦在其座，谓余曰：吾辈昨年以来，欲使英国左美以儿商会，买我国公债，极力斡旋，然价值不适，苦虑久之。请占此买卖约券成否？筮得临之节。

　　爻辞曰："六五：知临，大君之宜，吉。"

　　断曰：临者，彼此互相临之谓也。盖此卦以兑少女，与坤老母，有相顺相悦之象，公债买卖，意亦如此。我得战胜偿金，欲益扩张军备，示威信于各国，坚固国家之基础，因卖公债，俾补不足，彼商会亦将卖与本国低利之商人，得其赢余。两下互相谋利，犹老母与少女，亲悦而成事也。今占得此爻，知即可遂望，事在必成，勿复多虑。

翌日果有四千万元公债买卖约成之报。

上六：敦临，吉，无咎。

《象传》曰：敦临之吉，志在内也。

"敦"者，笃也，厚也。此卦六五既应九二，上六又从而附益之，谓之"敦临"，犹复六四既应初九，六五亦从而附益之，谓之"敦复"，其义一也。此爻为坤之极，居临之终，阴柔在上，与二虽非正应，而志在从阳，屈尊从卑，降高就下，礼意敦笃，是临道之善持其终者也，故曰"敦临，吉，无咎"。凡卦于上爻为极，过极每多危象。此爻曰"敦临"，有"安土敦仁"之义，无过极之虑也，是以吉而无咎。《象传》曰"志在内也"，内者，指内卦二阳，虽与内卦无应，上六之志，唯在于内，故曰"志在内也"。可与泰初九之《象传》"志在外也"对看。

【占】问时运：目下好运已终，惟其存心忠厚，故得无咎。

　　○问商业：贩卖内地，吉。

　　○问家宅：世代忠厚，内外肃穆，吉。

　　○问战征：直增兵益饷，以保护内地为要。

　　○问疾病：培养元气，勿药有喜。

　　○问六甲：生女。

　　○问失物：即在家内，未尝失也。

　　○问行人：即日可归。

【占例】　友人某氏来请占谋事，筮得临之损。

　　爻辞曰："上六：敦临，吉，无咎。"

　　断曰：此爻居临之极，功业已完，别无他图。曰"敦临"者，亦于临道之中，复加敦厚而已。能敦厚以临，故得"吉无咎"。今占得此爻，足下亦宜知此意，凡事宜加敦厚，则何谋不遂？何事不成？足下思虑之笃，可于《易》象见之。

　　某氏曰：《诗》云，"他人有心，予忖度之"，洵先生之谓也。深谢而去。

䷓ 风地观

按观字，从雚，从见。雚即鹳，似鸿而大。鹳有白黑二种，白鹳巢树。鹳又能察时审变，每天阴晴雨雪，大风大水，气候不常，向树上瞻望，随所见之上下，以为趋避。故土人亦皆视鹳之飞鸣止食，以占常变。见，视也，常见曰见，非常曰观，故合雚与见为观。此卦下坤上巽，巽为风，坤为地。风本无形可观，以其触于物者而观之，犹上之德化无形，以施于政者观之，下之性情无形，以发于事者观之，有相观而化之义也。是以名其卦曰观。《序卦》曰，"物大然后可观，故受之以观"，此观之所以次于临也。

观：盥而不荐，有孚颙若。

按盥字，从臼，从皿，水在皿上，有两手掬水之象。卦本巽，巽为入，谓以两手入水而洁之也。巽为不果，故曰"不荐"。坤下坎上，谓比，初爻曰"有孚盈缶"，缶亦盛水之器。乾下巽上，谓小畜，五爻曰"有孚挛如"，挛，即两手，均得有孚之象。巽下坤上谓升，与观互变，升二爻曰"孚乃利用禴"，有用祭之义焉。"颙"，《说文》曰"大首也"，谓昂首而望之，有观之象。"若"，顺也，有诚心而奉顺之意。"不荐""有孚"，即不动而敬，不言而信，谓观于盥之用洁，而众情已孚，有不待荐而始感者也。是观在心不在貌，孚以神不以迹。即此盥手之初，而精诚所注，天下皆见其心焉，故曰"观：盥而不荐，有孚颙若"。

《彖传》曰：大观在上，顺而巽，中正以观天下。观，盥而不荐，有孚颙若，下观而化也。观天之神道，而四时不忒，圣人以神道设教，而天下服矣。

此卦两刚四柔，两刚在上，四柔在下。刚为大，柔为小，故曰"大观在上"。坤顺巽入，是能顺而巽入也。九五处卦之中，刚居阳位得中。"天下"指四柔，谓其居于上卦之下。五爻为君，四柔皆臣也，中正之德大而在上，足以观于天下。为观之道，全在精洁诚敬，至中至正，无稍间断。四柔观感诚意，咸思进而自洁，有不期其化而自化者矣，故曰"下观而化"。观圣即可观天，圣道无殊天道，天道神妙，故曰"神道"。天有"神道"，而时运"不忒"；圣有神道，而中正无私。天之道，不言而四时行，百物生，圣之道，"不荐"而万民孚也。圣人合天之德，法天之行，神而明之，发为政教，俾天下沐渥圣化，沦肌浃髓，妙合无言，所谓不识不知，顺帝之则，犹如戴天而不知天之高者矣，其化道之神为何如乎！故曰"圣人以神道设教，而天下服矣"。

以全卦观之，阳大阴小，四阳之卦，有曰大过。与大过相反，四阴之卦，有曰小过。大壮卦，四阳在下，二阴在上。此卦四阴在下，二阳在上，与大壮反，独不曰小。《彖传》曰"大观在上"，以九五阳刚，中正得位，故不言小。此全卦取名之主义也。凡阴盛阳微，必致以柔逼刚，爻多不吉，此卦六爻独不言凶，亦以五居君位，中正之德，足以仪型天下，群柔皆仰而观之，故相观者不致相持，而柔无复逼刚矣。卦义专取为观于下，不取阴盛之象。卦以四爻为主。四爻以柔居阴位得其正，上比二刚，下接三柔，率三柔以进于五，仰观德化，是以四爻为一卦之主也。初爻始阴在下，位与五违，所观者浅，如童蒙然，故曰"童观"。二与五本相应，但二阴暗柔弱，不能进而观光，而仅得窥见其仿佛，是效女子之贞也，故曰"利女贞"。三爻比四，四为主观，三观四之动作，以为进退，故曰"观我生，进退"。四比近于五，观最真切，五为君，四近于君而相得，故为"宾"。君之德教，发而为国之光华。"利用"者，谓将进而效用也，故曰"观国之光，利用宾于王"。五爻居一卦之尊，天下之民情风俗，由我而化，所谓正己以正万民者，故曰"观我生"。《象》曰"观民也"，盖内而观我，即外而观民也。上九居观之终，刚健有德，虽夙为民所瞻观，因其高而无位，不欲出而观民，惟反而自观，谨身免咎而已，故曰"观其生"。《象》称"圣人"，《象》称"先王"，皆指五爻君位而言也。《象》曰"神道设教"，以上体乾德，示观于天下；《象》曰"省方""设教"，以俯效巽风，省观夫民俗也。故卦名之观，自上观下，爻辞之观，自下观上。义虽不同，各有所取。所谓"设教"，所以一其观德，消其逸志，使之咸归于中正之域，一道德而同风俗者也，故曰"大观在上"。

以此卦拟人事，不外观己观人两端，而家业之兴替关焉。卦体下坤上巽，二阳在上，四阴在下，五居尊位，一家之主，为家人所观仰也。四阴为家人，皆顺从于五。一家之主，道当庄敬严肃，时凛承祭见宾之意，使家人观感而化，群思澡身浴德，相孚以诚，不敢偏存欺诈。虽家主柔顺谦和，绝无苛责，而中正之德，垂为仪型，自有不言而信，不动而敬者矣。天道正而四时调和，家道齐而一门肃睦，故人伦之重，称为天伦，物则之微，协于天则。人能敬从天命，与天合撰其神妙莫测之机，攸往咸宜，一旦出而临民，先王所谓"省方""设教"者，措之裕如。而仅施诸一家一门之内，犹其小焉耳。初爻为一卦之始，如家中之幼子，所观者小，在小人固无咎也。二爻阴暗柔弱，仅能阚见仿佛，阚者从门隙而观之，在女子尚不失其贞也。三爻柔顺之极，能以顺时进退，故不失其道。四爻比近于五，是家主之亲人，其所观最为真切，为家主所信用也。五爻则刚阳中正，齐家之主，凡家政之善恶，皆存乎其身，故曰"观我生"。上爻居五位之上，为家主之长亲也，虽其人已不关家政，而家人犹必仰观其道德，用为法则，故不能不避而自观也。古昔文王，德盛化神，必曰"刑于寡妻，至于家邦"，可知治国必本治家，所谓观于家，而王道易见者也。此卦全体，阴盛阳微，道极可危。卦名曰观，五上两爻，二阳在上，虽不言凶，一则"观我生"，一则"观其生"，皆孜孜返观内省，其防危虑患，至深且切。凡人持身涉世，时时能敬凛此旨，庶可无咎矣。

以此卦拟国家，卦象为阴盛剥阳，唯赖神明之呵佑，挽回衰运之时也。盖内外二体，外卦为政府，五阳在位，具中正刚强之德，足为亿兆观瞻；内卦为人民，四阴在下，怀柔顺卑巽之情，常欲仰观政化。人民众多，政府高远，彼小民不能亲观夫圣德，必就近待夫君者之观以为观。四爻比五，为巽同体，一卦之主，凡下三阴欲进而观五，必先观四，故初曰"童观"，如孺子之望宫门，高不及见也。二爻曰"阚观"，有畏怯不敢直前，仅以潜身窥伺也。三爻曰"观我生，进退"。三与四近，是以得观视而定进退也。四爻比近尊位，得亲待圣躬，瞻仰国光，"利用宾于王"。宾，犹臣也，即"利见大人"之谓也。五为大君，中正得位，盖以二阳孤立，高而可危，故曰"观我生"，其兢兢业业，不问正人而先正己，意甚深切。六爻居观之极，在五之上，身虽无位，与五合德，曰"观其生"，盖其惕厉之意，与五亦同。统观四阴之意，皆以窥察大君之动作，以为进退；二阳在上，唯以明德新民，孜孜以持盈保泰为虑。爻辞曰"盥而不荐，有孚颙若"，谓君能至诚精洁，可以格神明，即可孚黎庶，是恭己南面，无为而治之旨也。《彖辞》即释此意而引伸之曰"大观在上"，即有岌岌乎可危之象；曰"巽而顺，中正以观天下"，就卦体之巽顺中正，言君首当修明其德，为天下观。"观天之道"数句，亦从"盥而不荐"来，言天道神化不测，寒暑往来，四时不忒，圣人能效法神道，当为政教，于变时雍，天下咸服矣。《象传》曰"先王以省方观民设教"，此即示以观之之道。盖《彖传》之旨，以观示下；《象传》之旨，以观察下。统之乘此阳德，足为民观，亦足以观民，而群阴服从，否则阳德有亏，群阴即因而上逼，亦可危也。二阳爻皆言"君子无咎"，君子者，有德之称。有德则无咎，无德即有咎，反观而自明矣。为国家者，安可不凛凛哉！

《大象》曰：风行地上，观，先王以省方观民设教。

坤为地，为国土，为众，巽为风，为命令。此卦"风行地上"，有施教于民之象。"方"者谓四方，"省方"者，省察四方民心之向背也；"观民"者，考验风土民俗之所尚也；"设教"者，随其地，察其俗，设教而施治也。夫天下之民情，或为风气之所囿，或为习俗之所移，各有所偏倚，不能归中正和平之域。先王见风行地上，有周流披拂，无处不遍之象，法此以省方，有嘘枯吹新，鼓动万物之象。法此以"观民设教"，政以束其身，教以导其心。从"省方观民"之后，而复设以教，则因奢而教以俭，因惰而教以勤，斯教愈善矣。故孟子有曰："善政不如善教之得民心也。"要其教之深入民心，犹风之遍行天下也，如此则化行俗美，弊革风清。观之道，无以加之，谓之"省方观民设教"。

（附言）

神字从示从申，示，《唐韵》："音侍，垂示也。"

《说文》曰："天垂象，见吉凶，所以示也。"《玉篇》曰："示，语也"，以事告人曰示，申，引伸也，盖神者，所以引伸其道以示人者也。《象传》曰，"圣人以神道设教"，是以垂示神道，以教天下也。古昔圣王之祭神，以至诚求神告而已，故上则神明假格，下则群黎服从。观卦之圣人，以此设教，其妙有不可思议，天下一观，而感应捷于影响，莫不服圣人之观也。

余尝慨我邦神教之衰，明治二十四年春，曾创兴阴阳寮之议一篇，附记以补"神道设教"之说：

恭惟我国，称曰神国；我国治道，称曰神道，其所由来久矣。盖神道，邦语曰"惟神之道"。惟神者，即随神之谓也，故一作神随。观古先皇之建国，以神祭为政事，以神敕为国是，凡一切政事，苟涉疑虑，皆依神教决之，是所以称我国曰神国也。国君通称天子，天子者，为天之子，谓奉天明命，抚临万国，尊无二上，以天为父，故尊之曰天子。上自大臣，下至属官，皆佐天子以敷教者也。孟子引《书》曰："天降下民，作之君，作之师，惟曰其助上帝，宠之四方"，是天子而能助上帝也。《书》曰："乃文乃武，乃圣乃神"，是天子而即为神皇也。观之《象辞》曰："圣人以神道设教，而天下服"，可知治道通于神道，唯神道乃可以补治道之不及。

古者国有大事，必藉卜以决疑，此神道之最彰者也。天人感通之理，其在斯乎？夫人虽贤明，不能前知未来之事，唯卜筮则能前知。昔在我国神代之时，垂鹿卜之法，以问神意，称曰卜问，今奈良春日畜鹿，即此遗意也。后与支那交通，传得龟卜蓍卜之术，神人感通之道愈备，未来前知之法益明。"天地设位，圣人成能，人谋鬼谋，百姓与能"，于是朝廷置阴阳寮于中务省，设阴阳头、阴阳助、阴阳博士、阴阳士等吏员，以供其职，以修其业。令典所垂，自古有然；中世以来，皇政式微，寮废官阙。然当国家大事，皇上亲祭伊势大庙及贤所，使府县知事代拜全国官国币社，告以事由，派遣吏员于外国，使之参拜贤所。奉神威以临异域，朝廷之崇敬神教，未尝或替，下民效之，凡值神诞祭礼，及春祈秋报，陈俎豆以飨神明，荐馨香以祈福佑，虽卜筮之法几废，而酬报之礼犹存也。我国地居东海，古号神洲，是以神道之昭垂愈著，民心之爱戴愈虔，凡忠君爱国之忱，罔不敬神之诚而焕发也。其功如斯，若能尽诚尽敬，开明布教，克复前徽，斯精灵感格，有求必孚，其灵效之显赫，当更有进者矣。

皇政维新，百废俱兴，唯于阴阳寮，未见复设，无他，维新事业，多创建于兵马倥偬之际，既又侵入欧美文物，汲汲模效西学，无暇复古。况西人蔑视神道，创论为无，故习西法者，多惑其说，信口妄谈，谤毁神祇。由是渎慢之风，行于家庭则侮父兄，行于府县则侮官吏，行于国中则侮君上，败人间之秩序，害社会之安宁，方今天下之通弊也。察其弊所由来，皆由神道息微，以致人心狂妄，不知畏敬，极其所至，其祸有不可胜言者矣，可不慨叹乎！方今圣明在上，独断万机，大臣各进谠言，以相辅佐，复开贵族院、众议院，问国民之舆论，以定国是，是所谓君从相、从士、从庶民，从之时也。然谋于野而不谋于天，询于民而不询于神，未始非圣代之缺典也。古者命相则卜之，出师则卜之，求贤则卜之，礼曰，"卜筮者，所以决嫌疑，定犹豫者"是也。古时我国有行之者，即阴阳寮之属也。今朝堂之官吏，二万六千人，皆立君子之位，独阴阳寮职，不闻复古，粤稽古时，所称神随国者，其教既废，其名亦殆将灭绝矣。

余虽不肖，深为之惧，意欲修复阴阳之术，推阐感格之诚。然言之则罪犯僭越，不言则罪获冥明，其罪均也，则宁言之。不若使神国之称，得践其实，内可与四千余万生灵，同沾幸福，外可使欧西各国，昏昧而不知神道者，得闻此灵明玄妙之真理也。爰此，敢陈兴复阴阳寮一议。呜呼！所愿当道君子赞成此议，振兴舆论。得复阴阳寮之古职，不唯本邦之幸福，实足发世界之光辉也！谨议。

【占】 问时运：目下正当振作有为，宜出外历览，不宜杜门静守。

　　○问商业：贩运洋货，风险须防。

　　○问家宅：宅中或旧有供奉神佛，或皈入教门之家，或是家主设馆教徒。

　　○问战征：有风雷疾卷之势，可以掠得土地，收获民众。吉。

　　○问疾病：是风湿之症，宜流行活动，血调而风自息。

　　○问出行：远游吉，传教更好。

　　○问讼事：得平匀断结。

　　○问六甲：生男。

　　○问天时：有风即晴。

　　○问失物：初在地上，被风吹远，宜遍寻之，可得。

初六：童观，小人无咎，君子吝。

《象传》曰：初六童观，小人道也。

"童观"者，谓无远大之识见，犹童稚蒙昧，不能振拔以观道德之光。此卦六爻，各取义于观，以地之远近，分观之浅深，故其所观，一爻胜于一爻，此义不可不知也。初爻以阴柔在下，是幼稚之氓，抱昏愚之性，处荒僻之区，所居既远，所观亦微，故曰"童观"。"小人"者，以其昏昧，无远大识见，固不足怪，是以"无咎"，若君子而如是，不亦可吝乎？故曰"小人无咎，君子吝"。《象传》曰"小人道也"，以其位卑识微，只得如是。"道"，即"小人道长"之道也。

【占】 问时运：初运未佳，幸无大碍。

　　○问商业：初立场面，只宜就小，无咎。

　　○问家宅：防有童仆偷窃之患。

　　○问战征：防有小胜大败。

　　○问疾病：小人无碍，大人不利。

　　○问行人：宜就近，无咎。

　　○问六甲：生女。

　　○问婚嫁：自幼结亲，吉。

　　○问失物：防为小儿抛弃。

【占例】 某石炭会社员来曰："当某局石炭购入，试验甲乙石炭之火力，然后将付之入札，请占其胜败如何。"筮得观之益。

爻辞曰："初六：童观，小人无咎，君子吝。"

断曰：观者见也，见石炭之真质也。今某局方购入石炭，试验火力，然后竞争入札，可谓行公平之法则者也，谓之"大观在上，中正以观天下"。今占得初爻，初六在下，僻处远方，曰"童观"。以幼童见识，昏愚短浅，盖指检查者之无识也。爻曰"小人无咎，君子吝"，是正者取败，不正者得胜之时也。兹竞争者某，富狡猾之智，于试验之际，其设计行诈，弊有不可胜防者，深恐会社取败。

后果如是。

○友人来告曰："偶得某豪商招待状，余同业中，亦当集会，请占此日接待之景况如何。"筮得观之益。

爻辞曰："初六：童观，小人无咎，君子吝。"

断曰：此卦《象》辞曰"大观在上"，必是一绝大集会也。今占得初爻，初阴在下，地位甚卑。在足下见识高远，老成简练，余所知也。爻辞曰"童观，小人无咎"，恐有屈尊就卑之嫌。遇如此，小人尚可，君子未免不快于心。外耻于人，内惭于己，谓之"童观，小人无咎，君子吝"。

某闻之，如有所疑，因彼好意，亦不能辞，遂临其席。当日余亦同席，数十人中，某适列末座。某在同业中，智识才力，可驾众人上，此日受斯接遇，不知何故。

六二：阒观，利女贞。

《象传》曰：阒观女贞，亦可丑也。

艮为门，坤阖户，"阒观"者，盖从门隙而窥阒之也。二爻以阴居阴，位得中正，虽进于初爻，其位尚卑，见识亦劣，不能观刚阳中正之大道。孟子"齐人一妻一妾"章，其妻曰"吾将阒良人之所之矣"。阒、阒字皆从门，义同。是女子之行也，故曰"利女贞"。在丈夫，当目观天地之广远，心观万理之幽微，内观自己之身心，外观天下之形势，岂得以潜探暗阒为得计乎？《象传》曰："阒观女贞，亦可丑也"。女以贞为利，女子而"阒观"，尚未为失，若丈夫则丑矣。"亦"字承初爻"吝"字来，初爻以小人励君子，二爻以女子激丈夫。

【占】 问时运：目下运不佳，只宜株守，若妇女占之，大利。

○问商业：蚕丝业大利，余不佳。

○问家宅：必是妇女主家，利。

○问疾病：是阴寒之症，无害。

○问出行：须携眷同往，若行人，必携眷偕归。

○问六甲：生女。

○问失物：恐在门隙之间，阒探得之。

【占例】 明治二十三年，占贵族院，筮得观之涣。

爻辞曰："六二：阒观，利女贞。"断曰：二与五应，五父阳刚为政府，居高而下观人民；二爻阴柔为人民，在下而仰观政府，上下相应也。乃二爻不能正观，而曰"阒观，以其阴柔，故为"女子"也。今占贵族院，得二爻，二爻居阴之正位，上应九五。贵族院者，集皇族、华族、国家之元老，其他多额纳税者亦与焉，是欲通观宇内之形势，创建维新之谠论，得与欧美各国竞进，取彼之长，补我之短，更将驾各国而上之，为各国所瞻观也。爻辞曰"阒观，利女贞"，是以我国一时只知顺从，观犹未远，殆将激励而更进之也。此占盖期见识更进一步。

六三：观我生，进退。

《象传》曰：观我生，进退，未失道也。

"我生"者，指动作施为之自己出者。意思之发动，亦谓之生。"观我生，进退"者，谓省视我志之正邪、我行之通塞，而进退之也。又"进"者谓往刚，"退"者谓返柔，《系辞》曰"变化者，进退之象"是也。三爻居上下之间，在下卦之上，可以进，可以退，地位较二爻稍近，其见识亦稍胜，故能审观"我生"之所宜，以卜进退。度德而就位，量能而居官，随其可否而进退，谓之"观我生进退"。一出而成天下之事，是所行之通也，则可从而进；虽出不能成天下之事，是所行之塞也，则可从而退，其出处进退，于己取之而已。《象传》曰"未失道也"，谓其观己之才德，察时之可否，以用意于进退去就，虽未得道，要无误身失时之忧也。

【占】问时运：目下运却平平，能度德量力，不自妄动，虽无所得，亦无失也。
　　○问商业：谨慎把握，随买随卖，听时计价，决无失也。
　　○问家宅：宜旧宅，不宜转移。
　　○问战征：宜审察军情，随机应变，决不致败。
　　○问行人：归心犹豫未决。
　　○问六甲：生女。
　　○问疾病：宜息心自养，可保无虞。
　　○问失物：即得。

【占例】友人来访，云同业者三名纠合，欲创始渔业于北海道，请占前途吉凶。筮得观之渐。

爻辞曰："六三：观我生，进退。"

断曰：观，风行地上之卦也。风之为物，不可目观，以物之动摇，始知有风。占之事业，以座上之谈论，与最初之胸算，虽如容易，至其实际，有遭遇意外变动之象。今三名联合，创始渔业，其他二人，比足下才智金力，皆居下位，恐有半途辄退之虞。足下若无独力成全之力量，必不可着手。今占得此爻，曰"观我生，进退"，知此事业，进退全在"我生"，毫不须假他人之力，惟在己预筹其智略，自可定成否也。

后某不用此占，与他人联合。他二人未半途而挫折，某亦预支算外费用；且贷出多额之金，适海鱼不发，不获奏其功，却取大败。

六四：观国之光，利用宾于王。

《象传》曰：观国之光，尚宾也。

"王"指九五。阳明阴暗，九五阳爻，有光明之象。不言君而言国者，君者专属当阳一人，国则统朝廷百官而言之也。"观国之光"，谓观国中风俗之美恶，政教之隆替。"光"者，国之光华也。"宾于王"者，谓古有贤者，人君宾礼之，故士之值进王朝者，谓之宾。明主在上，怀抱才德之士，皆愿进仕王朝，辅翼君上，以康济天下，此君子之志也。四爻近五位之尊，为一卦之主，黼黻王猷，光被四表，故曰"观国之光，利用宾于王"。项氏曰："履正故为宾，不正即为敌"，是国有光可观，则宾，国无光可观，则敌。四以柔居阴，位得其正，《纂言》曰得阴之正，故有效顺而无跋扈也。《象传》曰"尚宾也"，宾即《书》所云"宾于四门"之谓，盖敬礼之也。此卦四阴二阳，与剥之五阴一阳，阴盛逼阳，势皆危险。六四为四阴之魁，进逼君侧，五爻以宾礼尚之，是隆其礼而不假以权也，可谓善处其观者矣。剥之六五曰"贯鱼"，曰"以宫人宠，无不利"，此爻与剥之六五，交互参看，可以察其义也。

【占】 问时运：目下当盛运，求利可，求名尤佳。
　　○问商业：宜贩运出洋，不特获利，且可得名。
　　○问家宅：主有喜事临门，光增闾里。
　　○问战征：必得大捷，论功邀赏，垂名竹帛。
　　○问疾病：不利。
　　○问行人：不归。
　　○问六甲：生男，且主贵。
　　○问讼事：得直。

【占例】 明治七年，占某贵显渡航清国，筮得观之否。
　　爻辞曰："六四：观国之光，利用宾于王。"
　　断曰：观者四阴得时，上逼二阳之卦，有臣民得势，将犯君位之象。今占得四爻，贵显渡航清国，将与彼国有谈判之事，贵显必能不辱君命，彼国之王，当必以宾礼相敬待也，谓之"观国之光，利用宾于王"。
　　某贵显果如此占，不辱君命，完其任而归朝。

九五：观我生，君子无咎。

《象传》曰：观我生，观民也。
　　"观我生"者，与六三同辞，其义殊异。五爻尊位，居中履正，是当阳首出之一人也。阳刚在上，为观之主，四海之内，由我而化，治道之隆替，风俗之美恶，皆自我生而推暨，故不观人而观我。观之而我之教化善焉，则天下皆有君子之风，是可以无咎矣，谓之"观我生"。即《中庸》所云"本诸身，征诸庶民"者是也。《象》曰"观我生，观民也"，王者以中国为一人，民心之向背，无不自我，观我即所以观民也。

【占】 问时运：目下运得其正，直道而行，无往不利。
　　○问商业：当由我把定主意，买卖贩运，无不利。
　　○问家宅：此宅必由我建造，君子居之，大利。

○问战征：当审察己营，所谓知己，乃能知彼也。可获大胜。

○问疾病：有命在天，无咎。

○问行人：即返。

○问失物：仍在身边，未失也。

○问六甲：生贵子。

【占例】 友人某为推选会社社长，请占会社之盛衰。筮得观之剥。

爻辞曰："九五：观我生，君子无咎。"

断曰：此卦名观，有上下互观之义。下之观上，仰其威仪；上之观下，察其贤否。今占得五爻，曰"观我生"，则是返而观己也。谓我而不善，何能望人之善。我而善，自足化人之不善。故观人不如观我。今足下选充社长，为一社之主，社中诸事，皆由足下一人而出也。足下当先内观于己，社友之从违，咸视足下之向背，即社运之盛衰，亦在足下而已。足下其自审之！

同氏闻之，努力奋励，社员及职工，皆感其风云。

上九：观其生，君子无咎。

《象传》曰：观其生，志未平也。

上爻具刚明之才德，居五爻之上，处一卦之终，虽高而无位，其一动一静，为众人所瞩目。既为众人所观，不能不自"观其生"，与五同德，故亦与五同观。"观我生"，观发施之政教；"观其生"，观平时之行义，稍有不同耳。而要皆以君子为归，庶无咎也。《象传》曰"志未平也"，言上处极必危，虽无其位，未忘恐惧；曰"志未平"，其谨畏可知也。

【占】 问时运：盛运已过，反躬自省，亦无失也。

○问商业：此种货物，已将告罄，由我得价，自然获利。

○问家宅：是老宅基，生息繁盛，有利无咎。

○问战征：军事将终，即可旋凯。

○问疾病：命运不久。

○问讼事：即结。

○问六甲：生男。

【占例】 明治十八年岁杪，鸟尾得庵君来访，晨夕谈论《易》理。余言《易》理玄妙，今日之精通《易》道者，盖已寥寥矣。鸟尾君曰：天下之广，人才之多，岂无一二之能晓者乎？余曰：余自玩《易》理，二十有余年，然感通之力，仅得咸之初爻，犹未能穷其奥也。自孔子以来，真得神明变化者，世多不闻其名。由是观之，彼此之妄谈卜筮者，皆皮毛耳。论难数回，鸟尾君曰：有无之论辩，不须烦言，不如一占以决之。乃筮得观之比。

爻辞曰："上九：观其生，君子无咎。"

断曰：上爻者，卦外无位之地，此卦《象》辞，首言神道，是假格神明之卦之例。以六爻配三才，以五为天位，上居五上，是谓天子之父，即天也。今占得上爻，曰"观其生"，明明教余反观内省，于《易》之道，果得窥透一二？余不能窥透，即知人亦以未能窥透也。又上爻于时为未来，今日虽无其人，后世或有能精晓者矣。

鸟尾君首肯曰：以此观之，今时之无其人，可知也。《易》原非再三可渎，余亦试一筮。筮得节之需。

爻辞曰："六三。不节若，则嗟若。"

《象传》曰："不节之嗟，又谁咎也。"

断曰：今时求之真通《易》道者，犹霜月求春花，暑夏欲冬粱，其不可得，天也，非人之咎也。

《易》之灵妙，二筮一旨，相与浩叹而别。

〇亲友某，为构造三层房屋，示建筑学士绘图，请占可否，筮得观之比。

爻辞曰："上九：观其生，君子无咎。"

断曰：此卦《象》辞首曰"大观在上。""观"字，亦作楼观之观，有高楼之象焉。今占得上爻，知学士见识高妙，其以欧美各邦有名建筑之图，画为模范。如此构造，壮则壮矣。欧洲风土气候，与我国异，则家屋之建筑，亦不得不从而异，在建筑师，所当体其意而折中焉可也。如我国以夏为本位而建造，彼国以冬为本位而建造，故我国家屋，拟西洋构造者，夏日乏风而苦热，冬日乏阳而苦寒；他如事务室，有旦昼不能灭烛者。此构竣工以后，防有龃龉，多致改造变更之事，故《象传》曰："观其生，志未平也。"

䷔ 火雷噬嗑

"噬"，啮也。"嗑"，合也。啮而合之也。卦全象颐，以初、上二刚为两唇，以二、三、四、五四阴为齿，上下断腭，有噬之象。以四爻一刚，梗于其间，如物之在口，初上二刚，以四为梗，遂致上下不得合。下唇动，上唇止，必噬乎四之梗，梗消而两唇乃合，谓之噬嗑。卦承观来，《序卦》曰："可观而后有合，故受之以噬嗑。"嗑，合也。既有可观，后必来合，噬嗑所以次观也。

噬嗑：亨，利用狱。

《杂卦》曰："噬嗑，食也。"凡食下咽则口合，有物梗之则口不合，不合则不通，合则亨通矣，故曰"噬嗑，亨"。由是而推之，在家庭则有谗邪以梗之，在朝廷则奸佞以梗之，在道路则有强暴以梗之。一如物之在口，有梗则不通也，欲期其通，当先治其梗。治梗者，"利用狱"，治狱宜刚，象取初上两刚，用之者，则在五爻也。"狱"，囚也，外卦离体，外实中虚，有狱象焉。内卦震，震威也；外卦离，离明也。威而且明，有治狱之才焉，故曰"利"。如是而噬嗑济矣。

《彖传》曰：颐中有物曰噬嗑。噬嗑而亨，刚柔分，动而明，雷电合而章。柔得中而上行，虽不当位，利用狱也。

颐本合也，因中有物梗，则上下不合。卦体初上两刚在外，二、三、五三柔分列上下，四爻一刚在中，如颐中有物之象，必得初上两刚相交，噬而嗑之，啮去其梗，颐斯合矣。颐合梗去，则亨通也，故曰"噬嗑而亨"。此卦内卦一刚二柔，外卦二刚一柔，是刚柔相分也。雷动也，电明也，"动而明"。雷震而电煽，一时合发，威耀交彰也。"柔得中"，指六五言，以柔居刚，为刚柔得中也。"上行"，谓五居尊位，柔而处阳，位虽不当，而利于用狱。盖用狱过刚则伤猛，过柔则伤宽，刚柔得中，而狱平矣。统言之，物有害于口齿间者，人以噬嗑治之；物有害于造化者，天地以雷电治之；物有害于政治者，先王以刑狱治之。所谓"噬嗑而亨"者，道在此矣。故噬嗑一卦，为治天下之大用也。

按贲卦亦有物在颐中之象，然上卦艮止，下卦离丽，上止下丽而不动，故不能噬物，虽有颐中含物之象，无噬物之义也。

以此卦拟人事，卦象为"颐中有物曰噬嗑"，谓颐因物梗不能合也。推物之所害，不第颐然。物入于耳而耳必不聪，物生于目而目必不明，物入于胸而胸必致病，物入于心则心必致蒙，是物之害在身也。极之父子之间，有物以间之，则父子乖；兄弟之间，有物以间之，则兄弟离；夫妇之间，有物以间之，则夫妇怨；朋友之间，有物以间之，则朋友疏，是物之有害于彝伦也。欲除其害，在治人则用刑狱，在治己则用内讼，其法一也。动为雷，明为电，动以致其决，明以察其几，动与明合，而赏罚彰焉。以位言之，五爻为君；以德言之，五爻为心，心所以称天君也。此卦五爻，以柔居阳，曰"柔得中"，谓心能柔而用刚，则刚柔得中，斯不失严，亦不失宽，而内讼之功用全矣。卦名曰噬嗑，《象》辞曰"颐"，皆取象于齿颊间，故六爻中，曰"灭趾"，曰"灭鼻"，曰噬肉，曰"噬胏"，曰"灭耳"，皆取象于人身，是诚为剥肤之灾也。在内则物欲去而心身亨，在外则谗邪去而万事亨，所以善其治者，全在天君也。《易》理所赅甚广，为家，为国，为身，在占之者随事取之耳。

以此卦拟国家，朝廷中所最害政者，群僚在位，有一谗佞与立其间，颠倒朝政，惑乱君心，虽有贤能，被其离间，不能协办共事，此国家所以日替也。此卦四爻，一刚在中，间阻上下，即其人也。初上二阳，一上一下，不相会合，二三柔顺无能，五爻以柔居阳，比近于四，未免偏听。雷伏而不动，电匿而无明，治道之不亨，职是之故。《象》辞所谓"颐中有物"者，其象亦犹是耳。"颐中有物"，治之利用齿；朝中有谗，治之"利用狱"，而主狱者则在五爻之君，相辅而治狱者，则在初上两刚。然以刚克刚，遇刚则折，犹必用二三两柔，调剂其间，斯四刚贴服。在五爻之君，以柔居阳，位虽不当，而能发雷之动，效电之明。雷电交作，治道乃彰。"动而明"则刑无或枉，明而动则罪无轻纵，是以刚柔中，而狱平矣。六爻历言治狱之方，初轻刑而寡过，二乘刚而易服，三"遇毒"而无害，四守贞而获吉，五用中而恤刑，要皆得刚柔之宜。唯上爻酷刑而有凶，是用刚之过也，即足为治狱者戒。就一卦言，九四为颐中之物，即梗法之人，是受狱而待治者也；就六爻言，九四刚直守贞，为治狱之能才也。盖卦象而爻辞，各取其义，玩其占者，毋以辞害意也。

通观此卦，其象取全体象颐，又取上下雷电二象，为治狱之用。雷以抉伏，电以烛奸；动则能断，明则能察。合而施之，刑法昭彰。六五虽不当位，以柔居阳，为治狱之主，专用初上两刚相合为治，刚柔合而间去，间去而狱平。卦旨如此，在六爻则又有各取其义。或以初上两爻无位，为受刑之人，中四爻为用刑之人。就卦体观之，以四爻一刚，为受刑之人，余五爻为用刑之人，然爻辞皆主"利用狱"，未尝有用刑受刑之别也。但两刚不能独噬，必合诸柔而共噬，故诸爻各有所噬，而噬之中，又分其坚柔焉。二"噬肤"，肤柔而易噬，其罪轻；三"噬腊肉"，较肤而稍坚矣，故有"毒"；四"噬干胏"，胏肉而带骨，较腊肉而益坚矣，"利艰贞"；五"噬干肉"，乾肉者，言狱之已成也。五为主狱，其所治者。皆刑官之已决者也，五重省之，故"贞厉"。初曰"屦校"，初在下，刚犹微，故刑在足，是薄罚也。上曰"苟校"，上居终，刚已极，故刑在首，则过猛矣。两爻独不言噬，或之所为受刑者，其以此乎？总之六爻用狱，各有次第，得其当，故皆曰"无咎"；"利艰贞"，则曰吉；用其极，则曰凶。平则劝之，过则戒之，慎之至也，故《象传》曰"雷电噬嗑，先王以明罚敕法"，言先王明威并用，即刑期无刑之意。《易》之言用狱，噬嗑与丰二卦最详。丰曰"折狱致刑"，噬嗑曰"明罚敕法"。其审决精详，足惩后世爱书之滥。此全卦之义也。

《大象》曰：雷电噬嗑，先王以明罚敕法。

《埤雅》曰：电与雷同气，雷从回，电从申。阴阳以回薄而成雷，以申泄而为电，是皆天地之怒气，震发而示威于天下者也，有用刑之象焉。或曰，雷出天气，电出地气，天地气合而雷电作。噬嗑即以初上二刚为雷电。先王取其象以治狱，明以象电之光，敕以象雷之震，罚明使民知避，法敕使民知畏，斯罚无枉曲，法无偏私。朝廷之刑罚，一如天廷之雷电。天以好生为德，王以恤刑为心，其道一也，其治隆矣。

【占】 问时运：目下正当好运发动，有威仪，有光耀，声名远播上达之象，吉。
　　○问商业：买者卖者，一时会集，有货物旺销之象，吉。
　　○问家宅：天盘地盘皆动，防有火灾，须小心谨慎，可以免祸。
　　○问疾病：是郁热之症，导宜透发，或热极作狂，须慎。
　　○问讼事：判决明允。
　　○问天时：有雷雨骤降之象，雨后即霁。
　　○问婚嫁：阴阳一气，定必百年好合，吉。
　　○问行人：即归。
　　○问失物：恐被人吞没。

初九：屦校灭趾，无咎。

《象传》曰：屦校灭趾，不行也。

震为足，初刚居阳在下，象足；初为震之下画，亦象屦。"校"刑具，木校也，加校于屦，即加于足也。"灭"，没也，以校之小，仅没其趾，罪小而罚轻也。初阳犹微，用刑亦宽，小惩之，使不复为恶而已，故用刑与受刑，两"无咎"也。《象》曰"不行也"，古人制刑，有小罪则校其趾，禁止其行，使不敢复蹈前非，故曰"不行也"。

【占】 问时运：目下防有小灾，幸无大患，宜慎。
　　○问商业：木材交易，最为不利，余商亦宜谨慎。
　　○问家宅：有兴工改造之意，无咎。
　　○问疾病：或足患疮疡，或患脚气，症是初发，医治自易。
　　○问战征：防有埋伏，宜慎。
　　○问婚嫁：不利。
　　○问行人：未归。
　　○问六甲：生男。恐小儿有脚疾。

【占例】 明治二十三年春，友人某来谓曰：今欲合兴一业，请占成否？筮得噬嗑之晋。

爻辞曰："初九：履校灭趾，无咎。"

断曰：此卦下卦震为木，有动性，上卦离为火，其象恰如负薪向火，进必陷难，以勿进为宜。今占初爻，曰"履校灭趾，无咎"，然虽曰"无咎"，不免小惩。《象传》曰"不行也"，明告以事不可行，宜罢而不复为。

友人闻之曰：今得此占，愈知其不可为也。余所欲为，本非十全之策，当谢绝同人也。尔后友人又来曰：实三人同谋贷金业，若有以株券及公债证书为抵当借金者，返还之际，一依财主之便宜，予以证书。得惜主承诺之证书贷金，其所抵当公债证书株券等，连即卖却；又以同一方法贷与其金，次第如此，是不须资本，可得大利。若有请返还者，付以低落之株券等，万一事不如意，则隐匿财产，为破产之策。后奸策发露，二人已下狱。《易》理之妙，实可惊叹！

六二：噬肤灭鼻，无咎。

《象传》曰：噬肤灭鼻，乘刚也。

"肤"者，柔软无骨之肉，噬之甚易，喻狱之易治。"灭鼻"者，喻得情之深。二爻应五，居中得正，是用刑之得其中正也。刑得中正，则罪人易服，虽"噬肤"而"灭鼻"，"无咎"也。互卦艮为鼻，此爻居艮之初，上有互卦之坎，以艮陷坎下，有灭鼻之象。《象传》曰"乘刚也"，乘初之刚，以济其柔，故噬之，而深没其鼻也。

【占】问时运：目下平平，因才力浅肤，宜乘大力者行事。
　　○问商业：现时货物，有辐辏而合之象，不妨深藏待价，乘时出售。吉。
　　○问战征："肤"大也，"鼻"始也，从今伊始，可奏肤功，吉。
　　○问家宅："鼻"为祖，"灭鼻"即灭祖，老宅不利。
　　○问疾病：现下邪在肌肤，致恐深入为患。
　　○问行人：偕伴而归。
　　○问婚嫁：定是兴旺之家，可成。

【占例】明治二十五年十月二十五日，杉浦重刚、菊地熊太郎、三宅雄次郎、志贺重昂、陆实诸学士，会于星罔茶寮。前一夕政府有命，停止日本新闻发行。时陆氏为该新闻主笔，问余以解停之期，筮得噬嗑之睽。

爻辞曰："六二：噬肤灭鼻，无咎。"

断曰：此卦"颐中有物"之象，噬之粉齑，自得亨也，故曰"噬嗑，亨"。今该新闻纸所载事项，有障害政府，政府停止发行，是其间为事所梗塞也。噬嗑之卦，"利用狱"，今六二居下，其罪不重。所谓"噬肤灭鼻"者，如噬美肉，误为热汁伤鼻，象编辑者匆促执笔，触政府之忌讳，被折其鼻也。鼻属金，灭鼻者，为停业而损货财也。下卦为震，于数为八；此爻变为兑，兑数为九。今后八日，或至九日，必可解停。

后八日，果解停。陆氏赠书，报知杉浦氏，感其奇中也。

　　○亲友某来曰：有一商业，为有望之事，请占其成否并吉凶。筮得噬嗑之睽。

爻辞曰："六二：噬肤灭鼻，无咎。"

断曰：此卦口中有物所梗，拟之商业，则为积贮物品之象。占得二爻，是轻易看过商事，反来意外损失。"噬肤"者，谓肉柔而易噬；"灭鼻"者，为逢着刚强，商家致遭折鼻。故宜仔细留心，慎密从事，可无过也，故曰"噬肤灭鼻，无咎"也。

后果如此占。

六三：噬腊肉，遇毒，小吝，无咎。

《象传》曰：遇毒，位不当也。

"腊肉"者，肉中藏骨，难噬之物也。骨藏肉中，人所不察。此爻以阴居阳，外柔内刚，有腊肉之象。干肉历久，噬之有肉败生毒，互卦（三、四、五）为坎，坎者毒之象。肉毒，如罪人强暴，治之而遇反噬，是可吝也。然用刑非为不当，故虽可吝，吝亦小焉，终无咎也。《象传》曰"位不当也"，柔居阳位，不得其当，故罪人不服，而反遇毒也。

【占】 问时运：目下气运不正，于得意事中，每多失意、或待人而反受人怨，幸无大害。
　○问商业：明明可获利之业，或反有小损，多以处置不得其当。
　○问战征：屯营不得其地，防有小败，宜谨守。
　○问家宅：宅神不安，恐有小灾，宜祷。
　○问疾病：药不对病，幸小病无碍。
　○问行人：因事未归。
　○问六甲：生女。

【占例】 友人某来，请占刑事裁判，筮得噬嗑之离。
　爻辞曰："六三：噬腊肉，遇毒，小吝，无咎。"
　断曰：此卦为口中有物，不噬则不通，犹彼我之事，中间被人阻隔，非用力除之，不得调和。今占得六三，曰"噬腊肉，遇毒"，腊肉肉中带骨，坚韧难噬，久则有毒，如犯人刚强难治，久将反噬，未免有"小吝"也。然秉公审断，终得罪状，故曰"无咎"。裁判此案，自当审慎。后果如此占。
　○占明治三十年秋丰歉，筮得噬嗑之离。
　爻辞曰："六三：噬腊肉，遇毒，小吝，无咎。"
　断曰：此卦颐中有物之象，占年成丰凶得此卦，尤见适应也。三爻辞曰"噬腊肉，遇毒"。腊肉者，腌干之小兽肉，体具备，腊时既久，易致生毒，是食物之不洁者也。此卦有雷电交作之象，防七八月间大雨发，损害田谷，秋收不足，谷食缺乏，致人民混食杂粮，或遇毒而致病，谓之"噬腊肉，遇毒"。然今有外国米谷，输入甚便，得以济饥，故曰"小吝，无咎"。

　是年八月，果气候不顺，洪水遍发，致米谷缺乏，幸输入外国米，藉以济荒。

九四：噬干胏，得金矢，利艰贞，吉。

《象传》曰：利艰贞，吉，未光也。

"干胏"，干肉之有骨者也，其坚至矣。坚以象九四之刚，肉柔骨坚，以象九四之阳居阴位。四刚在中，其治狱，必合初上两刚而并治。初刚一画为乾，乾为金，故初有金象；上刚一画属离，离为矢，故上有矢象。四近比五，为治狱之大吏，初上皆从之，故曰

"得金矢"。金刚矢直，刚与直，为治狱之要道，九四得之，有何狱之不可治也！故干肺虽坚韧，不难噬，犹言罪人虽强悍，不患不服矣。在四以柔居刚，刚或过严，故利用艰；柔或过宽，故利用贞，艰且贞，则吉矣。六爻中独四称吉。《象传》曰"未光也"，谓治狱则吉，而四居离之初，离明犹微，故曰"未光也"。

【占】 问时运：目下改旧从新，正当盛运，万事皆吉。

　　○问商业：譬如食肉得金，有利过于本之象，大吉。

　　○问家宅：家业素丰，安不忘危，常不忘变，是保家要道，吉。

　　○问战征：能获敌粮饷，获敌弓矢，无坚不摧，所向皆利。但胜时，更宜谨慎为吉。

　　○问婚嫁：以勤俭之家，吉。

　　○问产生：此症非易治，须谨慎调养，吉。

　　○问六甲：生男。

　　○问行人：在外得利，尚未归也。

【占例】 相识某，因商业上生一大纷议，请占其结果如何。筮得噬嗑之颐。

　　爻辞曰："九四：噬干肺，得金矢，利艰贞，吉。"

　　断曰：此卦有隔绝彼我于中，谋揽大利者，首当用力除去其害。今占得四爻，曰"噬干肺"，干肺坚韧难噬，知其人必刚暴难治。曰"得金矢"，金矢贵重之品，想所以争讼者，即在此贵重之金矢也。就金矢取象，金刚象，矢直象，必得一刚直之人，方能判决。然处置甚难，非一时可了，故曰"利艰贞"。始终忍耐，虽多纷议，自然归结，可勿劳心也。

　　后果如此占。

六五：噬干肉，得黄金，贞厉，无咎。

　　《象传》曰：贞厉，无咎，得当也。

　　"噬干肉"者，喻肉之无骨易噬。"得黄金"者，黄为正，取正中也；金为刚物，取坚刚也。此爻备刚明之德，尊居五位，即断狱之君也。干肉为肉已干，狱而至于人君亲决，亦必狱之已成者。罪虽已定，而人君犹有罪疑惟轻之意，故曰"贞厉"。如是而用刑，复何有咎？《象传》曰"得当也"，谓能以柔用刚，守正虑危，治狱之道，得其当也。

【占】 问时运：运正得时，所求所谋，无不如意，吉。

　　○问商业：所贩运货物，皆是上品，干净完美，大得利益；不特一时，此业可保长久。吉。

　　○问家宅：方位得当，大利。

　　○问战征：主敌城柔弱易攻，吉。

　　○问疾病：肉食宜忌，久亦可危，须谨慎调慑。

　　○问行人：正获利归来。

　　○问六甲：生男。

　　○问失物：即得。

【占例】 占明治二十二年之米作，筮得噬嗑之无妄。

爻辞曰："六五：噬干肉，得黄金，贞厉，无咎。"

断曰：《杂卦传》曰："噬嗑，食也"；《象传》曰："颐中有物曰噬嗑，噬嗑而亨"。此卦辞皆关食物者也。此卦雷在下，电在上，互卦四爻为七八月，防有洪水。今占得五爻，为丰作之兆也。爻辞曰"噬干肉"，干肉可藏，新谷登场，纳之仓廪，亦取其藏也。曰"得黄金"，稻得黄熟时，称曰遍野黄金，米粒称曰金粒、玉粒，盖言丰也。年丰谷熟，贩运者广，米价未必低落，农民既得十分收获，又得高价出卖，亦谓之得黄金也。

果至七八月间多雨。三县虽有被水惨状，全国概得十分丰登，米价颇贵。知《易》理之精妙，不可测度。顷日会某贵显，谈及此占，贵显感叹不措。

○明治二十七年十二月，我海陆军在清国山东省威海卫。清国军舰据要地防御，我军舰在港外，炮击不得其宜。是月二十日，余偶会土方宫内大臣于汽车中，大臣问余以威海卫战况，余筮得噬嗑之无妄。

爻辞曰："六五：噬干肉，得黄金，贞厉，无咎。"

断曰：此卦为"颐中有物"之象。今清兵因过日之败，退守僻地，我海陆兵包围清国海军，犹颐中有物也。今占得五爻，战机正熟，击敌之坚，可有意外之获也，谓之"噬干肉，得黄金"。虽所行危险，可保无害，谓之"贞厉，无咎"也。

后果伊东海军中将，以水雷艇击破铁索，侵入港内，击沉定远等数军舰，敌将丁汝昌以下自杀，镇远等军舰，悉归我有。

上九：荷校灭耳，凶。

《象传》曰：荷校灭耳，聪不明也。

上居极位，在五之上，为离上画，刚明过盛。"校"，木校，刑具也。初阳在下，故校在足；上阳在上，故校在首。"荷校灭耳"，校之厚，知刑之酷也。治狱之道，与其失入，不如失出，宜以钦恤为心。上九刚强自用，重刑示威，安能无凶乎？故曰"凶"。《象传》曰"聪不明也"，谓讼之听，全在于聪，刚而不中，失其聪，即失其明，故曰"聪不明也"。

【占】 问时运：目下大运已终，能以柔和处世，可保无虑；若任用强，难免凶矣。

○问商业：得利即止，不可过贪，斯无大损。

○问家宅：防有意外之灾凶。

○问战征：切勿前进，前进必凶。

○问疾病：或耳鸣耳聋，或项上生毒，凶。

○问六甲：生男，防有聋耳之疾。

【占例】 东京曲街酒店主人某，家业上凤操苦心，顷日忽然不理事务。一日午前出家，日暮未归，家人寻之，不得踪迹。时平川町盲人铃木孝伯，尝就余学《易》，家人因请占卜，孝伯筮得噬嗑之震。

爻辞曰："上九：荷校灭耳，凶。"

孝伯断曰：此卦内为震雷，外为离火，南离方也，趋街之南。雷火发动者，蒸气车也。占得上爻，其辞曰"荷校灭耳，凶"。以此推之，恐主人触蒸气车，有灭耳而死之象也。

闻者皆惊，或犹未信。既而夜十时，爱宕下警察署急召唤家人，告以主人铁道上横死之事，验之果首耳俱裂。至是皆敬服《易》理之妙。余闻之，喜孝伯判断酷似余言，故附记之。

○明治三十二年四月，某贵绅妻，初有孕，至临月，逾期未产。为占其分娩，用《易》筮，得噬嗑之震。

爻辞曰："上九：荷校灭耳，凶。"

断曰：噬嗑之卦，二阳在上下，一阳在三阴之间，即妊娠之象。今占分娩，见有灭耳之辞，是胎儿肥大，难于生产，恐相轧而伤其耳也。

后果此妇临褥，久不得产，医师见产妇不堪，将施行截开，渐而分娩。盖因儿肥大，为产门所阻，致耳受伤，因以硝酸银灼之，疗其伤也。儿虽不至"灭耳"，其受伤也确矣。

䷕ 山火贲

贲从卉从贝。此卦上卦艮，艮，山也。《诗》："山有嘉卉"。故贲上从"卉"。且艮为果蓏，有卉之象。下卦离，离为鳖，为蟹，为蠃，为蚌，为龟，皆贝也。《尔雅》："龟三足名贲"，故贲下从贝。《序卦》曰"贲饰也"，卉贝皆具彩色，是以谓饰。付氏云："贲古斑字，文章貌，言斑驳陆丽有文也。"《象》辞所谓"天文""人文"，由此来也。为卦山下有火，山生草木，下有火照彻，则草木皆被其光彩。《书》曰"贲若草木"，亦足证焉。卦上承噬嗑，《序卦》曰："嗑者。合也，物不可以苟合，故受之以贲。"苏氏曰，"直情而行之谓苟，礼以饰情之谓贲"。礼以饰情，在乎栖与为敬，敬则其合可久，此贲所以次乎噬嗑也。

贲：亨，小利有攸往。

贲卦上体山，山蕴质素；下体火，火吐文光。下火上烛，则质而有文，故曰贲。文质交错，刚柔得中，故曰"亨"。离火之明，遇山而止，则所进者小矣，故曰"小利有攸往"。其义，则《象》辞详之矣。

《彖传》曰：贲亨，柔来而文刚，故亨。分刚上而文柔，故"小利有攸往"，天文也。文明以止，人文也。观乎天文，以察时变；观乎人文，以化成天下。

此卦与噬嗑对，以噬嗑变。噬嗑六五柔来二，为六二，成离下，是为"柔来而文刚"。噬嗑初九刚往上，为上九，成艮上，是为刚往文柔，刚柔相杂而为成，是天下之文也。"柔来而文刚"，离明于内，故无不亨；刚往文柔，艮止于外，故"小利有攸往"。卦以上爻为极，极即天也。上爻曰"白贲"，自然之文，故谓之"天文"也。九三在人位，为一卦之主，当文明之盛会，故谓之"文明以止，人文也。""天文"者，日月星辰，光华内焕，不假外饰，自然之文也。"人文"者，人伦庶物，纲纪在先，节文在后，修饰而成文也。有圣人作，仰观天文，晦朔何以代明，寒暑何以错行，察其时变，是欲以人合天也。俯观人文，道之以礼乐，教之以诗书，化成天下，是欲以人治人也。是圣人用贲之道也。

以此卦拟人事，贲，缘饰也，质先而文后。凡事之有待致饰者，皆后起也。此即绘事后素之说也。以之言礼，玉帛其饰也；以之言乐，钟鼓其饰也；以之言宫室，轮奂其饰也；以之言衣服，章采其饰也。是文饰必附质而著，如帛之受采，玉之受琢，有实而加饰，饰之足以增其美也。此卦山得火而焕彩，譬如在人，心光透发，面目生辉，内行修明，声闻卓著，德润而体胖，实至而名归，即贲之象也。就爻言之，初爻"贲趾"，以处义为贲，贲得其正；二爻贲须，以与上为裁，贲得其时；三爻"贲如濡如"，贲而"永贞"，贲得其吉；四爻"贲如皤如"，贲而当位，贲"终无忧"；五爻"贲于丘园"，以敦本务实为贲，贲终"有喜"；上爻"白贲，无咎"，以黜美返朴为贲，贲乃"得志"。此六爻之义，所以治全体之贲也。而人事之饰伪而乱直，黜美而诬实者，皆当返而自省矣！

以此卦拟国家，上卦为山，安止不动，如圣躬之德性镇定也；下卦为火，辉光远耀，如朝廷之政教焕布也。内崇德性，外敷政教，有本有文，刚柔并用，是贲之善者也。推之舞干羽而格顽民，是"柔来而文刚"；仗斧钺以安天下，是"刚上而文柔"。审时定历，以法天文也；制礼作乐，以昭人文也。德礼以行政，政乃善；忠信以折狱，狱乃平。《象》曰"君子以明庶政，无敢折狱"，即此旨焉。六爻言贲，各有次第，义深旨远。初刚在下，故曰"贲趾"，是守道无位之贤人也。二爻"柔来而文刚"，随刚而动，如须随颐而动，故曰"贲须"，是待时而动之君子也。三爻当贲之盛，故曰"贲如濡如"，是治贲而能守其贞者也。四爻则由离入艮，贲道变矣，故曰"贲如皤如"，是不随俗披靡，为能黜华而崇实也。五爻则为主贲之君，忘殿陛之华，守丘园之素，故曰，"贲于丘园"，所以厚民生而敦风俗者，道在是焉。上爻为贲之极，物极必反，故曰"白贲"。《杂卦》曰，"贲，无色也"，郅治而期于无刑，盛德而极于无为，此治道之原也。如是而事济矣，如是而化成矣。

通观此卦，内离外艮，离文明也，卦德由内达外，以文明为主，故名卦曰贲，取贲饰之象也。《彖传》所言柔文刚、刚文柔、观天文、观人文，皆以文致饰，亦以文得亨，是贲之象，由离而来，得艮而济，此全卦之体也。《象传》不曰火在山下，而曰，"山下有火"，是隐然有以山止火之象。"以明庶政"，明也；"无敢折狱"，止也，亦见文不过质之意。六爻言贲，内三爻，离本卦，初二两爻，贲犹微，惟三爻贲为盛；上三爻，自离入艮，其言贲，皆黜华崇实，是救贲之偏而返其本也。故四虽"疑"而"无忧"，五虽"吝"而"终吉"，六"无咎"而"得志"。将使之自文还质，无偏胜之患，斯为贲道之大成也。全卦之义如此。

《大象》曰：山下有火，贲，君子以明庶政，无敢折狱。

艮山之下有离火。艮，一阳高出二阴之上，阳塞于外而不通，故止；离，二阳之中含一阴，是内虚而含明，故明。君子法之，"以明庶政"。"庶政"者，或兼教养，或兼兵食，《洪范》所谓"八政"皆是也。暗则紊，明则治，取之离，而政教明矣。明以致察，过察则失严，故于折狱，则曰"无敢"。"无敢"者，谓不敢自用其明也。虚明之心存于中，而慈祥之政行于外，明其所当明，而不敢过用其明，取之于艮，明于是乎止焉。丰曰"致刑"，以"明而动"；贲曰"无敢"，以明而止。不动则民不畏法，不止则民不聊生，有相济而行也。

（附记）

"观乎天文，以察时变"一则：

明治十八年一月，余浴于热海，一夕有大星见于月右。时饭田巽氏先见，呼余出视，余一见如有所悟，不言而入。邻席有《自由新闻》社员藤井新藏者，谓饭田氏曰：高岛氏一见而入，必有所解，君请往探之。饭田氏乃过余室叩其故，余曰：难言也。氏问之再三，余曰：数日内当有一大臣濒死者也。氏曰：子何以知其然乎？余曰：此所以为难言也。余历征多年实验，乃知星之示变也。子若不信，请观后日。未几三日，报有栖川宫殿下薨,氏复曰:子言果中矣,吾终不知其然也,请幸教我。余曰:《易》不曰乎?"观乎天文,以察时变",此之谓也。

【占】 问时运:目下正当发动。百事顺适,但上有阻止,未能遂意径行。

　　○问商业:主经理人才干强明,足以任事;但精明者必刻利,还宜留意。

　　○问家宅:恐宅中时有火光发动,幸即扑灭,无大害也。

　　○问战征:前面有山,未易进攻。

　　○问疾病:是郁火上蒸之症,宜息火,犹不可过用寒剂,致真火扑灭。

　　○问行人:欲归又止,尚未定也。

　　○问六甲:生女。

初九:贲其趾,舍车而徒。

　　《象传》曰:舍车而徒,义弗乘也。

　　初刚在下,故曰贲趾。"徒",徒行也。古者从大夫之后,不可徒行。初无位,故"舍车而徒"。贲趾者,是践仁履义,以仁义"贲其趾"者也。不以乘车为贲,而以徒行为贲。乘车者,世之所贵,君子所耻,是以舍之。《象传》曰"义弗乘也",喜初之能守义也。

【占】 问时运:生性清高,不合时趋,以德亨,不以名亨。

　　○问商业:必是肩负买卖,非舟车贩运之业,虽小亦亨。

　　○问家宅:是勤俭起家,颇有知足不辱之风。

　　○问战征:陆军利。

　　○问行人:中途遇阻,步行而归。

　　○问疾病:症在初起,不食药而可愈也。

　　○问讼事:恐有惩役之灾。

　　○问失物:已舍去之,寻觅徒劳。

【占例】 明治十九年,占某贵显气运,筮得贲之艮。

　　爻辞曰:"初九:贲其趾,舍车而徒。"

　　断曰:此卦上艮下离,所谓高山仰止者,某贵显之德望也;所谓离明遍照者,某贵显之功业也。是当今所共知者也。现时退位闲居,今占得贲初九,曰"贲其趾,舍车而徒",爻象正合。初爻为无位,阳刚在下,贲,有文也。趾,足也,从止,有退归之象。"舍车",犹舍位而隐也。"徒",行也,将复起也。舍车徒行,是某贵显将潜行民间,窥察民情风俗,以益光文明之治,补维新以来所未修,是某贵显之隐衷也。爻象以明示之。在某贵显为维新元勋,虽暂退间,其心头岂一日忘天下哉!兹值初爻,贲犹未光,至三而贲盛,至六犹能反其贲,以协于中。贲之运正反,知某贵显,后日必德望愈隆,功业愈大也。《象》所谓"观乎天文,以察时变,观乎人文。以化成天下",皆可于某贵显见之。

　　后果如此占。今辅佐朝政,望同山斗,遇际明良,是贲之所以为贲也。

六二:贲其须。

《象传》曰：贲其须，与上兴也。

二以柔居柔，其爻自噬嗑六五柔来，变为六二，即《象传》所谓"柔来而文刚"也。取象于颐，此爻曰"须"，须，随颐而动，故注曰：须之为物，上附者也。柔来文刚，文刚者，贲也，故曰"贲其须"。须眉为人生之仪表，所谓严其瞻视者，此也。《象传》曰"与上兴也"，"上"，谓上卦噬嗑，"兴"，动也。噬嗑内卦为震，震为动，须附上，爻自噬嗑来，故曰"与上兴也"。

【占】问时运：目下平平，只可依人成事。

　　〇问商业：与富商合业，必大兴旺，吉。

　　〇问战征：必须与大军同进，方可得胜。

　　〇问家宅：叨上人之福泽，藉以光大门楣。

　　〇问婚嫁："归妹以须"，尚宜待也。

　　〇问六甲：生女。

【占例】明治十四年四月占国会。方今我国舆论，咸愿开设国会，群议纷纷，未可臆断，特占一卦，得贲之大畜。

　　爻辞曰："六二：贲其须。"

　　断曰：此卦自二至上为五年，其间不见凶咎。贲下卦为剥，剥之上即第六年，其凶尤甚。今审度避凶趋吉之方，须就变卦大畜探索。为之先说贲终剥来之凶象，复述变卦大畜之卦义。

《象》辞曰："贲亨，小利有攸往。"贲者文饰也，凡事饰于外者，必由其内有缺乏也。今当开设国会，各府县推举代议士，才力学识，未必完全，多皆徒施外饰而已。《象传》曰"柔来而文刚"，"刚上而文柔"，谓上卦之柔，来贲下卦之刚，下卦之刚，上贲上卦之柔，上下各以刚柔，互相贲饰，此《象》义也。今拟之国会，上卦为官吏，下卦为代议士，各以论说相抵抗者也。曰"贲亨"知国会之事无不亨通；曰"小利有攸往"，知国会虽可进行，未免有所退止也。曰"观乎天文，以察时变"，谓当察时机之会，审宇内之势，以维持国体于不朽也；曰"观乎人文，以化成天下"，谓应民心之归向，文运之昌明，开设国会，上下合志，可以计划国家之安宁。此就《象》义而释之如是，进推六爻，初爻"贲其趾"，"舍车而徒"。初爻在下，是无位也，谓微贱下民，亦将持杖徒行，奔走而来观德化也。二爻"贲其须"，《象传》曰"贲其须，与上兴也"，二虽进初一等，其人不能自主，随人之议论以为议论，如须之随颐而动也。三爻"贲如濡如，永贞吉"，《象传》释之曰："永贞之吉，终莫之陵也。"三居下卦之上，近比四"爻，"贲如濡如"，贲之盛也。三以阳居阳，卦中为主贲，会中为主议，持论不易，能守"永贞"，故吉。《象》谓"终莫之陵，言无与相抗也。四爻"贲如皤如，白马翰如，非寇婚媾"，此爻为政府地位，与三接近。"贲如皤如"者，谓官吏示以从前政府施行之事状；"白马翰如"者，谓听者解得政府之实情；"非寇婚媾"者，谓感官吏之勤劳，相与辅翼而赞成之也。五爻"贲于丘园""束帛戋戋"，谓议士中有知"丘园"之贤士，推荐于朝，当具"束帛"以招之，使之出而共议国是，故"终吉"。上爻"白贲，无咎"，乃退位老臣，谓创兴国会，未免近于粉饰，终宜黜华崇实，是返本之道也。从此节财省费，得谋裕国之策也。

贲之终，剥之始也，更论剥卦之义。剥《彖传》曰："剥，剥也，柔变刚也。不利有攸往，小人长也。""柔变刚"者，是"小人道长"之时也，故曰"不利有攸往"，戒辞也。初爻曰"剥床以足，蔑贞凶"，阴之剥阳，自下而上，邪害正也，谓有武人，恶人民之渐进逼上，欲压灭其党类之象。二爻曰"剥床以辨，蔑贞凶"，"辨"者床干也，指党类之长，初爻既灭党类，今又欲殄灭其长之象。三爻曰"剥之无咎"，其党类为时势所激，忽起变志，不复顾忌名分，是最不祥之占也。四爻曰"剥床以肤，凶"有众阴逼上之势，渐逼渐近，其凶更甚。五爻曰"贯鱼，以宫人宠，无不利"，谓剥之者凶，顺之则利，有一时委曲保全之象。上爻曰"硕果不食。君子得舆，小人剥庐"，谓虽当剥极，必有硕果之仅存者。君子处之，谓终得爱戴，小人处之，谓无所容身，是小人欲剥君子，自己亦罹其灾之谓也。

以上自贲移剥之卦象也。贲为文明而止之卦，方今人情，徒慕欧英文化，不察时势之可否，难免剥落之灾，如剥卦所述，故君子必贵思患而预防也。今占得贲之大畜，再释大畜之义，以示占者。

大畜《彖传》曰："大畜，刚健，笃实，辉光，日新其德。刚上而尚贤，能止健，大正也。不家食吉，养贤也。利涉大川，应乎天也。"大畜者，畜之大者也，专在尚宾养贤，以为国家用，足以黼黻太平也。初爻曰"有厉利已"，《象传》曰："有厉利已，不犯灾也。"初以四为正应，欲进而四畜之，即为艮所抑，有不能达志之象。二爻曰"舆脱辐"，《象传》曰："舆脱辐，中无忧也。"二爻见初三两爻之止，有同愿屈抑之象。三爻曰："良马逐，利艰贞，日闲舆卫，利有攸往。"《象传》曰："利有攸往，上合志也。"三爻以刚健之才，欲锐进而从事者也，为四畜之，使不得进，遂变其志向，谋开垦牧畜等事。曰"良马逐"，曰"利艰贞"，皆开拓牧畜之象。又曰"闲舆卫"，曰"利有攸往"，并习练军事之象。如是有益政府，故谓之"上合志也"。四爻曰"童牛之牿，元吉"，《象传》曰："六四元吉，有喜也。"此爻当县官地位，县官能使无产士族，从事牧畜开垦等事，犹牧童牛，易畜易制之谓也。五爻曰"豮豕之牙，吉"，《象传》曰："六五之吉，有庆也。"此爻亦与六四同。上九曰"荷天之衢，亨"，《象传》曰："荷天之衢，道大行也"，谓全国士民各得其所，天下泰平之象也。

以上国会之占断如此。至翌年七月，政府颁示实施政令三条：一发布明治二十三年开设国会之令；一为救济无资士族，与以八十万元之授产金；一政府锐意开造铁路，计划中山道及奥羽之布设，与以年八朱之利息保护。皆呈象于大畜之爻义，得时势之宜者也。《易》象之灵妙如此。

九三：贲如濡如，永贞吉。

《象传》曰：永贞之吉，终莫之陵也。

三以一刚介二阴之间，当贲之盛，"贲如濡如"，润泽之象。顾阴能贲人，亦能溺人，诫之以"永贞"，在我有常贞之操，斯彼无凌逼之嫌，故曰"吉"。《象传》曰"永贞之吉，终莫之凌也"，"终"字与"永"字相应，盖贞而不永，则非有终者也。谓我刚正而永贞，彼自不能凌侮也。

【占】问时运：当此盛运，光华润泽，名利双收，大亨。

〇问商业：财源如水，大得清润，基业亦可保长久，大吉。

○问家宅：屋宇华洁，又得流水掩映，可以久居，吉。

○问战征：一军皆感被德泽，欢洽同心，可称王师无敌。

○问讼事：得直，彼亦不敢复犯。

○问婚嫁：百年偕老，吉。

○问六甲：生男。

○问行人：衣锦荣耀而归。

○问失物：向水中寻之，得。

【占例】友人某来，请占气运，筮得贲之颐。

爻辞曰："九三：贲如濡如，永贞吉。"

断曰：此卦一阳居二阴之中，如物入水中，沾濡润泽，光彩益章，故曰"贲如濡如"，贲之盛也。然贲饰过甚，外耀有余，往往内美不足，是贲之流弊也。今我国自维新以来，仕途一变，每多有自炫才华，以冀仕进，饰智惊愚，互相标榜，大都如斯。迨一旦得位，毫无寸能，此辈纯盗虚声者，固可暂而不可"永贞"者也，吉何有焉？足下有意当世，宜践实德，毋博虚名，持之以"贞"，守之以"永"，终得吉也。《象传》曰："终莫之凌"，谓贲非虚贲，人复谁能相抗也。足下其留意焉！

六四：贲如皤如，白马翰如。匪寇婚媾。

《象传》曰：六四，当位疑也。匪寇婚媾，终无尤也。

四在上卦之下，贲已过中。"皤"，素白色也；"翰"，白色马也。卦体三、四、五互震，震为白马，故取白马之象。震上六曰"婚媾"，故亦有婚媾之象。四与初为正应，为三所隔，不获相贲，故曰"皤如"，"白马翰如"，亦未获其贲也。然九三刚正，"非寇"，乃求婚媾耳。四与初正应，必相亲贲，不能终隔也。《象传》曰"当位疑"，四疑二也；曰"终无尤"，谓初四正应。终必相合，故云"终无尤"也。

【占】问时运：目下运有阻碍，安分则吉，明年便可亨通。

○问商业：宜迅疾贩售，迟缓，防货物变色。

○问家宅：一宅之内，既有丧事，又逢婚事，前塞后通，无咎。

○问战征：有和亲通好之议。

○问疾病：中胸有阻，故上下不调，积阻消化，便无咎也。

○问行人：有爱女眷恋，一时未归。

○问六甲：生女。

【占例】有人来，请占某缙绅气运，筮得贲之离。

爻辞曰："六四：贲如皤如，白马翰如，非寇婚媾。"

断曰：四以阴居阴，与初为正应，为中间三爻所隔，不获相贲相亲。《象传》曰"当位疑也"。今占得四爻，知某缙绅在局，或亦因中有间阻，致生疑虑之处，然其中乘马翰如而来者，实欲相与亲密，并无他意。四交初则疑之为寇，为将攘夺我利也，至后渐知其真，疑念始解，故曰"非寇婚媾"。

当时某缙绅确有是事，初疑后解，两情甚洽，果如此占。

六五：贲于丘园。束帛戋戋，吝，终吉。

《象传》曰：六五之吉，有喜也。

"丘园"者，园之依丘陵者。艮有丘之象，"贲于丘园"者，谓留意于农桑之事。"束帛"者，赠人之物，"戋戋者，浅少之意。不贲市朝而贲丘园，敦本也。"束帛戋戋"，谓六五以柔居尊位，能修柔中之德，黜祛奢华，敦崇俭约，如大禹之卑宫室，菲饮食也，故曰"贲于丘园，束帛戋戋"。"吝"，谓居尊位，而留心鄙事，未免吝也，然不失黜华崇实之旨，故曰"终吉"。《象传》曰"有喜也"，有喜者，谓实有可喜也。天下之俗成于俭，败于奢，一人倡之，世风可返于淳朴，则所喜非在一人，喜其能移风易俗也。

一说，丘园为隐士所居，六五能以"束帛"，聘求丘园之遗贤，共辅文明之治。聘贤仅以"戋戋"束帛，礼意未隆，故曰，"吝"。在贤者不以币帛为悦，而以恭敬为悦，是以币帛虽微，贤者亦应聘而来，故终有吉也。亦通。

【占】 问时运：目下恰行正运，然作事一宜俭勤为吉。
○问商业：买卖最宜木材绸物二行，货物不必多，而获利颇佳。
○问家宅：农桑为业，勤俭家风，吉。
○问战征：宜招用野老，以作向导，可以得胜。
○问婚嫁：聘礼虽微，却好得一贤妇，大喜。
○问六甲：生男。

【占例】 友人来，请占气运，筮得贲之家人。
爻辞曰："六五：贲于丘园。束帛戋戋，吝，终吉。"
断曰：此爻为五居尊位，崇尚俭德，将率天下而从俭也，故不贲宫殿，而贲丘园。"束帛"之礼，以诚相将，不尚丰厚。今占得此爻，知足下自幼从事商业，一番辛勤，得有今日，资产丰裕，亦足自乐。近来商业，多习欧美之风，全以欺诈为术，华丽自夸，反以曩时朴素敦厚为可吝也。在吾辈敦尚古风者，不屑与之较也。足下唯当安闲，觅一山林佳处，修筑园榭，栽植花木，以娱心目，为作养老之计也。人或以吾辈不事世事为吝，然以此而娱老，以此而传后，终得吉也，谓之"贲于丘园，束帛戋戋，吝，终吉"也。

友人从此占，亦足自乐。

上九：白贲，无咎。

《象传》曰：白贲，无咎，上得志也。

上处贲之终，终极不变，弊将无质。故贲之义，始因天下之质，饰之以文，并将天下之文，归之于质。"白贲"者，素朴自然，是无色也，如宝玉不雕，珍珠不饰，不使文掩其质，"白贲"之谓也。《象传》曰"上得志也"，居卦之上，处事之外，矫世俗之文饰，而敦尚朴素，独行其专，优游自得耳。

凡卦如泰与否、剥与复、涣与萃等，皆有对偶，唯贲无对，独于卦中，分贲与不贲两义为对。是读《易》之诀也。中孚一卦亦然。

【占】问时运：好运已终，劳者宜归于逸，动者宜返于静，优游自适，聊以取乐耳。

　　○问商业：现在货价已高，时令将完，不必装饰，即可出售，定得利也。

　　○问家宅：清白家风，位置亦高，吉。

　　○问战征：身当上将，堂堂之阵，正正之旗，不用谲计奇谋，自然获胜。吉。

　　○问疾病：病在上焦，宜用清淡之剂，吉。

　　○问行人：得利归来。

　　○问六甲：生男。

　　○问失物：向高处寻觅，可得。

【占例】　维新之际，浦贺管署吏员下村三郎左卫门，旧佐贺藩之士也，罹病日久，来横就医。医曰：病似轻而实重，非滞留受治，恐至危殆。下村氏告于长官，许以留医。下村氏不以病为虑，强还任地，长官谓余曰：下村氏之疾如何？子试筮之。筮得贲之明夷。

　　爻辞曰："上九：白贲，无咎。"

　　断曰：下村氏必死。长官曰：医亦视为重症，但子何以豫言其死也？余曰：贲者上山下火，今山变而为地，是离明没于坤地之象。上九阳变而为阴，阳者生也，阴者死也，即生变为死之象。又上九之爻辞曰"白贲"，白者丧服也，其死不免矣。

　　后未一月，果接其讣音。

䷖ 山地剥

剥：不利有攸往。

　　剥字从刀，录声。录，《说文》谓"刻木也"。《归藏》则作刐从两刀。卦体上艮下坤，艮为山，坤为地，"山附于地"也。卦德五阴一阳，一阳居上，五阴在下。所谓山者，亦贲耳，阴盛阳微，有岌岌乎山崩为地之象。《彖传》不曰山在地上，而曰"山附于地"。"附"，寄托也，已难保安止而不动矣。日削日剥，势所必至，故名此卦曰剥。

　　剥：不利有攸往注剥继贲而来，以贲之饰极，反而为剥，离变为坤，火化为土。土旷山微，所始培堘，剥之易易，是小人众而君子孤也。对卦为夬，夬五阳盛长，决去一阴，故曰"利有攸往"；剥五阴盛长，剥落一阳，故曰"不利有攸往"。

　　《彖传》曰：剥，剥也，柔变刚也。不利有攸往，小人长也。顺而止之，观象也。君子尚消息盈虚，天行也。

　　《彖传》曰："剥，剥也。"《序卦传》曰："剥者尽也。"《杂卦传》曰："剥烂也。"或又为脱，为落，为襬，为裂，为击，是悉取剥消之义。剥为阴阳消长十二卦之一。乾之时，一阴始生于下，为姤，为遁，阴柔益长，阳刚渐消，刚变为柔，至此仅存上之一阳而已。今一阳又将消尽，故名曰剥。阳为君子，阴为小人，五阴灭一阳，是"小人道长，君子道消"，故曰"不利有攸往，小人长也"。卦体坤为顺，艮为止。君子观此象，宜体坤之顺，法艮之止，顺以安分，不与小人争功，止以待时，不与小人竞进，"消息盈虚"，合乎天行，方默持乎气数，以待一阳之来复也。当此剥乱之会，君子退居无位之地，顺其分，止其身，留作硕果转移之机，正赖有此君子也。故夬之一阴尽，而姤之一阴即生于下；剥之一阳尽，而复之一阳即生于下。此即"消息盈虚"，天行之循环也。

以此卦拟人事，凡命运之通塞。家道之盛衰，以及富贵、贫贱、寿夭、疾病皆存焉，其实原不外夫阴阳消长。阴阳二字，在人则分邪正，在心则判理欲，在事则别公私。邪人众则正人孤，欲心炽则理心亡，私事兴则公事败，家道因之衰，命运因之塞，危亦甚矣。人当此时，亦唯顺而止，任天行之自然，若欲强而往之，恐必多不利焉。盖剥之害，自下而来，渐剥渐近，初而剥床之足，继而剥床之辨，终而剥人之肤，阳愈消，阴愈长矣。虽有三之照应，五之调护，而硕果之存，系而无用。大厦将倾，独木支之，巨舟将覆，一索系之，少存也，虽曰人事，岂非天命哉！家道之衰而复盛，命运之塞复通，皆伏此一阳以作转机耳，则保此一阳之孤存，岂可不慎哉！

以此卦拟国家，是古今国家治乱之所由来也。大乱之来，不自乱始，至乱极而祸不可力挽矣。正当乱极之时，小人盈廷，忠臣受戮，志士殒亡，以柔变刚，刚阳殆将剥尽矣。如夏之龙逢，殷之比箕，其精忠一往，而辄遭不测者，自古以来，类皆如是，是所谓"不利有攸往"也。唯若微子之去殷，太公之避纣，我国营右相之遇贬，为能顺而止也。小则谓明哲之保身，大则谓待时而翊运，剥之上九，所云"硕果不食"者，即指此翊运之君子也。在小人虽同恶相济，其间岂无稍知名分，顾惜忠良？如剥之六三，能应上九，剥之六五，能制群阴，以其柔居阳位，因能抑阴以扶阳，是为卦中一阳来复之机，即国家危而复安之兆也。天行循环，其运如斯，为国家者，不幸而时当剥乱，宁可顺止，毋为"攸往"，斯得矣。

通观此卦，阴盛剥阳，九月之卦，肃杀之气，剥落万物之象也。夫阴阳消长，天行也；治乱盛衰，世运也。造化之理，文胜必敝；朝华之草，夕而零落，此剥所以次贲也。夫祸起于微，悔生于终，强与之争，终必致灾，安而自守，可保厥初。《系辞》所以戒其攸往，勉其顺止者，即此理也。初为祸之始，剥之渐也；二则较凶矣；三知从正，其势自孤；四虽剥至于肤，灾切近矣；五居尊位，独能调剂群情，招怀以恩，女子小人，各安其分，使相率以从阳，不至进而剥上，上爻硕果之得以存者，赖有此耳。善变者，转祸为福，不善变者，化吉为凶，是以剥则始凶，而终则不凶也。

《大象》曰，山附于地，剥，上以厚下安宅。

地之厚，足以载山；山之重，足以镇地。地在下，故取广厚；山在上，故取安镇。曰"山附于地"，如物之寄附然，则山几摇摇欲动，不得安止矣。上谓人君也，山附于地，犹云君附于民，则君亦危矣。君当此时，所宜厚其下以保其宅之安。上卦艮，下卦坤，剥之渐自下起，故曰厚其下。下厚则上安，即所谓地厚而山安也。爻中曰"床"，曰"舆"，曰"庐"，多取宅中之物，《象》曰"安宅"，从其类也。

【占】问时运：运不甚佳，宜安定自守，无咎。

○问商业：须厚其资本，聚积货物，附运出洋，必获利也。商以剥人之财为利，故吉。

○问家宅：寄居之宅，可出资买归，自己之宅反不利。

○问战征：防敌袭击，宜厚其兵力。

○问疾病：魂不附体，恐不吉。

○问行人：附伴而行，即可归宅。

○问六甲：生女，始危后安。

○问失物：得则得矣，恐有残缺。

初六：剥床以足，蔑贞凶。

《象传》曰：剥床以足，以灭下也。

床者，人所坐卧也，此卦上实下虚，床亦上实下虚，故取其象。阴之剥阳，自下而上，初在下，象床之足，故先剥以足。床有足而立，剥足则倾矣，倾则凶。"蔑"，灭也，"贞"，正也，阴之剥阳，即邪之灭正，是小人之害君子也，故曰"蔑贞凶"。《象传》曰"以灭下也"，以床言，足在下，以爻言，初亦在下，故曰"灭下也"是剥之始也。一说，"贞"即"桢"。《程传》"辨"谓干，则以贞为桢，可备一解。俞氏以"剥床以足蔑"为句，谓固执而不乱，变则凶，是又一解也。

【占】 问时运：目下运当剥削，防有足疾。

○问商业：堆积货件，防底部朽烂，或载运出洋，船底受水，被坏。

○问家宅：防柱础门限，有损将倾。

○问战征：防敌攻地道。

○问行人：有足疾，不能归也。

○问疾病：是足少阴之症，正不胜邪，凶。

【占例】 相识某商来，请占气运，筮得剥之颐。

爻辞曰："初六：剥床以足，蔑贞凶。"

断曰：剥自下剥上，剥床以足，是下灭上，有奴仆灭主之象。今占得初爻，知足下用人不当，防下有不安本分，逞强而轻蔑主者。爻象如是，足下宜注意焉。

其人谢而归，后闻知渠家雇人不下数十辈，因多不得力，主人拟减其给，下人各怀不平。结党而掠主家之财，致主家被困。悉与爻象相符。

六二：剥床以辨，蔑贞凶。

《象传》曰：剥床以辨，未有与也。

"辨"，《程注》谓："床之干也"，是床足之上，床身之下，分辨处也。初剥足，二剥辨，阴渐而进也。剥至于辨，床愈危矣，邪盛蔑正，凶与初同。《象传》曰"未有与也"，指上九言，谓二与初，同恶相济，谋剥上九，上九孤阳在上，未有应与。《象》盖为上九危也。

【占】 问时运：自去年来，逐渐低下，被人剥削，不能辨白。凶。

○问商业：置办货物，价渐剥落，不能获利也。凶。

○问家宅："辨"，亦通变。言家宅速宜变迁，方得避凶。

○问行人：办装即归。

○问战征：未有应接之军，不可动也，动则凶。

○问疾病：病人已著床，未有良医，防不治也。凶。

○问六甲：生女难育。

○问失物：未能复有。

【占例】　有一绅士来，请占气运，筮得剥之蒙。

爻辞曰："六二：剥床以辨，蔑贞凶。"

断曰：此卦五阴剥一阳，故曰剥。二以阴居阴，本与五相应，欲同剥上爻。五爻以柔居阳，且与上比，不复剥上，二将并以剥五。"辨"，为床之干，"干"，床两边也，故见二有两边并剥之心，是不顾义理，只知剥人利己者也。然如此以剥，难免凶矣，故《象传》曰，"未有与也"。言此等人，必无好相与也。

绅士听之，如有所感而去。后闻其人贷亲族巨万金，不思感谢，反欲灭没亲族，是最不义也。《易》理能隐抉其奸，灵显可畏。

六三：剥之，无咎。

《象传》曰：剥之无咎，失上下也。

以阴居阳，与上相应，其类属阴，故其心在助阳。当群阴剥阳之时，为三独应刚，是以小人而保全君子者也。许以"无咎"，不没其善也。《象传》曰"失上下也"，谓其处上下诸阴之间，独能去党而从正，是失其党也，故曰"失上下也"。

【占】　问时运：运虽不正，能反其所为，可以免咎。

○问商业：同帮皆望高价，己独潜行脱售，虽失同帮之意，而独得利。

○问家宅：去其椽瓦，平其基地，剥落改造，无咎。

○问战征：是军中最有计谋者也。虽不与诸军约会，独自进攻，可得胜也。无咎。

○问疾病：宜消导攻伐之剂，服之得愈。

【占例】　明治十七年冬，横滨洋银商某来，请占气运。筮得剥之艮。

爻辞曰："六三：剥之，无咎。"

断曰：剥者山崩为地之卦，故曰剥。五阴渐长，将剥灭一阳。剥者，夺也，削也。今占得三爻，三爻阴居阳位，与上一阳相应，是虽与群阴同党，独不与群阴同志，故"无咎"。犹是同此卖买，而能独出心裁，人弃我取，当必获大利。就剥之一卦言，谓山变为地，可见今时价高如山，易一时有低落如地之象。占者宜留意焉。

后某来谢曰：今回为朝鲜事，洋银腾贵。余信《易》占所云，就高价卖之，一时间得数拾万元。《易》占高妙，不可测度如此，感服感服！

六四：剥床以肤，凶。

《象传》曰：剥床以肤，切近灾也。

剥之灾，萌于初爻，至四爻，渐逼渐近。四以阴居阴，与初二同恶相济。在初二居内卦，卦分内外，床隔上下，距上爻远，所剥仅在"足"与"辨"。四爻与上同卦，愈近则剥愈甚，故直及于"肤"。就爻次第观之，初为床足，二为床辨，三爻为床身，四爻则为床上之人身。艮为指，为喙，有人身之象，故曰"剥床以肤，凶"。《象传》曰"切近灾也"，剥及于肤，灾及其身矣，故曰，'切近灾也'，深为一阳危焉。剥者，小人剥君子，宜为君子凶矣，初、二、四三爻，不曰君于凶，而第浑言曰凶，知剥之害，国破家亡，君子固凶，而小人亦难免于凶也，故统象之曰"凶"，意微哉！一说以"肤"作簀，簀，床板也，足备一解。

【占】 问时运：运大不佳，有身体受伤之惧。
　　○问商业：恐剥耗过甚，又防意外之祸。
　　○问家宅：此宅必破败不堪，居人亦寥落，致防倾塌。
　　○问战征：恐主将有灾。
　　○问疾病：凶。
　　○问六甲：生女，产妇亦可危。

【占例】 富商某来，请占气运，筮得剥之晋。
　　爻辞曰："六四：剥床以肤，凶。"
　　断曰：剥之为灾，由远及近。当其远时，其为灾小，犹可避也；及至切近，虽避难免。今占得四爻，四与上同卦，灾已切近，曰"剥床以肤"，则剥及肌肤矣。推其灾所来，知必足下同居中，且为切近相待之人。或祭祖祈神，期可免灾，然恐亦难保矣，并宜速作避居之计。又云占象既凶，并须参观容貌，如印堂有黑赤气，或天庭有细赤盘现，必难免祸，今足下幸血色得宜，不露灾形，避地或可免也。
　　某氏听之大惊，遂避居相州汤本。不料某伙友以贩米赴北国，在大贩赌买米市，大遭耗剥。此伙友平素诚实，为某所亲近，故以数万金委托之，未尝疑也。今遭此大耗，伙友忽复生奸计，瞒着主人，隐蔽资财，拼以一死，向亲族朋友，遍谢其罪。事出无奈，亦不复究问。《易》占之垂示昭彰，可不慎哉！

六五：贯鱼，以宫人宠，无不利。

《象传》曰：以宫人宠，终无尤也。

五为尊位，以阴居阳，与上比近，知群阴上逼，一阳已危，无可再剥，阴存护阳之计。以阳制阴，阴众阳孤，必不受制，不如率阴以从阳也。曰"鱼"，曰"宫人"，皆阴象。曰"贯鱼"，犹言率众阴而成贯也；曰"宫人宠"，是以宫人而受一阳之宠也。一阳既得免剥，众阴亦得免凶，故曰"贯鱼，以宫人宠，无不利"。《象传》曰，"终无尤也"，六五为群阴之首，能率群小而慑服于君子，硕果之得保存者，五爻之力也，故曰"终无尤也"。剥者，众阴皆欲剥阳，惟三五阴而居阳，能为一阳委曲保护。初以阳居阴，只知有剥，剥之灾，实起于初，盖以初卑微下贱，非仁之尤者也。

【占】 问时运：目下气运堂皇，事事圆到，百无不利。
　　○问商业：可得满贯满万之利，北海海产生业尤佳。
　　○问家宅：有妇女主家之象。
　　○问战征：须行离间敌军之计，可获胜也。

○问疾病：是阴亏之症，须自珍爱，尚可无忧。

○问行人：有外宠，必将携伴而归。

○问六甲：生女。

【占例】 横滨境町森锭太郎氏者，为英国外商书记。明治十四年春，腹内疼痛，请内外医诊察，服药无效。疼痛益甚，渠毋请余占之，筮得剥之观。

爻辞曰："六五：贯鱼，以宫人宠，无不利。"

《象传》曰："以宫人宠，终无尤也。"

断曰：剥者剥落，至上爻，则一阳将尽，有精神消灭之象。占得五爻，速施治疗，尚可出万死而一生。爻辞曰"贯鱼，以宫人宠"，贯，穿也，以针穿物也，谓宜用针刺其穴也。余不通医道，且于针治，不知其适否，唯以《易》象言之而已。试以针治施之。

母氏曰：有东京针治家若宫氏，与伊宅相近，可招治。余曰：爻辞曰"以宫人宠"，其人适姓若宫，最妙，可速招之。其母归即招若宫氏诊察。若宫氏来，先抚患者肢体，并闻病状，如有所感，少间曰：是余所经验之症，再迟恐不及治矣！即时针治，二三时间腹中雷鸣，是平愈之兆。居时而腹不鸣，则术无所施。及针后果腹鸣。苦闷忽灭，不日平愈，《易》之妙理，可谓无微不著也。

余常语中村敬字氏以此占，氏大赏，赞之曰：以"贯鱼"爻辞，充针治，他人所不能及，子之活断，敬服敬服！又医之姓适合若宫氏，可谓奇矣。《易》之精微如此！

○明治三十二年三月廿八日，占晴雨。

维新之后，余有见旧奉圣像，安置于博览会，此大不敬也。余乃就大纲山建设圣庙，每年冬至日，占国家之事于此堂。三条相国来观，蒙赐神易堂额，尔后每年四月八日举行祭典。是年恐值雨期，为占一卦，以卜晴雨，筮得剥之观。

爻辞曰："六五：贯鱼，以宫人宠，无不利。"

《象传》曰："以宫人宠，终无尤也。"

断曰：此卦全卦无水之象，不雨可知也。五爻变则为巽，但有风而已。且观者祭祀之卦，适合祭典。

至期果天气快晴。午后三时有微风，恐测天家无计证验也。

凡晴雨之占，小畜之上爻变，必风止而为雨，其《象辞》曰："密云不雨"，至此曰"既雨"。推爻理，以卦面有水占雨，以水变为雨止；以内卦为午前，以外卦为午后，风亦同之。孔明赤壁之火攻，亦此旨也。

上九：硕果不食。君子得舆，小人剥庐。

《象传》曰：君子得舆，民所载也。小人剥庐，终不可用也。

艮为果。果在树上，故于上爻，有硕果之象。艮，止也，故"硕果不食"。"舆"，地也，地以载物，"得舆"者，得民之所承载也。"庐"，屋也，用以庇人，"剥庐"者，无所用其庇也。此爻一阳在上，譬如硕果仅存，高出卦外，非群阴所得蚀食，故曰"硕果不食"。原其不食之故，以天道观之，无众阳消灭，而群阴独存之义；以人事观之，无君子俱亡，而小人独存之理。天地之间，岂可一日无善类乎？剥当十月，正万木摇落之时，大果尚存木杪，果中有仁，足以复生，即剥未尽而阳复生之象。且剥极则乱，乱极则思治。故众心爱戴君子，谓之"君子得舆"，小人剥去君子，终自失其所庇，故曰"小人剥庐"。《象传》曰："君子得舆，民所载也。小人剥庐，终不可用也。"君子德泽长流，故民必载之，小人恶迹显著，故"终不可用"。此爻变则为坤，是终不可用之象也。

【占】 问时运，目下气运衰微，一年后即值好运。
　　○问商业：卖出者尚得微利，买入者必多剥耗。
　　○问家宅：忠厚之家，尚有余泽，刻薄起家者，恐有墙屋倾圮之患。
　　○问战征：守者无咎，攻者必败。
　　○问疾病：有饮食不进之虑。
　　○问六甲：生男，是独子也。

【占例】 明治二十三年，为国家筮元老院，得剥之坤。
　　爻辞曰："上九：硕果不食。君子得舆，小人剥庐。"
　　断曰：剥至上九，所剥将尽，存无几矣，元老院其或废乎？时际国会之兴，元老院议官，大抵即为贵族院议员，或即为枢密顾问官，其尽心国事同也。元老院自可废止。在元老院之废，原可推知，而《易》象能前时明示，故附记之。

䷖ 地雷复

复从彳，行貌；从复，行故道也。有去而复来，消而复息之义。所谓以坤牝乾，灭出复震，为余庆也，故名曰复。为卦坤上震下，一阳在五阴之下，阴极而阳复，与剥相反，与姤旁通。《序卦》曰："物不可以终尽，剥穷上反下，故受之以复。"此复之所以次剥也。

复：亨。出入无疾，朋来无咎，反复其道，七日来复。利有攸往。

复之内卦一画，自乾之下画来，一阳即乾，"亨"即从乾元来，故曰"亨"。外坤内震，出震入坤。坤为顺，震为动，以顺而动，阴不能伤，故"无疾"。同类为"朋"，震一阳，兑二阳，兑为朋。一阳先至，朋类皆来，阴不能阻，故"无咎"。剥之卦，一阳在上而几尽，复则一阳反生于下，故曰"反复其道"，"道"，路也。"七日来复"，姤五月卦，阴气始生，复十一月卦，阳气始生，阴阳反复，凡历七月，七阳数，故言"七日"。此为"君子道长"之机，故曰"利有攸往"。

《象传》曰：复：亨，刚反，动而以顺行，是以出入无疾，朋来无咎。反复其道，七日来复，天行也。利有攸往，刚长也。复，其见天地之心乎？

"复，亨"，谓阳刚消极而来复，复则阳渐长而亨通矣。"刚返"者，谓剥之时，刚几去而不返，出于震而来复，震为反生，故曰"刚返"。"动而以顺行"，是出入皆在顺动之中，故"无疾"。自动者顺，朋来亦顺，故"朋来无咎"。一反一复，其道循环，"七日来复"，天行之自然也。以顺承天，则刚之方返者，日进而盛矣，故利往。"刚反"言方复之初，"刚长"言既复之后。剥复消息，天地之气所默转，即"天地之心"所发端也。"天地之心"，本无所不在，无从窥测，惟生意发露之初，方见得"天地之心"，故曰："复，其见天地之心乎？""其"、"乎"语辞者，愈觉仿佛想见之真。

以此卦拟人事，是善恶绝续之一转机也。人虽甚不善，而于平旦之际，未始无片念之偶萌。萌即复也，复则动矣。逆而动，动仍人恶；顺而动，出恶而入善矣。道无不亨也，疾于何有？朋以类聚，入夫善，则善朋皆来，自无咎焉。人身一小天地也。人有贤愚邪正，即天有雨旸燠寒；人有生老病死，即天有休咎灾祥。"七日来复"，以干支言，至七则为冲；以建除言，至七则为破。冲与破则皆为动，是以有反复也。故人之疾病寒热，亦往往以七日为一更，此皆阴阳刚柔之转移，人与天无二道也。按六爻之辞，初爻为人迁善之始，是以返身而诚也。二爻见人之迁善，欲同归于复也。三爻屡复屡失，虽危而终复于善也。四爻谓能舍群阴而从初阳，是取诸人以为善者也。五爻以阴居阳，独得其中，是能"安土敦仁"者也。上爻居卦之终，六几于七，而又将变矣。出复凶，深足为人之迁善者戒矣。《易》言天道，其所以为人事垂诫者，至深且切，于复可见天心，复时见天心，不复时则浑是人心矣。天心惟微，人心惟危，可不惧哉！可不慎哉！

以此卦拟国家，是国家治乱之一转机也。由治入乱，阴之始也，出乱入治，阳之复也，古今来一治一乱，其机莫不如是焉。是故乱不自乱始，治不自治始。机之动也甚微，复之一阳，即其阳之微动者也。其动也顺，则其道亨，其往利，如汤武之顺天应人，拨乱反正，一著戎衣而天下平也。"七日来复，天行也"，于格苗而曰七旬，于即戎而曰七年，亦可于此而得七日之义矣。六爻皆指复言，重在进阳也。阳，治道也，即君子之道也。初爻曰"不远复"，如殷武丁、周宣王、汉光武之中兴是也。二爻曰"休复"，如太甲之复位，成王之新政是也。三爻曰"频复"，如汉刘先主之治蜀，虽属偏安，尚无咎也。四爻曰"独复"，如大舜之明扬侧陋，允执厥中，以从尧而致治也。五爻曰"敦复"，如启之承禹，武之继文，能"敦复"治道，而致其盛也。若上爻则当戒焉，"迷复"而不知其凶，自桀纣之亡国者皆是也。《易》之言在天道，而治道即属于是。为国家者，于复而见治之渐，即当于姤而戒乱之始。治乱之机反复间耳，可不慎哉！可不惧哉！

通观此卦，剥之一阳在上者，复即阳生于下，如雷藏地中，无中含有。乾元资始者，于是露其机，贞下起元；坤元资生者，于是呈其候。天地生物之心，非至是而始有，乃至是而始见也。顺而动，动无不亨；顺而往，往无不利。出柔而入刚，刚有何病？以我而求朋，朋来何咎？一反一复，其道即在旬日间耳。六爻皆以复道为辞，初九之"不远复"，如克己复礼之颜子，贤而希圣，"生而知之者"也。六二之"休复"，下比初九之刚，如友直、谅、多闻之士，亲贤取友之宓子贱，"学而知之者"也。六三之"频复"，如日月至焉之诸子，士而希贤者也。六四之"中行独复"，如悦周公孔子之道之陈良，亦圣人之徒也，困而学之者也。六五之"敦复"，如反乎身之汤武，圣而希天者也。上九之"迷复"，则如飞廉恶来，怙终而不悛其恶者也，困而不学者也，不唯为一身之祸，且为天下祸，故曰"迷复，凶，有灾眚，终有大败"。圣人于六三之"频复"，犹曰"无咎"，而独罪上六之"迷复"，如此，其重改过而恶怙终也切矣。《系辞传》曰，"圣人之情见乎辞"，其此之谓乎？

《大象》曰：雷在地中，复，先王以至日闭关，商旅不行，后不省方。

此卦为十一月卦，故《象》取"至日"，是雷伏藏地中也。先王观此象，以"至日闭关"而不启，止商旅而不行，后于是日，亦"不省方"，盖为养其阳气之方来，而不敢或泄，务为安静，所以葆其贞也。《月令·仲冬》，审门闾，谨房室，必重闭，推之即可知"闭关"之诸象焉。"闭关"坤为阖户，"商旅"取坤为众民，"行"取震为大途，"方"取坤为国土。

【占】问时运：好运初来，尚未发动，静以待之，自然获吉。

○问商业：货物完备，时价亦动，宜暂停售，必得利也。

○问家宅：此宅现时闭歇，须待春时，方可迁居。吉。

○问战征：防敌军埋伏地雷，须暂停战，以养兵力。吉。

○问疾病：是痰火之症，饮食不进。交冬令宜防。

○问讼事：一时不能审结。

○问六甲：生男，交春分产。

○问婚嫁：现因媒人尚未往说，春初可成。吉。

○问行人：冬季不归，开春归来。

○问失物：一时难觅，日后可得。

初九：不远复，无祗悔，元吉。

《象传》曰：不远之复，以修身也。

此卦初九一阳，自乾阳来，入坤群阴中，忽复本位，名之曰复。卦之复就造化言，爻之复就人心言是也。此爻复之初，为复道之始。七日即复，故曰"不远"，是以不至悔而得"元吉"也。"元吉"者，即复乾之吉也。"祗"者，至也，人虽圣贤，不能无过，唯贵速改，过而不改，则有悔而凶可知也。《象传》曰"以修身也"，修者所以补其缺，正其误也。占者知此，则人欲日消，天理日明，可以为圣，可以为贤。"修身"二字，包括深远，不可不知也，何则？六二之《传》，曰"仁"而称美之，六四之《传》，曰"道"而赞叹之。"修身"二字，兼仁与道，其所关至大。心内而身外，以存养言，则在心；以修为言，则在身。身心一也。

【占】问时运：好运即来，渐渐发动，一往顺利，大吉。

○问商业：前所耗失，即可复得，可免悔恨，大吉。

○问家宅：旧业复兴，即在目前，大吉。

○问战征：即日可转败为成，大吉。

○问讼事：始审不直，再控必胜，大吉。

○问婚嫁：主散而复成，大吉。

○问行人：不日即归，吉。

○问疾病：静养即可复，元吉。

○问六甲：即日生男。

○问失物：即日可得。

【占例】余欲购驱车之马，适遇儿玉少介君，曰："余去岁求良马于南部，后无音信，遂别购一马。顷日南部马至，厩隘不容。"谓余买之，余乃占其良否，筮得复之坤。

爻辞曰："初九：不远复，无祗悔，元吉。"

断曰：此马不适长途，朝出夕归，得其宜耳。爻谓"不远复，无祗悔，元吉"，可以见矣。初爻变则为坤，坤曰"利牝马之贞"，知此马必牝，无暴逸之虞者也。

后购得其马，果如此占，性柔顺，最适驾车。

六二：休复，吉。

《象传》曰：休复之吉，以下仁也。

此爻以阴居阴，得其中正，与初九切比，志从于阳。嘉初之能复于道，甘心下己，以友其仁，切磋琢磨，恶念潜消，善心日生，故曰"休复，吉"。初爻得乾阳之正，开复道之首，故曰"元吉"；六二取人为善，自能从容改图，其功次于初矣，故曰"吉"。《象传》曰"以下仁也"，初复于仁，二比而下之，是以吉也。《易》三百八十四爻，未尝言仁，此爻言之。所谓"复其见天地之心"者，天地之心，即仁也；所谓仁，元善之旨也。

【占】问时运：目下气运亦好，事事能择善而从，故事事得吉。
　　○问商业：能与人共利，其业必兴，吉。
　　○问家宅：家庭多休祥之征，自能兴复旧业。吉。
　　○问战征：一时暂休攻克，姑示其弱，以养锐气。吉。
　　○问疾病：宜初治之医，复诊视之。吉。
　　○问行人：必从长辈而归。
　　○问六甲：生女。
　　○问失物：就低下处寻之。

【占例】明治二十四年春，某裁判所长及检事长，访余山在，请占某贵显辞表后之举止。筮得复之临。

爻辞曰："六二：休复，吉。"

断曰：雷者，春夏升出于地上，秋冬潜于地中。此卦雷复地中，而将再出者也。故某贵显今日虽优游闲居，可知其复职不远也。

两君怪余断之轻易，曰：《易》如此容易，天下之事，悉可问之于《易》也。余曰：固然。《易》之包蕴甚广，天下之事物，无一不具，而其变化神妙，不可测度，是以无事无物而不可占也。占之则过去、现在、未来皆得明示，其应如响。即贵下于两造之事，多匿奸藏诈，掩非为是，诬真为假，不易剖决者，占之而奸计显露，所谓问诸人，不如问诸神也。不然，贵下等只据法律，凭口辞，安能一一无枉乎？古云"卜以决疑"，此之谓也。在某贵显之辞职，世论嚣嚣，余一揲蓍，神示之以地下有雷之象，二爻之辞曰"休复"，知其一时休职，他日必复职也，明矣。《象传》曰，"休复之吉，以下仁也"，即此可知矣。

二人倾服而去。后某贵显果复职，钦服余断之不妄也。

六三：频复，厉，无咎。

《象传》曰：频复之厉，义无咎也。

三爻位不中正，志刚而质柔。质柔则见事而不明，志刚则狂躁而妄动。故屡复而屡失，是以有"厉"；亦屡失而屡复，终可"无咎"也。虽有失身亏行之惧，自无长傲遂非之过，故曰"频复，厉，无咎"。周公之系辞，隐其屡过之罪，称其"频复"之善；孔子释之曰"义无咎也"，是开人以改过迁善之门也。意深哉！

【占】 问时运：一好一歹，时有得失，能据其得而不失，是在人也。

○问商业：有亏有盈，能使盈多亏少，亏而复盈，亦可获利。

○问家宅：有迁移不定之象。

○问疾病：屡治屡发，虽危，可保无害。

○问讼事：有频翻口供，转致危厉之象。

○问行人：归志未决。

○问六甲：生男，颇涉难产，无害。

○问失物：失非一次，当可寻得。

【占例】 一商人来请占气运，筮得复之明夷。

爻辞曰："六三：频复，厉，无咎。"

断曰：复为雷藏地中，阳气来复之时。在人为迷惑情态，有悔悟复本之象。三爻位不中正，辞曰"频复，厉，无咎"，是谓屡兴屡败，劳而无功。其不至破产者，由于随时省悟，随失随改，故"无咎"也。夫运之盛衰，天数不可免，在盛运时，如放舟于上流，扬帆于顺风，不劳而取功；当其衰运，如浮舟于逆风，以溯上流，不特劳而无功，其不被损伤者殆稀。占者恐坐此弊，尤当注意气运之盛衰也。至明后年，气运乃可回复。

商人闻之，感曰：实如此占，从来屡遭失败，今闻之，始悟其误。谨守常业，以待时运。

六四：中行独复。

《象传》曰：中行独复，以从道也。

此爻居五阴骈列之中央，独应初爻之卦主，故能杰出群阴之间，依附仁人。是心知好善，不移习俗，而能复道者也，故曰"中行独复"。所谓"择乎中庸，得一善，则拳拳服膺，而不失之"者也。然其所复犹微，故不曰吉。《象传》曰"以从道也"，谓初复于道，而四从之，故曰"从道"。

【占】 问时运：气运柔弱，意欲振兴，惜力不能逮。

○问商业：谋划精当，不失其正，资本未充，为可惜也。

○问家宅：女眷多，男丁少，未免有独寐寤歌之慨。

○问战征：防中道设伏。

○问疾病：虚弱之症，宜从初治之医调治。

○问行人：至中路复回，得伴再归。

○问婚嫁：宜从前媒。

○问失物：半途觅之。

【占例】 明治二十二年六月，友人某来曰：有人欲购余地，约以相当之价，领收约定金若干。其先亦有人欲购此地，余未定约，今复过余，所约之价高于前购。于是余将致偿金于前约之人，请其解约，但不知彼果肯允诺否？请为一筮。筮得复之震。

爻辞曰："六四：中行独复。"

断曰：复者一阳来复之卦，有百事复旧之象。故得此卦，旅行无音信者，突然还家，贷金涩滞者，忽而归复，放荡游情者，能复其本心，皆复之象也。则知足下已约之地，亦无阻障，必可复返也。

后果如此占。

六五：敦复，无悔。

《象传》曰：敦复无悔，中以自考也。

五有柔中之德，尊居君位，位得中，故能"复"，坤为厚，故曰"敦"。自知其非，不惮迁善；既能复之，又加以"敦"。是知之明，力之笃也，则一得而弗失之矣，何悔之有？故曰"敦复无悔"。《象传》曰，"中以自考也"，谓初之复，复在近，可免于悔；五之复，复于厚，悔之有无未知，时当返而"自考"也。盖初之"不远复"，入德之事；五之"敦复"，成德之事也。

【占】问时运：目下气运当正，事事从厚，有前功，无后悔也。
　　〇问商业：资财充足，往复获利。
　　〇问家宅：祖基深厚，旧业复光，吉。
　　〇问战征：军力厚实，可以攻复城池也。
　　〇问疾病：病者精神充足，气体丰腴，无患也。
　　〇问六甲：生男。
　　〇问失物：宜自忖度。

【占例】某局长来，请占气运，筮得复之屯。
　　爻辞曰："六五：敦复，无悔。"
　　断曰：复者雷在地中之象，动极复静，故谓之复。今占得五爻，言修身复道者，复之不已，而又复之，故曰"敦复"。其复如是，亦可谓责躬自厚，而薄责于人者矣。此人督率众人，众心感服，复何有悔？时运可知矣。

上六：迷复，凶，有灾眚。用行师，终有大败，以其国君凶，至于十年不克征。

《象传》曰：迷复之凶，反君道也。

上爻居复之终，坤之极。坤为迷，故曰"迷复"。迷而不复，故必有凶。"有灾眚"，灾自外来，眚由自作，迷溺至此，无往非害。坤为众，震为行，故"用行师"。坤上六所云"龙战于野，其血玄黄"，即行师大败之证也。"行师"既至"大败"，国君焉得不凶？兵连祸结，至十年而未已。十年者数之终，一败而终不能振，即谓有迷而终不能复矣。盖天下之祸，无不由一念之迷溺而来，迷在于身，则一身被祸，迷在于国，则一国被祸，深著迷复之害也。《象传》曰"反君道也"。复之君，初九阳也；姤之君，初六阴也；上迷复，不奉复之九，而奉姤之六，是阴阳相反也，故曰"反君道也"。

【占】问时运：气运颠倒，作事乖张，谨慎免祸。
　　〇问商业：货物不齐，期约不准，市价不的，必致大耗。一时不能复业，凶。

○问家宅：防有怪祟，居者多不利。

○问战征：辙乱旗靡，大败之象。

○问疾病：症已危险，久病延年，犹为幸也。

○问行人：在外多凶，十年内恐不能归也。

○问六甲：生女。此女长成，亦大败之命。

【占例】 明治二十年六月，板垣退助君奉朝命自高知县来。朝廷赏赐爵位，以酬前功，氏固辞者再，于是世人多评论之。或曰：氏之决意辞赐，是板垣氏之所以为板垣氏，其廉退逊让，非他人所能及。氏为自由党之首领，鼓舞众人，其伸张自由之声势，一旦受爵荣，未免为党中人窃笑乎？或曰：爵位者，朝廷之荣命，氏固辞不受，未免有违敕之谴也。余与板垣君有旧，缘是欲忠告之。往访旅亭，将命者以病谢，余遂转访佐佐木高行伯，面谒曰：余每岁冬至，斋戒沐浴，敬占国事及诸当道命运。兹占板垣君，得地雷复上爻。

爻辞曰："上六：迷复，凶，有灾眚。用行师，终有大败，以其国君凶，至于十年不克征。"

断曰：复者，一阳来复之卦，积阴之下伏一阳。以人事观之，全使此一点微阳渐生渐发。天下绝大事业，皆从此一阳中做出来；国家之由乱而治，人生去邪从正，悉赖焉。今占得上爻，辞曰："迷复，凶"，是冥迷沉溺，失其本然之明者也，乃至天灾人眚之并臻，辱君丧师而莫救，危之至矣，祸莫大焉。

爻辞凶恶如是，窃为板垣君虑之。昔板垣君秉政要路，大有功烈，今既辞职，其所主张专在自由党中。人众类杂，薰莸不齐，他日激而生变，亦不可测也。爻辞之凶，其或兆于此乎？

顷又为板垣君辞爵再卜一卦，筮得困之大过。

爻辞曰："九二：困于酒食。朱绂方来，利用享祀。征凶，无咎。"

此卦四五之阳为三上两阴所蔽，二之阳亦为初三两阴所蔽，不能通志，是以成困。"困于酒食"者，见板垣氏现时之困难也。"朱绂方来"者，谓荣命之下来也；"利用享祀"者，谓拜受爵位而祝告于神也；"征凶"者，谓逆朝命而有凶也；拜命则平稳无事，故"无咎"也，此占详明，板垣君之宜敬拜受命也，慎勿辞焉。板垣君为阁下旧友，请以余之占辞转为奉告。

佐佐木伯曰：子言真切，余亦感铭，必当告之。子须再访后藤象次郎，告以此占。余亦与后藤氏谋，必可使板垣君拜命也。于是余又谒后藤伯，告之如前，且致佐佐木伯之意。后藤伯感谢曰：奇哉！子之《易》占，古今未闻其此也。板垣氏之事余与佐佐木氏谋，必可尽力，请子勿虑。后果闻板垣君拜受爵命。余始心慰。

䷘ 天雷无妄

无妄，诚也，是即《中庸》"至诚无息"之谓也。《序卦》曰："复则不妄矣，故受之以无妄。"盖无妄之诚，天之道也；复而无妄，此为"诚之"者，人之道也。为卦乾上震下，乾健也，震动也，健而动，动合夫天也，合乎天即诚也。古圣经传皆言诚，无咎二字，独见于《易》。朱子解《中庸》"诚"字，谓"即真实无妄"，而解《易》"无妄"，谓"即实理自然"。要之理之出于自然者，天也，天即诚也，诚即无妄也，其旨一也。

无妄：元亨利贞。其匪正有眚，不利有攸往。

"元亨利贞"，是谓四德，惟乾全具，余卦曰"元亨利贞"者，皆从乾来也。"元亨利贞"，统言之，一正而已；正则无妄矣，故曰无妄"元亨利贞"。此乃自然之实理，受之于天，不容间以一毫私意，间以私意，即非正矣，非正则妄，妄必多过，故"有眚"也。既已无妄，不宜妄有所往，故曰"不利有攸往"。

《彖传》曰：无妄：刚自外来，而为主于内。动而健，刚中而应，大亨以正，天之命也。其匪正有眚，不利有攸往，无妄之往，何之矣？天命不祐，行矣哉？

此卦内震外乾，"刚"乾也。"刚自外来，而为主于内"，无妄以初九为卦主，震初九刚从乾来，故曰"刚自外来"，就内外卦而言也。动在下，健在上，"动而健"，是动之得其健也。"刚中而应"，谓二五也，九五阳刚中正，即无妄之天，六二复以居中得正应之，是应之得其正也。凡《彖传》言"大亨"，即"元亨"，"以正"，即"利贞"。乾之四德，天之命也，天之所命者，诚也，正也。即无妄也。命得于天，天必佑之，攸往咸宜，吉无不利矣。"其匪正"，则是自背夫天之命也，天必不能保之，行将何往？更有所往，往即入于妄矣，妄则逆天，逆天者天不佑，亦安见其可行哉！《程传》释"非正"二字，谓虽无邪心，苟不合正理则妄，知"非正"与不正，迥乎各别，正与"匪正"，其辨甚微。"其"字指三上言，三之"灾"，上之"眚"，其失甚细，"匪正"二字，正当体认。

以此卦而拟人事，盖此无妄之诚，与生俱来，浑然无私，即所谓天命之性也。卦自复来，复秉乾阳一画，以为"天地之心"。"天地之心"，即无妄之真元也，"元亨利贞"四者即此一心。自古圣人，必如尧舜之执中，汤之用中，孔子之时中，斯可谓"大亨以正"，浑全天命者也。下如颜子之已而待克，礼而待复，犹藉人为，其于无妄，尚未达一间耳。此外不必显背夫理，即于理稍有所偏，如动而过动，健而过健，刚而过刚，往失其正，即此有眚，天不我佑，往必无可往焉，至此而人事穷矣。卦体内震外乾，震，动也，盖教人以动合天。动以天则为无妄，动以人则妄矣。《易》之垂诫著明，六爻之辞，皆取任乎天者也，违即有咎。初爻备卦德之全，行无不吉，志无不遂也。二爻循当然之理，利本不计，往亦无心也。四爻则刚而无私，守之必贞，咎自无也。五爻则中而又正，如其有疾，可"勿药"也。惟三上两爻，不免近于妄矣。三之"灾"，是牵于"得"而来也；五之"眚"，是穷于"行"而得也。此即《象》所谓"非正有眚"者矣。盖观于初、二、四、五四爻，以人合天，吉无不利；观三上两爻，几微不谨，过即随之。为圣为狂，争此一间，人可不知所勉哉！

以此卦拟国家，盖所谓无妄者，即唐虞授受，危微精一，千古治统之真传也。得之则治，失之则乱，全在大君真实无妄之一心耳。为卦内震外乾。乾君也，天也；震动也，行也。乾以君合天，是以健而刚；震动而能行，是以往有吉。古之帝王恭己南面，无为而治者，惟在此善承夫天命也。故以此而茂对天时，而时无不顺，以此养育万物，而物无不生。时一无妄也，物一无妄也，以无妄对之，以无妄育之。先王法天以行政，一如雷行天下，任时而动，即在无妄之中而已。统观六爻，劝诫昭焉。初爻是温恭充塞，诚至而物自化也，故曰"无妄，往吉"。二爻是不言而信，不动而敬，不期治而自治也，故曰

"利有攸往"。三爻，是有意求治，转得此而失彼也，故曰有灾。四爻，是刚柔相济，为能久于其道也，故"无咎"。五爻，是以道自治，不待以乱治乱也，故曰"勿药有喜"。上爻，是好大喜功，行之有过也，故曰"无攸利"。为国家者，保其无妄，祛其"非正"，健而能动，刚而得中，庶几四时行，百物生，应天顺人，德美化行，"大亨以正"，而天下治矣。

通观此卦，上乾下震，动合夫天，刚而得中，故名曰无妄。无妄者浑全实理，绝无意外期望之谓也。是以循其实理之自然，则往无不利；出乎实理之所非，则动必得咎。虽祸福之来，亦有不测，福自天降，天所佑也；祸而天降，如六三之灾，九五之疾是也；祸而自致，则"非正"之"眚"是也。六爻中，言"吉"，言"利"，言"灾"，言"疾"，言"喜"，言"眚"，皆所谓祸福也。初爻为卦之主，浑全元善，故"吉"。二爻循乎自然，不假造作，故"利"。四爻止所当止，守之以恒，故"无咎"。上爻居卦之终，极而复动，故"有眚"。凡爻象，初动者必终静，初静者必终动。此卦初"往吉"，二往利，皆取其动也；三"灾"，四"贞"，五"疾"，皆勉其守而勿动也；上"有眚"则戒其动之穷也。卦体乾健震动，故初象多动，动极反静，故终必静也。知夫此，可以谈无妄之卦。

《大象》曰：天下雷行，物与无妄，先王以茂对时育万物。

"天下雷行"，阳气勃发，鼓动万物。万物与之共动，蛰虫振，草木萌，有翼者飞，有足者走，无不勃然发育，各正性命，而无有差妄，谓之"物与无妄"。法天之象，以茂对天时者，布顺时之化，以养育万物者，赞生物之功，使时行物生，物物各全其所与，春生养长，咸得其宜，斯吾心中之万物皆备，而天下之万物并育。此所谓尽性尽物也。

【占】 问时运：目下运得其时，百事咸宜，吉。

○问商业：正如大旱望雨，响雷一声，人人翘望。货物一到，无不旺销，百般获利，大吉。

○问家宅：此宅中时有作响，但无忌碍，屋运甚旺，人口繁盛，吉。

○问战征：有风雷席卷之势，务须正正之旗，堂堂之阵，若欲以诈取胜，反恐有祸。

○问疾病：是胸有积物，动而未化，宜随时运动，物自消化，"勿药有喜"。

○问行人：现时已动身，即日可归。

○问婚嫁：两家素有往来，门楣相对，大吉。

○问六甲：生男，临时安产，吉。

○问失物：或鼓旁，或磨下，或井臼之侧，寻之可得。

○问天时：一雨即晴。

初九：无妄，往吉。

《象传》曰：无妄之往，得志也。

初为内卦之主，震初之刚，自乾而来，故《象传》曰，"刚自外来"。初阳始生，诚一未分，不杂未起，率性而动，动罔不臧，以其动合乎天也。由兹而往，往无不吉焉，故曰"往吉"。《象传》曰"往得志也"，诚无不通，志无不遂，故往而得志也。

【占】 问时运：目下吉，但宜出而有为，不宜杜守家居。

○问商业：利行商，不利坐贾。

○问家宅：宜迁居，吉。

○问战征：宜进攻，吉。

○问疾病：宜出外就医，吉。

○问行人：或有事他往，吉。

○问六甲：生男，来月可产，吉。

○问婚姻：赘婿吉。

○问失物：宜往外寻之。

【占例】 角觝士毛谷村六介者，土州人，体格肥大，重量三一贯余。明治十七年某月，余与友人某氏，见角觝于两国回向院。友人特爱毛谷村，请占其进步。筮得无安之否。

爻辞曰："初九：无妄，往吉。"

断曰：此卦上乾下震，乾为父，震为长男，有上体大而健，下体小而弱之象。又震为足，初爻变震体败，必主足疾，恐此人伤足。下爻六二曰，'不耕获，不菑畬"，是农而废其业也。由是观之，力士明年殆将废其角觝，而转就他业矣。

翌十八年，六介果折足而转他业。

六二：不耕获，不菑畬，则利有攸往。

《象传》曰：不耕获，未富也。

乾为郊野，震为禾稼，故爻取农象。耕而有获，菑而有畬，原非意外期望；然以耕而期获，以菑而期畬，心有期望，无妄之望，即是妄也。爻曰"不耕获，不菑畬"，谓当耕则耕，耕未尝有心于获；宜菑则菑，菑未尝有意于畬。任乎先天，不假后起，犹之谋道者非为干禄，修德者非为求名，尽其在我，不计外来。如是则为无妄，无妄则"利有攸往"，言无妄心，自无妄行，则往无不利也。《象传》曰，"未富也"，谓二爻居柔得正，中虚无欲，未尝有心于富也。未富而不妄意于富，此即所谓无妄也。

【占】 问时运：目下运得其正，自有意外财饷，大利。

○问商业，不谋而获，却得大利，吉。

○问家宅：此宅想是承继之产，或为人经管在舍。

○问战征：前途倒戈，有不胜而胜之象。

○问疾病："勿药有喜"。

○问婚姻：是招赘之亲。

○问行人：在外得利，一时未归。

○问六甲：生女。

【占例】 明治十四年一月，余浴于热海，同浴者有花族岛津公及成岛柳北等，暇时相与攀谈。既而大隈伊藤进上诸君亦来浴。时大隈君顾众曰：方今俄清两国互争境界，两国派出委员，议论不决，和战未定，各国之所注目也。高岛氏幸为一占。余乃应命，筮得无安之履。

爻辞曰："六二：不耕获，不菑畬，则利有攸往。"

断曰：清为我邻，以内卦充之，外卦为俄。无妄内卦为震，震为木，譬犹木槌；外卦为乾，乾为金，譬犹巨钟。今观清国政府，力尚不足，以清拒俄，譬犹以木槌叩巨钟，巨钟依然，而木槌早已摧矣。故知清必不抗俄，必以和议结局也，明矣。爻辞曰"不耕获，不菑畲"，俄之利，清之灾也。

一时座客，或拍手赞叹，或疑虑不服，后果如此占，使疑者亦服焉。

〇东京青山有一富商，自二三世来，分为本末两家，末家常守勤俭，家业益昌；本家不善治产，游惰相承，家业凋落。末家虽屡屡分金相助，如运雪填井，其消立尽。本家计穷，窃欲并吞末家之产，召唤末家主人相商曰：汝家之所有，非汝家所自有也，曩时曾从我本家分而与之也。今本家困乏若此，汝盍归还之乎？汝其了此意乎？末家主人惊愕，虽百方苦陈不听。本家主人，以事不谐，将欲讼之官，末家主人，就余请占其吉凶。筮得无妄之履。

爻辞曰："六二：不耕获，不菑畲，则利有攸往。

断曰：此卦上乾下震，乾为金，震为木，金为本家，木为末家。末家持木，以击本家之金，末家必不胜，其理昭昭也。爻辞曰"不耕获，不菑畲"，耕者必获，菑者必畲，常也。今曰耕而不获，菑而不舍畲，虽为理之所无，往往为事之所或有。以君家数代勤俭，贮蓄财产，一旦拱手而偿诸本家，固属心之所不甘，故曰"无妄，灾也"。今既得此占，宜如其意而让之，独怀资金，另兴一家。爻曰"则利有攸往"，君从此孜孜勉励，当必再致繁昌也。

末家主人，果从余言，举财产让之，另开一户，励精家业，未几又获兴起。

六三：无妄之灾，或系之牛，行人之得，邑人之灾。

《象传》曰：行人得牛，邑人灾也。

"无妄之灾"，谓非己之所致而灾，天数之灾厄，或有不可免也。六三位不中正，故事出意外，有如"或系之牛"。"系"者而曰"或"，原不知为谁氏之牛也；"行人"，行路之人也，见其牛以为无主也，而窃得之。在邑之人，未之知也，而捕者则必就邑人而诘之，是邑人无故而受灾也，即所谓"无妄之灾"也。三至五离，离为牛，下互艮，艮为拘，上互巽，巽为绳。有系牛之象。乾健行，象行人；震为守，象邑人。乾之行，至上止，上为行人，故上曰"行有眚"，是得牛而遭吉也。震之守，属于三，三为邑人，故曰"邑人之灾"。上得其牛，而三罹其灾，是三为"无妄之灾"。上之《象》曰"穷之灾也"，上乃自致之灾，所谓自作之孽也。《象传》曰"邑人灾也"，此意外之灾，唯顺受焉而已。

【占】问时运：目下运值尴尬，防有意外之事，宜谨慎。

〇问商业：防他人占利，而己耗财。

〇问家宅：此宅恐为外人侵占。

〇问战征：行军得胜，守军防有损败。

〇问疾病：此病恐是外来人传染，可虑。

〇问行人：归则归矣，恐家人有灾。

〇问婚嫁：宜与远人结亲，吉。

〇问失物：已被行人拾去。

【占例】 一日友人某，突然来访曰："仆近与朋友某，共计一商业，书来约今日会晤，今忽以家事混杂谢绝。其中或有变计乎？请劳一筮。筮得无妄之同人。

爻辞曰："六三：无妄之灾，或系之牛，行人之得，邑人之灾。"

断曰：爻辞谓"或系之牛，行人之得，邑人之灾"，按离为牛，亦为女，观此知其家必有远来亲友，以妇女寄托也。此女象取离卦，必有离绝之事；且离为孕，或女已怀孕矣。"行人之得"，是与行人而皆奔也。在某住所，非畜牛之地，故知其必为女也。"系"者，即寄托之谓也。"邑人"者，即君之友也。然此友受此女之寄，所谓"邑人之灾"，恐难免矣。某所称家事混杂，殆即此欤？

友人惊余言奇异而归。后数日，来谢曰：过日占辞，不误一语，悉合事实。

九四：可贞，无咎。

《象传》曰：可贞，无咎，固有之也。

四阳刚而居乾体，刚而无私，无妄者也。然位当上下之交，初乾阳刚犹柔，恐固守未定，或有偶涉于妄者乎？故诫之曰"可贞"。盖以乾之健，乘无妄之体，更当以乾之贞，葆无妄之诚。斯无妄之理，静以存之，固以守之，自无过失矣，故曰"无咎"。《象传》曰"固有之也"，无妄之心，即天心也，秉于生初，非由外铄，故曰"固有"也。

【占】 问时运：目下气运平顺，循分则有获，妄动则有咎。

○问商业：坚守旧业，自然亨通。

○问家宅：此宅本是祖基，宜永保之，毋坠。

○问战征：已占入外卦之地，宜坚守城池，切勿妄进。

○问疾病：此时宜安静调养，来月"勿药"而愈。

○问行人：一时未归，在外无咎。

○问六甲：生男。

○问失物：必可复得。

【占例】 某贵显来，请占气运，筮得无妄之益。

爻辞曰："九四：可贞无咎。"

断曰：四近尊位，德秉乾刚，正合贵显身位。今占得第四爻，曰"可贞无咎"，在贵显德位俱优，功业素著，无复丝毫妄念；恐民在下，有以妄动干进，全在贵显坚贞而镇定之，得"无咎"也。

九五：无妄之疾，勿药有喜。

《象传》曰：无妄之药，不可试也。

"疾"犹灾也。五动体坎，坎为疾，故曰疾。疾之来也，有由自致者，有因天时而非自致者，非由自致而疾者，即所谓"无妄之疾"也。"无妄之疾"，如在天为日之食，风之暴，雨之淫，雷之迅，皆一时阴阳之偏，偶触而来，时过则平，未可以药救也。在人，"无妄之疾"亦犹是焉，不容以药治之也，故曰"勿药有喜"。"有喜"，谓疾去而为喜也。当疾之时，以药治之耳，五爻刚中得位，天德全，无妄之至者也，复何遗憾？爻之取象于疾者，盖以汤之幽夏台，文之囚羑里，或有为盛德之累者焉。此则谓无妄之疾也，顺以守之，祸患自释，即"勿药"之义焉。《象传》曰"无妄之药，不可试也"，"无妄之疾"，本非真疾，药之反成疾矣，故曰"不可试"，慎之至也。

【占】 问时运：目下气运当正，意外之事，不必介意，全乎在我而已。
　　○问商业：凡一时物价，无故上落，皆无害商业。过时自平，切勿扰动。
　　○问家宅：防有风扫雪压倾圮之患，然无大害，致有喜兆。
　　○问战征：防军队中有时疫流行之患，宜洁净营屯，勿妄用药。无咎。
　　○问行人：恐中途有涉意外之事，然即归来。
　　○问讼事：有意外牵涉，不辩自释。
　　○问六甲：生男。
　　○问失物：不寻自得。

【占例】 明治二十二年，占某贵显气运，筮得无妄之噬嗑。
　　爻辞曰："九五：无妄之疾，勿药有喜。"
　　断曰：五爻阳刚中正，下与二应，可谓无妄之至者也。今占得此爻，知某贵显德高望隆，复有何病？但道高招谤，或遭意处之嫌，是即"无妄之疾"也。宜勿与辩，逾时自释，若一为计较，转致多事，故曰"无妄之疾，勿药有喜"。
　　某贵显不用此占，遂酿纷纭。翌年遂罢职闲居。
　　○明治十五年八月，余弟德右卫门，患大肠痃结，聘医师守永某，乞诊服药，数日不愈。某曰：是非施截解术，不可治也。谋之佐藤国手，余复为占施术之适否，筮得无妄之噬嗑。
　　爻辞曰："九五：无妄之疾，勿药有喜。"
　　断曰："无妄之疾"，非自致也。今弟之疾，亦自然而发，非关自致。爻曰"勿药有喜"，盖为不假人治也。是宜安养任其自然，三周间（震之数为三八）后，必可愈快。
　　后服补药，不复施术，三周后，果得痊治。
　　○占明治三十年海军之气运，筮得无妄之噬嗑。
　　《象》曰："无妄：元亨利贞。其非正有眚，不利有攸往。"
　　爻辞曰："九五：无妄之疾，勿药有喜。"
　　断曰：无妄全卦，卦德为真实无妄，括言之曰正。《象》辞曰"匪正有眚"，眚灾害也，故《说卦》曰"无妄灾也"。今占得五爻，曰"无妄之疾，勿药有喜"，"无妄之疾"，犹言意外之灾也，恐海军中于九十两月中，必有非常之惊异也。此事非关人为，实由天意，非可强也。
　　后横须贺镇守府长官相浦中将，巡见北海道炭山，余在汽车相晤，告以此占。中将如不介意。然至九月，闻扶桑舰沉没豫海，占兆乃验。

上九：无妄，行有眚，无攸利。

《象传》曰：无妄之行，穷之灾也。
上爻阳居卦之终，为无妄之极。极而复行，行必有眚，有何利焉！《象辞》所谓"非正有眚"，盖指上也。上与三应，三为"邑人"，上为"行人"。三之灾，自上致之；三既被灾，上岂能无眚乎？《象》曰"穷之灾也"，位已上穷，复欲进行，是穷极而为害也。

【占】问时运：好运已终，宜安守勿动，动则终凶。

　　○问商业：历来贸易，颇称得利。兹值岁终，或当时令交换之际，宜暂静守，切勿再进，防有损耗。

　　○问家宅：此虽旧宅，居之则吉；慎勿他迁，迁则有眚。

　　○问战征：地步已极，不可复进，进则有害。

　　○问疾病：必是老年，宜颐养自适。

　　○问行人：即日可归，归后切勿出行。

　　○问六甲：生男。

　　○问失物：恐穷追不得。

【占例】每年一月，余必避寒于热海。明治二十二年一月，静冈县知事关口隆吉君偶巡回县下，同宿汤户某家。关口氏为幕府旧士，尝学于昌平校，夙具才学，维新之际，五棱廓将帅之一也。氏索余占当岁气运，筮得无妄之随。

　　爻辞曰："上九：无妄，行有眚，无攸利。"

　　断曰：异哉，何其爻象之凶也！《说卦》曰"无妄灾也"，"灾"谓天灾，是天降之灾也。爻辞曰"行有眚，无攸利"，观此爻象，恐于行路中，忽遭祸变。"眚"，损也，必身体大有损伤。《象》曰"穷之灾也"，言灾害之至极也。余就占象直言，吉人天相，君勿过虑，慎之而已。关口氏闻之，面为失色。

　　后见新闻纸报道，阿部川城之越间汽车冲突，关口知事被伤，政府闻之，遣侍医偕藤桥本医治。余阅报惊曰：果哉关口君，竟罹"无妄之灾"！愈感《易》占之神知，悚然者久之。

　　一日得静冈警部长相原安次郎氏来函云，知事被灾，果应热海之占，不堪敬服。今欲再占知事之生命如何，烦为一筮回告。筮得泰之大畜。

　　爻辞曰："上六：城复于隍。"

　　《象传》曰："诚复于隍，其命乱也。"

　　断曰：泰为天地交泰之卦，今占得上爻，是泰之将终，转而为否之时。"城复于隍"者，倾毙之象；"其命乱"者，谓命之不全也。即以此旨答之。

　　时见者多怪余断之凶，曰：据医师诊断，有回生之兆，是新闻纸所报也。贵断毋乃过乎？余曰：诸君有疑，请俟诸他日。未几，关口氏讣至，于是当时诸君皆感服《易》占之妙用。

　　后复晤相原氏，氏曰："当时得子返书，已知事不起。怀书往访，知事谓余曰：'今春热海游浴之时，高岛氏占象，预诫余之遭难，果若此，殆天命也。近得医治，言可回生，尚为幸耳。'余因叹息，不忍以贵占出示。"谈及当时车变云，此日知事至静冈停车场，适将发铁石杂车，知事急麾之，驿吏命暂停，使知事乘之。迨进行二里余，至铁路屈曲处，忽前面汽车驀地驶来，与之冲突，轰然一声，积载货物，悉飞天外。乘客中即死一人，负伤二人，知事其一也。余本同行，因知事心急，单身乘车，余未知之，得免于祸，幸哉！

翌年春，晤关口氏养子某于热海，曰：亡父平素语足下《易》学，去岁自热海归，每闲居读君《易》断，至无妄一卦，常三复不已。

䷙ 山天大畜

大畜为卦，下乾上艮。乾，健也；艮，止也，畜亦止也。大对小而言：小畜巽在乾上，五阳一阴，以一阴畜乾三阳，巽体柔顺，其力不固，故为小畜；大畜二阴四阳，艮体笃实，能厚其储，故为大畜。《杂卦传》曰，"大畜时也"，大畜以艮畜乾者也。乾之纯阳，进而不止，而大畜能畜之，若不欲其进者，时未可也。不惟其止，惟其动，健而又动，无妄所以为灾也；不惟其动，惟其止，健而能止，大畜所以为时也。《序卦》曰："有无妄然后可畜，故受之以大畜。"此大畜之所以次于无妄也。

大畜：利贞。不家食，吉。利涉大川。

大畜以阳畜阳，得其正也；止而畜之，利于用也，故曰"利贞"。外卦艮，艮为居，有家之象；三、四、五互震，震为百谷，有食之象；二三四互兑，兑口在外，有"不家食"之象；内卦乾，初为震，震为行，有"利涉"之象；乾二为坎，有"大川"之象。畜其德以用于朝，养以鼎烹，故曰"不家食，吉"；畜其材以济于时，用以舟楫，故曰"利涉大川"。畜之义，不特为止，又为养也，为蕴也。止则止其健，养则育其德，蕴则储其材。"不家食，吉"，有以收养贤之效；"利涉大川"，有以见济世之功。

《彖传》曰：大畜，刚健，笃实，辉光，日新其德。刚上而尚贤，能止健，大正也。不家食，吉，养贤也。利涉大川，应乎天也。

大畜，以艮畜乾，畜之大者也。乾为天，天德刚健；艮为山，山体笃实。乾为大明，有辉光；艮为星斗，亦有辉光。以艮畜乾，则所谓"刚健，笃实，辉光"，不必分为乾为艮，要皆在此大畜中也。是以光华发越，盛德日新，此卦之所以曰大畜也。艮阳居上，故曰"刚上"；艮止能畜，故曰"尚贤"。乾健难止，巽不能止，其畜故小；艮能止之，其畜乃大。艮之所以能止，在得其正，故曰"大正也"。"大正"即"利贞"。下变震为颐，颐《彖传》曰"养贤"，《象》曰"观其所养"，知必不在家食也。上变坎为需，需《彖》曰"利涉"，先曰"位乎天位"，知其能"应乎天"也。故艮能止，亦能育，斯贤乐得其用矣；艮能止，亦能通，斯险无不可济矣。

以此卦拟人事，《彖》辞首曰"利贞"，"利"，和也，"贞"，正也。和且正，为人事之至要也。卦德以止畜健，以静畜动，是畜之大者也，故《彖传》曰"大正也"。盖畜之道，全在"大正"，有此"大正"，斯能有此大畜，所谓君子正己以正人者，即此道也。"刚健"者天之德，"笃实"者山之性，人能法山之性，以畜天德，斯德性充实，而辉光发越，自见日进而无疆矣。卷之则藏于一心，放之则发为万事，以此而"不家食，吉"，即家食亦吉；以此而不涉险利，即涉险亦利，是人事而应乎天者也。六爻内三爻为乾，欲健进而为艮所畜止也；外三爻为艮，以能止，而畜乾之健也。是以初爻惧危而自"已"；二天不可而随止。三爻"往"矣，而犹能惕以"艰"，如人事步步留余，不令躁进也；四以畜初，"童牛"加牿，畜之尚易也；五以畜二，"豮豕之牙"，畜之得其要也。上以畜三，三既利

"往"，则云霄直上，以不畜为畜也，如人事之般般谨慎，各合机宜也。盖凡人之作事，一于健则过之，一于止则不及，过则偾事，不及则不足以成事。孔子于求之退曰进之，于由之兼人曰退之，其深得艮止之义也夫！

以此卦拟国家，上卦为政府，秉艮山之性，止而不动；下卦为人民，挟乾健之性。欲急谋国家之进步，将进而犯上，而六五之君，得六四上九之辅翼，同心合志，以抑止下民刚强锐进之为，此畜之所以为大也。六五之君，温恭而能"尚贤"，与上九阴阳相比，言听计从，爻辞所谓"豮豕之牙，吉"也。上九身任天下之重，共天位，治天职，食天禄，以上畜三，其畜愈大而愈正，故曰"何天之衢，亨"也。六四处艮之始，履得其位，与上九同受六五之命，以四畜初，初阳尚稚，故曰"童牛之牿，元吉"也。盖内卦三阳，其性虽健，皆能受外卦之畜止，故初阳犹微，知进而有危，不待畜而自止；二得中，与五正应，知五处畜盛，未可犯也，能遇难而止，故"无尤"；三受上之畜，畜之极也，畜极则通，其德已成，可以进矣，故曰"良马逐"也。国家当此之时，君臣一德，在下免躁进之患，在上无窃位之讥。六五之君曰"吉"，有度也；上九之臣，曰"道大行也"，应天顺人，诚千载一时之会也，非夫圣人之畜，不克臻此。

通观此卦，六爻专言畜止之义。初九抱刚健之德，初阳尚微，能受六四之畜，知难而自止者也，故有"有厉利已"之辞。九二履得其中，有知时之明，知其功之不可遽成，止而不行者也，故有"舆脱輹"之辞。九三以阳居阳，志刚而才强，未免锐进之嫌，惟"艰贞"自处，见可进而进，则可以济世，又可以保身也，故有"利艰贞，利有攸往"之辞。六四当大畜之任，处艮之始，能止乾阳之初泄，故曰"童牛之牿"。六五处得尊位，制恶有道，柔能制刚，是以吉也，故曰"豮豕之牙"。上九所谓"刚上而尚贤"者也，居通显之地，体至公之道，舍己从人，以汲引从贤，此大畜之义，君子之道大行之时也，故曰"何天之衢，亨"。总之，初九居乾之始，其阳犹稚，故称曰"童牛"，戒其进也。九二以刚居柔，位刚势弱，故不能进也。九三纯秉乾德，乾为马，故称曰"良马"；又恐其径进也。君子之难进如此！

《大象》曰：天在山中，大畜，君子以多识前言往行，以畜其德。

此卦乾天居艮山之中，谓山中蕴畜一天地之象，其道含宏，其义深远。譬如君子方寸中，蕴畜三才之道义，古今之事理，广见洽闻，以之日新其德业也。夫"前言"者，训诰流传，德之华也；"往行"者，功业炳著，德之实也。嘉言懿行，皆德之散见者也。君子之学道也，考其遗迹，观其用，以身体之，以心验之，因其言而默识其所以言，因其行而默识其所以行，以畜成我德，此德所以日积而日大也。故曰"多识前言往行，以畜其德"也。

【占】问战征：宜养精蓄锐，乘时而动，自然战无不克，攻无不利，定获大胜。

〇问时运：目下心意纵奢，未可动也。必待二年后，运来福至，如骏马腾空，往无不利。

〇问营商：暂宜株守。近则三月，远则三年，自得逐渐推广，日积月新，利源不竭，大有庆也。

〇问家宅：宅居宜近山，或在岭上，或在谷中，必是素封之家。近来声名显达，家业日隆，大吉之兆。

○问功名：少年意气轩昂，未免稍有阻抑。至三十岁后，一举成名，云霄直上，为国为家，经纶焕著，诚大用之材也。

○问六甲：生男，且主贵。

○问讼事：始被屈抑，后得申理。

○问疾病：占得初爻至五爻，皆吉，上爻则恐寿源有阻。

○问婚姻：大吉。

初九：有厉利已。

《象传》曰：有厉利已，不犯灾也。

此爻体乾，刚健而在下，势将锐意干进。然初爻乾阳尚微，距五位主爻犹远，应在四爻。四爻属艮，艮止也。初爻欲进而四爻止之，是应交不相援，而悉相敌也。初九能知危而止，故"不犯灾也"，谓之"有厉利已"。

【占】 问战征：宜守不宜攻，斯无害也。必待四爻援兵得力，方可大进获胜。

○问营商：目下资本犹浅，宜谨慎自守，免致灾害。后得帮手相助，自能获利。

○问家宅：是新造之宅，为前面山势压制。屋宅不能过高，然无咎也。

○问功名：才学虽高，而初次求名，不宜发泄太早，宜自抑止，所贵大器晚成也。

○问六甲：可占一索生男。

○问讼事：不宜健进，健进则有灾。

○问婚姻：初阳为四爻所畜，是夫将受制于妻也；在夫能顺从其畜，亦无灾也。

○问出门：现宜暂止，以待时运。

○问疾病：现虽有病，可保无虞。

○问失物：待后自可寻获。

【占例】 某县士族某来，请占气运，筮得大畜之蛊。

爻辞曰："初九：有厉利已。"

断曰：此卦以山之小，止天之大，故谓之大畜。今初爻以阳居阳，才力俱强，以应四爻之阴；四爻之阴，力能畜止初阳。知其谋望，一时必难就也，若一意躁进，恐必有祸。

时某不从余断，妄怀志愿，往干某贵显。不服书记官之说谕，三日间遂为警视厅所拘留。厥后某自悔悟，始叹《易》理之神妙也。

九二：舆说輹。

《象传》曰：舆说輹，中无尤也。

"舆"者，车也，喻进行之义；"輹"者，车轴之缚也。天之转旋，有大车之象。"舆脱輹"者，谓车脱輹，不能驾乘，而废进行之用。此爻变则为离，有脱离之义，故曰"脱輹"。良以畜乾，将畜止下民之冒进，使之自止也。二与五相应，五处畜盛，未可犯也，知势之不可而不进，可谓知风识时者矣。《象传》曰"中无尤也"，谓其得中，无躁进之尤也。按初九曰"有厉"，其辞缓；九二曰"舆脱輹"，其辞急。初与三应，初为乾之始，始阳尚柔，故辞缓；二与五应，五居尊位，势不可犯，故辞急。况五之畜二，非徒因其进而止之，殆将尚其贤而用之也。盖时有盛衰，势有强弱，有不可已者，学《易》者所宜深识焉。

【占】问战征：若锐意径进，防有辙乱旗靡之祸，致一败而不可复收。惟以退为进，斯无尤矣。

　　○问营商：凡有货物，宜早脱售，虽无大利，亦无耗失。

　　○问家宅：必是破败旧家。唯其能退然自守，家业自有复兴之象，故无尤也。

　　○问功名：宜待时，毋躁进也。

　　○问婚姻：小畜三爻"舆脱辐，夫妻反目"，是不吉也；此二爻得中，与五相应，五居尊位，必是贵婿，大吉。

　　○问疾病：定是腹疾，一时难愈，然无害也。

　　○问六甲：生男，防有足疾。

　　○问讼事：败而复和。

【占例】　亲友某县人某来，请占气运，筮得大畜之贲。

　　爻辞曰："九二：舆脱辐。"

　　断曰：此卦内卦乾天，刚健锐进；外卦艮山，镇定不动。以山畜天，故曰大畜。在今政府，非不欲登进人才，亦知浮躁者非大器，急切者无实功，是以抑制而不用也。而一时急于求进者，或互相标榜，或高自议论，干谒公卿，奔走形势，梯荣乞宠，无所不为，当途益以此轻之矣。今九二能察时之不可，而退然自阻，谓之"舆脱辐"。舆者所以载物而行也，脱其辐，示不复用，所以甘自晦藏，以待其时之至也，故曰"中无尤"。

　　某闻之曰：爻辞适合我意，愿从此占。果大得便宜也。

　　○占明治三十年国家财政，筮得大畜之贲。

　　爻辞曰："九二：舆脱辐。"

　　断曰：此卦以山之小，畜天之大；上卦一阳，畜止下卦三阳，足见其畜之大也。今占财政而得此卦，乾为金，故主货币，艮为山，故主藏蓄，九二坎爻，坎为车，故曰"舆"。"脱辐"者，示不用也。我国古来所有货币，不出一亿之外，开港以来，购入兵杖、器械、船舶诸物，虽一时去出现金繁多，赖政府理财得人，渐得复旧时之款。征清之役，民间募集一亿五千万公债，其不足者，以政府预备金充之，战胜之后，受取偿金三亿五千万元。窥测字内形势，强国合纵，分割弱国，不得不扩充军政，乃以其偿金，充备军资。在政府固出于不得已也，而在人民之愿望，以为获此巨偿，专以扩张军备，并赏恤战士，既不能清偿国债，又不能振兴商业，虽银行之贷出稍宽，而子利仍复腾贵，则百业之进，终被抑止，人民颇为失望。此即内卦乾天，为外卦艮山畜止之象也。辞曰"舆脱辐"，舆之脱其辐，而不能进，犹金之别有需蓄，而不能应民之用也。政府之设施如此，可谓得其中矣，故《象》曰"中无尤也"。本年之财政，中止货币之运转，为商工困难之占也。

　　后果如此占。

九三：良马逐，利艰贞。日闲舆卫，利有攸往。

《象传》曰：利有攸往，上合志也。

　　三辰在辰，上值轸，轸主车驾，故"马"，有"舆"，有"卫"。又三为坎中，坎为艰，故"利艰贞"。此爻内卦为乾，乾为马。"逐"，并进也。乾畜至三，其德已成，可以进矣，故其象为"良马逐"。"闲"，习也。"卫"，所以防不虞。艮在外为止，即卫之象。三之应在上，上处"天衢"之亨，途径大通，进行无阻，而犹必以艰贞自惕。如调马者，虽驰骋自得，犹必"日闲舆卫"乃可以"利有攸往"。《传》曰"上合志也"，此正畜极而通之时也。夫善骑者坠，善泳者溺，当此得意之日，故最宜戒慎，平常犹此，况大畜之时乎？"良马"以见锐进之义，"舆"以明徐行之象，逐马而继以舆卫，锐进徐行之两义，当参观而得之。

【占】问战征：有马到功成之象。然必先临事而惧，斯无往不利也。

　　○问营商：三爻与应合志，是必卖买同心；曰"良马逐"，是必留适快捷；曰"利艰贞"，是虽遇险无虞也。大吉。

　　○问功名：有云霄得路之象。"

　　○问家宅：必是勤俭起家，目下履当其位，家业日进，犹能安不忘危，故无往不利。

　　○问婚姻：三以上九为应，上九处畜之极，是全盛之象。占婚姻而得此爻，男女合志。大吉之兆。

　　○问疾病：宜谨慎调养，可保无虞。

　　○问六甲：生男。

【占例】余一日访友人某氏，某氏谓曰："吾尝约购驾车良马，今日当必有牵而来也。"谓占马之骏驽如何？筮得大畜之损。

　　爻辞曰："九三：良马逐，利艰贞。日闲舆卫，利有攸往。"

　　断曰：此卦内卦为乾，乾为马，又乾健也，知此马必健捷善驰。然不谙驾驭之术，御之亦难，故曰"日闲舆卫，利有攸往也"。语未毕，有牵马者至，扬言曰：此马刚健疾驰，是良马也！友人见之，即欲鞭策一试。适前岸系舟，轰然有声，马遂惊逸。驭者尽力制之，不止，逡巡倒行，遂落沟中，友人见之大惊，不复购售。

　　○某县士族某来，请占气运，筮得大畜之损。

　　爻辞曰："九三：良马逐，利艰贞。日闲舆卫，利有攸往。"

　　断曰：乾在无妄为天德，在大畜为贤才，士惟法乾而后才德备。法乾则行健而进锐，进锐者恐不能致远，必"利艰贞"，而其识深；必受抑止，而其气定。如良马之性，必先颠踬，而后驰驱始受范也，故曰"良马逐，利艰贞"。今占时运，而得此爻，知其人必抱有用之才，足荷艰巨之任者也。《传》曰"利有攸往，上合志也"，可见目下时运已至，可以乘时得位也。爻曰"日闲舆卫，利有攸往"，"卫"，守卫也，所以备不虞、示威武也。意者其将任守卫之职乎？

　　后此友果任某警部。

六四：童牛之牿，元吉。

　　《象传》曰：六四元吉，有喜也。

　　六四爻辰在丑，丑为牛；四得艮气，艮为童，故曰"童牛"。以四畜初爻，动而体离，离为童牛，牛谓初九也。"牿"，《说文》云"牛马牢也"，引《书·费誓》，"今惟牿牛马"。

大畜错卦萃，萃"用大牲吉"，童牛祭天之牛也。《礼记》："郊特牲"，牛用犊贵诚也。《周礼》云"人祀五帝之牲，拴系于牢"，《郑注》"牢闲也"，必有闲防禽兽触啮。童牛系之于牢，备郊祀也。"童牛"谓初九，为之牿，四也，初阳最稚，始进而即闲之，如"童牛之牿"，牿之使不抵触，故吉而有喜也。夫天下之事，防未然者易为力，制已然者难为功。逆折其方长之奸，潜消其未萌之逆，则上不劳禁制，而化自行，下不伤刑诛，而奸自止。初阳尚微，刚暴之习未成，六四畜之，所以不劳力也。"元吉"者，柔以制刚，刚不敢犯，畜之盛也，喜莫大焉。

【占】　问战征：有强邻压制小国之象，幸四与上相应合志，得以保全。有喜。

　　○问营商：爻曰"童牛"，谓初阳也。意以贸易新出，时货为利。"牿"，谓牢也，意以畜积固藏为利，故曰"元吉"。

　　○问功名：六四辰在丑，上值斗。石氏曰"斗，将相爵禄之位"；又"丑，土也，其禽为牛"。孔子曰："犁牛之子，骍且角，虽欲勿用，山川其舍诸。"盖童牛者，祭天之牛也，其必进用也明矣，故《传》曰吉而有喜也。

　　○问家宅：乾为门，艮为庭，为庐，为居，为舍，皆有家宅之象。"童牛"者，谓初九也，牿之者四也。初九者，阳之初也，必是初造之宅，为四所牿；必门前途径有阻，不能进行。然终必亨通，故曰"有喜"。

　　○问疾病：曰"童牛"者，意必老牛舐犊，灾在幼子。

　　○问六甲：生男。

　　○问婚嫁：四在丑，丑上值牵牛。四应初九，初九辰在子，上值女。曰童牛，必是少年结姻，大吉。

　　○问讼事："童牛之牿"，《说文》云，"牿，牛马牢也"，恐有囚牢之灾。至上九曰天衢亨，当解脱而有喜也。

【占例】　余有摄绵土制造所在爱知县下热田，其支配人来，请占明治二十三年摄绵土贩卖之商机，筮得大畜之大有。

　　爻辞曰："六四：童牛之牿，元吉。"

　　断曰：六四辰在丑，丑土也，艮为手，又为厚，是能以手练成厚实摄绵土也。原来此物密合石灰与粘土，烧为粉末，入之水中，积久而成，凝固如石。今占得大畜，明明示我畜贮之象，可知今年此物淹滞。依六四爻辞曰"童牛之牿"，"牿"谓牛马之牢，畜之以防其逸，则知此物宜畜之于库，至二十五年以待价也。为上九"何天之衢，亨"，乃可通用自在也。

　　后果如余占。

　　○占明治三十一年，韩国与俄国之交际，筮得大畜之大有。

　　辞曰："六四：童牛之牿，元吉。"

　　断曰：此卦内卦为乾，外卦为艮。占韩与俄交际，当以韩为内卦，俄为外卦。乾阳欲进，为艮止所畜，明示以韩欲求进，为俄国所畜止也。六四曰"童牛之牿。"童牛者，初阳也，牿之者四也。童牛而入于牿，欲进不得，韩之为俄所止，其象更明。目下俄国公使，蔑视韩廷，以大国之威力畜止之，恰如施童牛之角以横木，谓之"童牛之牿"也。

韩若于今不为之计，至西伯利亚铁路成后，恐不可保其全也。

六五：豮豕之牙，吉。

《象传》曰：六五之吉，有庆也。

五为二之应，九二坎爻，辰在子，上值室。《广雅》云，"营室曰豕"。又《说文》，"亥为豕"。《分野》略云："自危十六度，至奎四度，于辰在亥，为陬訾谓之豕韦。"成亥，乾位也，则豕属坎，亦属乾。"豮"，《尔雅》释兽"豮，豕子，豮豕么幼"；《郭注》"俗呼小豮猪，为豕子"。六五爻辞曰"豮豕"，盖指九二而言，九二乾阳尚稚，故曰"猪豕"，犹童牛之属初九也。"牙"，郑读为"互"，《广韵》互字下注云"俗作牙"，是昔人以牙为互，后人转而作牙，误也。《周礼》修闾氏掌比国中宿互柝者，注云，"互，谓行马所以障互禁止人也"。互亦通枑，《韵会》："枑者，交互其木，以为遮拦"，正合止畜之义，与初爻牿为牛马牢，其义相同，皆所以禁止其骤进也。五爻居尊位，为民士之所归向，下应九二，九二之士，能脱鞍潜修，畜养其德，待时而动，斯喜在一人，庆在天下，是以吉而有庆也。

【占】问战征：豕属坎，又属亥，是必在坎险湿泽之处，最宜畜意禁止，以防敌军突突。能谋而后动，自然获吉。

○问营商：互，有互市之义，谓财物交互成市，正合近时通商之象。"豮豕"，谓小豕，譬如初次贸易，资本尚微，能受畜止，乃吉。

○问功名：此必年少求名，未免躁进，宜知自止，故曰"豮豕之牙，吉"也。

○问家宅：豕属亥，水也，前必有二水，交互而流，是以吉也。

○问疾病：六五辰在卯，东方为木，又豕属亥，亥为水。是必木旺水亏之症，宜自节止调养，方能有庆也。

○问六甲：生女。

○问婚嫁：六五天辰在卯，为兔。五应二，九二爻辰在寅，为虎，寅卯相合。爻曰"豮豕"，豕属亥，亥与寅卯，木水相生，皆得制伏，大吉。

【占例】明治二年，友人某来，论时势曰："今箱馆平定，天下安静，朝廷选拔各藩俊士，登用人才，整理政务。承兵马倥偬之后，各藩士集合在官，未免互争权力，致生纷扰之患。请占其形势如何？筮得大畜之小畜。

爻辞曰："六五：豮豕之牙，吉。"

断曰：此卦下卦为乾，指各藩士族，上卦为艮，指政府也。下卦刚健，势欲锐进；下卦政府，将止其躁进，复给以禄养，是大畜之义也。当此兵马倥偬之后，各藩士族，始膺奉给，谓九二之乾阳尚稚，故曰"豮豕"。六五能畜止之，使不突进。"牙"，谓遮拦，有止畜之义也。犹言英才能隐居潜修，养成大器，故《象传》曰："六五之吉，有庆也。"

后果如此占。后友人每相与会，谈及此占，未尝不感服也。

上九：何天之衢，亨。

《象传》曰：何天之衢，道大行也。

"衢"者，四通八达之道。"天之衢"者，犹曰天路也，谓旷达而无障蔽，以喻其通也。

案：上九艮爻，位近丑，上值牛。《文献通考》，"牛七度，日月五星之中道，其北二星，主道路"，故曰"衢"。又乾为天，艮为路，故曰"天衢"。"何"作荷，"荷天之衢"，犹《诗》所云"荷天之休"、"荷天之宠"也。此卦四畜初，五畜二，上畜三，上为卦主，所谓"刚上而尚贤"者是也，故《象传》曰"道大行也"。盖艮之畜，非畜之使不行，正畜之以成其才，大其畜，即所以大其行也。畜极则通，通则为泰，此爻之所以变即为泰也。

【占】　问战征：上九爻辰在戌，上值奎、娄、胃。奎象白虎，主兵；娄星主兴兵聚众，胃星主征诛，皆军事也。爻曰"荷天之衢"，言旌旗载道，一战成功，故《象》曰"道大行也"。

　　○问营商：上应三、三曰"利艰贞"，知当时贸易尚多艰苦。至上为畜之极，畜极则通，故曰"荷天之衢，亨"，即三所云"利有攸往"者是也。《象》曰"道大行"，是必大获其利。

　　○问功名：爻曰"荷天之衢"，是即可谓青云得路之时也，大吉。

　　○问家宅：爻曰"荷天之衢"，衢，大道也，知此宅必在大道之旁。"荷天"者，得天之佑也。"亨"，吉也，其宅必吉。

　　○问六甲：生男。

　　○问婚嫁：想是天作之合，吉。

【占例】明治十四年，应某贵显之召，占国会开设，请愿成否。筮得贲之大畜。就贲之卦象推施今日之政略，知五年之间，国家无事；自明治十九年以降，迄明治二十四年，此五年，值山地剥，有不祥之兆。故余活用贲之二爻，变为大畜，以述现今政略，推至明治二十年，正当大畜上爻。

　　爻辞曰："上九：荷天之衢，亨。"

　　断曰：大畜一阳止上，藏畜三阳于中，谓昔刚壮健行者，今以备历艰辛，通晓时势，不复须畜止也。艮山变为坤地，四通八达，无不豁然而开通，恰如天衢之广阔无碍，谓之"荷天之衢，亨"。明治二十年当此爻象，知铁道之建筑，必可盛行也。

　　后至明治二十年，果全国人心，皆倾向铁道，株券流行，建筑自骎骎日盛也。

䷚ 山雷颐

　　颐从臣，从页，臣为颐本字。页本首字，《说文》曰"头也"，从口，从一。一者，象舌，有养之义。卦体艮上震下，艮为山，震为雷。雷动也，山止也。卦以上下二阳象上下唇吻，内四阴象虚而求食。颐张而不合，有求食之状，故可以观震阳下动食象也。艮主止，止，观象也。然震非自动也，系于艮以动，艮不上止，震虽欲动而不能，则其所以为颐。之主，艮也。上下实而中虚，动而能止，曰颐，此卦之所以名颐也。

　　颐：贞吉。观颐，自求口实。

　　《序卦传》曰："物畜然后可养，故受之以颐，颐养也。""观颐"则思所养，思所养则知节，嗜欲可省，廉耻可立，心志可宁，养生养德在其中矣，故"贞吉"。大抵养道主静，天地万物皆上动下止，惟颐下动上止，静以制动，止以忍贪，"观颐"之义也。身之有颐，本以为养，颐中虚，实之所以为养也，故曰"自求口实。"

《彖传》曰：颐，贞吉，养正则吉也。观颐，观其所养也。自求口实，观其自养也。天地养万物，圣人养贤以及万民，颐之时大矣哉！

颐卦内艮外震。艮为黔喙之属。喙口也，即颐之象；又为果蓏震为蕃鲜，为百谷。皆有养之义。"颐，贞吉"者，所养得正，则有吉也。然养有正不正，不观不足以知之。观其所养何人，则养之公与私自别也；观其自养何求，则养之贪与廉可见也。果其所养皆贤，自养有节，是养得其正，即养无不吉矣。至天地圣人，极言养道之大。人之养生，多在自养，必如天地之化育无私，而万物皆被其泽；必如圣人之恫瘝在抱，而上自贤哲，下及万民，无不并沐其恩。盖圣人体天地之养以为养，故所养有与天地而并大。《彖传》曰"颐之时大矣哉"，谓其所养至广，即于养之时而已见矣；不言义，而义亦在其中也。

以此卦拟人事，上三爻为艮，艮六五曰艮其辅，辅上颔也，有颐之象。下三爻为震，上六曰"视矍矍"，有观之义。上下互坤，坤为缶，为浆，有养之义。然养亦不一法也，节宣所以养正，饮食衣服所以养形，威仪礼貌所以养德，推己及物所以养人。盖人莫不有所养，而养亦各有所在。内而养一身，外而养天下，而要在得其正者吉。夫士之得禄位，农之事稼穑，工之造器物，商之通货财，皆各食其力，各养其身，而得其正者也，否则因糊口之无资，而忘其廉耻，如孟子所谓"苟无恒产，则放僻邪侈，无不为矣"，此其人复何足观乎？然观人者，当先观其"口实"之求，人苟不以饥渴害其心，而能以箪瓢乐其道，则其所求，有在于"口实"之外，其所养，必得夫性情之正。其自养如是，其养人当更有大者矣，必如天地之养物，圣人之养贤，以及养育万民，而其养不特得其贞，益且获其吉矣。颐养之道，尽在是也。

以此卦拟国家，下卦为人民，下民好动，有震之象；上卦为政府，政府能安止下民，有艮之象。卦名曰颐，颐口也。下民各颐有一颐，下民即各自求养。农以力耕，商以贸货，工以造器，皆各以才力"自求口实"。而犹有自养而不足者，政府为之薄其征敛，蠲其租税，甚至发粟以救饥，给药以疗疾。朝廷之仁浆义粟，适为下民续命之恩。在政府并非以此市惠也，亦体夫天地好生之德，以为养也。至下民之中，有所谓贤者，政府尤必尊其位，重其禄，养之以大亨，而不敢不优也。时贤者沐朝廷之荣恩，而并能推朝廷之德泽，罩及于万民。此颐养之道，所以愈推愈广也，《彖传》曰"颐之时大矣哉"，有以夫！

通观此卦，上卦三爻，皆所以养人；下卦三爻，皆所以自养。养之道，以养人为公，自养为私；自养之道，以养德为大，养体为小。故初、二、三皆养口体，私而小者也；四、五、上皆以养德而养人，公而大者也。无论为养人为自养，要皆以得正为吉，故《象》曰："山下有雷，颐，君子以慎言语，节饮食。"谓颐之为用，吐露言语，咀嚼饮食，皆由颐而出，君子观颐之象，而知所宜慎宜节也。初爻以阳处下，为动之始，是动而自求养也，舍"灵龟"而观"朵颐"，是以凶也。六二处下体之中，无应于上，返而养初，故曰"征凶"。六三虽应上爻，上九而拂颐养之节，自纳于上以谄媚者也，故至"十年"而犹"勿用"，复何利之有？六四身处上体，居得其位，应于初爻，以上养下，得养之宜，又能威严寡欲，所以得吉。六五以阴居阳，而比于上，行则失位，居则"贞吉"，故"不可涉大川"。上九以阳处上而履四阴，众阴皆由此得养，故曰"由颐"；然其所以得此养者，不知几历危厉而始得吉也，故曰"厉吉"；养至此，则无往不利，故曰"利涉大川"而"有庆"也。盖颐之全卦，专言养生之道，其本在初。曰"龟"，曰"虎"，曰"颠"，示其用也；曰"拂"，正其趋也；曰"由"，竟其委也。圣人所以握造化之机，而尽性命之理者，于颐之一卦见之矣。

《大象》曰：山下有雷，颐，君子以慎言语，节饮食。

此卦山下有雷，为上止下动之义，即颐口之用也。夫言语者，祸福之所由招；饮食者，疾病之所由生。动止得其道，斯言不妄发，食不过度矣。君子观颐之象，而知其慎，知其所节。大之则命令所出，慎之而无失，货财所入，节之而无伤；极而言之，则养德以养天下，皆无不然也。

【占】问战征：上止下动，防队下有妄动招乱者，或机密漏泄，或酗酒启衅，最宜谨慎。

○问功名：山下有雷，雷发声而山亦鸣，有声名腾达之象。

○问经商：颐象内动外止，主货物内地升动，外地低落之象。又恐贩货出外，一时不能销售。其货物大约不离食品。

○问家宅：艮山欲止，震雷欲动，山在上，雷在下，恐地盘震动，宜防火灾。

○问疾病：上止下动，山属土，雷属火，主上焦寒闭，下焦热泻之象，必待五爻，《象》曰"顺以从上"，庶上下通顺乃吉。一爻一日，必至五日可愈。

○问行人：内卦动而外卦止，必已动身，为外事阻止。上九曰"利涉大川"，知必从水路而来。近则六七日可到，远则六七月方归。

○问六甲：生男。

○问失物：山下有雷，知其物为重物压止，一时不见，待后可得。

○问讼事：主为言语饮食细故启衅。下欲动而上止之，必有上官出而阻止，不终讼也。

○问婚姻：颐养也，妇主中馈，有养之义。外夫内妻，内动而外止，有妇从夫之象，吉。

初九：舍尔灵龟，观我朵颐，凶。

《象传》曰：观我朵颐，亦不足贵也。

凡爻辞尔与我对言，是《易》中比应，互为宾主之一例。此爻尔我云云，自应位之六四告初九之辞。"尔"指初九，"我"则六四自称也。龟为四灵之一，不饮不食，服气吐纳，渊默自养者也。颐初上两阳而包四阴，离象也，离为龟，故曰"灵龟"。初九一阳之始，胚胎万有，是即吾身之灵龟，不待养于外者也。舍"灵龟"而观"朵颐"，是捐其廉明之德，以行其贪窃之情，蠢兹众生，可悲可叹，故戒之曰"凶"。《象》曰"不足贵"者，谓养小失大，纵得所欲，亦不足贵也。

【占】问战征：古者行军必先占卜，以定吉凶。爻辞曰"舍尔灵龟，观我朵颐"，是不畏神明，而徒贪财物，故曰"凶"也。

○问营商：初爻为一阳之始。变而为剥，剥者解剥也，《象》曰"不利有攸往"，营商恐难获利。爻辞曰"尔""我"者，主宾也；"朵颐"者，口之动而食物也。舍"灵龟"而观"朵颐"有利亦恐为他人食没也，故凶。

○问功名："灵龟"者内心也，"朵颐"者外貌也，舍内而求外，舍己而观人，徒慕虚声，必无实学，功名难成。

○问家宅：宅中六神不安，恐有外鬼作祟，动来求食，凶。

○问疾病：病由饮食不节所致，宜问神祈祷，可愈。

○问婚嫁：尔我者，男女两姓也，"舍尔""观我"，显见两姓不谐，其故在争论礼物，必不成也，成亦必凶。

○问讼事：必由口舌启衅。曰"舍我"，曰"观尔"，是两造各执一见，一时不能就理。凶。

【占例】 友人某来曰余窃有希求，欲面谒某贵显，请占其成否如何？筮得颐之剥。

爻辞曰："初九：舍而灵龟，观我朵颐，凶。

断曰：此卦内卦震雷，雷动也；外卦艮山，山止也，显见雷欲动而为山所止也。今得初爻，明明足下将有所动作，而为贵显所阻止。爻辞曰"舍尔灵龟，观我朵颐"，所谓"尔"者属贵显，"我"者是足下，"舍尔""观我"，是足下欲强贵显而从我所求也。所谓"朵颐"者，口腹之求，无厌之欲，以此往谒贵显，非特不成，恐反受谴责，故曰"凶"也。

友人闻之，不快于意，后往谒贵显，为所谢绝。

六二：颠颐，拂经于丘颐，征凶。

《象传》曰：六二征凶，行失类也。

二爻比初应五，阴柔不能自养，犹女不能自处，而必从男，阴不能独立，而必从阳也。"颠"倒也，"拂"违也，"经"义也，"丘"所履之常处也。夫颐养之道，以自上养下为常，今二爻虽与五为应，阴柔不能养五，反而求养于初爻，辞曰"颠颐，拂经"，是颠倒而违于常理也。以此求养，未见其福；以此而行，未见有与，故曰"颐，征凶"。《象》曰"行失类也"，震为行，阴阳各从其类。二爻不知养内卦之乾，反养外卦之坤，是为"失类"，故"征凶"也。

【占】 问战征：行军之要，首在纪律严明，步伐整齐。爻曰"颠颐，拂经"，是必背违纪律，步伐错乱也，凶莫大矣。

○问营商：二爻变损，损耗损也，于商不利。爻辞曰"颠"，曰"拂"，是明言买卖出入不合常理也，故曰"征凶"。

○问功名："颠颐，拂经"，是不循常道，侥幸求成，虽得终凶。

○问婚嫁：六二阴柔居下，不奉上而反养下，是谓颠倒拂乱，不得其正，妇道不可问矣。故《象》曰"行失类也"，凶可知矣。

【占例】 友人医师伊藤某，其子在横滨营商业。伊藤某一日来访，请占其子终身运限。筮得颐之损。

爻辞曰："六二：颠颐，拂经于丘颐，征凶。"

断曰：颐之六二，以阴居阴，才智俱弱，未足兴立事业也。颐者，养也，当居下以奉上，不当以上而养下，此为养之常道也。今爻辞曰"颠颐，拂经于丘"，是颠倒拂乱而失其正也。足下占问令郎终身，而得此爻，知令郎虽从事商业，必不能获利而养亲，而反将耗损父产，故曰，征凶"。且其所与共事者，皆非善类，故《象》曰："六二征凶，行失类也"。为今之计，惟嘱令郎停止商业，可免后患。

伊藤某闻之，大为叹息，谓《易》象所云，丝毫不爽。即命其子闭店，其子不从，竟至产业荡尽，可惜可惜！

六三：拂颐，贞凶，十年勿用，无攸利。

《象传》曰：十年勿用，道大悖也。

三爻居内卦之极，阴柔而不中正。颐三变而为贲，《吕氏春秋》：孔子卜得贲，曰不吉，以贲不得五色之正也。颐三比二应上，谄媚以奉上，是拂夫颐养之贞，故凶。上下互坤，坤为十年；故曰"十年"：坤又为用，以其拂贞，故曰"勿用"。三至六为剥，剥《彖》曰"不利有攸往"，注谓当剥之时，强亢激拂，触忤陨身，是"不利有攸往"。颐三拂贞，故直曰"无攸利"，是无所可往，无所利也。《象传》曰"道大悖也"，极言于颐养之道，大相拂乱，故至"十年"而"勿用"，深责而弃绝之也。

【占】 问战征：师以贞为吉，拂贞不吉。颐养也，养兵以备用，养拂其道，则兵不可用。《象》曰"道大悖也"，是犯上好乱，其败亡必矣，故凶。

○问营商：商业专在获利，曰"无攸利"，无论营业之大小，无论贩货之远近，皆无所得利也。极之"十年勿用"，是久久而不成事也，故凶。

○问功名：功名之道，要在出而用世，得以利济群民，是将以道养天下也。若拂夫颐之正，而极之"十年勿用"，则将终其身而不得见用也，故曰"无攸利"。

○问家宅：是宅必久无人居住矣，且恐有鬼祟出而求食，家宅不安，住之不利。

○问婚姻：主闺门不贞，其婚事亦必过十年可成。

○问六甲：生男。

【占例】 明治二十五年，占国家之气运，筮得颐之贲；又占众议院，得初爻，推理如左。

《彖》辞曰"颐：贞吉，观颐，自求口实。"

爻辞曰："六三：拂颐，贞凶，十年勿用，无攸利。"

此卦雷在下，山在上，雷欲动而为山所止。颐之象为人口，上腭止而下腭动。颐之义为养，如张口以求食也。今占国家气运得此卦，盖国家所重在人民，人民之所重在食。人一日不食则饥，七日不食则死，人民之且夕忙忙不惮劳苦者，无非自求其食也。内而家，外而国，仰事俯畜，皆藉得食以为养也。且颐之反卦仍为颐，人民发动，政府自上得以止之；政府行动，人民在下，亦得以止之。犹是颐之上下唇，有互相开合以为用也，故利用观。"观颐"者，即观其颐之贞不贞也。贞即正，所谓养正则吉，由一己以推诸家国天下，皆以得养之正为吉。我日本全国人口繁殖，明治五年三千五百万人，二十年间，已达四千余万。今以一年平均计之，约有四十万人增加。论土地之开垦，每年仅不过二万町步。以地之所产，合计人口之所食，每年有二十万人民不得其食，是以人民不能不"自求口实"矣。求而正者吉，不正则放僻邪侈，无所不为，由是廉耻道丧，争夺日滋，而盗贼群起，原其故，无不"自求口实"来也。朝廷治以禁暴之法，而不开其养生之源，譬如见赤子呱呱啼饥，不为之哺乳，而与以止啼之苦药，终无益也。为今之计，惟在诱导穷民，使人开垦荒芜不毛之地，又起国家公益之事业，而从事之，以与为民力食之地而已，谓之"颐贞吉"。

三爻之辞曰："拂颐，贞凶，十年勿用，无攸利"，是即《象辞》所云"颐贞吉"者，而反言之也。"十年勿用，无攸利"，是凶之极致也。三爻以阴居阴，不中不正，上下俱悖颐养之正道，故曰"拂颐，贞凶"。国家气运，值此爻象，及今而不急为调剂，恐异日之尤，有不可测者矣。且今后十年，即至大过上爻之气运，则有穷民转沟壑之象，故曰"十年勿用，无攸利"。占象如斯，可惧！可惧！

占众议院，得初爻，辞曰："舍而灵龟，观我朵颐，凶。"《象传》曰："观我朵颐，亦不足贵也。"龟者介虫之最灵者，曳尾泥途，是葆养灵德，而不求口实者也。初爻震阳之始，为下卦之主，爻辞曰"舍而灵龟，观我朵颐，凶"。今就议员而论，所谓"尔"者属主选之人，所谓"我"者必属应选之人，是舍主选者之明鉴，而专观应选者之口实，则龟无其灵，不足以为龟，即议员无其才，不足为议员。故《象》曰，"观我朵颐，亦不足贵也"，明言此徒求温饱之辈，虽幸充议员，何足贵乎？又此爻变则为剥，剥之为卦，"君子道消，小人道长"，此最为国家盛衰所攸关，主议员之选者，所当凛凛也。

○友人某，从事商业，家道富裕，生有一子。平生悔己不学，使子就学东京。虽卒业学校，因素无家教，遂至所交非人，征逐酒食，浪费金钱，或侮慢老成，或诽谤亲友，甚至以父为顽固而奴视之，逼迫父母，分析财产。复来东京，充辩护之士，间营米商以争输赢，乃至亡失资本。复托友人，请求于父。于是其父来请一占，筮得颐之贲。

爻辞曰："六三：拂颐，贞凶，十年勿用，无攸利。"

断曰：颐养也，谓宜以下养上者也。今令郎分父财产，未几耗尽，而复求食于父，是下不能养上，而转欲以上养下也。故三爻之辞曰："拂颐，贞凶，十年勿用，无攸利。"以令郎素失教训，不知生产之艰难，必至"十年勿用"，困苦穷厄，历尽艰辛，使之困极知悔，十年以后，或可有为也。为今之计，惟稍给口食，得以度日而已，是今日处置之法也。

其父叹息曰："所谓'子不教，父之过'，余知所悔矣！"乃谢而去。

六四：颠颐，吉。虎视眈眈，其欲逐逐，无咎。

《象传》曰：颠颐之吉，上施光也。

四爻柔正，与初九刚正相应，居得其位，以上养下，得颐之义，故曰"颠颐，吉"。四爻属上体，得艮气。艮为虎，眈眈下视之貌，是威而不猛之谓也。"逐逐"，《子夏传》作、"攸攸"，荀作"悠悠"，刘表作"眈眈"，云"远也"。按《汉书·叙传》，"六四眈眈，其欲浟浟"，师古注，"浟浟，欲利之貌"。初取象于龟，龟者介虫之长；四取象于虎，虎者百兽之长，是两相应也。龟之德在灵，虎之威在视，初与四，取义各有所在。且颐卦旁通大过，"大过颠也"，故四称"颠"，二亦称"颠"。六二"颠颐凶"，六四则以"颠颐"得吉者何也？盖六二处下体而又养下，是以凶也；六四处上体，又应于初，阴而应阳，又能威严寡欲，所以吉也。《象》曰："颠颐之吉，上施光也"，"上"谓上九。上得乾之一画，乾阳上烛，光明无所不照。四知养其乾元，则乾之光施于四，四即得之以为光，是以曰"上施光也。"

【占】 问战征：战士之勇者称虎臣，亦称虎贲，皆谓其有力也。然必须养其精锐而后用，非徒恃威猛而轻进也，故曰"颠颐，吉"。

〇问营商："颠"，恐一时物价有倒跌之象。"虎视眈眈，其欲逐逐"，譬言商人谋利之状，能视其贱价而置货，故吉而无咎。

〇问功名：功名之兆，自古多取龙虎，是以吉也。"视眈眈"，"欲逐逐"，皆谋望腾达之意。

〇问家宅：此宅必右山白虎居高，有怒目欲噬之形，幸四爻以阴居阴，位得其正，可无咎也。

〇问六甲：生男。

【占例】 内务省参事官松本郁郎氏，将以公事赴浓尾，因请占任命事件。筮得颐之噬嗑。

爻辞曰："六四：颠颐，吉。虎视眈眈，其欲逐逐，无咎。"

断曰：此卦内卦为震动，外卦为艮止，知足下赴浓尾地方，为办理震火后之事宜也。震动艮止，其象昭然。颐养之道，以下养上为正。今震灾之后，民不得食，朝廷为发粟赈济，是以上而养下也，颠倒也，故曰"颠颐，吉"。"虎视眈眈，其欲逐逐"，属在灾民，其惶惶求食，俨如饿虎，亦无足怪。然其中保无奸吏营私，视政府赈灾之饷，阴作中饱之图？所谓"视眈眈"，"欲逐逐"者，亦未始无人也。足下办此灾案，尤当察其奸曲。此爻变为噬嗑，噬嗑为卦，用狱明罚，所谓"小惩而大诫之"也。恤此灾民，惩彼奸吏，虽有"虎视眈眈，其欲逐逐"，固无咎也。

松本氏首肯而去，后果如此占。

〇友人某来，请占某贵显，筮得颐之益。

爻辞曰："六四：颠颐，吉。虎视眈眈，其欲逐逐，无咎。"

断曰：四爻位近六五，显见宰辅之象。四处上体，为艮之始，其威德能镇定群动，其恩泽能养育群生。应于初爻，阴而养阳，又能威严而寡欲，故曰"颠颐，吉。虎视眈眈，其欲逐逐，无咎"也。

友人曰："断语如见其人。"

六五：拂经，居贞吉，不可涉大川。

《象传》曰：居贞之吉，顺以从上也。

五爻以阳居阳，无应于下，而比于上，是为君者不能养人，反为人所养者也。即拂君道之常经，故曰"拂经"。颐卦六爻，惟初上属阳。阳宜行，阴宜居，且五体艮，艮为止，行则失类，故曰"居贞吉"。五又中虚象坎，坎为险，又为大川。"居贞"虽吉，而养道未成，不能以济险，故曰"不可涉大川"。按二曰"拂经"，三曰"拂颐"，拂，违也，二三以违拂颐养之道，故皆曰"凶"。五亦曰"拂经"，而独曰吉，何也？不知五爻之吉，不在"拂经"，而在"居贞"。故《象传》曰："居贞之吉，顺以从上。""上"谓上九，谓五近上，能以阴顺阳，故居贞得吉也。

【占】 问战征：行军之道，有经有权。谓能达权，似不必拘拘守经也，故"拂经"无咎。曰"居贞吉"，则宜固守，不宜进攻。"不可涉大川"，恐于川流之际有伏兵；舟楫前往，防有风波之厄，皆当谨慎。

　　○问营商：利于坐贾，不利行商，贩货出洋，更为可虑。

　　○问功名：出而应试，难望成名。

　　○问家宅：上体属艮，山居则吉；若在临江近水，其宅不利。

　　○问婚嫁：恐有不得媒聘之正者，若能从一而终，则亦吉也。

　　○问六甲：生男。

　　○问疾病：病在五爻，久则四五月，近则五六天，由于调养失宜。能安居静养则吉，若冒风雨，涉远路，恐难治也。

【占例】　明治十年中秋，东京增上寺大教正福田行诚，偕其徒少教正朝日氏来访，曰：我增上寺佛殿，往罹火灾，已阅十年，寺僧谋请重新，余谓兵革之余，集资非易。僧徒闻之，不以余言为是，谓本山而无大殿，是失庄严之相，咸各誓愿募化，计图再建。于是预算经费，一切所需，凡若干万元。后因物价腾贵，施工未竣，金款告匮。敢请一占。余曰：《易》道尽人事而俟天命，琐琐细事，未可渎问，不如占问佛殿之建筑何时完成。朝日氏诺，筮得颐之益。

　　爻辞曰："六五：拂经，居贞吉，不可涉大川。

　　断曰：筮得颐五爻，可观现今佛家之结果也。"经"即佛经，"拂经"者，有违佛经之旨趣也。维新以来，佛制亦从而改革，寺领既还，法禁遂改，食肉畜妻，在所不禁，出家在家，复何区别？是之谓"拂经"。然佛家宗旨，自来不一，古之名僧，有以饭鸽为食者，经文所载，有以法喜为妻者，是以身犯法而为虚无，空诸所有而归寂灭者也。此亦一法也，但必以安居守贞为吉，若不避危险，与俗人争利逐欲，则不可也，故曰"不可涉大川"。颐反卦为大过，大过四爻曰"栋隆，吉"；九四互乾，辰在亥，上值危室，《开元占经》引甘氏曰，"危主架屋"。又引《地轴占》曰："营室大人之宫"，故"栋隆"。佛殿以供大佛，是以亦有"栋隆"之象。颐五爻《象传》曰："居贞之吉，顺以从上也。""上"指上九，上九曰："由颐厉吉，大有庆也。"五至上，相隔一爻；谓一年，顺以从上，俟明年，佛殿可成，故曰"有庆"。

上九，由颐，厉吉，利涉大川。

　　《象传》曰：由颐，厉吉，大有庆也。

　　此卦初上两刚，合养四阴。初爻在下，震阳尚微，势力未充；上爻居上，艮阳已极，德足养人，卦中四阴，皆由上九而养，故曰"由颐"。上爻在卦为成卦之主，在爻为养人之主，其任甚重，且以阳刚之才，居危疑之地，苟其稍形骄惰，君疑众怨，是危殆之道也。故人臣当此，唯常怀危厉之念，斯可保其吉也。伊尹周公忧勤惕厉，终得其吉，即此道也，故曰"厉吉"，以厉而得吉。养至此，则乾元在我，川可涉，危可济，弱水不能陷，大海不能阻，夫亦安往而不可哉！故曰"利涉大川"。较六五之可"居贞"而"不可以涉大川"者，又有进矣，是足以当天下之大任，济天下之艰危，以成天下之治安者也，在此"由颐"之功耳。《象传》曰："由颐厉吉，大有庆也"，谓阳刚在上，能由养己以及养人，推而至于养天下，则无人而不被其养，即无人而不获其庆也，故《象》曰"大有庆也"。

【占】　问战征：谚云"养兵千日，用在一朝"，其得效力疆场者，皆由平日教养来也，故曰"由颐"。兵，危事也，不知几经危厉，乃得此克捷之功，故曰"厉吉"。"利涉大川"者，必其军士同心同德，斯得涉险，临危而不避，如周师之会孟津，诸葛之渡泸水是也。

　　○问营商：商业专在谋利，得利则足以养身养家。然商不能安居而得利也，必将涉历险途，或远贾重洋，方可获利，故曰"厉吉"。

　　○问功名：功名一道，由小而大，由卑而尊，然必忧勤惕厉，乃得功成名遂也。《象》曰"大有庆也"，是即所谓得之有喜也。

　　○问疾病：虽危得救，故曰"厉吉"。

　　○问六甲：生男，故《象》曰"大有庆也"。

【占例】　余每年于冬至日，占翌岁事物之吉凶，以为常例。明治二十二年冬，为占一卦，筮得颐之复。

　　爻辞曰："上九：由颐，厉吉，利涉大川。"

　　今岁一月，某贵显来访，问及麦作丰歉如何？余曰：本年政府蓄金备荒，购入外国米，以济灾黎。某贵显问何以知之？答曰：冬至余曾占今年麦作，遇颐之复。颐之为卦，其象为口，其义主养，小之则养在一身一家，大之则养及天下万民，群生衣食，由此而推暨也，故曰"由颐"。上九一阳在上，四阴在下，定卜先时多雨，麦作不丰，及至上爻，阳光发露，收成尚可，故曰"厉吉"。在昨年，因遭水灾，谷粒歉收，今年春，麦又不丰，则民食阙乏，米价腾贵，势必困苦流离，有不堪着想者矣。政府目击时艰，设法赈济，计唯招购外国洋米，以济民饥。其米之来，或自清国，或自印度，或自暹罗，皆由舶运，故曰"利涉大川。"后余以此占上申大藏省，政府乃察其机，即以备荒蓄金购入外国米，出卖于诸港，民心遂得安悦。

䷛ 泽风大过

　　大过自颐而来。颐上下二阳，中包四阴，大过反之，以二阴包四阳。四阳过盛，故曰大过。夫道中而已，阳欲其盛，不欲其过，太刚必折，太实必裂。今四阳中满，二阴屏居无位之地，阳虽盛而下无基，上无系，反借资于二阴；二阴微弱，不能为助，是失其中也，失中即为过。卦体上兑下巽，兑正秋也，秋金气，水之母也，故兑为泽；巽辰在巳，上值轸，轸主风，故巽为风，合之谓泽风大过。然大过异小过，何也？小过以艮遇震，止而动，其动未危，阴虽盛而下有基，止则吉；大过以巽遇兑，入而悦，悦极不出，阳虽盛而下无根，入则颠也。《杂卦传》云"大过颠也"，大过一卦，不言颠，而颐卦言颠，以颐与大过，颠倒以相为用。《序卦》是以置诸上《易》之末，天地再交，以成坎离也。

　　大过：栋挠。利有攸往，亨。

　　大过，阳大阴小，刚积于中，足以任重，有似栋然。兑上巽下，巽为木，兑为毁折，木而毁折，栋斯挠矣。当此大厦将倾，非一木所能支，惟当出门求助，以拯患难，乃得亨通，故曰"利有攸往，亨"。

《象传》曰：大过，大者过也。栋挠，本末弱也。刚过而中，巽而说行，利有攸往，乃亨。大过之时大矣哉！

此卦下巽上兑，四阳积中，刚阳过盛，故曰大过。阳大阴小，故曰"大者过也"。"栋"屋脊也，巽木而为兑金所伤，故"挠"。巽木本柔，上无根柢，下无附属，故本末俱弱。"刚过而中"，非二五之中，谓四刚连亘，位处于中，刚虽过而位处中也。然不可以恃夫刚，须以"巽而悦"者行之。巽主初言，悦主上言，四刚互乾为行，以柔济刚，黾勉前进，乃得亨也，故曰"利有攸往，乃亨"。盖奇才生于困厄，定力出于艰辛，转败为成，在此时也，故曰："大过之时大矣哉！"

以此卦拟人事，就卦体言，四刚居中，为主于内；二柔在上下，为客于外。为主者刚过，是主刚而客柔也。就卦象言，四刚排列中间，二柔分居上下，俨若栋然，大人必具刚强之德，斯足充栋梁之选；然过刚无制，则太强必折，其栋挠矣。要必以"巽而脱"者行之，庶几刚而有济。刚不患其过刚，挠不至于终挠，盖惟其有大过之材，乃克济大过之事。"利有攸往，乃亨"皆本乾元用九而来，"利有攸往"，即乾之"行健"也，"乃亨"，即乾之"元亨"也。圣人于《易》，虽以扶阳抑阴为主，而有时亦借阴以济阳。巽以出之，悦以行之，是祛其大过而就以时中也，则变而不失其常，穷而不失其正，故曰"大过之时大矣哉"。所谓"时"者，亦即"终日乾乾，与时偕极"之道也。

以此卦拟国家，下卦为人民，巽为风，有四方风动之象；上卦为政府，兑为泽，有我泽如春之象。卦体刚在中，二柔居初上，是四刚当权，有威有福，居中而秉政者也。凡国家建大功，兴大役，皆以一人身任其重，如大屋之有栋，以负荷众材；然任载过重，则不胜其任，而立见其挠也，是"本末弱"也。所谓"本末"者，指上下二阴而言，二阴才力柔弱，不克任重，故"挠"，此乃阴衰而阳失其辅，臣弱而君失其卫，阳刚过中所致也。当此之时，在蹈常守辙之人，多不敢为，惟知时达变之士，所欲奋然而往也。必其秉刚阳之德，而能以巽顺和悦行之，宽以克猛，柔以济刚，得时中之宜，无亢阳之患，方足以平大难，兴大业。乾卦所云乾元"以美利利天下，不言所利"者，胥是道也，故曰"利有攸往，乃亨"。盖往以济时之过，其必能通其时之变，反其势之平，整顿天下于一新，维持世道于无穷，而可得亨通也。

通观此卦，阳刚太实，有不能运动之象，譬如人之肢体肥重，不能转运也。又四阳居中，二阴退而听命，下无根柢，生气已断，上无附属，枝叶既调，故爻有"枯杨"之辞，曾不如剥姤之犹可来复。然大过自颐来，"颐，养也"，谓当养其二阴以相济也。兑泽在上，巽木在下，《象》曰"泽灭木"，泽本下而反上，木本上而反下，此大过之所以为颠，过越常分之大者也。君子法之，"独立不惧，遁世无闷"，是能以退藏者养其阳而防其过也，非君子则不能。大过六爻，二阴四阳，有阳爻而处阴位焉，有阴爻而处阳位焉，有阳爻而处阳焉，有阴爻而处阴焉。爻有不同，义亦各判。初爻以阳居阴，是过之尚微也，巽为茅，茅虽柔物，藉之亦足助刚，故"无咎"。二爻亦以阳居阴，是过而不过也。巽木为杨，泽灭之而枯，得阳九生气，枯而复稀，故亦"无咎"。三爻以阳居阳，是过而又过也；四刚在中，如屋之有栋，刚果自用，终致"栋挠"，故凶。四爻亦以阳居阴，是亦过而不过也。四与初应，得其所藉，三曰"挠"而四曰"隆"，故吉。五爻以阳居阳，是过而无复过也。"枯杨"之象，与二爻同，然阳至五而极，虽华已衰，故曰"何可久也"。六爻以阴居阴，四刚既倾，是过之终极也，"利有攸往"，正在此时。所谓"过涉"者，忠在救时，故"灭顶"虽凶，而"无咎"也。六爻以相对者言之，初与六对，《象》所云"本末弱"者，指初上也。一以藉茅而无咎，一以"过涉"而忘凶，皆足以救其过也。二与五对，"枯杨"之象，所取相同，"生稊""生华"，久暂分也。三与四对，"栋"之为象，所取亦同，曰"桡"，曰"隆"，吉凶判也。总之，卦以阴阳相偶谓得中，偏则为过，四阳二阴，是大过也，故曰"大者过也"。君子于此，以"独立不惧，遁世无闷"处之，抱忧时嫉俗之念，具拨乱反正之才，利害不计，成败不言。上六之"过涉灭顶"者，必斯人也，复何咎矣！

《大象》曰：泽灭木，大过，君子以独立不惧，遁世无闷。

此卦泽水浸淫巽木之上，木为之枯，故曰"泽灭木"。当是时，世俗之士，或皆随流逐波，鲜有不磨灭者矣。惟君子具大过人之才干，虽时当困厄，而操守弥坚。所信者理，所乐者天，谓之"独立不惧，遁世无闷"。是必刚而能柔，过而能往，可谓善处大过之时者也。

【占】问战征："灭"，灭绝也，大欲灭国，小欲灭身，其象凶矣。行军占此，恐有暴水淹没之祸。

○问营商：《象》曰"泽灭木"，有低价忽而高涨之势。

○问功名："独立不惧，遁世无闷"者，谓当退身隐处，一时未可求名也。

○问家宅：兑泽在上，巽木在下，其象反复，位置不正，防有灭凶之祸。

○问疾病：是肝火内郁之症，肾气冲上，医治非易。

○问婚嫁："泽灭木"，恐配偶之间，有老幼不匀。

○问六甲：生女。

○问失物：必坠入水沟之处。

初六：藉用白茅，无咎。

《象传》曰：藉用白茅，柔在下也。

"藉"者，铺地也；"白茅"，取其洁也。古者祭祀，藉之灌酒，以降神也。茅白取巽象，巽在下卦，藉茅于下，所以承上之刚。初爻阴柔居下，不犯刚而能承刚。当此大过之时，敬慎事上，不得谓过分也。故比之礼义之适中者，则有过于敬慎之失，比之傲慢侮人者，则其胜亦不啻霄壤。在高傲者固有咎，而卑下者必无咎焉。盖茅柔物也，藉之足以相助，未可以茅之微而忽之。《象》曰"柔在下也"，以爻言则初在下，以茅言则藉在下。初六居阴，阴为柔，茅质柔弱，故曰"柔在下也"。

【占】问战征：当此初次出师，最忌刚暴过甚，宜宽柔待下。

○问营商：贩运之货，必是药品，或是茶叶木棉；其色必白，其质必柔，均可获利。

○问功名：拔茅连茹，是有连类同登之象。

○问家宅：其宅必近卑湿低下之处，屋外蔓草荒芜，是初次建筑也。

○问疾病：病体柔弱，下焦有湿，须用温燥之药治之。

○问失物：于草地上觅之。

○问六甲：生女。

【占例】 明治元年，东久世中将、锅岛肥前守充先锋，将收横滨。余时在肥前守营中，兼管各种事务。藩士下村某，率兵士百人，奉命先收浦贺，以向导嘱余，为筮一卦。筮得大过之夬。

爻辞曰："初六：藉用白茅，无咎。"

断曰：凡占军事，内卦为我，外卦为敌。初爻在内卦之下，以阴居阳，阴属柔，显见我宜用柔。兑为泽，所攻取者，必是水泽之地。白茅柔软之物，用以藉地，履之而安，无失足之虞，是教我卿尾潜进也。今闻浦贺港上，有开阳，回天以下六舰碇泊，募兵脱走者数千人搭载之，浦贺兵士，又与之同心联络，敌势过盛，未便用强攻击。爻辞曰"藉用白茅"，《象》曰"柔在下也"，是明示以用柔之道，以柔克刚，收取海门咽喉为上策也。

下村某，率领十数人前进，不战而平。

九二：枯杨生稊，老夫得其女妻，无不利。

《象传》曰：老夫女妻，过以相与也。

二爻以阳居阴。阴尽则死，阳来则生，物之常理。巽为木，兑为泽，木之近水者为杨，泽而灭木，杨必枯矣，得九二阳气生助，故得枯而复生。"稊"，杨之秀也。按，二爻体乾，乾为老，为男，故曰"老夫"；下得巽在初，巽为处女，故曰"女妻"；二与初比而得初，故曰"老夫得其女妻"。夫夫妇配偶，以年之相若为正，老夫女妻，是亦颠也，然老少虽非正匹，而阴阳自得相济。"老夫""女妻"，犹枯杨之生稊，终得妊育也，故曰"无不利"。《象》曰"过以相与也"，卦之义在刚过，夫而过老，妻而过少，故曰"过以相与"。《杂卦传》曰，"大过颠也"，斯之谓欤？

【占】 问战征：有转败为胜之象。

〇问营商：兑为阴，亦为金，巽为风，亦为木，定为金木生意。"枯杨生稊"，于种植林木，或贩运树木，皆"无不利"。

〇问功名：就爻象看来，必待晚年，方可成名。

〇问家宅：此宅昔年定多不利，系阳宅居于阴地；近来得阳九发动，必有枯树开花，此其兆也。利。

〇问婚姻：主有老鳏重娶，得以生育，大利。

〇问疾病：虽危得安。

〇问失物：必得。

【占例】 明治二十二年，友人来请占某家气运，筮得大过之咸。

爻辞曰："九二：枯杨生稊，老夫得其女妻，无不利。"

断曰：此卦上兑下巽，是以兑少女，居巽长女之上。少女不善理家，长女将取而代之，故一家因此有颠覆之患。今占某家得此爻，家业之衰，得人理之，自然复盛，犹木之既枯，得阳气发动，自然生荣。人虽既老，得配少妻，亦能生育，皆有既败复成之象，所谓"枯杨生稊，老夫得其女妻，无不利"者是也。

〇明治二十六年十二月，我军入海城，有敌将宋庆乘雪中通路，屡来逆袭挑战，海城几危。筮得大过之咸。

爻辞曰："九二：枯杨生稊，老夫得其女妻，无不利。"

断曰：此卦合上下二卦，有坎险之象，是两军共履困难。今爻辞曰"枯杨生稊"，杨以冬枯春生，必待春暖，我军乃可突击。"老夫得其女妻，无不利"，是我师既老，必得新来之兵，发助壮气，可以制胜也。

后果有第二军精兵新来，占领盖平，声援海城。二月十四日克太平山，三月四日占领牛庄，六日占领营口，九日陷田在台。

〇明治三十一年，占我国与清国交际，筮得大过之咸。

爻辞曰："九二：枯杨生稊，老夫得其女妻，无不利。"

断曰：此卦兑上巽下。兑为金，为泽，属正西；巽为风，为木，属东南。金来克木，显见西来侵夺东南，《象》曰"泽灭木"是其兆也。今占得二爻，二五以阳处阴，爻辞谓"枯杨生稊"，杨即巽木，为泽所灭，故"枯"。"枯"者衰败之象，足见东南之衰弱；"生稊"者是得春阳之发动也；"老夫"者，亦衰象，"得其女妻"，是得少阴之相助也。论我日本与清国，皆地居东南，朝鲜一国，介在我两国之间，我国向欲与清国合力保护朝鲜，清国以朝鲜为属邦，不容我议，我两国因之启战，清国败北。割地讲和后，俄、德、法三国联合，意属护清，逼我割还辽东；在三国包藏祸心，未必不借此为功，迫索清国，分割要地，此亦势所必至也。清国近知欧洲列国之不可恃，愿联盟，我国亦愿从此与清国合保东南，力拒欧西，犹如"枯杨"之"生稊"。《象》曰"过以相与也"，以言我两国昔日相战，今日相和，是"过以相与"也。

九三：栋挠，凶。

《象传》曰：栋挠之凶，不可以有辅也。

就全卦言，四刚连亘在中，如屋有栋，上下两阴皆弱，故"挠"。就三爻言，九三互乾，辰在亥，上值危宿。按危三星，在虚东北，形如盖屋，有栋之象。三以刚居刚，过而又过，过刚必折，故"挠"。九三刚愎自用，视群策群力，皆莫己若，遂至孤立无助，愈高愈危，终致"栋挠"之凶。《象》曰"不可以有辅也"，言三予智自雄，不能与人共事，集思广益，故不可相辅有成也。亦三自取之耳。

【占】问战征："栋"者一屋之主，即一军之主帅也；"挠"者，摧折也，栋而挠，是主帅受伤之象。弊在主帅过于刚猛，不听人言所致，故凶。

〇问营商：商业必须得人为辅，方能成事，若自运自刃，非特经营不大，且恐致意外耗失。"栋挠"云者，有人财两失之虑，故凶。

〇问功名：能任大任者，称栋梁之材，云"挠"，则栋非其栋矣，虽成终败，凶。

〇问家宅：此宅不吉，栋折榱崩，不可居也。凶。

〇问婚嫁：九三以阳居阳，孤阳无助，婚姻不成，成亦不吉。

〇问六甲：生男，恐不能养。

【占例】明治二十三年某月，友人某来曰：依市町村制，将选举市长。我市民向所瞩望者，有甲乙二人，我以甲为适当，故将投票。请占其成败。筮得大过之困。

爻辞曰："九三：栋挠，凶。"

断曰：此卦四阳居中为栋，初上二阴柔弱，不克任重，故"挠"。今占选举市长得此爻，在甲方才力俱强，足以任事；但恃己傲人，刚愎过甚，刚则必折，挠之所由来也。三爻以阳居阳，是谓过而又过，虽与上六相应，上爻以阴居阴，柔弱无力，纵极力为之推荐，无能为也。四爻为乙，曰"栋隆"，得选必在四矣，甲无望焉。

后果如此占。

九四：栋隆，吉，有它，吝。

《象传》曰：栋隆之吉，不挠乎下也。

九三曰"栋挠"，九四曰"栋隆"，其义相反，以九四在下卦之上，以阳居阴，亦过而不过也。下与初应，初爻虽弱，得其所藉，即可不挠。按九四辰在午，上值张，南宫候曰，"张为天府"，故有栋象。"隆"，《说文》曰，"丰大也"；《玉篇》曰，"中央高也"。栋以任重，故宜大栋在屋中，故宜高。高必以下为基，下有所藉，斯高而不危。三之所以挠者，下无藉也；四得其藉，故隆。凡事之得所凭藉，而大险可济，大功可成，上不辜君之托，下不负民之望，皆犹是也，其吉可知，故曰"栋隆，吉"。"有它，吝"者，言四若怀他志，厌初之本弱，而不屑用其藉，则三之挠，即为四之挠，必不免于吝矣。《象》曰"不挠乎下也"，谓栋既隆起，下必不挠也。

【占】 问战征：行军屯营，宜占高阜要地，下有所藉，斯营基巩固，可进可退，自不为敌所挠也，故吉。

〇问营商：想必是材木生意，木料高大，足备巨室之用，若他项经营，恐未必佳。

〇问功名：爻曰"栋隆"，必是大才，可当大任，斯足副"栋隆"之兆，其他小试，非其所长，有不屑为也。

〇问家宅：此宅栋榱辉煌，门户宏阔，吉。

〇问疾病：想是中胸有痞块高起，然无害。

【占例】 有甲乙两会社，同业相竞。一日甲社社长某来曰：今当市内贩路之点，势难两立，因请一占。筮得大过之井。

爻辞曰："九四：栋隆，吉。有它，吝。"

断曰：卦名大过，是刚过也，而当地立两社，亦为过分。占得四爻，爻曰"栋隆，吉"。此卦三四两爻，皆取象于栋，犹之二社并立也。可知甲乙之争，即在此三四两爻：乙社九三，以阳居阳，是材力与资本俱足，其应为上爻，上爻无可凭藉；甲社为九四，以阳居阴，材力与资本稍卑，其应为初爻，初爻得其所藉。有藉者"隆"，无藉者"挠"，甲社胜矣，谓之"栋隆，吉"。

后果甲兴乙仆。

九五：枯杨生华，老妇得其士夫，无咎无誉。

《象传》曰：枯杨生华，何可久也。老妇士夫，亦可丑也。

"枯杨"之解，见九二下。此爻与上六阴阳相比，得阴之助而生华，故曰"枯杨生华"。杨华无实，飘荡随尽，荣无几时也。九二以得初阴之助而"生稊"，九五下无有助，唯与上六相比，犹断根之杨，得雨露之润，虽一旦发华，不久凋落。"老妇"指上六，喻上六阴极而衰；"士夫"指九五，喻九五之无内助。"士"，未娶妻者之称，即谓少年。阴而居上，故呼"老妇"；阳而居下，故称"士夫"，是亦大过之义也。九五以刚在刚，三阳皆不为用，独与上六阴阳相比，故曰夫妇。从夫妇之序而论，当曰士夫得老妇，今曰老妇得士夫者，原其配偶之所起，志出老妇，老妇首倡而求士夫，丑体尤在老妇，亦以见圣人尽人情、考世故之妙也。《象传》曰"老夫士夫，亦可丑也"，丑者，污辱之义，深恶之之辞也。

【占】问战征：行军占此，必军中主将偏裨，位置颠倒，任用不当。一时虽获胜仗，未能持久。

　　○问营商：防经商者贪恋外遇，致播丑声。

　　○问家宅：防闺房不正，墙侧有茨。

　　○问功名：必主晚年获隽。

　　○问婚嫁：必年齿不齐，匹偶不正。

　　○问六甲：生女，不育。

【占例】 明治十七年，因朝鲜滋事，占日清关系。

　　爻辞曰："九五：枯杨生华，老妇得其士夫，无咎无誉。"

　　《象传》曰："枯杨生花，何可久也。老妇士夫，亦可丑也。"

　　断曰：此番朝鲜发炮启衅，不特关涉朝鲜，即关涉清国，是三国中一大关涉之事也。在朝鲜，孱弱已极，譬如枯杨，即一时开花，不久遂零落矣。清国且以朝鲜为属邦，朝鲜政令，悉皆听命于清，严如少男受制于老妇也。今我国受朝鲜之辱，必将大启兵端。清国亦知其然，故愿与议和。就爻象而细究之，知日清必不至决裂也，其间机密，爻象虽露，未可显言焉。

　　○明治十八年夏，余避暑于箱根，与贵显某某等同宿旅舍中。一日相与闲游山野，某贵显曰：此间幽闲僻静，觅一胜地，结一别墅，足以避嚣，足以娱老，洵可乐也！足下亦有意否？闻言亦觉欣然，既而思之，不能自决，为占一卦，筮得大过之恒。

　　爻辞曰："九五：枯杨生花，老妇得其士夫，无咎无誉。"

　　断曰：五爻以阳居阳，贵显属阳，未可以闲退也。就其地论，箱根属在东海道，是为巽木之位。爻曰"枯杨生华"，知箱根繁盛，亦不久矣；且游客往来，多在避暑之时，过此鲜有到者。"老妇得其士夫"者，以喻箱根之地，名胜久著，若老妇之素有艳名。"士夫"者，少年也，少年闻其名，未涉其胜，是以多来游赏。究之一过即往，"无咎"亦"无誉"也。且少年人不识风雅，反来作践，故《象》曰"亦可丑也"。

　　因谢某贵显之劝。

　　○明治三十一年，占国民协会气运，筮得大过之恒。

　　爻辞曰："九五：枯杨生花，老夫得其士夫，无咎无誉。"

　　断曰：五爻以阳居阳，是过而又过，宜其民心盛强，而爻辞曰"枯杨"何也？盖以巽本柔木，一经兑泽所灭，几成枯木，虽一时复华，亦不久摇落矣。且阳至五而极，阳极则衰，阳将变而为阴，故称"老妇"。"士夫"，少男也，近年社会，往往多用少年，亦时势使然也，故曰"老妇得其士夫"。究之老大者无能，反以少年之议论为得计，噫！"亦可丑也"。爻曰"无咎无誉"，可知本年协会之气运，亦无荣无辱而已。

上六：过涉灭顶，凶，无咎。

《象传》曰：过涉之凶，不可咎也。

"过涉灭顶"者，谓犯危险而涉河，不得达岸，水没其首也。互卦乾为首，爻例上为顶，上六兑爻，兑为水泽，位在西，上值胃，附星积水，石氏云"积水星明，则大水出"，故有"过涉灭顶"之象。六爻以阴居阴，才力俱弱，但其志在救时，虽履患踏险，明知"过涉"之多凶，而忘身济国，有不遑反顾者，即使其功不成，其志深足尚焉，复何咎？此所谓勇士不忘在沟壑，志士不忘丧其元，万世纲常，正赖此辈以存也。

【占】 问战征：恐有主将阵亡之惨。

○问功名：有头悬梁、锥刺之苦志，宜其声名远达，有志竟成。

○问营商：运货出洋，最宜谨慎。

○问疾病：恐水气上冲，头面浮肿，凶。

○问家宅：恐有大水泛涨，墙倾屋倒之患。

○问六甲：生女。

【占例】 某县人携友人某之书来曰："今谋新创一事业，深有所虑，请占其成否如何？"筮得大过之姤。

爻辞曰："上六：过涉灭顶，凶，无咎。"

断曰：六爻居兑卦之终，志在救时，未免过于决裂，是以凶也。今足下占事而得此爻，知足下所谋事业，有关公益；但其中事多颠覆，率意径行，祸有不测。还宜待时而动，毋蹈于危，徒自苦耳。切嘱切嘱！

后此人不用此占，遂至失败。

○明治二十八年，占我国与法国交际，筮得大过之姤。

爻辞曰："上六：过涉灭顶，凶，无咎。"

断曰：上爻居外卦之极，殆谓外爻既平以后，又将别起一波乎？爻辞曰"过涉灭顶，凶"，我国自过海远征，清国战败，我军即此凯旋。就爻象观之，或者他国谓我刚强过甚，将有出而干涉其事者，亦未可知也。

后果有俄、法、德三国同盟，干涉与清国和款，逼我即还辽东。我政府措置，能适此卦意，无事结局云。

䷜ 坎为水

坎从大过来。《序卦传》曰："物不可以终过，故受之以坎。"坎字从土，从欠，欠，不足也，以不足备其大过，故继之以坎。卦体一奇二偶，二偶坤地，一奇乾天，乾天藏于坤地之中，元气充溢，化湿而生水，是谓"天一生水"，此坎之所以为水也。

习坎：有孚，维心亨。行有尚。

卦体上坎下坎，是上下皆水也。八纯皆上下一体，独坎加"习"。"习"有二义：一谓便习，即"学而时习之"之习，谓坎险难涉，必须便习谙练，方可以济；一谓重习，谓上下皆坎，是取重叠之义。坎中一画即乾阳，乾阳刚正，诚实居中，故曰"有孚"。一阳在中，中即心也，元阳开通，故曰"维心亨"。"心亨"者，亦即从乾"元亨"来也。以此行险，则孚而能格，亨无不通，故曰"行有尚"也。

《象传》曰：习坎，重险也。水流而不盈，行险而不失其信。维心亨，乃以刚中也。行有尚，往有功也。天险不可升也，地险山川丘陵也，王公设险以守其国，险之时用大矣哉！

"习坎"，习，重也；坎，险也。是险不一险，故曰"重险"。习字从羽，从白，注谓鸟数飞也。盖鸟以数飞，能避罗网之险，故坎曰"习坎"，亦取其可以避险也。坎为水，水流不息，随流随进，而未尝见其盈焉。水随月为盈虚，朝潮夕泛，涨落有常，而未尝失其时也。二五两爻，体乾皆中实。中者，心也，唯中实乃"有孚"，亦唯中实乃能"亨"。心之所以亨者，以其刚之在中也，中有刚则心泰，心泰则神旺，神旺则一往直前，而所在有功，其行是可嘉尚也。大凡天下之事，处顺则易，履逆则难。孔子论仁，征之于造次颠沛，《中庸》论道，极之于夷狄患难。艰险之地，非有定识定力者不敢行也，若鲁莽而行之，亦鲜见其有功者哉。八卦之德，美而多吉，惟坎为险多凶。人皆以险为可惧，而坎乃以险而为用，天以险而成其高明，地以险而成其博厚，国以险而成其强大。险之为险，其用甚大，知险之为用，则可知坎之为用矣。

以此卦拟人事，《象传》曰"重险"，以见险之不一险也。卦体上下虚而中实，知虚者皆水，而中实为土，亦虚处为陷，而中实为孚。孚者何？以心相格也。人能以心相格，其心自然亨通，所谓忠信可涉波涛者，此也。在初经涉险者，往往临险而却步，然万里风帆，贾客频行而不惧，千重绝壑，樵夫徒步而忘危，何也？以其习熟也。坎之一卦，所以加一"习"字，正以勉人当习验之而无忽焉。水之流时往时来，不愆期候，是其信也；水之行，注浍注川，自然流通，是其功也。人皆以水为阴柔，不知水有刚中之德；唯其刚中，是以能亨。人若狃于阴柔，必致迁滞不通，其奚以能亨乎？亦奚以能行乎？知其刚中，而习练以行之，则视险如夷，而所往有功，洵可嘉尚矣。盖观夫天而悬邈高远，其险不可登也；观夫地而深山大泽，其险有各在也；观夫国而下阳大岘，其险有必争也。谓险可用，而险亦有时不可用，非险之不可用也，亦在用之得其时耳，故不曰险之用大，而曰"险之时用大矣哉"。

以此卦拟国家，坎卦二阳四阴，二五君臣之位，皆陷于二阴之险中。朝政紊乱，民志嚣张，加以气候失节，谷麦不登，正值天时人事之穷，因之以成坎险之世也。内卦初爻，为坎之始，是国家初值其险，失道则凶矣。三爻是一险未平，一险又来，国家之势几危矣。二爻虽秉阳刚之德，而力求济险，无如两坎相接，陷溺已深，所得亦小矣。外卦四爻，以阴居阴，处重险多惧之地，樽簋之二，以象其重累，是国家危急存亡之际也。上六与初爻，相为首尾，初为险之始，上为险之终。初犹得曰昧于未经，上则狃以为常矣，不可以理论也。九五为卦之主，阳刚独揽，与九二相应，九二能操心虑患，夙夜靖共，辅佐九五之君，拨天下之乱，靖国家之难，上下交孚，治道乃亨，往而有功，乌容没也哉！

圣人于坎而勉以"习"，于险而惕以"重"，于"流而不盈"者言其深，于行而有信者验其诚，而坎险乃可济矣。君子之所以"常德行，习教事"者，胥是道也。盖天之所以高，地之所以厚，王公之所以立国，皆险之用也。如坎、睽、蹇，皆非美事，圣人有时而用之，故皆赞叹之曰"时用大矣哉"，此义不可不知也。

通观此卦，是进固险，退亦险，是谓重险，困上加困之象也。《象》说君子之难，爻说小人之难，以示出坎之道者也。夫处险而动心忍性者，君子之坎也；值险而坠节陨身者，小人之坎也。人生值世，莫不有坎，而所以防险者，要自有道。故《彖辞》首勉之曰"习"，继惕之曰"孚"，而终美之曰"亨"。盖谓水之为物，流而顺行，则无涨溢之患；塞而滞，则必溢，故行险者谨慎恐惧，不失其信，可终得其成功也。察六爻之情，同处困难，各有吉凶。初六为履险之始，习而未精，遂陷深坑，外无应援，不克自济，是以凶也。九二刚中，求而有得，则险而不险，险在其中，即亨在其中也，是以曰"未出中也"。六三两坎相接，入险既深，阴柔不正，未能出险，是以"终无功"也。六四虽抱忠贞之心，而局量狭隘，自乏救险之才，唯祈鬼神，从九五之阳，而得出险者也，是以曰"刚柔际也"。九五阳刚中正，高居尊位，为坎体之主，《象传》所谓"水流而不盈"者，惟五当之。水德在平，平则险不为险，是以曰"无咎"也。上六居坎之极，坎为狱，此为陷险而入于狱也。初之失道，尚可宥焉，终之失道，不可有也。惩以"三岁"，期其悔复，是以三岁凶也。盖人之涉世，如水流坎，无时无险厄，无地无缺陷，庸人处之，遂步成荆棘，君子履之，畏途亦康衢。何者？君子习惯，庸人生疏，此坎之所以贵习也。

《大象》曰：水洊至，习坎，君子以常德行，习教事。

坎为水，水性本至平，可为物之准则也，故坎为通，为平，为中实之信。"洊"，重袭也，雷曰洊者，声相续也；水曰洊者，流相续也。"常"者谓终始如一，"习"者谓一再不已。君子法水之洊，而日新其德，法坎之习，而不倦其教，德以有常而不改，教以练习而不辍。内卦三爻属己，所以修己也；外卦三爻属人，所以教人也。修其既成，勉其未成，君子济险之功在是焉。

【占】问战征：有敌兵频番侵袭之势，宜时刻防备。

〇问功名：有逐步升腾之象。

〇问营商：财如流水，源源而来，可久可大，商运亨通。

〇问家宅：此宅外北首，必有坑陷，泉流不息。坎辰在子，上值虚危，危主盖屋，恐邻居有营造之象。

〇问疾病：防是水泻之症，历久未愈。宜祷，取"樽酒簋二"之义。

〇问婚嫁：必是亲上加亲，有重复联亲之象。

〇问六甲：生男。

初六：习坎，入于坎窞，凶。

《象传》曰：习坎入坎，失道凶也。

"习者，重复惯习之义；"窞"者，坎中小穴也。初爻为卦之始，即为坎之始也。《列子》曰，"人有滨河而居者，习于水，勇于泅"，所谓善泅者不溺也。初爻习而未善，是以不能出坎，而反入于窞。窞为小坎，小坎则陷愈深，而出愈难，故凶。《象》曰"习坎入坎"，谓习坎者本欲出坎，习坎而入坎，非习坎误之，在习坎之失道者误之耳，故曰"失道凶也"。

【占】问战征：有设计埋伏，因之反坠敌计，凶道也。

○问功名：有侥幸求名，反致遭辱，是无益而有损也。

○问营商：因贩货失利，转运他处，货到，市面更小，不能脱售。

○问疾病：求医疗疾，医失其道，其病益危。

○问婚姻：恐堕骗局，必非明媒正娶也。

○问六甲：防生产有难。

【占例】 友人某来请占气运，筮得坎之节。

爻辞曰："初六：习坎，入于坎窞，凶。"

断曰：坎为水，为大川，为沟渎，皆水流污下之地。初爻当卦之始，居卦之下，是初入水处，不知其深几重也。兹卜气运而得此爻，论人生命运，平顺兴旺者吉，缺陷穷厄者凶。坎者陷也，可见目下不利，宜以道自守；若失道妄动，恐入陷益深，凶难言矣。凡卦爻一爻为一年，必待五爻，曰"坎不盈，祇既平"，可无咎矣。

其后果如所占。

九二：坎有险，求小得。

《象传》曰：求小得，未出中也。

上坎为穴，下坎为险，"有险"者，谓前后左右皆险地也。此爻以一阳陷二阴之中，又无应援，固不能遽出坎险，唯其有刚中之德，忍耐困守，纵不及五之不盈而平，可以免咎，而求之不已，亦不至毫无一得，故曰"求小得"，盖虽小亦得也。《象》曰"未出中也"，可知亨在中矣。

【占】 问战征：可暗通隧道，以袭敌营，虽未大捷，必有小胜。

○问营商：小利可谋。

○问功名：小试必利。

○问家宅：宅外恐有河岸崩颓，宜加修治。

○问疾病：必是疮疡等症，延医治之。当得小效，难期全愈。

○问六甲：得男。

【占例】 有东京某富商甲干，来请占其店气运，筮得坎之比。

爻辞曰："九二：坎有险，求小得。"

断曰：九二以阳居阴，位得中正，为内卦之主，与五相应，五位居尊，必是五为主店，二为分店也。今占得坎二爻，曰"坎有险，必两店共际险难，一时商运衰微，动遭损耗，非人力之咎，是气运使然也。足下既代主人而占，必能尽心于店事，惟当至正至中，不涉偏私，竭力图谋，虽无大利，必有小得也。

后果如所占。

六三：来之坎坎，险且枕。入于坎窞，勿用。

《象传》曰：来之坎坎，终无功也。

此爻以阴居阳，不中不正，才弱而志强，在二坎之间，而一无应援，欲越险而前行，有上卦之坎阻止；欲避险而他往，有下卦之坎横来。是本位既不得安居，而前后左右，进退动止，亦复无地非坎，故曰"来之坎坎"。"枕"，止也，安也，谓既履其险，且为休止而暂息焉，虽一时未能出险，亦不至入而益深。若勿用安息，而强力争，必致入于坎窞，而不可救矣。"窞"《说文》曰，"坎中更有坎也"；虞曰，"坎中小穴"。初三两爻皆阴，空穴，故皆称窞。《象》曰"终无功也"，谓自来豪杰，皆自困苦中磨励而成，坎险足以厄人，坎险实足以成人，若遇险而徒晏息偷安，是失险之时用矣，故曰"终无功也"。又按"险且枕"，费易古文作"检且沉"，检，检押，谓筑堤防水，为之检押；沉，川祭名。《礼记》曰："祭川沉，凡沉辜，谓磔牲以祭川也。"夫治水者，唯在顺其性以导之，若但用检押，则水势壅而愈猛，决堤崩岸，所伤益多，虽沉牲以祭，究何济乎？故爻戒以"勿用"，《传》释以"无功"。此又一说也，似较训枕谓安谓止者，其义尤精。

【占】问战征：象为营垒四面，皆临坎险，进退两难，宜枕戈暂息，以待应援。
　　○问营商：观爻象为海运生意；舟行且阻，宜入奥暂守。
　　○问功名：观象，是值万般困厄，为饿肌劳肤之时也，目下无功，晚成可望。
　　○问家宅：此宅水法错乱，杀气多凶，屋北有一坎窞，急宜填满。
　　○问婚嫁：坎为男，是为男家求婚也，爻曰"勿用"，必不成也。
　　○问六甲：生男。

【占例】某氏来请占气运，筮得坎之井。

　　爻辞曰："六三：来之坎坎，险且枕。入于坎窞，勿用。"

　　断曰：坎者，险也，险者，难也。爻曰"来之坎坎"，是坎险重复，困苦缠绵之象。占问气运而得此爻，显见前进为险，后退亦险，一时终难解脱厄运。若妄用妄动，必致陷入深窞，不可得救。宜困穷自守，以待后运。

　　○明治三十年占外国交际，筮得坎之井。

　　爻辞曰："六三：来之坎坎，险且枕。入于坎窞，勿用。"

　　断曰：此卦上下皆水，坎体一阳；陷于二阴，是为坎之又坎，困难重复之象。今占外国交际而得此爻，我日本滨海之邦，东西南北，环抱重洋，舟舶往来，岛屿重叠，所在皆坎险之地，设险守国，固其宜也。论外国交际，自海禁一开，西夷北狄海舶时通，"来之坎坎"，是其象也。际此时艰，唯当严修内防，枕戈以待，若妄用干戈，则愈生艰难，故曰"入于坎窞"。《象》曰，"来之坎坎，终无功也"。谓坎险频来，内防不暇，而妄开外衅，何能见功哉！

　　果哉！是年政府从事海陆军之扩张，筑造炮台，正合爻象。

六四：樽酒簋二，用缶，纳约自牖，终无咎。

《象传》曰：樽酒簋二，刚柔际也。

"樽",酒尊也;"簋",黍稷器也;"二",副也。礼有副尊,按《周礼》大祭三二,中祭再二,小祭一二,谓就三酒之尊而益之也。击,即谓之盎,瓦器也。又六四辰在丑,上值斗,可以斟之,象尊,上又有建星,形如簋,建星上有弁星,形如簋,故六四皆取其象。"约"俭也;"二",以致其礼之隆,缶,以昭其用之俭。"牖",室中通明之处,坎为纳,故曰纳。《诗·采苹》"于以奠之,宗室牖下","纳约自牖",义取此耳。六四以阴处阴,本易有咎,乃四爻能以"樽酒簋二",约而自牖纳之,可以镳王公,可以享宗庙,故终得"无咎"。《象》曰"刚柔际也",谓上下两卦二刚曰柔之际。两坎相重,樽簋之二,以象其重也。谓处刚柔相交,能以樽簋自牖纳之,亦足昭其诚也,故曰"无咎"。

【占】 问战征:行军以粮饷为重,所谓足兵,首在足食。"纳约自牖"云者,牖非纳食之地,犹言潜地运饷,以防敌兵劫夺也。

○问营商:坎为酒,想是造酒之业。

○问功名:想是春风得意,燕乐嘉宾,可喜可贺。

○问疾病:宜祷。

○问婚姻:吉。

【占例】 缙绅某来,请占气运,筮得坎之困。

爻辞曰:"六四:樽酒簋二,用缶,纳约自牖,终无咎。"

断曰:四爻处多惧之地,坎险重重,本易招咎。今贵显占气运,而得此爻,爻曰"樽酒簋二,用缶,纳约自牖",据此可知贵显食用俭约,以礼自守,固无咎也。且四与五比,四以阴居阴,五以阳居阳,四臣也,五君也,《象》曰"刚柔际",正见君臣相得也。

○明治三十年,占我国与韩国交际,筮得坎之困。

爻辞曰:"六四:樽酒簋二,用缶,纳约自牖,终无咎。"

断曰:韩邦僻处东海,国小而弱,地当海道之要,为外交各国所窥伺。今见重险,国运至此,是险之又险者也。今占与我国交际,而得坎之四爻。按《周易郑荀义》云,六四象大臣,出会诸侯,四承九五,天子大臣之象。"樽酒簋二",主国飨之之礼也。现今各国交际,皆属在使臣,使臣燕飨亦礼之常,而唯"纳约自牖"一言,颇有可疑。盖燕飨之礼,献之于筵,断不纳之自牖。四居外卦,或者韩君出避于外,而就食于使臣之馆乎?"纳约自牖",盖潜送食品之谓也,曰"终无咎",谓一时虽遭其难,而终必复位。

此年韩王果有出投俄国使馆之事。

九五:坎不盈,祗既平,无咎。

《象曰》:坎不盈,中未大也。

九五以阳居阳,位得中正,为坎之主。《象传》所谓"水流而不盈",惟五足以当之。水之德在平,平则险不为险也。"祗既平"者,谓适得其平。坎穴也,穴中之水,不盈则平,盈则泛滥横流,便有冲决之患。凡天下之事,多以盈满招灾,水亦如是,唯其不盈而平,是以"无咎"。《象》曰"中未大也",大犹满也,惟其坎流不大,斯得平稳无险,否则大水为灾,水亦何取夫大哉!故曰"中未大也"。坎险危地,本非美也,五之"不盈",虽为善处险者,亦但云"无咎"而已,未足称吉也。

【占】 问战征：为将之道，最忌恃功而骄，以致众心不平，取败之道也。虽孙吴复起，不能为功。

　　○问营商：不贪一时意外之利，必酌量物价之平，以计久远，是善贾者也。

　　○问功名：名位不大。

　　○问时运：谦受益，满招损，终身诵之可也。

　　○问家宅：宅外有小地，水流清浅；又有一平坡，风景颇好，无咎。

　　○问婚姻：两姓门户相当，吉。

【占例】 相识商人某来，请占气运，筮得坎之师。

　　爻辞曰："九五：坎不盈，祗既平，无咎。

　　断曰：坎为困难之卦，今得第五爻，则从来辛苦，渐得平和，而后可交盛运，故曰"坎不盈，祗既平，无咎"。

　　后果如此占。

上六：系用徽纆，寘于丛棘，三岁不得，凶。

《象传》曰：上六失道，凶三岁也。

　　上爻以阴居阴，当坎险之终，而不知悔悟也。初之失道，犹得曰未经，上之失道，押之以为常矣，不可以理喻，惟有以法绳之。坎为罪，为狱，为丛棘。"徽纆"，绳索也；"丛棘"狱墙也，系之以徽纆，置之于丛棘，所以治其罪而使之悔也。坎为三岁，故禁锢三年，律所谓"上罪三年而舍"也。三年而悔过迁善，斯得反其正矣；三年而不改，是将终身失道矣，故《象》曰"失道凶也"。圣人之惩恶也，始则严以绳之，终必宽以宥之，迨至久而不悛，亦未之何也，已矣。此可知圣人未尝轻弃人也。

【占】 问战征：有劳师远征，久役不归之虑。

　　○问营商：想是采办蚕丝生意，三年之后，方可获利。

　　○问功名：恐有意外之灾，不特功名不就，防有牢狱之罪，凶。

　　○问婚姻：红丝系足，婚姻有前定也，但良缘未到，须待三年后可就。

　　○问六甲：得子，须迟。

　　○问家宅：此宅不知缘何荒废，墙围遍生藤蔓，宜加修葺。前住者不利，后住者吉。

【占例】 明治十七年十月，埼玉县秩父郡暴徒蜂起，势甚猖獗，将延侵各郡，予深忧之。偶一友人来，请占结局如何，筮得坎之涣。

　　爻辞曰："上六：系用徽纆，寘于丛棘，三岁不得，凶。"

　　断曰：爻象明示以教化之不从，治之以刑法也。拘以徽纆，锢以丛棘，是治罪之律也。当时国家效法西欧，改革旧政，其间梗之徒，窃苦新政不便，惑众蜂起，侵掠各郡，此皆无赖之民，刁不畏法，自陷于坎险而罔知顾忌。国家不得已，执其巨魁，置之刑狱之间，不遽加以显戮，囚之三岁，俾知悔也，三岁而不改，凶莫大焉。

　　其后政府处分，不外此占之意。

　　○我国战胜清国之后，俄、法、德三国同盟，假托保护清国，迫我还付辽东。后三国因此得假旅顺、山东、云南之地，强设铁道，领收矿山，其所为有与前日之口实大反者。在我国当时，已逆料三国之志，问占一卦，筮得坎之涣。

爻辞曰：上六：系用徽缠，寘于丛棘，三岁不得，凶。"

断曰：上六为坎卦之终，本可过此以出险也；上六又以阴居阴，位在卦外，显见外国有阴谋谲计，出而图事者。逼我还付辽东，非为清也，实三国为自计耳。未几各强借山东、旅顺、云南等要区，设立铁道，此狡计之可明见也。"系以徽缠，寘于丛棘"，譬言其强逼之状。"三岁"者，犹言三国也，谓三国若不遂其欲，必不了事。《象》曰"上六失道，凶"，"道"，路也，谓三国兴筑铁道，在清明明失其路也，故凶。

☲ 离为火

离卦二阴四阳，上下一体，离者，偶象也。奇实阴中，积而成坎；偶分阳中，两而为离。水资始，火资生，水化气，火化形，故"地二生火"。火者，其象为偶；奇离成偶，偶两成离，是故善离莫如火。火一星也，离为万炬，遇物而皆焚；人一心也，离为万应，触处而皆通。惟火中虚，虚则能离也。

离：利贞，亨。畜牝牛吉。

坤二成离，阴虚内合，卦体主柔。柔则近于不正，不正则不"亨通，故利在行正，乃得亨通，是以"亨"在"利贞"之下也。按，他卦皆言"亨利贞"，离独先言"利贞"，而后"亨"，盖离内柔外刚，不得其正，始虽通，终必塞矣，故利在贞，贞而后乃亨也。"畜牝牛吉"者，离为坤之子，坤为牛，离亦为牝牛，牝牛柔顺，得坤之性。六爻阴为牝，二五在中，以阳包阴为畜。牝牛不中牺牲之用，利在孳生，故曰"畜"。离由坤二成，坤曰"牝马"，牝马利在行远，故取其贞；离曰"牝牛"，牝牛利在生息，故不取其贞也。坤资生，离为火，火生土，牛土性也，有生息不已之象，故曰"畜牝牛吉"。

《象传》曰：离，丽也。日月丽乎天，百谷草木丽乎土，重明以丽乎正，乃化成天下。柔丽乎中正，故亨，是以畜牝牛吉也。

离卦上下皆火，以取"明两作，离"之象。"离，丽也"，离为火，火之为物，有气而无形，著物而显其形。夫物莫不有所丽，"本乎天者亲上"，则丽于天，"本乎地者亲下"，则丽于地。日月之在天，百谷草木之在地，其明象也。"重明"者，重离也，离以中虚而明，得正明之体，六二为离之主爻，五因而重之，与二相附以成其明，故曰"重明以丽乎正"。惟其所丽者正，故得向明而治，化成天下。"柔丽乎中正"，谓六二也，六二以柔处柔，中而又正，得所丽也，故亨。离互巽兑，兑辰在酉，上值昴。昴南有星曰天苑，主畜牛马；苑西有刍藁六星，主积草以供牛马之食，故曰"畜牝牛"。牝牛性柔，待人刍牧，其丽无心，无心之丽，正之至也，正故吉。丽夫天地，亨之大，牝牛之畜，亨之小，举小大而丽之，用悉赅矣。

以此卦拟人事，离以中虚而成。人心亦中虚，故离为火，人心亦为火；离取明，人心亦取其明；火本无质，有所丽而焰生，心亦无形，有所丽而神发。是以丽于目则为视，丽于耳则为听，丽于口则为食，丽于身则进退周旋皆是也。人心莫不有丽，然丽道则正，丽欲则邪，丽德则中，丽利则偏，邪而偏者必塞，中且正者乃亨也。由其心之所存，发而为事，则所丽者，皆得其正矣；由一人之心，而及之众人，则天下无不化矣。盖人心虚则灵，灵则明，明则通矣，而其所以虚而能灵，在得乎柔之正耳。离之为卦，柔居其中，以二刚包一柔，即以二刚畜一柔。凡物性之柔者唯牛，牝牛则柔之又柔也，最为易畜。离以二画得坤柔，故坤曰"牝马"，离曰"牝牛"，义皆取其柔也。是殆教人以牧畜之事也。

以此卦拟国家，上卦属政府，下卦属人民。离为火，火炎上，则威德皆出于上；离又为孕，孕能育，则下民皆受其养。离以二为主位，五为尊位，二五皆阴，上下同体，足见君臣一心，朝野合志。"离者，丽也"，丽于物而始彰，"在天垂象，在地成形"，皆因所丽而显，国家之治象，亦犹是焉。丽于政令，则象魏之悬书也；丽于刑罚，则虎门之读法也。政者正也，丽苟不正，则刑罚不中，而民多怨谤；丽而得正，则政教乃亨，而民皆感化矣。教化之行，由近而远，化及天下，即可由此而赞也。"畜牝牛"者，畜其柔也。牧畜牧民，其道本同，孟子所云"受人之牛羊而为牧之"者，大旨本为牧民者发也。知夫此，而治道得焉矣。

通观此卦，离得坤二，坎得乾二，天地之用，莫要于水火。文王《序卦》始乾坤，中坎离，以二卦为天地之中气，上承乾坤，下启咸恒者也。盖以坎之中实为诚，以离之中虚为明，诚明者，《易》理之妙用，圣人之心学也。明之本在身，其用在国家。离者火也，今试以飞萤视烛火，则烛火明也；以烛火视列星，则列星，明也；以列星视日月，则日月明也。故一曲之学，犹飞萤之明也；文学之士，犹火烛之明也；贤人之学，犹列星之明也；圣人之学，犹日月之明也。圣人之明，其存也无瑕，其运也无间，明之至也。夫明由虚生，中实者必暗而无光；明以柔著，过刚者必发而遂灭。离之卦，中虚而柔，柔得其正，圣人以火食化天下，而天下化之，离之用正，离之道亨矣。就六爻而推论之，初爻为始，如火之始燃也，始宜"敬"，故得"无咎"。二爻居中得位，如日之方中也，离色黄，故曰"黄离，元吉"。三爻处内卦之终，其明将没，如日之将夕也，哀乐失常，故凶。此为内三爻也。九四介内外二火之间，火势为炎，上卦多为凶，九四适值其位，故有"突如其来"之祸，"焚"、"死"、"弃"，皆言其凶也。六五得中居尊，为外卦之主，离至五，以日言为重光，是大人继明久照时也，忧盛防危，励精图治，是以吉也。上九处明之终，离道已成，化及天下矣，其有梗顽不化者，不能不以干戈从事，是以征伐济礼乐之穷也。歼厥魁，舍厥从，所谓王者之师也，有何咎焉！此为外三爻也。统之，离之全卦，以二五两偶，内外相应，二得履盛之方，五凛保泰之惧，至中至正，均获其吉。《大象》所谓"大人以继明照乎四方"，二五两爻得之矣。

《大象》曰：明两作，离，大人以继明照乎四方。

"明两作"者，内外两离之象。离者日也，然不曰日而曰"明"者，以天无二日也。离者六画，重离之象。日月之明，终古不忒；大人之明，四方毕照。辨忠邪，知疾苦，烛幽侧，处久长。大人以德言，乃王公之称，有与天地合德，与日月合明者也。"继明"云者，内卦之离，继以外卦之离，即"明两作，离"之义也。明之功不继，则有时而昏，故必如《大学》之称"明明德"，《汤盘》之云"日日新"，可以向明出治，光被四方也。

【占】 问战征：克敌者宜用火攻，防敌者亦宜备火攻，"两作"者，恐前后一时俱焚。

　　○问营商：想营业定是近火。或运办硫黄，或创设电火，或制造火柴等业，皆利。

○问功名：离为目，可有榜眼之兆。

○问家宅：此屋必系新造，前后开通，窗户生明，屋外四围空阔，是巨室贵人之宅也，吉。

○问婚姻：此非原配，必是继妻；夫家定属贵室，非寻常百姓之偶也。

○问六甲：生女。

○问疾病：热势甚重，恐一两日内即防神魂离散。

初九：履错然，敬之无咎。

《象传》曰：履错之敬，以辟咎也。

初爻为内卦之始，如日之始出，黎明乍起，为作事谋始之时也。"履"，践履也，"错然"者，谓应酬交错也。当至纷至叠来，而不以敬将之，必致动辄得咎矣。履卦曰"履虎尾"，履而知惧，故曰"吉"；此卦曰"履错然"，履而能敬，故"无咎"，其履同也。夫祸福每兆于几微，始而能谨，斯终必无祸，所谓君子敬而无失，得者得此旨也。《象》曰"履错之敬，以避咎也"，夫人以身接物，不必居功，最宜避咎，避之之道，唯在居敬而已矣。

【占】问战征：初爻为始，是三军始行，旗辙交错之时也。"敬"者，即所谓临事而惧之意。战，危事也，慎重持之，或可免咎也。或曰邪行谓错，宜从横路进兵。

○问商业：必是新立之业。初九爻辰在子，北方属水，卦位居南属火，想是南北生意。一时难许大利，要可无咎。

○问功名：《诗》云"他山之石，可以攻玉"，盖言得助而成也。

○问家宅：履卦云，"履道坦坦，幽人贞吉"，是宅必在大道之旁。吉。

○问六甲：生女。

【占例】友人某来请占气运，筮得离之旅。

爻辞曰："初九：履错然，敬之无咎。"

断曰：离者，火也，火之性炎炎而上，其功在明，其用足以取暖，又足以烹调，是人世不可一日无者也。以人身配之，火为心魂。有心魂乃有知觉，有知觉乃可谋为万事。今占得初爻，知必为谋事伊始。然火之为功甚大，火之为祸亦甚烈，当其始燃，最宜谨慎小心，苟一不慎，初与四应，延及四爻，则"突如其来"，咎莫大焉，故戒之曰"敬之无咎"。足下占得此爻，宜知所畏惧焉。凡爻象一爻为一年，三年后正当四爻，尤宜谨慎，至四年则吉。

六二：黄离，元吉。

《象传》曰：黄离，元吉，得中道也。

二爻以阴居阴，为坤二成卦之主。位处中正，《象传》所谓"柔丽于中正"者，即指二爻也。离为黄，故曰"黄离"，黄者中色，离者文明，居中而处文明，是以"元吉"也。《象》曰"得中道也"，离卦六爻，唯二爻以一柔居二刚之中，中而且正，《象》曰"得中"，不言正而正正在是焉。

【占】 问战征：离二变大有，大有《象传》曰"大车以载，积中不败也"。"大车"，谓兵车；黄，中之色也；"积中"者，谓中营军粮充实；"不败"者，谓兵士勇健，得以获胜也。故吉。

　　○问营商：离属南方之卦，经营利在南方；黄为土，土生木，又利在土木。
　　○问功名：离位在午，上值文昌，有文明之象，功名必显。
　　○问家宅：离为火，土色黄，火之子，喻言其家得有令子，能振起家声。吉。
　　○问婚姻：二爻以阴居阴，位得中正，主夫妇顺从，佳偶也。吉。
　　○问疾病：必是内火郁结中焦之症，宜凉解之。无咎。
　　○问六甲：生女。

【占例】 某来请占某贵显，筮得离之大有。
　　爻辞曰："六二：黄离，元吉。"
　　断曰：离为火，又为日，得其柔暖之气，自足嘘枯回生，有照育万物之象。今占得六二，二爻与五相应，五为尊位，知某贵显辅翼至尊，君臣合德。离有文明之德，黄属中央之色，知必能握中图治，化启文明也，故曰"黄离元吉"。

九三：日昃之离，不鼓缶而歌，则大耋之嗟。凶。

　　《象传》曰：日昃之离，何可久也！
　　九三以阳处阳，是由明入晦之象，故曰"日昃"，昃者，日之将倾也。"缶"，即盎，大腹而敛口，离卦上下奇而中偶，形似缶，故象取缶。坎曰"用缶"，坎中实，则用以盛酒；离中虚，则鼓以节乐。"不鼓缶而歌"，必歌无节也。离互兑，兑属正西，日出东入西，日薄西山，谓衰年暮景，故象取"大耋"。八十曰耋，三爻居二卦之中，犹年在半百，未可云大耋也。"嗟"，悲叹声，谓未老而叹其老也。其歌也，乐失其节，其嗟也，哀失其常，哀乐无时，致神魂颠倒，寿命不永矣，是以凶也。《象传》曰"何可久也"，谓若此之人，忽歌忽嗟，乃天夺其魄也，安能久乎？

【占】 问战征："日昃"，日将夕也。军中长歌浩叹，皆失纪律，不吉之兆"，尤防敌兵夜袭。
　　○问营商：《周礼》地官司市，"大市日昃而市"，谓大市交易繁多，至日昃始集市。爻曰"日昃之离"，是日昃后而散也。市区扰杂，或歌或嗟，哀乐无度，必伤正业，宜戒。
　　○问功名：恐老大无成，徒自悲耳。
　　○问婚姻：鼓缶而歌，难望偕老，凶。
　　○问六甲：生女，难育。

【占例】 友人某来曰：余将娶某女，请占吉凶。筮得离之噬嗑。
　　爻辞曰："九三：日昃之离，不鼓缶而歌，则大耋之嗟。凶。"
　　断曰：爻辞曰，"日昃之离"，离，离散也，"日昃之离"，谓婚后而复离也。"鼓缶而歌"，惮亡也；不鼓而歌，非惮亡，必生离，"大耋之嗟"，是叹其不得偕老也。此婚不成为上，成则亦必离散，不吉之兆。

后友人不信此占，媒娶成婚，未几因家门不和，又复离散，果如所占云云。

○明治三十年，占我国与法国交际，筮得离之噬嗑。

爻辞曰："九三：日昃之离，不鼓缶而歌，则大耋之嗟。凶。"

断曰：离为甲，为刀，为矢，皆主战兵器也；离亦为火，又足备火炮之用。今占法国交际，而得三爻，是令我急备兵甲战具也。爻辞曰"日昃之离"，"日昃"者，日将西倾，可见西土运旺之时。"不鼓缶而歌，则大耋之嗟"，谓不当歌而歌，不当嗟而嗟，犹言措置失时也。善谋国者，当及时修备，固不可自耽安逸，亦备不必自示衰弱。睦邻修好，以保永图，斯为善也。

九四：突如其来如，焚如，死如，弃如。

《象传》曰：突如其来如，无所容也。

"突如其来如"者，谓刚暴之祸，不可测度；"焚如"者，谓如烈火之焚物；"死如，弃如"者，谓其身灭亡，其名亦遂废弃。四爻处上下卦之间，下卦之火将熄，上卦之火又炽，火炎于上，其势尤烈。"突"，杨子《方言》，"江湘人谓卒相见曰突"，"突如其来"，是骤来而不及防也。"焚如"，烧其庐；"死如"，毁其身；"弃如"，举之而委诸沟壑也。"焚如"，离火本象；四动体艮，艮为鬼冥门，故曰"死如"；又互兑，兑刑人，刑人于市，与众弃之，故曰"弃如"。焚而死，死而弃，其势相连，其祸甚凶，以九四在二火相传之际，是以凶焰如此。《象传》曰"无所容也"，谓火焰逼近，无可容身也。四与初应，初之火其咎可避；四之火猛，屋毁身亡，无地可容矣。或曰突谓灶突，《汉书》所云"其灶直突"之突。"突如其来"者，所谓祭神如神在，恍惚而见其来也。"焚如弃如"者，谓灶神察其为恶，而降兹凶也。此又一说也。

【占】问战征：有营垒被焚，枪炮暴烈之祸，来势汹涌，紧宜慎防。

○问营商：有人财两亡之祸，宜藏身退避，或可免也。

○问功名：有唾手可得之势，但位名愈重，得祸尤烈，不如隐退。

○问家宅：旧说以"突"为不孝子，此家必生逆子。"焚"、"死"、"弃"，皆言逆子之罪也。

○问婚姻：四动体艮，艮为鬼冥门；又离互兑，兑为刑人，此婚大不吉利。

○问六甲：生女，必不育。

【占例】明治二十三年春，友人某来，请占本年气运。筮得离之贲。

爻辞曰："九四：突如其来如，焚如，死如，弃如。"

断曰：九四在上下二火之间，下火将熄，上火复燃，火炎上，故离卦以四爻为最凶。今占气运，而得四爻，四爻以阳处阴，外刚内柔，位不中正，主有阴险邪僻之徒，拨弄其间。初若不觉，及其势焰一炽，"突如其来"，不特祸延家室，而身肌发肤，并受其殃。如火之燎原，有不可扑灭者矣，谓之"焚如，死如，弃如"。足下宜谨防小人，毋为饲犬而啮手也。

某氏素性柔弱，不甚介意。委用亲族少年，不料妄作妄为，既凶且毒。某氏家产，因人倾败，祸又未已，某氏始为悔悟，亦已晚矣。

六五：出涕沱若，戚嗟若，吉。

《象传》曰：六五之吉，离王公也。

六五为外卦之主，得中居尊，与二相应，《象传》所谓大人继明久照，即指五爻也。离为目，自目出者曰涕，故曰"出涕沱若"。又离互兑为口，嗟是口之嚤声，故曰"戚嗟若"。所谓"若"者，是未当"出涕"而有若"出涕"，未当"戚嗟"而有若"戚嗟"，盖形容忧伤之情状也。九三乐尽悲来，"大耋之嗟"，则为凶兆；九五忧盛虑危，所谓"先天下之忧而忧，后天下之乐而乐"，故吉。《象传》曰"离五公也"，九五为王公之位，故云。

【占】 问战征：据爻辞"沱若""嗟若"，有临事而惧之意。战危事也，能惧则能谋，能谋则可以制胜矣，故吉。

○问营商：此经营必是王家商务公业，非下民私计也。故曰"离王公也"。其业亦必由辛苦艰难而成。

○问功名：位至宰辅，极贵极显，然一身忧劳倍甚，如武侯之鞠躬尽瘁，乃吉。

○问婚姻：此姻事极贵，然有"先号咷而后笑"之象。

○问六甲：生女，防难产，终吉。

【占例】 占某豪商时运，筮得离之同人。

爻辞曰："六五：出涕沱若，戚嗟若，吉。"

断曰：五居尊位，在国为一国之君，在家为一家之主，在乡为一乡之望也。爻辞所云"出涕沱若，戚嗟若"，谓能先事预谋，防危虑盛，百计图维，以期万全者，此非老成练达者不能也。足下占得此爻，可知足下历尝艰苦，在平时悲泣号叹之状，不知若何哀切者。亦由此继明之德，足以察识事机，而能保守家业，不为亲族少年所得欺瞒也。故吉。

上九：王用出征，有嘉折首，获匪其丑，无咎。

《象传》曰：王用出征，以正邦也。

"王"者指六五，"用者"，指上九。离为兵戈，故用以"出征"。"首"者首恶，"丑"者类也。"嘉"者，赏其功也；所嘉者，在折其魁首，而不及丑类，《书》所谓"歼厥渠魁，胁从罔治"者是也。九三居下卦之上，与上为敌，不顺王化，残害民生，上九于是奉命出师，以除天下之害，获其首恶，诛而戮之，其余党类，皆从赦免。此诚吊民伐罪，王者之师，复何咎焉！《象传》曰："以正邦也"，谓如汤之征葛伯，文王之伐昆夷，唯在戡乱以安邦，夫岂好为穷兵哉！

【占】 问战征：观爻辞已明示矣。王者之师，不妄杀人，斯道得焉矣。

○问营商：贩售货物，宜选取上等佳品，不取低劣，乃可获利。

○问功名：必膺首选，吉。

○问疾病："折"，天折也，不利。

○问六甲：生女。

【占例】 明治七年三月，佐贺乱，朝廷将发师征讨。有陆军大佐某，同中佐某来，谓曰：今将出师，请为一占。筮得离之丰。

爻辞曰："上九：王用出征，有嘉折首，获匪其丑，无咎。"

断曰：爻辞所云"王用出征"，适合今日之事也。在佐贺乱党兴叛，其中必有主谋，即所谓"魁首"，是乃乱之首，罪之魁也，罪在不赦；一时响应而起，皆胁从之徒，是丑类也。今以佐贺启叛，命师往征，在我皇上神机庙算，素以不嗜杀人为心，必将布告天下，谓构兵倡乱，罪在一人，寡人誓必取而戮之，余无所问，有能擒获渠魁者必膺上赏，与爻辞云"有嘉折首，获匪其丑，如出一辙焉。按上与三相应，上为王师，故必属三。三爻曰："日昃之离，何可久也"，知此番行军，定卜马到功成，不数旬而戡定矣。

后果未匝月，而渠丑受诛，佐贺遂平。

䷞ 泽山咸

《上经》首乾坤，以天地为万化之原也；《下经》首咸恒，以夫妇为五伦之始也。天地不分不成两仪，男女不合不成生育，故乾坤以二老对，而咸则以二少交。咸之体，亦自乾坤来，乾三索于坤得艮，艮为少男；坤三索于乾得兑，兑为少女。男女相感，自其性情，而二少相合，男下于女，尤感之正也。有心为感，无心为咸，咸皆也。卦体以"山泽通气"，六爻皆应，咸和通畅，物我偕藏，此卦之所以名咸也。

咸：亨，利贞。取女吉。

"咸亨"，亨通也。男女相合者七卦，恒是男女皆长，既济、未济中男中女，渐、归妹以少遇长，损虽男女皆少，而女下于男，皆未若咸之亨而正也。"取女吉"者，婚礼自纳采以至亲迎，皆男下于女，六礼不备，贞女不行。《关雎》一篇所云，"窈窕淑女，君子好逑"，娶女之吉，于此可见。《诗·注》谓淑女有幽闲贞静之德，是即"利贞"之旨也。咸以兑泽艮山二气相感，感而遂通；然少男少女，情好易通，得正则吉，失正则凶，故曰"利贞"。娶女之吉，惟其贞也。

《象传》曰：咸，感也。柔上而刚下，二气感应以相与。止而说，男下女，是以亨，利贞，取女吉也。天地感而万物化生，圣人感人心，而天下和平，观其所感，而天地万物之情可见矣。

此卦以艮之少男，下兑之少女，取象于夫妇之始，婚姻之道也。"柔上而刚下"者，柔者妇道，刚者夫道，谓刚柔二气，上下相感。"止而悦"，谓闺房之事，悦而不止，则悦未免流于淫，止而不悦，则止或至失其欢。艮以止之，复兑以悦之，斯感得其正，则倡随有辨，节宣有时，而有感遂通，故能亨。盖卦体以感为义，卦象以亨为善，卦位则以"男下女"为吉。夫"取"即娶也。按《礼》云："男子亲迎，男先于女，刚柔之义也。"知所谓"男下女"者，降男子之尊，以重亲迎之礼，固非钻隙逾墙者所可比也，故曰"利贞"。女下于男，夫妇之常道也，故卦取诸恒；男下于女，迎娶之始礼也，故卦取诸咸。咸者感也，刚柔之用，以气相感，婚姻之道，以情相感，而少男少女，尤情之易感者也。以其情之易感也，而见其相悦；亦以其情之易悦也，而贵乎能止。盖即艮山之静，以制其兑泽之动也。咸利其贞，贞斯亨，亨斯吉矣。由是推之，闺房启王化之原，修齐括治平之要。天地以其咸感万物，而万物生焉，圣人以其咸感人心，而人心平焉，化生之功由此成，和平之福由此普。艮之止无形，兑之悦无言，无形无言，而感化神焉。君子观于此，而天地人物感应之妙，皆可识矣。

以此卦拟人事，卦体为艮男兑女，《彖辞》曰"取女吉"，是人伦之始事也。《序卦传》曰，"有男女，然后有夫妇，有夫妇，然后有父子，有父子，然后有君臣，有君臣，然后有上下"，其道实自乾坤定位而来。乾老阳，坤老阴，乾变艮则为少阳，坤变兑则为少阴，阴阳之体一也，阴阳即男女。艮一阳二阴，兑二阳一阴，合其体而为一，象男女之交也。艮为求，有"好逑"之义；兑为妹，有归妹之象，是谓婚姻之始。兑为悦，艮为止，乐而不淫，妇道之所以重利贞也。六爻之辞，多取于人身，"拇"、"腓"、"股"皆属下体，"心"、"脢"、"辅"皆属上体，一俯一仰，一动一静，阴阳相济，刚柔相交，咸之卦德备矣。夫夫妇一小天地也，万物各有阴阳，即各有夫妇。万物之化生，人心之和平，胥是道也。此圣人所以为人伦之至，咸卦所以冠《下经》之首，观其象而可知矣。

以此卦拟国家，上卦为政府，有兑泽遍敷之象；下卦为人民，守艮止各安之义。九五阳刚之君，与上六相比，与六二相应，诸爻亦俱与九五相感应。故咸一卦，皆取象于"拇"、"腓"、"股"、"思"、"脢"、"辅"，譬如人之一身，四肢九窍，有痛痒相关，一气联络之义也。《象》曰"君子以虚受人"，此君子即指九五而言。虚者无我，无我则天下一家，万民一体，以一念感通夫万类，以一心包育夫群生，上下相通，君民合志，谓之"天地感而万物化生，圣人感人心，而天下和平，观其所感，而天地万物之情可见矣"。此即圣天子恭己南面，无为而治之体也。

通观全卦，有心为感，无心为咸。咸，皆也。为卦六爻皆应，咸和通达，物我皆忘，自然而然，元气浑合，此兑悦艮止卦之所以名咸也。咸主乎感，感则必动，而六爻则以静为吉，以动为凶。初爻居卦之下，曰"咸其拇"，拇足大指也，其感尚浅，其动亦微，故不系吉凶也。二曰"咸其腓"，腓为足肚，则进于拇矣。腓本不动，足动而腓随之，是动虽凶，而腓尚居于吉也。三曰"咸其股"，股处下体之上，三之象也，较拇与腓而尤进矣，"志在随人"，所执亦贱，故曰"往吝"。四居三阳之中，为心之位也。凡有感触，皆从心发，得贞则吉，否则凶也。五为卦主，居兑之中，脢在心上，为背脊肉，是不动之处，感而不感，动而无动，故曰"无悔"。上六处全卦之上，"辅颊舌"在一身之上，其象取此，有感于心，发而为言，是口说也；然不能至诚相格，而徒以美言取悦，咸道薄矣。是以六爻之中，所感各有浅深，而悔吝吉凶，亦各随其象而著。惟君子能"以虚受人"，虚则心公，公则入而无拒，感而即通，其所翕受者宏矣。翕受之道，取诸兑；专直之义，取诸艮。健而能止，顺而能悦，悦以感阴，止以应阳，天地无心而成化，圣人无为而成功，如斯而已矣。

《大象》曰：山上有泽，咸，君子以虚受人。

卦象为"山上有泽"，是山气下交，泽气上交，得以上下相成也。天下至静而虚者莫如山，惟山以虚，翕受泽气。君子体此象以容人之善，故能湛其心于寂然不动之时，定其性于廓然大公之地。古来如舜之取人为善，禹之拜昌言，周公之吐哺握发，一皆虚己而受人者也。

【占】 问战征：军队前进，防有坑陷，山谷间防有埋伏。固守城池，防敌兵潜通地道，皆当谨慎。

　　○问营商：山泽为生财之地，即财源也。"以虚受人"，是以购入物产，贩运转售，必大获利。

　　○问功名："山上"者高附之象，"山上有泽"，泽者积水低洼之处。有居高思危之意，唯宜虚己待人，功名可长保也。

　　○问家宅：是宅必傍山临水，知其所止，吉。

　　○问疾病：是虚弱之症，宜服滋补之剂。

　　○问婚姻：卦为山泽通气，主两姓和好，大吉。

　　○问讼事：两造必是少年意气相争，讼宜和解而止为善。

　　○问六甲：生男。

　　○问失物：必坠入空洞有水之处，不能复得。

初六：咸其拇。

《象传》曰：咸其拇，志在外也。

"拇"者足之大指，初居爻首，为感之始，其感尚微，譬如足之有指；指即小动，未常移步，以喻人心初感而未动，始有其志而已。《象》曰"志在外也"，外谓九四，以初与四相应，故曰"在外"。志者，心之所之也，谓第有其志，未尝躁动，是以不言吉凶。

【占】 问战征：是兵刃初交之会，应在第四日，可以得胜。

　　○问营商：必是初次贸易，货物已办，尚未发行也。

　　○问功名：必能一举成名，有捷足先登之兆。

　　○问家宅：有迁居外地之意。

　　○问疾病：是足指初起一毒，宜外用敷药调治。

　　○问婚姻：初六应在九四，以艮男求婚于兑女也，为结缡之始。吉。

　　○问六甲：生男，是初胎也。

【占例】 明治二十三年，占某贵显运气，筮得咸之革。

　　爻辞曰："初六：咸其拇。"

　　《象》曰："咸其拇，志在外也。"

　　断曰：此为咸卦初爻。拇为足指，是人身最小之体，其动与不动，本不足关轻重也。初爻应在九四，四比近尊位，此占当以应爻属贵显，初爻则为来占之人也。今初爻咸之初，某贵显自幕府至今，备尝困苦；今虽年老而志愿犹奢，凡有指划，咸皆悦从。《象》曰："志在外也"，盖在贵显之志，谓方今国家要务，专以外交为重也。知贵显老运未艾。

六二：咸其腓，凶，居吉。

《象传》曰：虽凶居吉，顺不害也。

"腓"为胫，或曰足肚，是无骨之处，盖在拇之上股之下也。腓不能自动，随足而动，足动而凶，则腓亦失其吉矣。然动则为凶，而静居则吉，故《象传》曰："虽凶居吉，顺不害也。"六二以阴居阴，其性本静，能顺其性而不动，自可免害而获吉也。

【占】 问战征：宜固守不动，斯可免害。
　　○问营商：不利行商，利坐贾。
　　○问功名：只可依人成事，未能远到。
　　○问疾病：按腓病也，必是四肢痿痹之症，只可坐卧，不能步行也。
　　○问婚姻：婚事既成，恐有变动，能以顺自守，虽凶终吉。
　　○问六甲：生男。

【占例】 华族某君来谓余曰：顷者知己某，以数年刻苦，新创一技，特许专卖，余因贷之以资金，但不知新创之技，果得广行否？亦不知贷与之资金损益如何？请筮之。筮得咸之大过。
　　爻辞曰："六二：咸其腓，凶，居吉。"
　　断曰：咸者为山泽通气之卦，是二物相依，相互为用也。某友发明一物，藉君之资金，得以成业，是某友与君实相依为用，其事业之广行也可必矣。腓者，足肚也，腓不自动，随足之动而动，以喻资金之通用，全藉货物之贩运，而资金亦随之而运动也。在此业新出，未免一时贩售有碍，当居积以待，自能获利，始虽凶而终吉也。

九三：咸其股，执其随，往吝。

　　《象传》曰：咸其股，亦不处也。志在随人，所执下也。
　　此爻居下体之上，上体之下，为股之象，股者随上下而动，不能自主者也。九三以阳居阳，与上六之阴相应，舍上六而比初二，以为动止。率此以往，其吝可知。三为艮卦之主，艮为股，故曰"股"，艮又为执，故曰"执"。艮本止也，三以感而思动，又牵率初二，使之皆动，故曰"执其随"。《象传》曰"亦不处也"，"亦"者，谓率拇腓而俱动也。"志在随人，所执下也"，"随人"者，谓随上也；"执下"者，谓执初与二也。

【占】 问战征：宜退守，不宜往攻。
　　○问营商：凡商业合出资本，谓之股分，必举一人以主其业。乃主业者，不能自主，而徒随人以为上下，其业必难获利。
　　○问功名：随声附名，其品下矣，必难制胜。
　　○问家宅：宅近艮山，本可安处，占者不愿处此，殆欲随人他迁也，恐所往吝矣。
　　○问婚姻：咎在过听执柯者之言，恐所适非偶。
　　○问六甲：生男。

【占例】 友人某来，请占运气，筮得咸之萃。
　　爻辞曰："九三：咸其股，执其随，往吝。"
　　断曰：卦体艮山兑泽，山得泽而生润，泽得山而发源，是为山泽通气，阴阳相感，正元运旺相之象也。足下占得第三爻，三爻为内卦之主，与上六相应，九三为阳，上六为阴，感而思动，故曰"咸其股"。股属下体，亦阴象也。卦本为少男少女两相爱悦，三爻

"志在随人"，牵率其下而皆往，则其溺情尤甚，吝复何辞？论现年运气，未尝不佳，乃因溺志色欲，阳被阴累，防致疾厄，宜慎宜戒！

友人听之，始而如有所感，继而溺情不悟，以致终身落魄不偶。哀哉！

九四：贞吉，悔亡。憧憧往来，朋从尔思。

《象传》曰：贞吉悔亡，未感害也。憧憧往来，未光大也。

四当三阳之中，居心之位，咸之主也。初之拇，二之腓，三之股，五六之脢舌辅颊，皆从心而发，故心不言感，以万感皆由心而生也。夫心之本体，本灵明不昧，寂然不动，自有所感而心动焉。动则有悔，欲其亡悔，唯贞而已。贞者正也，正则吉而悔亡。然人心不能无感，而感亦不能皆正，不正则心受其害，而悔随感生，何以得吉？"憧憧"者急遽之状，"往来"者忙促之形，"憧憧往来"，甚言纷至叠来，私意错乱，害累丛生。下之拇、腓、股，上之脢、舌、辅，亦皆纷纷而动，但见其"朋从"耳，则此心岂复有一息之泰定哉！《象传》曰"贞吉悔亡，未感害也"，谓贞则其心无私，未感之先，心本洞然，故曰"未感害也"。"憧憧往来，未光大也"，谓物感迭来，不能无思无欲，故曰"未光大也"。

【占】问战征：军中全以主帅为心。当万军纷集，以一帅镇定之，斯令行禁止，寂然不动，否则扰乱错杂，灾害生焉。

○问营商：商务虽在谋利，亦以得贞为吉，若见利忘义，则群焉争夺，不夺不餍，害有不可胜言者矣。

○问功名：四爻以阳居阳，位近至尊，功名显达，其象贞吉，然得不以正，害即随之，最宜谨慎。

○问家宅：其宅必临通衢往来之地，邪正杂处，交际最宜慎择。

○问疾病：必是心神恍惚之症，宜静养。

○问婚姻：防女家闺范不谨。

○问六甲：生女。

【占例】明治二十二年，某缙绅来，请占某贵显气运，筮得咸之蹇。

爻辞曰："九四：贞吉，悔亡。憧憧往来，朋从尔思。"

断曰：四爻以阳处阴，为内卦之始，比近九五，是贵显之象也。为某贵显占气运，筮得四爻，四当三阳之中，中居心位，心为百体之主，心贞则百体皆贞，犹言大臣正躬率物，百僚皆从令焉，故曰"贞吉悔亡"，此固某贵显之能事也。苟心有不正，必致庶事丛脞，朋党纷起。始则害在一身，终则害延一国，皆由一心之不正，阶之厉也。在某贵显，秉心正直，国而忘家，公而忘私，能以天下为己任，古所称"正一己以正天下"者，某贵显有焉。庶民所仰望者，正未有艾也。

九五：咸其脢，无悔。

《象传》曰：咸其脢，志末也。

按：《注》云"脢者心上口下"，马云"脢背也"。《博雅》"胛谓之脢"，即背脢也；心在前，背在后，是不动之处也。艮之象曰"艮其背"，知背为艮之所止；爻辞曰"咸其脢"，殆即孟子所云，"君子所性，根于心，盎于背，施于四体，四体不言而喻"者是也。五爻以阳刚中正之德，居君上之位，下应六二。六二曰"咸其腓"，腓为足肚，不能自动，五曰"咸其脢"，脢为背脊，亦不能自动，故其咸也，若有不感而感，而其动也，亦若有不动而动。不动而动，在脢亦不自知其动也，悔何有焉?《象传》曰"志末"，谓此乃不感而感，感之至也。彼初之"志在外"，三之"志在随人"，皆有心而感者，抑末矣。一说:《象传》"志末也"者，谓尊居九五，当抚恤亿兆之心，志愿斯为大矣;若甘作自安之计，期免目前之悔，其志不亦微末乎?

【占】问战征:宜潜袭其后以攻敌背，有胜无败。

　　○问营商:《象》曰"志末"，末微小也，知其商业不大，利亦微薄。

　　○问功名:背者败北也，知所求未必成名。

　　○问疾病:台背，寿征也。知病即愈，无悔，且获多寿。

　　○问六甲:生女。

【占例】　明治二十一年，缙绅某来，请占某贵显气运，筮得咸之小过。

　　爻辞曰:"九五:咸其脢，无悔。"

　　断曰:凡卦例以九五为君位。然乾为君为父也，而臣子亦得占之;坤为臣为民，而君父亦得占之。《易》道不拘一例也。咸卦艮山兑泽，二气相感，是以"天地感而万物化生，圣人感人心，而天下和平"，则知大臣当国，皆以至诚感乎夫上下者也。今占某贵显气运，得第五爻，爻辞曰"咸其脢"，脢谓背脊处，前为阳，背为阴，心背之间，阴阳相感，亦痛疼相关。某贵显念切民艰，自能恫瘝在抱，不容以隔膜相视也，必无悔焉。至其后运，定臻台背之寿，其福未可限量矣。《象传》曰"志末也"，谓自下志愿犹未光大也。

上六:咸其辅颊舌。

　　《象传》曰:咸其辅颊舌，滕口说也。

　　"辅"者颊之里，"颊"者辅之表。舌在口中，舌动则辅颊随之。此爻阴柔不中，居卦之极，比近尊位，专以谗口惑君者也。是巧佞之小人，为圣人所深恶也，故不系凶辞，而其凶自见矣。《象传》曰"滕口说也"，滕谓张口骋辞。或曰虚也，谓无诚实，徒夸虚说以诳世，咸道薄矣。

【占】问战征:防有间谍窥探。

　　○问营商:恐有口舌之祸。

　　○问功名:可献策陈言，当得召用。

　　○问家宅:主人口不睦，口角起争。

　　○问疾病:呓语谵言，心魂不安，宜祷。

　　○问婚姻:中人之言，未可全信。

　　○问六甲:生女。

【占例】 明治二十五年，岩平县众议院议员佐藤昌藏氏来曰："今回地租修正之议兴，奥羽诸县已编地租增加之部。然在我县下，地质不饶，增加地租，甚觉不当为此，请占院议结果。"筮得咸之遁。

爻辞曰："上六：咸其辅颊舌。

断曰：兑为口，辅颊舌皆所以言，此即议院之证验也。今占地租增加，而得咸之上六，咸者感也，凡有所议，必得上下直诚感通，其事可通行无阻。兹徒以空谈相竞而无实惠，其何能令民之遵从乎！

后佐藤氏来谢曰：《易》断真不虚也！

䷟ 雷风恒

《上经》首乾而继坤，坤即乾之配；《下经》首咸而继恒，恒即咸之久。咸为可大之业，恒为可久之德，可久配天，可大配地，故乾亦为久，坤亦为大。震男巽女，本从乾坤而生，雷风即乾坤之嘘气也。乾坤不变，雷风亦不变，故雷风之卦曰恒。

恒：亨，无咎，利贞，利有攸往。

恒字，从心从亘，训常。《易》曰"恒，久也"，凡事暂时塞者，久则通，通则"无咎"。"贞"者，正也，咸为夫妇结缡之始，男下于女，故"娶女吉"；恒为夫妇居室之常，女下于男，故利其贞。巽柔而顺，顺故能贞；震刚而动，动故有往。"贞"者，女子之德也，"往"者，男子之事也。《正义》曰："得其常道，何往不利？"故曰"利有攸往"也。

《彖传》曰：恒，久也。刚上而柔下，雷风相与，巽而动，刚柔皆应，恒。恒亨，无咎，利贞，久于其道也。天地之道，恒久而不已也。利有攸往，终则有始也。日月得天而能久照，四时变化而能久成，圣人久于其道，而天下化成。观其所恒，而天地万物之情可见矣。

此卦上震下巽，巽为风，是刚上柔下也。震为雷，雷风相与而为恒。雷风者，即从山泽而生气，故卦次于咸。其为气也，通彻上下，运行周遍，化育万物，生生不息，而变化有常，其德亘古今而不易，是即"天地之道，恒久而不已也"，故名此卦曰恒。恒者常也，久也。恒之为道，亨乃无咎，亨通无咎，乃得利贞。夫恒有二：有不易之恒，有不已之恒。"利贞"者，不易之恒，"利有攸往"者，不已之恒也，合而言之，常道也。"亨"者，恒之用也；"贞"者，恒之体也；"刚柔皆应"者，恒之成德也；"利有攸往"者，恒之行事也，巽以贞终，震以行始，大震入巽，故曰"终则有始"。观诸日月之得天久照，验诸四时之变化久成，征诸圣人之久道化成，天道圣道之历久不敝者，莫非此恒久之道也。

以此卦拟人事，震为长男，巽为长女。变咸之二少，为恒之二长，婚姻之礼，夫妇之恒道也。"雷风相与"者，天地之运也，"刚柔皆应"者，阴阳之机也，君子则之，以保其恒。以恒修身，而身教乃亨；以恒齐家，而家道乃亨；以恒治国，而国运亦亨，所谓无往不利者，此也。读《关雎》之诗，文王之化行于远，后妃之德修于内，其得恒之旨也夫！推之日月四时之久照久成，圣人之久道化成，仰观俯察，而恒之情可见矣。人事之通塞隆替，不外是焉。

以此卦拟国家，上卦为政府，有雷厉之性，以振兴庶政；下卦为人民，有风动之象，顺从政府之命令也。恒卦震上巽下，震为夫，巽为女，卦体本为夫妇。咸以少为情，恒以长为礼，恒即恒其所谓感也。然家修即为廷献，王化起于闺门，齐家治国，其道本一以贯，王道毕世而仁，圣功万年无敝，是即圣人之久道化成也。雷动风散，可见恩威之并施也；刚上柔下，可见宽猛之交济也。和顺取诸巽，振作取诸震，有为有守，无怠无荒，内秉洁齐之志，外协通变之宜，道以亨而无咎，化以久而弥神，终始如一，上下不疑，是久于其道也，而郅治有恒矣。日月之久照，四时之久成，胥于此可见矣。

通观全卦，《序卦传》曰："夫妇之道不可以不久也，故受之以恒。"咸为夫妇之始，恒为夫妇之常，所谓《下经》首咸恒，以夫妇之道配乾坤也。然恒一卦，唯五爻言夫妇，余爻皆历言恒之不当，以为垂诫；且六爻无一吉辞，即《彖辞》，亦第云"无咎"。盖恒为天地之常道，日月久照，四时久成，不恒则变，恒则得其正。是以圣人曰"人而无恒，不可以作巫医"，皆反言以警之，而于恒未尝有赞词也。《象》曰"君子立不易方"，亦唯以不易者，守其恒而已。卦体六爻相应，刚柔二气，爻相为用，刚有刚之道，柔有柔之道，恒之亨而无咎，惟久于其道也。恒之反卦为咸，故二卦爻象，皆颠倒相因。恒初爻之深刻，即咸上之巧令也；恒二之"悔亡"，即咸五之"无悔"也；恒三之承羞，即咸四之"朋从"也；恒四之非位，即咸三之"随人"也；恒五之妇吉夫凶，即咸三"凶，居吉"也；恒上之"大无功"，即咸初之"志在外"也。故二卦同体，而爻象反复。咸曰"圣人感人心，而天下和平"，恒曰"圣人久于其道，而天下化成"，天地万物之情，皆可于此见之矣。

《大象》曰：雷风，恒，君子以立不易方。

震雷动而在上，巽风入而在下，雷风二物，虽至动至变而无常，而究其极，雷之发声不爽其候，风之嘘物，各应其时，振古如斯，未尝或失，故曰雷风恒。君子体此象以应万变，而道则不变，恒而已矣。"立"者确乎不拔，"方"者主一不迁。志有定向，而持守弥坚，不为富贵淫。不为贫贱移，不为威武屈，特立无惧，此君子之所以为君子者，得恒道也。

【占】问战征：雷出于地，风生于谷，防有敌兵埋伏，火炮攻击之虑。宜坚守营垒，不可退，后可以转败为功。

　　○问营商：震属正东，巽属东南，曰"立不易方"言贸易不可改易地方也。

　　○问功名：震巽皆木，木植立不易，干霄直上，自得直达之象。但宜久成，不宜躁进。

　　○问家宅：此宅坐西北，朝东南，为祖遗旧宅，是恒产，方向切不可移易。

　　○问婚姻：男家长男，女家长女，二长相配，婚姻大利，可卜百年偕老。

　　○问疾病：必是肝火上冲，痰火气喘，须服前方，不必改易。

　　○问六甲：生男，必是初胎。

初六：浚恒，贞凶，无攸利。

《象传》曰：浚恒之凶，始求深也。

"浚"，深也。初爻当恒之始，以始求终，所当循序渐进，方能几及。所谓登高必自卑，行远必自迩，由此以往，无不利也。若乃辍等以求，如撮土而期为山，勺水而欲成海，初基乍立，后效殊奢，事虽不失其正，要必难免于凶也，故曰"浚恒，贞凶"。《象传》曰"始求深也"，"始"，指初爻也，谓其未涉其浅，而遽求其深，是欲速而不达者也。非徒无益，反见其凶，譬如用智而失之凿，求道而索之隐，皆"浚恒"者之过也。

【占】问战征：宜步步为营，切忌孤军深入，深入必凶。

　　○问营商：宜得利即售，不可垄断居奇，以贪高价。

　　○问功名：宜安分守职，切勿梯宠希荣，徼幸图功，恐反招辱。

　　○问婚姻：婚姻之道，宜以门户相当，切勿慕富攀贵，贪结高亲，反致后悔。往往有之。

　　○问家宅：宅是新建，惜乎过求华丽，致难持久。

　　○问讼事：恐一经涉讼，历久不了。

　　○问六甲：初胎，生女，唯恐难育。

【占例】　明治十五年七月，朝鲜变起，花房公使以下脱归长崎。同年八月，朝廷发陆海军，命花房公使重至朝鲜，使之问罪。余筮之，得恒之大壮。

　　爻辞曰："初六：浚恒，贞凶，无攸利。"

　　断曰：观初六爻辞，知朝鲜之渐进开化也。今番朝鲜虽失礼于我，若政府乘一朝之怒，忘恒久之道，责之过深，则是爻辞所云"浚恒，贞凶，无攸利"，正当为政府虑矣。问政府今用问罪之举，不在深求，而在和解，则其事可谐，即或一时未谐，恒之初爻，变为大壮，则以大壮之军备，压制而已。其策则分我军为六，留其四于马关，以其二为朝鲜开化党之声援；如此而犹有不及，可使一军自元山津而冲其背，可使开化党维持朝鲜也，是天数之理也。

　　筮毕，呈之某贵显。贵显又使人更问曰：朝鲜之事，虽不足忧，清国之关系实大也，子幸占我国与清国关系。余复筮之，得艮之不变。

　　断曰：艮者两山相对之卦。两山相对，可见而不可近也，又不可相应也。于不近不应之卦，其无战争，断可知也。

　　其后朝鲜之事，果如此占。

九二：悔亡。

　　《象传》曰：九二悔亡，能久中也。

　　二爻以阳居阴，是失位也，失位故有悔。然二处巽之中，为巽之主，二与六五阴阳相应，以刚中之德，辅柔中之君，道既得中，又能持久，故曰"悔亡"。《象传》曰"能久中也"，谓可久之道，不外乎中，能"久于其道"，必能久于其中也。二爻能之，悔自亡矣。

【占】问战征：营位失当，恐有后悔，唯宜居中不动，持久固守，可免祸也。

　　○问营商：货物不得销路，致有耗败，宜历久待价，可得反本。

　　○问功名：失其机会，反招灾害，待时而往，虽不成名，亦无尤也。

　　○问家宅：此宅地位不当，居者不利。十年之后，宅运可转，方得无咎。

　　○问婚姻：平平。

○问六甲：生女。

【占例】　某会社社长，来请占社运，筮得恒之小过。

爻辞曰："九二：悔亡。"

断曰：此卦"雷风相与"，"刚柔皆应"，是会社之象也。卦名曰恒，业必以久而成也。今占得第二爻，二爻以阳居阴，未免位置不当，事有窒碍。足下躬膺社长，当以中正处之，保其恒久。守巽之贞，法震之往，历久不倦，而推行尽利，其道乃亨，何悔之有？

社长闻之曰：该社自开业以来，多不能如意。今得此占，自当恒久不已，以图远大之业。后此会社，果得盛大。

○明治二十六年二月，北海道炭矿铁道会社支配人植村登三郎来曰：余从事社务有年，事务多端，深恐力弱才微，不胜其任。思欲改就官职，犹豫未决，幸请一筮。筮得恒之小过。

爻辞曰："九二：悔亡。"

断曰：巽下震上，巽为薪，有煤炭之象，巽又为商，为利，有会社之象。震为行，为奔，有铁道之象。今占得第二爻，九二坎爻，辰在子，上值虚。虚为北方列宿之中，故会社在北海道。二爻以阳居阴，为失位，故有悔，然足下既从事社务，必深识其中之利益，久于其道，自然精明练达，能振兴其业也。

后植村氏得此占，益加勉励，不数月，至占重任。

九三：不恒其德，或承之羞，贞吝。

《象传》曰：不恒其德，无所容也。

九三处巽之极，巽为进退，为不果，"不恒其德"之象。"羞"者，耻也，九三以阳居阳，其位虽正，因其执心不定，德性无恒，而错误随之。"或"者，将然之辞，谓虽未明见其羞，而羞或承之矣，虽贞亦吝。"吝"谓可鄙也，《象传》曰"无所容也"，大节一亏，无所逃于天地之间，盖深斥之也。

【占】　问战征：军事贵勇往果决，得以制胜。巽为不果，必多畏却，则进退无恒，势将辱国伤师，咎何能辞？

○问营商：爻辞曰"不恒其德"，是必商无恒业也，何以获利？

○问功名：二三其德，业必不就，名何由成？

○问家宅：三爻居巽之终，巽终变震，震为大途，此宅必近大道之旁，其宅不利久居。

○问婚姻：姻事不终，恐贻羞辱。

○问六甲：生女。

【占例】　一日某贵显来访，谓余曰：有同僚某，因负债请余援助，长官某亦代为说合，予诺之。而后至期，彼竟无力得尝。敢请占其得失。筮得恒之解。

爻辞曰："九三：不恒其德，或承之羞，贞吝。"

断曰：此卦"恒久而不已"，是其贷与，永不返还可知。其辞曰"不恒其德"，谓彼穷追如此，势必二三其德，不能恒守此约信也。"或承之羞"，谓君若盛气责之，彼必出言不逊，反受羞辱也。

后果如此占。

〇明治二十八年，占清国国运，筮得恒之解。

爻辞曰："九三：不恒其德，或承之羞，贞吝。"

断曰：恒者，久也。溯我国与外国交际，唯清国最旧，是恒之象也。两国并立亚细亚，辅车相依，同文之国，尤最亲密。近年欧美各邦，文明开化，日新一日。我国有所见于此，是以取彼之长，补我之短，乃遣少年子弟留学欧西，又聘西国教师，使之教我子弟。在清国墨守旧习，自示尊大，不能达观宇内大势。朝鲜介我两国之间，我与清国商议，谋欲互为保护，清国有疑于我，终至兵阵相见。今占得三爻，爻辞曰"不恒其德，或承之羞，贞吝"，巽为进退，谓清国进退无恒"势必辱也。

九四：田无禽。

《象传》曰：久非其位，安得禽也。

"禽"者，鸟兽之总名。震为猎夫，巽为禽。九四处震之初，已出于巽，是震之猎夫前进，巽之禽后退。以此而田，必无获也，故曰"田无禽"，以喻失民心也。夫所贵于恒之道者，德称其位，才胜其任，事上而有所建明，治下而有所康济，积日累久，则其所裨益必多。九四以阳居阳，与初六相应，初六"浚恒"既"无攸利"，无利者，亦即"无禽"之谓也。《象传》曰"久非其位，安得禽也"，大凡所处非其地，所乘非其时，所为非其方，所交非其人，皆久而无功也。田之于禽，其得失最著者也，故以之为象。

【占】问战征：立营不得其位，必致师老无功。

〇问营商：凡货物销售，各有其地。如求木于渔，问鱼于樵，虽久于其业，必无获也。

〇问功名：如不入场屋，而望高科，不登廊庙，而求显官，居非其位，虽久无获也。

〇问家宅：此宅方位不利，不可久居，宜急迁移。

〇问婚姻：两姓配偶不合。

〇问六甲：生男，恐难养育。

【占例】明治二十三年，某缙绅来，请占某贵显气运，筮得恒之升。

爻辞曰："九四：田无禽。"

断曰：就卦论卦，直言不讳，望勿见责。今君为某贵显占气运，得恒之四爻。四爻以阳居阴，居不当位，爻辞曰"田无禽"，犹言谋而无功也。知某贵显虽久处高位，目下时运已退，才力亦衰，凡所作为，多无成效，自宜退隐，毋贻窃位之讥也。

六五：恒其德，贞，妇人吉，夫子凶。

《象传》曰：妇人贞吉，从一而终也。夫子制义，从妇凶也。

六五居得尊位，为恒之主，下与九二相应。九二居巽，巽为妇，六五居震，震为夫。六五专守九二之应，贞一其德，贞则贞矣，为妇则吉，为夫凶也。不知五为震主，震为行，丈夫之志，当以义制事，推行尽利，以垂久之业，若第以从一为正，是妾妇之道也，孟子所谓"贱丈夫"者是也。《象传》曰"从一而终"，谓妇人之德，惟宜从一，故曰"贞吉"；夫"夫子制义"，谓丈夫之行，惟宜审义。义则不害于贞，贞则或伤其义，故曰"从妇凶也"。《象传》所云"贞吉"者，指妇人也；"利有攸往"者，指丈夫也。知夫此，而恒之道得矣。

【占】问战征：古称军中有妇女，士气不扬，项羽之败，未始非虞姬累之也。行军宜凛之。

　　○问营商：商业宜随时变通，若拘泥执一，妇孺贪小之见，必无大利也。

　　○问功名：丈夫志在四方，前程远大。若徒贪恋闺房，伤身败名，凶莫大焉。

　　○问家宅，古云"牝鸡司晨，惟家之索"，是当深戒。

　　○问婚姻：女家占此则吉，男家占此则凶。

　　○问六甲：生男。

【占例】　豪商某来，请占气运，筮得恒之大过。

　　爻辞曰："六五：恒其德，贞，妇人吉，夫子凶。"

　　断曰：足下久营商业，精明强干，余所素知。今占气运，得恒之五爻。五为震之主爻，震为从，故《象》曰"从妇凶"。夫女子小人，皆属阴象。商业之推行，权宜自主，不可听从人言，治家之道，亦不可偏听妇言。爻象之辞，垂诫深矣，足下宜凛之！

　　　上六：振恒，凶。

　　《象传》曰：振恒在上，大无功也。

　　震，动也，故恒至于上，有振动之象焉。上六处震之终，为动之极。动者宜守之以静，终者宜返之以始，斯德可全于末路，业不败于垂成，恒道成矣。今上六处恒之极，而振动不已，以振为恒，恒有尽而振无尽，是以凶也。震为决躁，巽亦为躁卦，躁动无时，犹是雷发而不收，风行而不止，其何能有功哉！故《象传》曰"大无功也"。

【占】　问战征：上为主帅，行军之道，全在镇定，若妄动喜功，必无成也。

　　○问营商：上为一卦之归宿，是商业归结之时也。当归结而不归，收发无时，终无结局也。

　　○问功名：上处卦之终，功名已尽，若复痴心妄求，不特无成，恐反致祸。

　　○问家宅：此宅已旧，不必改作，改作必凶。

　　○问婚姻：必是晚年续娶也。无须再娶，娶则必凶。

　　○问讼事：急宜罢讼。

　　○问失物：不得。

【占例】　某商人来，请占气运，筮得恒之鼎。

　　爻辞曰："上六：振恒，凶。"

　　断曰：凡占卦遇上爻，上为卦之终局，必其人好运已终，只宜静守而已。今恒之上六，曰"振恒"，以振为恒，是卦已终，而动未终，故曰凶也。足下占得此爻，当守静以制动，斯可无咎。

䷡ 天山遁

《序卦传》曰："恒者，久也。物不可以久居其所，故受之以遁。遁者，退也。"卦体上乾下艮，四阳在上，二阴渐进。自姤一阴，至二而长，阴长阳退，卦以遁名，谓阳避阴而遁也。遁字从豚，从走，豚见人而逸，故遁取豚以象退。乾为天，亦为远，有远遁之义也；艮为山，亦为居，有遁居之象也，故曰天山遁。

遁：亨，小利贞。

遁，阴长之卦，小人方进，君子道消。邪正不同居，阴阳不两立，君子当此，若不隐遁，必受其害。当遁而遁，遁而后通，故曰"遁亨"。"小利贞"者，小指二阴而言也，谓阴道始长，阳道犹未全消，故曰"小利贞"。

《彖传》曰：遁，亨，遁而亨也。刚当位而应，与时行也。小利贞，浸而长也。遁之时义大矣哉！

按：《书·微子》"我不顾行遁"，遁，隐也；《后汉书·郅恽传》，"南遁苍梧"，遁，逃也；贾谊《过秦论》："遁巡不敢进"，遁又与逡同，要皆不外退避之义也。"遁而亨"者，亨，通也，君子不敢与时违，时当其遁，不遁不通，遁乃亨也。"刚当位"者，指九五也，五与二为正应。凡二五皆相与之有成，惟遁二五相应，而实相迫。二居内卦，阴势渐长，五居外卦，阳势渐消，此长彼消，迫之使退。二阴之长，亦非二阴为之，时为之也。君子审其时之当然，而与时偕行，遁而去之，身遁而道亨也。"贞"，正也，"利贞"，利于正也。二阴尚小，未至横行，犹利于正，故曰"小利贞"。遁通临。临二阳四阴，曰"刚浸而长"，遁曰"浸而长"，易道扶阳抑阴，阴恶其长，故不曰柔。盖"浸而长"者二也，"遁而亨"者五也。当二方长，五即思遁，识时审几，遁得其道，所谓"君子远小人，不恶而严"。遁应夫时，亦遁合夫义，故曰"遁之时义大矣哉"。

以此卦拟人事，遁二阴生于乾下。阴息之卦，否为极，观、剥过中，遁"浸而长"。以人事言，姤以一阴称"壮"，遁二阴得坤之半，将进壮而为老矣。譬如物候，虽未大寒，当退而授衣；譬如年谷，虽未大荒，当退而谋食；譬如疾病，虽未大剧，当退而求艾。以浸长而预退，退乃能通，及其既盛，退已晚也。盖退者五，而所以逼之使退者二，二虽应五，而实消五。二息五消，五当时运之衰，即为人事之穷，人事当此，唯有顺时而行，退而避二，斯五不至终穷，以期后日之补救，而待阳之来复。反剥为复，反观为大壮，反否为泰，未始非人事之调护，得以转环之也，是处遁之得其道。遁之一卦，盖有先见之几焉。

以此卦拟国家，谓当国运渐否，如太王之避狄迁岐，勾践之屈身事吴是也。太王居岐，后至兴周；勾践事吴，后得兴越，即"遁而亨"之义也。遁之卦二阴居内，四阳居外，二为内卦之主，五为外卦之主，阴内阳外，是"内小人而外君子"也。阴阳之消长，国运之盛衰系焉，时当阴长，小人渐得其势，君子渐失其位，君子处此，当见几而作，引身远退，明哲保身，胥是道也。若恋恋不退，极之小人权势日盛，朋党既成，轻则贬谪，重则诛戮，于此而欲谋遁，已不及矣。孔子之可以止则止，可以去则去，此圣之所以为时也。与时偕行，为国家留有用之身，即为国家谋重兴之会。遁而后亨，其身遁，其道亨也，固非孤高忘世者，所可同日语哉。

通观此卦，以阴阳不能偏无，所恶于阴者，为其浸长而消阳耳。人或视阴为柔弱易制，不知纯乾之阳，二阴渐积，可以消之使尽。所当于阴之始长，而遁而远之，使不授阴以可消之权，而阳乃得以复亨，故曰"遁亨，遁而亨也"。《象》曰，"君子以远小人，不恶而严"，盖不与之比，亦不与之争，决然远遁，遁之得其正焉矣。合上下二卦观之，上卦乾健，有断然舍去之象；下卦艮止，有依恋执留之意，故下卦不如上卦之吉。遁不嫌远，愈上愈吉。就六爻分观之，初爻遁而露其尾，非真遁者也。二爻言"执"不言遁，不欲遁者也。三爻遁而有所"系"，将遁而未决者也。四爻曰"好遁"，是能不阿所好，超然远遁者也。五曰"嘉遁"，是能以贞自守，遁得其吉者也。上曰"肥遁"，是能明以审几，飞遁离俗者也。然《易》不可执一论，用之则行，舍之则藏，惟识其时而已。故遁者，君子见几之智。曰"君子"，曰"小人"，示其大体而已。

《大象》曰：天下有山，遁，君子以远小人，不恶而严。

"天下有山，遁"。天之与山，相去辽远，不可几及，是天远山，非山远天，在山亦不能怨天之远也。君子则之，以远小人，不必显出恶言，亦未尝始示和气，但望之而自觉可畏，即之俨然难犯，使小人不远而自远。"不恶而严"，斯为待小人之善法也。

【占】 问战征：防前进有山，山间有敌兵埋伏，致遭败北。

　　○问营商：恐一时物价涨落不同，相去甚远。

　　○问功名：宜退隐，不宜进见。君子吉，小人否。

　　○问家宅：此宅近山，前面空阔辽远，防有阴祟。

　　○问疾病：病有鬼祟，宜敬而远之，以避居为吉。

　　○问婚姻：二五阴阳，本属相应，但邪正不同，以谢绝之为吉。

　　○问六甲：生女。

初六：遁尾，厉。勿用有攸往。

《象传》曰：遁尾之厉，不往何灾也。

初爻居艮之始。艮为穴居，又为尾，故曰"遁尾"。贤者避地，入山唯恐不深，入林唯恐不密，不欲使人尾其后也。若乃遁而不藏其尾，非真遁也，是殆借名山为捷径，欲藉遁以为攸往计耳。古今来高隐不终，不特为猿鹤贻笑，而功犹未成，失即随之，其危厉，皆自取之耳。故戒之曰"勿用有攸往"，谓其宜遁而不宜往也。《象传》曰："不往何灾"，盖往则灾来，不往则无灾，反言之以阻其往也。

【占】 问战征：为伏兵言也。埋伏宜深藏不露，使敌不得窥其遗迹，若藏头露尾，必致危厉，不如不往也。

　　○问营商：销卖货物，宜赶快，不宜落后，并宜首尾一并卖讫，斯可免灾。

　　○问功名：龙门烧尾，吉。

○问家宅：宜速迁移，落后有灾。

○问婚姻：遁者，避而远之之谓，婚姻不合。

○问六甲：生女。

【占例】 友人某来，请占气运，筮得遁之同人。

爻辞曰："初六：遁尾，厉。勿用有攸往。"

断曰：遁卦四阳在外，二阴在内，在外者阳浸而消，在内者阴浸而长。运以得阳为佳，阳消阴长，是好运已退也。今占得遁初爻，初爻以阳居阴，爻辞曰"遁尾，厉，勿用有攸往"，谓好运既退，第留此尾末而已，故"厉"。戒曰"勿用"，是宜退守，毋前往也。运以五年为一度，至上六，则"无不利"矣。

六二：执之用黄牛之革，莫之胜说。

《象传》曰：执用黄牛，固志也。

"执之"，"莫之"，两"之"字，皆指遁者言。黄，中央之正色。牛性柔顺，革性坚韧。艮为皮，故曰"革"；艮为手，故曰"执"；二得坤气，坤为黄牛，故曰"黄牛"。二居内爻，为成卦之主，上应九五，阴长阳消，应五而实消五，五即因之而遁，诸爻亦相随遁去。二爻欲执而留之，如白驹之诗，所咏"执之维之"者是也。"执之用黄牛之革"，以拟其执留之坚，而莫之遁焉。"胜"者，堪也，"说"者，解脱也，"莫之胜脱"，使之不可逃脱也。诸爻皆言遁，二爻独不言遁。遁者诸爻，而驱之使遁者，二爻也；二既驱之使遁，而复欲假意以执之，不令其遁，是小人牢笼之计也。《象传》曰"固志"，五之《象》曰"正志"，二五之志本不同。二欲藉嘉会之礼，以笼络五之志，使之不遁，"固志"者，固五之志也。

【占】 问战征：当诸军逃散之际，独能坚执固守，为可嘉也。

○问营商：固一时货价逐涨，执守来本，莫能脱售。

○问功名：席珍待聘，美玉待沽，功名之兆也。"莫之胜脱"，功名难望矣。

○问家宅：此宅阴气渐盛，居者不利，群思迁移，即欲脱售，一时亦难。

○问婚姻：此婚已成，后欲退悔，执柯者甚属为难。

○问六甲：生女。

【占例】 友人某，来请占气运，筮得遁之姤。

爻辞曰："六二：执之用黄牛之革，莫之胜脱。"

断曰：此卦二阴浸长，四阳浸衰。阴者小人，阳者君子，小人日进，君子日退，故谓之遁。以气运言之，正是运退之时也。"黄牛之革"，物之又软又韧者。以此系物，物莫能脱，譬言人生为运所缚，虽有志愿，终生捆缚，不克施展。今占二爻，其象如此，运可知矣。

○明治二十九年，占皇国气运，筮得遁之姤。

爻辞曰："六二：执之用黄牛之革，莫之胜脱。"

断曰：此卦四阳为二阴所侵，论人事则我为彼所侵，于国亦然。自我国胜清之后，俄、德、法三国，以亚细亚之平和为口实，使我还付辽东，加之俄法为清国偿金斡旋，俄清之交一变,将有事于东洋。方今欧洲诸强国,皆唯竞利自图,约束清国,譬如用"黄牛之革",絷缚其手足,使之莫能解脱,几欲瓜分之以为快。而于我国,亦未尝不欲以此相缚,我唯固守其志,内修军备,外善辞令,以敦邦交,而不受此笼络也。此为得计耳。

九三:系遁,有疾,厉。畜臣妾吉。

《象传》曰:系遁之厉,有疾,惫也。畜臣妾吉,不可大事也。

"系"者,羁绊之义。三以阳刚,居内卦之上,与二阴阳相亲比,为二所羁縻,不忍超然远引,欲遁而志不决,故曰"系遁"。凡当遁则遁,贵速而远,一有所系,则忧愁莫定,宛如疾痛之在身,危厉之道也,故曰"有疾,厉"。盖"系"者,三系于二,阴为之主;"畜"者,二畜于三,阳为之主。以阴系阳则厉,以阳畜阴则吉。"臣妾"者阴象,三阳在二阴之上,故能畜。君子之于臣妾,畜之以供使令,进退无足关重轻也,是以"系遁"不失为吉,至若当大事,必致因循而坐误也。《象传》曰:"有疾,惫也",惫谓力竭而敝惫也。"不可大事也",大事者,指三一生大节而言,不可或忽也。

【占】 问战征:军阵进退,皆有纪律,鼓进金退,最要便捷,一有迟误,必致大败也,宜慎。
○问营商:货物当脱售之时,不宜踌躇不决,或系恋私情,防误大事。
○问功名:时当奸人秉政,宜急流勇退,斯无疾害。
○问家宅:此宅不利,主多病厄,宜速迁移,若迟延不去,恐有大祸。
○问婚姻:娶嫡不利,娶妾则吉。
○问六甲:生女。

【占例】 友人某来,请占商业之盛衰,筮得遁之否。

爻辞曰:"九三:系遁,有疾,厉。畜臣妾吉。"

断曰:三爻以阳居阳,留恋二阴,欲遁不决,致"有疾,厉"。今足下占问商业,得此三爻,知为商业失败之象。宜速脱货,则损失犹微,若惜金而踌躇,则品物之价,日益低落,其所损更大也,谓之"系遁,有疾,厉"。"畜臣妾吉"者,谓葆此余资,以畜养家人可也,若欲重兴商业,则不可也。

九四:好遁,君子吉,小人否。

《象传》曰:君子好遁,小人否也。

四与初相应,相应必相好。乃初与四好,而四不好初;且四因初之好,而决意远遁,故曰"好遁"。然在初之好四,亦非真好,不过欲借四以为重,是引用君子之意,若新莽之礼贤下士是也。四则有见于此,不为初所笼络,而超然远引。谓尔虽好我,我不好尔,尔不我遁,我则自遁,我行我志而已。四入乾,乾为君子,故曰"君子吉"。在初之厚貌深情,以为四必感恋情好,不意窒迩人远,一去千里,竟有不可执维者。初处艮,艮为小子,故曰"小人否"。一说"好遁"者,谓有所好而遁也,犹《论语》"从吾所好"之好。世人所好,在富贵功名,君子所好,在乐天知命。此谓好遁,亦通。

【占】 问战征：四处乾之始，乾为健，知进不知退。或军中有一人谋陷，故作退计以避之。退亦吉也。

○问营商：商家以买入为进，卖出为退，四曰"好遁"，知以出货为得利也。

○问功名：爻辞"好遁"，是其人必无意于功名也。然名亦不同，或盗虚名于一时，或垂大业于千秋，君子小人，所由分也。占者宜自审焉。

○问疾病：四乾体，爻曰"好遁"，阳遁而入阴，其病危矣。然转危为安，亦遁之象，想大人可治，小人难也。

○问婚姻：防后有离婚之忧。

○问讼事：俗云"三十六着，走为上着"，"好遁"之谓也。

○问六甲：生男。

【占例】 亲友某来，请占气运，筮得遁之渐。

爻辞曰："九四：好遁，君子吉，小人否。"

断曰：四居乾阳之首，乾曰见，不曰隐，乃四为二阴所逼，超然远遁，是遁而避害也。今足下占得第四爻，足下躬膺职位，亦知僚属中，邪正不一。或外面情好敦笃，其中奸计百出，不可不防。足下知其然，不露声色，决意引退，是明哲保身之要道也。爻辞曰，"九四：好遁，君子吉，小人否"，谓君子飞遁离俗则吉，小人溺情爵禄则否矣。爻象如是，足下其审之。

后某果因官制改革，有非职之命。

○一日杉浦重刚氏来曰：方今为千岛舰事，以上海英国上等裁判所判决为不当，将再向英国理论，其结局果否？如何？请筮之。筮得遁之渐。

爻辞曰："九四：好遁，君子吉，小人否。"

断曰：此卦阴长阳消，为邪强正弱之象。正者必反而受屈，卦象如是。今占千岛舰判审事，得遁四爻。遁卦二阴在内，长而逼上，至四爻则阴势已盛，阳气殆尽。在下面虽假作情好，而内心实阴险莫测。核之千岛舰之事，情形符合。我国因千岛舰失事，据万国公法向彼理论，迭经审问，终不得直。盖现今天下大势凭强弱，不凭曲直，亦事之无可如何者矣。爻辞曰"好遁"，是教我以退避也。即得退遁，了事而已。

九五：嘉遁，贞吉。

《象传》曰：嘉遁，贞吉，以正志也。

五以阳居阳，刚健中正，虽与六二相应，能知时审势，应变识几，超然远遁。其遁也，不为情移，不为势屈，意决而志正，洵可嘉美矣，故曰"嘉遁，贞吉"。《象传》曰"以正志也"，谓九五遁得其正，即可以正二之志，是"不恶而严"也。

【占】 问战征：正当敌势强盛，能以潜遁而返，得保全师，亦可嘉也。

○问营商：货到该处，时价不合，而转别地，得以获利，可谓应变而不失其正也，故吉。

○问功名：爻以九五为尊，占得九五，是必功名显达，位近台辅。伊尹曰，"臣罔以宠利居成功"，谓能以功成身退者也，故吉。

○问家宅：此宅必是南阳诸葛之庐，栗里陶令之宅也，高风可尚。

○问婚姻：二五本阴阳相应，有意议婚，五以其志不同，不允。另就他聘，吉。

○问疾病：是阴邪纠缠之症，潜而遁避，可获吉。

○问六甲：生男。

【占例】 予亲友永井泰次郎，其妻有娠，张筮招予，请卜男女。筮得遁之旅。

爻辞曰："九五：嘉遁，贞吉。"

断曰：九五乾卦，以阳居阳，生男之兆也。乾为父，艮为少男，他年少男嗣父而续家，老父让产而隐居，故名此卦曰遁。且其辞曰"嘉遁，贞吉"，是有子克家之象。

其后果生男子。

上九：肥遁，无不利。

《象传》曰：肥遁无不利，无所疑也。

"肥"者饶裕也。卦中诸父，欲遁而多所系累；此爻独无应无比，故无系累。不复劳顾忌，飘然远引，所谓进退绰有余裕者也，故曰"肥遁，无不利"。《象传》曰："无所疑也"，谓上爻居乾阳之首，其察势也明，其见几也决，首先高遁，绝无一毫之疑碍也。或谓"嘉遁"如殷微子，如汉张良，"肥遁"如泰伯、伯夷，或又如汉之商山四皓也。

【占】 问战征：战事宜进不宜遁，遁必不利。爻曰"肥遁，无不利"，其唯太王避狄迁歧乎？

○问营商：商人谋利，往往群焉竞逐。今独能人取我弃，以退为进，则其退反得厚利，故爻曰"肥遁"。

○问功名：其人必不以膏粱肥口，能以道义肥躬，故曰"肥遁，无不利"。

○问家宅：此宅地位甚高，家道亦富，但利于求财，不利于求名。

○问疾病：肥人气虚，遁者，脱也，恐致虚脱。

○问婚姻：恐女子贪恋富室子弟，因而私奔。

○问六甲：生男。

【占例】 明治十八年三月，以中央亚细亚阿富汗境界事，生英狮俄鹫之葛藤。凡新闻电信所报，论和论战，主俄主英，诸说纷纷，各国皆有戒意。即如我国，利害所关，亦非浅鲜。因占其和战如何，筮得遁之咸（明治十八年五月八日）。

爻辞曰："上九：肥遁，无不利。"

断曰：内卦为山，属英；外卦为天，属俄。山艮而止，今观英国所为，虽频修战备，不过虚张声势，其实无意于战也。何者？英之海军虽强，至如阿富汗中央亚细亚地方，不能专用海军。若陆军，在英兵数不多，仅足护国而已。且苏丹之役，已分遣陆兵不少，他如印度兵，虽派遣于阿富汗高寒之地，不能尽得其力。加之印度各分宗教，兵士各守其宗规，粗食亦不足，即驱而用之，岂能当强俄乎？故欲战不得不用海军，用海军之处，有关通商航海之障碍，可以牵动各国。即可以压制俄国，在英国无心开战，可于艮止而得其象也。天乾而健，今观俄国所为，俄国遵奉彼得帝遗训，知进而不知退，意在鲸吞各国以为快，可见俄国有意开战。合内外卦则为遁，是遁为英国之气运，遁反卦为大壮，是为俄国之气运。在英之对俄，唯有严其守备，使俄无隙可乘，即可断英俄交涉之结果也。

䷡ 雷天大壮

《序卦传》曰："物不可以终遁，故受之以大壮"。遁者，阳之退，大壮者，阳之进，无往不复，大壮所以继遁也。卦体乾下震上，乾刚在下，加以震阳在上，乘健而动，动而愈刚，壮往之势，进而不止，既壮又大，是四阳之过也，故卦曰大壮。

大壮：利贞。

阳为大，阳长至四，坚实而壮，故曰大壮。三阳为泰。至四而称壮，壮而曰大，壮之过也。乾曰"元亨利贞"，震曰"亨"，大壮不曰元亨，独曰"利贞"，而六爻又多戒辞，恐其失正而动，动必得咎，是知大壮非《易》之所贵也。

《象传》曰：大壮：大者壮也。刚以动，故壮。大壮利贞，大者正也。正大而天地之情可见矣。

此卦下乾上震，震者雷也，乾者天也。乾在下为刚，震在上为动。刚而动，动得其刚，则刚而愈动，壮盛之势，莫之能遏，此壮之所以曰大也。夫大莫大于天地，天地之动得其正，则四时行焉，百物生焉，其大也，即其正也，故大壮必曰"利贞"。贞者，正也，"大壮利贞，大者正也"，大而正，则其壮也配义与道，可充塞于天地之间，而天地之情，即于此可见矣。

以此卦拟人事，为其人生性本刚，而复逞其发动之气。乘刚而动，勇往直前，非不足以有为也，然过刚则折，过勇则蹶，败事之咎，即在此大壮中也。《杂卦传》曰"大壮则止"，其以此也。大壮首曰"利贞"，利贞者，利于贞，贞即谓正，所谓"大者正也"。卦体震上乾下，乾本健行，至上九阳极则亢，是以有悔。震主震动，而爻象皆言恐惧，可知《易》道恶其过刚。越礼违谦，往必不利，故君子戒之以"弗履"，惕之曰"用罔"。故以柔济刚，以静定动，则动如无动，而刚若不刚，则见壮即见正也。孟子所谓至大至刚之气，其在斯乎？

以此卦拟国家，为国运壮盛之时也。上卦曰遁，四阳在上，二阴浸长；此卦反之，四阳在下，二阴浸消。阳长阴消，乘刚而动，故曰"大壮，大者壮也"。是君子日进，小人日退，国运全盛，正在此时。然国运过盛则侈，卦象过壮则暴，侈与暴，皆失其正，故大壮必曰"利贞"。贞之为言正也，非正无以成其大也。大而正，斯刚不过刚，动无过动，是以正而用壮，"大者壮"，即"大者正"也。《象》所云"君子非礼弗履"，礼即正，非礼即非正，君子亦用其正而已。夫子所谓"政者正也，正则行，不正则不从"，垂诫深矣。故六爻多戒"用壮"：初惩以"凶"，三戒以"厉"，五教以"易"，上惕以"艰"，淮二四两爻，得其"贞吉"。盖易道恶其太过，以得中为吉，治道亦然，此王者所以贵持盈而保泰也。

通观此卦，卦体乾下震上，卦象内刚外动。乘此阳之正壮，以逼阴之将消。疑若易易，然阴方得位，未可遽逼。刚不可恃，进不可躁，故君子必以礼为履也。大壮反卦为遁，遁，退也，二阴方进，其退不可不决；大壮，进也，二阴未退，其进不可太猛。《杂卦传》曰，"大壮则止，遁则退也"，其卦义相反如此，而爻象亦皆先后互反。阴进则阳退，阴退则阳进，此大壮所以继遁也。六爻分属二卦，内三乾体，外三震体，以二五为得中。初爻为乾之始，一往直前，知进而不知退，故"凶"。二爻为乾之主，喜得其中，而犹不失其正，故"吉"。三爻居乾之终，"小人"指初，"君子"指二，"罔"谓法网，即君子怀刑之意，盖合初与二，分言以明之也。四出乾入震，为壮之主，以阳处阴，动不违谦，故得吉而"悔亡"。五爻居震之中，能于平易之时，柔而得中，不用其壮，故"无悔"。上居震之极，进退维谷，何利之有？唯能凛之以艰则吉。总之，持盈保泰，壮乃得吉，越礼违谦，壮必有悔，是必如三之"用罔"，而不"用壮"，斯为处壮之要道也，玩《易》者其审之！

余读大壮一卦，而有慨夫维新先后之义士也。当幕政初衰，妄施议论，不知忌讳，即所谓初之壮趾凶也。著书立说，有主尊攘，以兴起天下之大义者，如二之得中"贞吉"也。方其列藩应义，群才奋兴，或躁或缓，邪正不一，祸福攸分，如三所谓"用壮""用罔"之不同是也。或有慎礼守谦，不失其壮，能以尚往得吉者，如四之"藩决不羸"是也。或有居易预防，不涉险难，以退为进而"无悔"者，如五之"丧羊于易"是也。至若方今当路大臣，皆出自昔年创义藩士，历尽艰危，而得际其盛者，如上六之"艰则吉"者是也。要之废藩诸士，忠肝义胆，国而忘身，均可嘉尚，其间成败祸福，亦各自取。"用罔"，实足为前事之鉴也夫！

《大象》曰：雷在天上，大壮，君子以非礼弗履。

大象震雷，发于乾天，势力强壮，故名曰大壮。夫随、复、豫、大壮四卦，皆得震体，故皆取象于雷。随雷入泽中，阳势渐收，是谓秋雷；复雷入地中，阳势已微，是谓冬雷；豫"雷出地奋"，阳势方盛，是谓春雷；大壮曰"雷在天上"，阳势健盛，是谓当令之夏雷也。君子则之，谓雷之发声，必以其时，不时则为灾；君子之践履，必由于礼，非礼则有悔。乾为行，震为足，有履之象。乾之《象》曰，"君子以自强不息"。震之《象》曰，"君子以恐惧修省"，合而言之，君子因欲自强，唯以非礼而履者，为可惧耳，即夫子所谓"非礼勿视，非礼勿听，非礼勿言，非礼勿动"之旨也。

【占】 问战征：军势强盛，有疾雷不及掩耳之势；但兵骄必败，所当深戒。

○问营商：雷在天上，是货价高标之象，得价而售，不可过贪。

○问功名：雷声远震，必得成名。

○问家宅：防有火灾，宜祷。

○问疾病：震为雷，亦为足，防有足疾，不能行也。

○问婚姻：震为乾之长子，巽为坤之长女，是天合也，吉。

○问失物：雷一过而无形，恐此物不能复得。

○问六甲：生男。

初九：壮于趾，征凶，有孚。

《象传》曰：壮于趾，其孚穷也。

初居大壮之始，在下卦之下。在下而动，故曰"壮于趾"。震为征，故曰"征"；迈征而往，有急起直追之势，无"视履考祥"之念，是以凶也，故曰"征凶。""有孚"，《象传》曰"其孚穷也"，谓初虽与四应，初既穷其所往，四又隔远，无能为力也，故曰"其孚穷也"。

【占】问战征："壮于趾，征凶"，为孤军深入者戒也。有勇无谋，是以凶也。

　　○问营商：货财贩运，有不胫而走、不翼而飞之妙；然不度销路，而贸然而往，何能获利？故凶。

　　○问功名：初本在下，曰"趾"，则动亦在下，功名必卑。

　　○问家宅："趾"，止也，此宅宜安止，不宜迁动，动则有凶。

　　○问婚姻：防女有足疾，"征凶，有孚"，谓虽有聘约，"其孚穷也"。

　　○问失物：此物已被足所践踏而坏。

　　○问六甲：生男。

【占例】　友人某来，请占事业之成否，筮得大壮之恒。

　　爻辞曰："初九：壮于趾，征凶，有孚。"

　　断曰：初爻居乾之始，在内卦之下，是必发事谋始，机会未至，而足先欲动者，故有壮趾之象。足下占事业，而得大壮初爻，知足下志在速成。当谋划未详，经验未定，而贸然前进，不特无利，且有凶也，故曰"壮于趾，征凶，有孚"。"壮于趾，征凶"者，谓轻举而取失败；"有孚"者，谓徒有此约信也。此事须待时而动，缓图则吉，今乃仓猝求成，是以凶也。

　　友人不用此占，急遽兴业，遂致失策而倾家。后有人以资金三分之一，继承其业，反得大利。

九二：贞吉。

　　《象传》曰：九二贞吉，以中也。

　　全卦诸爻，皆失于过刚，唯二爻为得中。中者不偏之谓也。二与五应，无抵触之失，是以无过不及，而进退适宜，故不言"壮"，不言"正"，直曰"贞吉"，盖即以《象》之"利贞"归之，而著其吉也。《易》道虽贵扶阳抑阴，然阳刚过盛，亦失其中，故必抑其过刚，以就其中，中则正，正则吉也。《象传》曰"以中也"，以九二当下卦之中，刚而能柔，所处得中也。

【占】问战征：以中营得力，故能获胜，吉。

　　○问营商：以货价适宜，得其时中，可获利也。

　　○问功名：恰好中式，吉。

　　○问婚姻：雀屏中选，吉。

　　○问家宅：此宅坐西朝东，地位适中，大吉。

　　○问疾病：病在中焦，宜用潜阳滋阴之剂，自得痊愈。吉。

　　○问讼事：得中人调剂，即息。

　　○问六甲：生男。

○问行人：已在中途，即可归也。

【占例】 某会社社长，来请占气运，筮得大壮之丰。

爻辞曰："九二：贞吉。"

断曰：此卦四阳在下，二阴在上。阳大阴小，刚浸而长，故曰大壮。足下占会社而得二爻，可见社中资金充裕，足以有为。足下身任社长，所当以柔济刚，以静制动，从容办事，不期速效。谦和有礼，进退悉中，自能徐徐获益，吉无不利也。

后二年，至四爻，四为大壮之主，可得大利。后果如所占。

九三：小人用壮，君子用罔，贞厉。羝羊触藩，羸其角。

《象传》曰：小人用壮，君子罔也。

"羝羊"，牝羊也。三至五体兑，为羊，故取象于羊；卦体纯刚，故曰"羝羊"，以喻刚阳之盛也。三当内卦之终，逼近外卦，乾刚震动，壮象将成。小人处此，必将恃其壮而壮焉，是谓"用壮"；君子有其壮，而不敢自居其壮，一若未尝有壮也，故曰"用罔"。"罔"，无也，京房曰，"壮一也，小人用之"，君子有而不用是也。三以阳处阳，重刚不中，虽贞亦危，故曰"贞厉"。君子因其厉而益加强焉，朝乾夕惕，时以非礼自防，不敢或逞其壮，所谓以有若无也。九四体震，为竹苇，故曰"藩"。藩所以闲羊，四在前，三触之，故曰"羝羊触藩"，象小人之用壮也。"羸"，郑虞作累，为拘累缠绕；"羸其角"，角，羊角，谓羊触藩，其角为藩所拘累，而不能出也，以喻用壮之危。"小人用壮"，当知所返矣；"君子用罔"，斯可免危矣。《象》曰"小人用壮"，小人第知有壮；"君子罔也"，去一"用"字，益见君子之不用，所贵敛之以无也。一说：罔，法网也，君子知壮之为厉，凛凛然以刑网为戒，即君子怀刑之意。亦通。

【占】 问战征：善战者审机察敌，不敢妄动。恃勇者逞强战斗，孤军直入，致陷险地而不能出，是以凶也。

○问营商：自恃资财之富，任意垄断，一至货物毁折，无地销售，必遭大损。善贾者当无是虑。

○问功名：鲁莽者必败，谦退者成名。

○问家宅：此宅地位既高，建屋宜低，屋高恐有震陷之灾。

○问疾病：病由血气过刚，药宜调血下气。

○问讼事：以忍气受屈，息讼为宜。若健讼不休，讼则"终凶"。

○问婚姻：两姓或一贫一富，若富者恃富凌贫，以致夫妻反目，凶。

○问六甲：生男。

【占例】 友人某来，请占商业盛衰，筮得大壮之归妹。

爻辞曰："九三：小人用壮，君子用罔，贞厉。羝羊触藩，羸其角。"

断曰：此卦内卦乾父，外卦震子，是父主谋于内，子干事于外，父子协力，以创兴家业，财力旺壮，故曰大壮。足下占商业，而得三爻，以阳居阳，爻位皆刚，若径情直往，其壮强之势，几可压倒同业，然过刚必折，恐反为同业所轧，必遭窘辱，如羊之触藩而不能出也。善贾者坚贞自处，不敢挟富而生骄，亦不敢恃才而自侈，虽有其壮，而不用其壮，斯得处壮之方，即得生财之道也。足下其熟审之！

后友人乘壮用事，果为同业所挤，损失数万金。

〇明治二十七年五月中旬，我国驻英国公使某罹病，友人某忧之，请余一占。筮得大壮之归妹。

爻辞曰："九三：小人用壮，君子用罔，贞厉。羝羊触藩，羸其角。"

断曰：此卦阳长之卦，三爻又以阳居阳，震为木，木属肝，是必肝阳过盛，脾阴受克之症。某公使素体壮健，医者因其壮而误为实火，一昧泻肝息阳，而元气愈虚，肝阳愈燥，病至不可药救，是谓用壮之误也。善医者当以育阴潜阳治之，所谓"用罔也"。至论爻象，三爻变为归妹，归者，归也，至四爻变泰，则病可疗。今当五月中旬，必过此一月后，可望平愈，然恐不及也。

后某氏之病，果以翌月四日遂亡。

九四：贞吉，悔亡。藩决不羸，壮于大舆之輹。

《象传》曰：藩决不羸，尚往也。

九四出乾入震，为震之始，以阳居阴，不极其刚，故得吉而悔亡也。三之有藩，藩在四也，四前二阴，则藩决矣。"輹"，车轴缚也。坤为大舆，震上二阴得坤气，故亦曰"大舆"。輹壮则舆强，言行远而无碍也。率此以往，壮而不见其壮，悔何有焉？《象传》曰"藩决不羸，尚往也"，谓壮得其贞，乃可许其前往也。

【占】问战征：前途城垣已破，车驰马逐，长征可无阻也。

〇问功名：九四互乾，辰在戌，上值奎壁，壁主文昌，所以崇文德也，功名必显。王良五星在壁北，主车马，大舆之象；雷电六星亦相近，主兴雷，即震雷之象。

〇问营商：可许满载而归，吉。

〇问家宅：此宅当车马往来之地，宅前藩篱破落，急宜修整。

〇问疾病：人以发肤为藩卫，以心神为舆马，发肤破裂，心神摇荡，病不久矣。

〇问婚姻："舆脱輹，夫妻反目"，非佳偶也。不吉。

〇问六甲：九四为震之始，震一索得男，为长子也。

【占例】 明治二十七年九月，大本营之进广岛也，大元帅陛下，将发亲征。恭筮一卦，得大壮之泰。

爻辞曰："九四：贞吉，悔亡。藩决不羸，壮于大舆之輹。"

断曰：此卦四阳连进，上决二阴，其势盛大，故曰大壮。今我兴征清之师，彼严兵固壁，尚不能当，况其藩卫已决，何能御我乎！恍如骋大车于坦途，可预决也。爻象如此，其吉可知，因呈此断于某贵显。

六五：丧羊于易，无悔。

《象传》曰：丧羊于易，位不当也。

上卦互兑，兑为羊，五正是羊。"丧"，亡也；"易"音亦，陆作场，谓疆场也，易场古通字。乾为郊，郊外谓之牧，五当乾郊外疆场之地，畜牧之所也。畜牧有藩，防其逸也。卦以震之下画为藩，三触之，四则藩决矣，五则羊逸，羊逸于易，所谓"大道多歧而亡羊"，故曰"丧羊于易"。五居震卦之中，偶画为阴。易，为旷郊阴地，阴爻而入阴地，不见其壮，故象为"丧羊"。且羊性刚卤，喜触，无羊则无触，无触则无用壮之悔，故曰"无悔"。旅上九曰"丧牛于易"，"易"亦作场。旅宜柔，丧其柔，是以"有凶"也；大壮恶刚，丧其刚，是以"无悔"也。《象传》曰："位不当"，谓"无悔"在得中，不在当位，犹九二之"贞吉"，《象》曰"以中"，亦不在位也。总之，大壮一卦，《象》所称"利贞"，以事理言，不以爻位言也，明矣。"易"字，郑谓交易，《本义》读作"以智切"，音异，谓容易也。义各有取。

【占】 问战征：三爻曰"羝羊触藩"，有攻击之象，"丧羊"则无触，而战事可平。
　　○问营商："易"，郑谓交易，有经商之义；"丧"，亡也，恐有小失，然无大悔。"
　　○问功名：以得为吉，以丧为凶，亡羊补牢，未为晚也。晚年可望。
　　○问家宅：此宅在郊外空旷之处，于牧畜不利。
　　○问疾病："丧"，凶象，不吉。
　　○问婚姻：牵羊担酒，婚礼也，无羊，婚礼不成。
　　○问六甲：生女。

【占例】 友人某来曰：顷日有一种货物，可居奇获利，请占一卦，以定盈亏。筮得大壮之夬。
　　爻辞曰："六五：丧羊于易，无悔。"
　　断曰：此卦四阳在下，其势甚壮，故名大壮。今占得第五爻，五处外卦之中，二画为阴，壮势已失，爻曰"丧羊"，是必有丧而无得。
　　友人曰：台湾之事，购入军中所需食料品物，他日与清开战，实一大买卖也。后闻得和平之信，顿为惊愕，遂遭大耗，三年之后，犹不得偿全额云。
　　○明治二十七年十一月二十日，某贵显来访曰：目下旅顺口形势如何？试为一筮。筮得大壮之夬。
　　爻辞曰："六五：丧羊于易，无悔。"
　　断曰：以我国占旅顺，旅顺属清，是外国也。今占得五爻，五居外卦之中，当以我国为内卦，旅顺为外卦。"丧"者清国，得者我国也。爻辞"丧羊于易"，"易"，谓容易也。盖不须力战而得之也，数日内，当必有捷报到来。
　　后数日，旅顺陷，果如此占。

上六：羝羊触藩，不能退，不能遂，无攸利。艰则吉。

　　《象传》曰：不能退，不能遂，不详也。艰则吉，咎不长也。
　　上处外卦之终，与三相应，上之羊，犹是三之羊，上之触，犹是三之触。三虽羸角，乘刚而动，力能决藩，亦可进也，即不能进，尚可退也；至上势衰位极，爻处重阴，后路既断，前路又穷，将安归乎？不曰"不能进"，而曰"不能遂"，言终不能遂其壮往之愿也。视三之羸角，困益甚焉，利何有也！因退遂之不能，而惕之以"艰"，惩后惩前，"非礼弗履”，亦何难转咎为吉哉！《象传》所谓“不祥也”，言其不能“视履考祥”，故至退遂之两穷也。所谓“咎不长也”，言能知其所艰，则谨慎自守，壮终于此，咎亦终于此耳。

【占】问战征：六处爻之穷，如追穷寇也。恃胜深入，及为败军所困，进退无路，凶道也。

○问营商：是一意居奇，积货不售，至时过价贱，只要保本，而亦不得，其困甚矣。

○问功名：在上爻有位高而危之象，若恋恋不退，一旦祸及，欲退不能，悔已晚矣。

○问家宅：上爻居震之极，震为响，宅中必有响；震又为木，木动克土，恐有土精出现，土精为羊。其宅不利，所当艰难自守，至之卦为晋，晋曰“赐马蕃庶”，则可转咎为吉。

○问婚姻：未及详探，一时已定，兹要改悔，必不能也。现当知苦困守，久后必佳。

○问六甲：生女。

【占例】一日过访杉君，闲谈移晷，杉君谓余曰：“昨夕有偷儿入我仓库，窃取物品若干，中有勋章礼服，是贵重之品也，未审可复得乎？子试筮之。”筮得大壮之晋。

爻辞曰：“上六：羝羊触藩，不能退，不能遂，无攸利。艰则吉。”

断曰：上为爻之极，贼窃得勋章礼服，贵重之品，在贼既不能转售，又不能自用，贼无所利，计亦穷矣。爻曰：“羝羊触藩”，羊性刚卤，以喻贼之卤莽也。“触藩”者贼，或将以此贵物，置之于邻近藩篱间乎？君请搜寻之。

后果于邻邸墙垣上寻得之。杉君大为赞称。

䷢ 火地晋

卦体上离下坤，坤为地，离为火。坤之《象传》曰“行地无疆”，行即进也；离之性为火炎上，炎上亦进也。且物之善进者，莫如牛马，坤为马，离为牛，皆能行远，有进往之象。火，明也；地，顺也，明则足以烛远，顺则足以推行，又有进长之义。按：晋，进也。晋古文作簮，从臸从日，臸正字通，即刃切，音进，前往也，上升也。《序卦传》曰，“物不可以终壮，故受之以晋”，此晋所以继大壮也。

晋：康侯用锡马蕃庶，昼日三接。

卦象上明下顺，离明为日，故象君；坤顺为臣，故象臣，合之为君明臣良之象。坤为国，为邦，故谓“侯”。坤为康，康安也；坤为马，故谓“马”；坤为众，故谓“蕃庶”；离为日，故谓“昼”。盖爻称“康侯”者，谓明臣也，明臣升进，天子美之，赐以车马蕃庶，言车马之多也。“昼日三接”者，言不特赐予之多，且觌见之频，一昼之间，三度接见也。

《彖传》曰：晋，进也。明出地上，顺而丽乎大明。柔进而上行，是以康侯用锡马蕃庶，昼日三接也。

此卦离日坤地，取象“日出地上”。日出地而上进，光升于天，明丽于地。顺而柔者坤也，丽而明者离也。“大明”者，明君也；“上行”者，臣之升进于上也。谓其时天子大明在上，诸侯恭顺在下，明良相济，君臣一德，天子褒赏勋功，蕃赐车马，一昼三觐。宠赐甚隆，品物蕃多也，接谒甚优，问劳再三也。考大行人一职，曰"诸公三飨，三问三劳；诸侯三飨，再问再劳；子男三飨，一问一劳"，即天子三接诸侯之礼也。"赐马"，即观礼所谓匹马卓上，九马随之也。

以此卦拟人事，在国为君臣，在家为父子。离下巽上为家人，家人曰"有严君焉"；坤为母，亦为民，有母子之象焉。父在上而明察，有义方，无溺爱也；子在下而顺从，有孝敬，无忤逆也。由此以齐家，则上明下顺，而一家和睦，盘匜得甘脂之奉，门庭来欢乐之休。先意承志，顺之至也，和气婉容，柔之正也。"丽乎大明"者，继志而达孝也；"进而上行"者，人侍而承欢也。国曰"康侯"，即家所称孝子贤孙者也。"赐马蕃庶"者，国有恩赐，犹家之有庆赏。"昼日三接"者，觐礼谓三飨三问三劳，犹世子所称"朝问安，昼视膳，夜视寝"者是也。《大学》言修齐，首称"明明德"，唯其有离明之德，斯进而"修身"，进而"齐家"，进而"治国平天下"，由是道也。此晋卦所以取象于"明出地上"也夫！

以此卦拟国家，上卦为政府，得火之性，能启国运之文明；下卦为人民，得地之性，能柔顺而上进。上以其明照临夫下，下以其顺服从夫上。《象》曰"明出地上"，谓日之初出，渐进渐高，喻明君之擢用贤臣，登进上位也。顺必丽夫明，则顺乃有济；柔必进于明，则柔得其正，不然，顺以取悦，转致蔽其明也，柔而生暗，必不能以行也，故《彖传》曰"顺而丽乎大明，柔进而上行"，此晋之所以言进也。曰"用赐马藩庶"，"用"，谓用以赏赐也。如《采菽》一诗所云，"君子来朝，何赐予之？虽无予之，路车乘马"者是也。"昼日三接"者，行观礼，一也；三飨三致命，降西阶拜，二也；右肉袒，入庙门，出屏南，后入门左，王劳之，再拜，三也。此为元首明哉，股肱良哉。一时远臣来朝，天子燕飨，物美礼隆，赐予之厚，接见之频，典甚重也。历观六爻，初为始进，故有"摧如"之象。二之"愁如"，亦凛初之"摧如"而来也。三则不摧不愁，而"众允"孚矣。此为内卦，得坤之柔而进也。四不当位，故有"鼫鼠"之戒。五为卦主，则"往有庆也"。上处离之极，离为戈兵，故曰"伐邑"，此为外卦，得离之丽而明也。《象》曰"君子以自昭明德"，"君子"者，即离卦所称"明两作，离"之"大人"也。

通观全卦，卦体从大壮来，上卦变震之下画而为坤，下卦变乾之中画而为离。晋，进也，壮则行之，是以"进而上行"也。《象》曰"明出地上"，"明"即谓离，"地"即谓坤，"出"即所谓"上行"也。日之光明在天，日之照临在地，日以明而上行，不明不特不见行，且不见为日也。六爻皆言晋，而晋各随其先后以为象。初为进步之始，人或不我孚也，宜宽裕以处之也。二进于初，二虽怀愁，已见其吉而受福也。三则又有进矣，罔孚者，忽而其孚，众心允服，悔何有焉？内三爻得坤之顺，故皆吉；四当外卦之始，出震入离，首鼠两端，有一前一却之象，虽贞亦厉。五为卦主，柔进上行，故"往吉，无不利"也。上处晋之极，"角"，即大壮羝羊之角也，进而不顺。必致吝也。外三爻当离之位，高而难进，故多厉。盖离之配卦十有六，象之最美者，莫如晋、大有。大有"明在天上"，其明最盛；晋"明出地上"，其明方新。明之方新，其进贵柔，六爻中四上两爻曰"厉"，四进非其道，故如技穷之鼠，上穷而又进，故有晋角之危，皆失柔进之道也。圣人显微阐幽，忧患作《易》，故于晋明之世，犹必以"贞厉"，"贞吝"为戒。初、二、三、五之吉，正所以劝其进也。自明其德，用以明天下之德，旨在斯乎？

《大象》曰：明出地上，晋，君子以自昭明德。

日西入为夕，东出为旦。方其始出，渐进渐高，愈高愈明，光无不照，幽隐遍烛，即晋之象。君子法此象，以自明其德。德，心之德也，与生俱来，灵明夙具，本无一毫私欲，得而蔽掩，犹日之初出于地，沧沧凉凉，明光华照，本无一些云翳。"自昭明德"，昭，即明也，所谓自明明德，明德而犹待于明。此事不容假贷，唯在自知之而自明之耳。君子切而责之于自，致知格物，以启自昭之端，诚意正心，以致自昭之实，谓之"君子以自昭明德"也。

【占】问时运：正当好运新来，犹朝日初出，渐升渐高，明光普照也。吉。

　　○问战征：当大军初发，顺道而进，宜日战，不宜夜攻。

　　○问营商：最利煤炭地火等生业，取其明也。吉。

　　○问功名：有功名指日高升之象，吉。

　　○问讼事：宜返而自讼。

　　○问家宅：此宅朝东南，高敞明朗，得太阳吉曜照临，大吉。

　　○问六甲：生女。

　　○问失物：在明堂中寻之，得。

初六：晋如摧如，贞吉。罔孚，裕无咎。

《象传》曰：晋如摧如，独行正也。裕无咎，未受命也。

初居下卦之始、柔进上行，自初起。首曰"晋如"，若欲进而未果；继曰"摧如"，若有摧而见阻。初与四应，四不当位，不特不应，且所以摧初之进者，实四为之也。然虽见摧，唯其得贞，是以吉也。"罔孚"者，推其摧之由来，虽四为之，亦由上下之交未孚耳。坤为裕，故曰"裕"。当其未孚，或汲汲以干进，或悻悻而怀忿，皆所以取咎也，唯雍容宽裕，乐道自处，咎何有焉？故曰"裕无咎"。《象传》曰"独行正也"，谓摧者不正，晋者能独行其正耳。"无咎，未受命也"，谓其未受赐命，只宜宽裕以待之耳。

【占】问时运：目下好运初来，虽无灾咎，尚未盛行，宜迟缓以待之。吉。

　　○问战征：初次行军，众心未定，宜宽以待之。吉。

　　○问营商：货物初到，商情未洽，宜宽以时日，早则四日，迟则四月，到四爻曰"众允"，则货可旺销，必大获利。

　　○问功名：功名固所自有，不可知者迟早耳，宜宽怀以俟。

　　○问家宅：此宅本吉，一时未许进居，为两情未洽。缓则必，成。

　　○问婚姻：因探听未确，迟缓可成。

　　○问失物：日后可得。

　　○问疾病：宜宽缓调养，可愈。

　　○问六甲：生女。

【占例】某县人来，请占志愿成否，筮得晋之噬嗑。

　　爻辞曰："初六，晋如摧如，贞吉。罔孚，裕无咎。

断曰：普者进也，晋当初爻，是进步之初也。"摧如"者，欲进而有所摧折也。进者虽正，无如人不我信也。今足下占问志愿而得初爻，知足下品行端正，才具可用，但一时众情未孚，是以欲进又阻。初与四应，四不应初，反来阻初，料足下所托谋事之人，此人不能相助，反致相毁，故一时难望遂愿。宜到四爻曰"众允"之日，志愿可遂。一爻一月，大约在四月以后，大吉。

其人尝携建议书，请谒某贵显，不能面达，反受警部之辱。得此占所云，大有感悟。

六二：晋如愁如，贞吉。受兹介福，于其王母。

《象传》曰：受兹介福，以中正也。

"愁如"，不悦之意，与"摧如"不同，愁者在我，摧者为人所阻。然二之所以"愁如"，实因初之见摧而来也。居中履正，故"贞吉"。"介福"，谓大福。"王母"，以二与五相应，五王位，坤阴，坤为姊，故曰"王母"；"王母"，即所谓太后也。二属坤，坤通乾，乾为"介福"。按井三曰王明受福，既济五曰"实受其福"，井三、既济五，皆得乾体，其福盖皆受之于乾也。二又互艮，艮为手，手持福以与二，二受之，故曰"受兹介福"。《九家易》云："介福，谓马与蕃庶之物也。"《象传》曰"以中正也"，谓其守此中正，不以无应而回其志，故终得受此大福也。

【占】问时运：目下运非不佳，但所求多阻，中心未免忧结，能守正不改，终必亨通大利。

○问战征：前番进攻，既遭摧折，今此再进，殊切愁惧，然能临事而惧，后必获吉。六二与六五相应，六五辰在卯，上值氐、房、心、尾，氐星前二大星主后妃，故取象王母，祷之，则有福。

○问营商：因前贩之货，已被折耗，今兹未免怀愁，故曰"晋如愁如"。惟中正自守，至五爻乃曰"失得勿恤，往吉，无不利"，盖劝其不必忧愁，而自然获福也。

○问功名：今虽忧愁，至五爻曰"往有庆"，盖二年之后，即可获吉。

○问婚姻：吉，但目下不就，须待第三年可成。当有祖母为之作主。

○问家宅：当迁居，与祖母同居共食，吉。

○问失物：久后可得。

○问六甲：生女。

【占例】明治五年，余随陆军大佐福原实氏，赴赞州谋筑兵营。时坐轮船中，福原氏曰：方今我国形势，前途未可知，请试一占。筮得晋之未济。

爻辞曰："六二：晋如愁如，贞吉。受兹介福，于其王母。"

断曰：晋者，进也，欲进而愁其见摧，是进而未能进也，故爻曰"晋如愁如"。六二以阴居阴，但得中正，与初为比，因初之摧，倍切忧思，可谓临事知惧，故得"贞吉"。今占我国时势得此爻，我国自维新以来，力图进取，以启文明。初时内为旧藩士意见不合所阻，外为泰西各国风教不同所困，下又为改革不便所扰，是以欲进而未能遽进。兹当二爻，二与五应，五属尊位，知当道大臣，蒙我皇上帝心简在，上下一心，固不敢畏难思退。唯是进步艰难，日切忧虑，此即爻辞之所谓"晋如愁如"是也。当日三条公以下诸位大臣，秉正谋国，不特受知于皇上，且为太后所信任也，此即爻辞所谓"受兹介福，于其王母"是也。就前后爻辞而详推之，初爻则属之前事，二爻则属之今日，二五相应，是即《象》所称"康侯"者也。三爻则初之"罔孚"者，而众孚矣，得以上行无悔。四爻则恐有谗邪在位，如鼠之昼伏夜行，进退诡秘，意将窃弄政权，为宜戒也。五爻当君位，是明君在上，殷殷焉为诸臣劝驾。曰"失得勿恤，往吉，无不利"，盖指二之"愁如"者言，谓失得不足忧，往则"无不利"。"有庆"者，即受福之谓也。上爻居离之极，离上"王用出征"，故五爻亦用"伐邑"，谓再有摧我者，当以王师讨之，使不敢复阻我前进也。爻象一爻或当一年，或当十年，可以定数求之。统之晋者进也，继大壮而来，为宜柔顺上行，不宜刚健躁进。盖取坤之顺而在下，尤必取离之明而在上。君子自昭明德，胥是道也。武功必先文德，上爻之"伐邑"，知亦不得已而用之耳。我国明良交际，文武兼修，国富兵强，日进日盛，正万年有道之休也，岂不休哉！

福原氏闻之，大为感服。

六三：众允，悔亡。

《象传》曰：众允之，志上行也。

三居内卦之上，与四为比，刚阻于前，似宜有悔。"允"，信也。六三辰在亥，得乾，乾为信。三比近初二，又与初二同心并力，合之为三，三人成众，故"众允"。外卦为离，离取其明，所谓克明克允是也。"众允"则四不能摧，故"悔亡"。古今来为国谋事，要皆以众心之向背为成败者也，众心不顺，其事虽正，卒无成功。孟子所谓"多助之至，天下顺之"者，"众允"之义也。初之"罔孚"，未信也；三之"众允"，见信也。孔子所谓"信而后谏"，"信而后劳其民"，事上使下，道在是焉。《象传》曰"众允之，志上行也"，三与上应，志在上行，故能与众同信也。

【占】问时运：目下灾悔已去，大众悦服，故吉。
〇问营商：初时为众所摧，不能获利，今众情和睦，可以无咎，卖买皆利。
〇问战征：众志成城，战必胜，攻必克，上行无悔。
〇问功名：得众人推举乃成。
〇问家宅：主眷属和睦，吉。
〇问婚姻：两姓和谐，吉。
〇问讼事：得有第三人出而处理，两造允从，无悔。
〇问六甲：生女。

【占例】九州商人某来，请占购买某大会社物品成否，如何。筮得晋之旅。
爻辞曰："六三：众允，悔亡。"
断曰：卦体下顺上明，显见以明白无欺，柔顺得众为要。今占购卖物品，而得晋三爻，知其在初爻，已欲购卖，为人所摧折不成；二爻又欲卖之，为己多愁虑未定。兹当三爻，已见众心允洽。虽四爻为贪人，意欲从中取利，然因大众已允，亦不复阻止矣。准可购买，无悔。

九四：晋如鼫鼠，贞厉。

《象传》曰：鼫鼠贞厉，位不当也。

四爻以阳居阴，不中不正，当上下四阴之中。上互坎，下互艮，坎为隐伏，艮为鼠，坎隐而伤明，艮止而伤顺。无其德而居其位，上承阴柔之主，窃弄威权，下抑众阴，使忠言不得上达，以隔绝上下之效者也。其贪戾之性，犹如鼫鼠，故曰"晋如鼫鼠"。自来奸臣得位，其性贪残，昼伏夜动，诡秘百端，窃威弄权，狡同鼫鼠，一旦明德当阳，察识奸邪，浑如硕鼠见猫，罔不捕灭，故曰"贞厉"。《象传》曰"不当位也"，谓斯不当居斯位，为窃位也。按：解之卦，以阴居阳象狐，晋之卦，以阳居阴象鼠，此卦互体艮，一阳在上，故称"鼫鼠"。狐性疑，在解当去其疑；鼠性贪，在晋当去其贪，取象各有所当。

【占】问时运：运多蹉跎，宜光明正大处之。若持首鼠两端之见，好为狡诈，必凶。

○问战征：晋《象》曰"昼日三接"，或曰接即捷，言一昼间而得三捷。若疑而又贪，如鼠之昼伏夜动，则危。

○问功名：爻曰"鼫鼠"，鼫鼠谓五技皆劣，是必不能得志也。

○问营商：鼠性贪，贪无不败，防为同伙贪财致败。

○问家宅：鼠为穴虫，善盗，宅多鼠，必主耗失。不利。

○问疾病：《诗》云"鼠思位血"，或有呕血之症；又曰"鼠忧以痒"，或有疥疮之疾，是亦可危。

○问讼事：首鼠两端，是一却一前，一时不能决也。

○问行人：昼伏夜行，必有事故，一时不归。

○问失物：已入鼠穴，不得。

○问婚姻："鼠"为鼠窃，婚姻不正。

○问六甲：生女。

【占例】 商人某来，请占家政，筮得晋之剥。

爻辞曰："九四：晋如鼫鼠，贞厉。"断曰：卦体顺丽大明，柔进上行，足见主家者公明在上，一门柔顺和乐，有家业日进之象。今占得四爻，以阳居阴，位不得正。鼠为穴虫，昼伏夜动，贪而畏人，阴物也，四爻如之，故爻辞曰"晋如鼫鼠"。料足下家中必有鼠窃之徒，管理家务。如《诗》所咏"硕鼠硕鼠"，一则曰食苗，再则曰食谷，知盗食家产，为祸非浅，故曰"贞厉"，言家道虽贞亦厉也。足下其审之慎之！

○子爵五条为荣君，将迁居西京，请占其吉凶如何？筮得晋之剥。

爻辞曰："九四：晋如鼫鼠，贞厉。"

断曰：此卦内坤外离，为晋，《象》曰"明出地上"。出于东为明，日入于西为晦。卦德在明，是宜东不宜西也。今君将移居西京，辞爵归隐，占得晋四爻。按晋者为进，不宜于退，日出在东，不宜就西，象皆不合。四爻辞曰"晋如鼫鼠，贞厉"，谓首鼠两端，一前一却，正如君之进退疑虑，欲迁未决。"贞厉"者，谓退隐意非不正，恐后有危厉也。劝君不必迁移。

六五：悔亡。失得勿恤，往吉，无不利。

《象传》曰：失得勿恤，往有庆也。

五爻为晋之主，高居尊位，柔而得中，唯与四相比昵，四遂得窃弄威权，隔绝二三，不得亲近，是以有悔。然五躬备明德，智足察奸，黜六四而任六二，昭明有融，上下交孚，故曰"悔亡"。"失得勿恤"者，谓五不自恃其明，委用六二，信任勿疑，计是非，不计得失，即有小失小得，不足庆也。"往"即"上行"，指康侯往朝于天子也。"吉，无不利"，指受介福于王母也，故《象传》曰："往有庆也。"庆，即"受兹介福"之谓也。

【占】问时运：目下正当盛运，灾去福来，有得无失，大吉。

○问战征：转败为胜，在此一战，奋勇前往，立见成功。

○问营商：前此小失，今可大得，吉。

○问功名：不必汲汲求名，可无意得之也。吉。

○问家宅：日出于东，离位南方，此宅必朝东南。从前小有灾悔，今则屋运已转，吉无不利。

○问婚姻：以九五为男家，六二为女家，两爻皆吉，大利。

○问讼事：曰"悔亡"，谓灾害已去，罢讼则吉。

○问失物：往寻必得。

○问六甲：生女。

【占例】华族某来，请占气运，筮得晋之否。

爻辞曰："六五：悔亡。失得勿恤，往吉，无不利。"

断曰：晋五爻为一卦之主，高明在上，且坤为邦为国，有屏藩一国之象。阁下占气运而得此爻，爻辞曰"悔亡，失得勿恤"，想阁下自废藩以来，从前或小有灾悔，今能柔顺上进，观光志正，是不以失得为忧也，故曰"悔亡"。"往"者，往朝也，上下交孚，故无往而不利也。闻阁下欲以每岁财产余利，教育藩士子弟，以为国家培植人材，至财产之得失，不复计虑，《象》所称康侯者，必在阁下矣。他日恩赏下逮，车马藩庶，行有待焉，《象传》所谓"往有庆"者，此也。

○明治三十一年，占内阁气运，筮得晋之否。

爻辞曰："六五：悔亡。失得勿恤，往吉，无不利。"

断曰：此卦明出地上，顺而丽夫大明，国家治体，骎骎上进之气运也。今占得五爻，五居君位，昭明有融，上下交孚，君明臣良，正在此时。然其间黜陟，不无些少纷扰。在内阁诸公，皆正色立朝，秉忠从事，不计劳辱，谓之"悔亡，失得勿恤，往吉，无不利也"。

果哉！是年伊藤侯辞总理之爵，大隈板垣二伯入内阁；五月，山县侯升为总理。此间虽非无纷扰，国家益见进步。正合此占。

上九：晋其角，维用伐邑。厉吉，无咎，贞吝。

《象传》曰：维用伐邑，道未光也。

"角"者，阳而在上，喻威猛之义。上爻处晋之极，过刚失中，故曰"晋其角"，谓其知进不知退也。离为甲，为戈，离上"王用出征"，上爻体离，故亦曰"维用伐邑"。用者五，邑指四，奉命而伐之者，上也。四既有罪，声罪致讨，兵虽危事，吉而无咎也。然干羽可以格顽，玉帛可以戢争，不用文德，而用武功，亦未始非圣明之累也，故虽正亦吝，而《传》曰，"道未光也"。

【占】 问时运：目下好运将终，防有事故，然无大害。

○问战征：只可近征国内，不可远伐海外。危而终吉。

○问营商：于同业防有纷争，干事则危，于货则利，于情则吝，幸无咎也。

○问功名："晋，进也"，角在首上，有首选之象。功名成后，防有从戎之役。吉。

○问家宅：居者于乡党中，有纷争之事，未免不安，然无大咎。

○问婚姻：上与三相应，上与三，即为男女两姓，始有纷扰，终得和谐。故"悔亡"，与三同也。

○问讼事：《雀角》之诗，刺讼也。罢讼则吉。

○问六甲：生女。

【占例】 友人某来曰：今有一会社，自创立以来，余所关虑。昨年总会，整顿社员，迄后事务不整，有株主之纷扰，其由社势之不振乎？抑由社员之不力乎？请一占其盛衰。筮得晋之豫。

爻辞曰："上九：晋其角，维用伐邑。厉吉，无咎，贞吝。

断曰：晋者，明出地上，有社运日进日新之象。今占得上爻，为晋之极，是进无可进矣。物极必反，意者重有改革乎？"伐邑"者，即正其不正，可用前社员之练达者，以定会社之规则，庶几可得吉矣。事虽危殆，终无咎焉，从此社业复兴，不失其正。然自有识者观之，不免为之窃笑也，故曰"贞吝"。

䷣ 地火明夷

"明出地上"，谓之"火地"；此卦反之，谓之"地火"。明出于地，光明上炎，故卦为晋，进也；明入于地，光明下蔽，故卦谓明夷，伤也。当此明夷之时，暗主临朝，众正并受其伤；离来居下，地往居上，日入地中，明受其夷。《序卦》曰："晋者，进也，进必有所伤，故受之以明夷。"是以谓之地火明夷。

明夷：利艰贞。

明夷，明受夷也。卦体上坤下离，坤地离火。火入地中，则火为土掩，火光不能上炎而生明，是火为土所克，而离火受伤。火既受伤，势不能出坤而自炫其明道，唯晦而已矣。"艰"，以敛其彩，"贞"，以匿其光，退而避伤，潜以为利，是用晦之道也，故曰"明夷，利艰贞"。

《象传》曰：明入地中，明夷。内文明而外柔顺，以蒙大难，文王以之。利艰贞，晦其明也。内难而能正其志，箕子以之。

卦象日出地则明，日入地则暗，暗则伤明，是以晋卦《大象》曰"昭明"，此卦《大象》曰"用晦"。所谓变而不失其正，危而能保其安者，得此用晦之道耳。古之圣人有行之者，内修文明之德，外尽柔顺之诚，即至躬履大难，羑里受囚，七年之中，秉忠守职，无有二心，此文王之所以为文王也，谓之"内文明而外柔顺，以蒙大难，文王以之"。然文是外臣，与纣疏远，其晦犹易，又有分居宗亲，谏则受戮，去无可往，而被发佯狂，甘辱肯余，此箕子所以为箕也，谓之"内难而能正其志，箕子以之"。"内难"者，以箕子为纣之宗亲。夫以贵戚之卿遇暗主，去之则义不忍，不去则祸迫朝夕，是尤人臣之所难处。箕子能佯狂以晦其明，得以免难，是殷三仁中之最著者也。总之当纣之世，不以艰贞晦明，则被祸必烈，文王箕子之行，可谓千古人臣用晦之极则也。论二圣之行，文王箕子，易地则皆然，孔子释六十四《象》，皆推广文王，《象》辞之义，独于此卦称文王，抑有故也。盖"明入地中"，为文王事纣之象，文王有大明之德，而幽囚羑里，又可见"明入地中"之象。人得此卦，知时运之艰险，当固守贞正之道。明夷之时"利艰贞"，与他卦所言"利贞"不同，凡爻中曰"利艰贞"者，多就一爻言之，而明夷一卦，则全卦皆以"利艰贞"取义。《象》曰"君子用晦而明"，即"利艰贞"之旨也，其垂诫深矣。

以此卦拟人事，为当门祚衰薄，家遭不幸之时也。坤母在上，离子在下，子虽明不得于母，是晋文之出亡而存，宜曰之在内而诛。不明犹可，明则遭祸尤烈，古来孽子，家破身亡，类如斯焉。推之与人共事，而逢首之昏庸，为国从征，而值元戎之柔暗，有才见忌，有德被谗，不特于事无济，而且身命莫保，所谓"顽石得全，璞玉必剖"，明之害也。明夷一卦，要旨全在"用晦"二字。以晦藏明，明乃无害，以明用晦，晦得其正。坤为用，又为晦，的是用晦之义。离之德上炎，离之体中虚，中虚则足以藏明，是为"用晦而明"之象。谚语有云"闭口深藏舌，安身处处稳"，亦处世之要诀也。人生入而处家，出而谋国，不幸运际其艰，所当法明夷之晦，用以自全耳。

以此卦拟国家，上卦坤为政府，坤土过厚而致暗；下卦离为臣民，离火虽明而被制。明在地下，是贤臣遇暗主之象。盖身当乱世，动涉危机，才华声誉，皆足招祸，是以庸庸者受福，皎皎者被害，亦时势使然也。君子处此，常凛履薄临深之惧，倍怀韬光匿彩之思，有才而不敢自露其才，有德而务思深藏其德，或见风而早退，或明哲而保身，是谓"用晦而明"之君子也。故六爻取义不同，而其旨不外"用晦"。内三爻属离，为鸟，为马，为狩。鸟以高飞，马以行远，狩以献公，皆晦离之明，以避祸也。外三爻属坤，四曰"出门"可免，"入地"则凶。五为卦主，以箕子当之，皆用坤之顺以晦明也。此关国家兴废之大，圣如文王箕子，祇唯乐天知命，尽其臣道，以挽天心，是以六爻不言吉凶。言吉凶，转开小人趋避之门，非圣人用晦之道也。

通观此卦，明夷次晋，"晋者，进也，进而不已必伤"。时有泰否，道有显晦，时与道违，虽圣贤不能免灾。晋之时，明君当阳，康侯得受其宠；明夷之时，暗主临下，众贤并被其伤。太阳入地中，明为之所夷，故贤虽正不容，道虽直不用。仁者怀其宝，智者藏其鉴，"用晦而明"，得其旨焉。就六爻而分言之，初九为明夷之始，当逸民之位，见几早去，以潜藏为贞，有保身之智，如伯夷、大公是也。六二文明中正，为离之主，承坤之下，当辅相之位，以匡救为贞，守常执经，如文王是也。九三当明极生暗之交，与上六相应，通变达权，顺天应人，如武王是也。六四弃暗投明，见几而作，知上六之不可匡救，洁身而去，如微子是也。六五居坤阴之中，分联宗戚，职任股肱，不幸而躬逢暗主，以一身系社稷之重，能守贞正，如箕子是也。上六穷阴极晦，与日俱亡者，如商纣是也。总之，明夷全卦，以上六为卦主，下五爻皆为上爻所伤，就中内三爻所伤尤甚，故皆首揭"明夷"二字，以示伤害之重也。其象以上卦晋为日出，此卦为日落。日者君也，君以贤人为羽翼，以忠臣为股肱，以其身为元首，以亲戚大臣为腹心，乃可登天而照四国。今初爻羽翼伤，二爻股肱伤，三爻元首堕，四五腹心离，上爻之所以入地，其伤节节可睹，其象历历可危。后世人主，当取以为鉴。

《大象》曰：明入地中，明夷，君子以莅众，用晦而明。

离为明，坤为地，"明入地中"，光明藏而不用之象，君子则之。坤为众，故曰"莅众"，以御其众也。知不可不明，亦不可以过明，不明则人皆欺我，过明则物不我容。所当纳明智之德，于宽柔之中，韬其光而不露，蕴其美而自全，斯上不至妒其功，众皆得以服其化。以此履盛，盛而益显；以此涉危，危亦得安。古之圣贤，旒纩以塞聪明，树屏以蔽内外，不欲明之过用者，胥是道也。

【占】问时运：运当大难，深宜晦藏。

　　○问战征：《象》曰"莅众"，适值用师之时。宜效明修栈道，暗度陈仓之计，必得胜也。

　　○问营商：卦象艰难，大众恐难取利，暗中尚有分肥。

　　○问功名：离火被土所克，功名不显，显则反有灾害。

　　○问家宅：家道不顺，或父子分居，尚可保全。

　　○问婚姻：必非明媒正娶。

　　○问疾病：是肝火内郁之症，治宜熄火。

　　○问讼事：宜受曲罢讼，可以免祸。

　　○问六甲：生女。

初九：明夷于飞，垂其翼。君子于行，三日不食。有攸往，主人有言。

《象传》曰：君子于行，义不食也。

"于飞，垂其翼"者，谓飞鸟伤翼而下垂。"君子于行，三日不食"者，谓仓促决去，而无可得食。"有攸往"者，去此曰行，适彼曰往。"主人有言"者，谓或议其迂阔，或讽其偏固，虽未定其何辞，要不免啧有烦言也。初爻与四为害应，被四所伤，离为飞鸟，故取以为喻。鸟遭伤而不得安栖，欲去而避其害，故曰"明夷于飞，垂其翼"。但初当离之始，去上犹远，受伤尚浅，其去也，见风犹早。"三日不食"，离为大腹，其体中虚，中虚则腹空，不食之象。"三日"者，以离三爻皆明而见夷，故曰"三日"。君子接续而行，谓既去其国，不食其粟，故《传》曰"义不食也"。"君子"，谓初也；"主人"，谓四也。初与四应，四欲伤初。初为避四而远行，四见初去而有言，如初者可谓明于见几，而不受四之所伤，真善用其晦者矣。

【占】问时运：初运不佳，唯其善自保全，得以无害。

　　○问战征：为营中粮食已尽，且宜暂退。

　　○问营商：明夷者，恐资本有伤。运货远行，有中途受难之象，又恐主人啧有烦言也。

　　○问功名：于飞垂翼，明示以不能腾达之象。

○问婚姻：初爻与四相应，而反相害，婚姻不谐。

　　○问家宅：此宅必是租典，非己屋也，故有主人。"三日不食"，有破灶不炊之象，不利，宜迁。

　　○问六甲：生女。

【占例】 有友人某甲赶来，请占气运，筮得明夷之谦。

　　爻辞曰："初九：明夷于飞，垂其翼。君子于行，三日不食。有攸往，主人有言。"

　　断曰：明夷，离火被坤土所掩，明受伤也；离又有离散之义。观足下相貌，骨间有黑气所蒙，是明被黑掩，知将与主人离散矣，故爻曰"主人有言"。玩初爻之辞，显见足下与主人不谐，意欲辞去。爻曰"于飞，垂其翼"，恐欲行而为主家所缠束，故垂翼而不能飞也。即从此他往，恐前途不利，尚有子胥吹萧之难。时运不佳，宜匿迹避祸。

　　○明治二十八年，占我国气运，遇明夷之谦，呈之内阁总理大臣。

　　爻辞曰："初九：明夷于飞，垂其翼。君子于行，三日不食。有攸往，主人有言。"

　　断曰：此卦日入地中，为昏暮之时。就我国近时论之，离火之文明，盛于内地，逼于外国之交际，未能如意，故曰"明夷，利艰贞"。今者我军战胜清国，余曾于本年六月初次启战，占得需卦，知海陆军之全胜，并料后日有三国干涉之议。外或以威武为颂扬，内实以富强生嫉妒，是各国之狡计也。今得此卦，知我军当此战胜之余，军舰或有损伤，而不适于用，兵士或有疲敝，而不可复劳，则犹如鸟之伤翼而不能飞扬，谓之"明夷于飞，垂其翼"。计欲进而相抗，无如兵力之不足何？计欲退而议和，无如国民之不服何？日夜筹思，几废寝食，谓之"三日不食"。爻象所谓"用晦而明"者，是指我所向往也；谓之"有攸往，主人有言"者，即指三国烦言也。

　　果哉！四月媾和之约成，同时有三国之干涉，我遂还付辽东，得偿金而结局。

六二：明夷。夷于左股，用拯，马壮吉。

　　《象传》曰：六二之吉，顺以则也。

　　二为臣位，居离之中，与五相应。五坤为暗主，反欲伤害贤臣，是明夷之所以为明夷也。"左股"者，以二为股肱之臣，《管子·宙合》曰，"君立于左，臣立于右，君臣之分，左阳右阴"，以君在左，故二之所伤在左股也，故曰"朋夷，夷于左股"。"用拯"者，与涣初辞同，拯，救也，助也，子夏作"升"。二动体乾，乾为马，乾健故"马壮"，所谓用马以自拯拔也。虽伤反吉。《象传》曰"顺以则也"，坤为顺，以顺则之，是承乾也，即取乾马用拯之义。或谓二爻中虚，即内文明之象，卦属周文，文居西岐，视纣都为左，故喻取左股；文囚羑里"，当时贡以文马九驷，是谓用拯实事。义殊精切。

【占】 问时运：目下运不甚佳，颇有伤残，幸得禄马相救，故吉。

　　○问战征：左营之军不利，幸马队得力，得以转败为胜。

　　○问营商：按策划不适时宜曰左计，知其营谋不合时，故有损失，幸得有马姓人出而调剂，则吉。

　　○问功名：凡官级以降曰左，似不利也；唯值午年，或交午运，则吉。

　　○问疾病：离二中虚，如陷进然，其人必陷入深坑，伤其左足，幸马力壮健，得一跃而出，虽伤亦吉。

　　○问家宅：必在左边柱足损伤，宜急修治。

　　○问婚姻：离阴象，女子恐有足疾，不良于行，宜配午命人吉。

　　○问六甲：生女。

【占例】　明治二十二年，占某贵显气运，筮得明夷之泰。

　　爻辞曰："六二：明夷。夷于左股，用拯，马壮吉。"

　　断曰：明夷《象》曰"明入地中"，是为入夕之时。人生命运，以向明为盛，以入夕为衰。今君占气运，得明夷二爻，推玩爻辞所云，恐君目下运限，未免有损伤刑克。左道邪僻之徒，切不可近；行路时宜小心，防左足有跌伤之患；并虑疮疾。大运须交午运乃佳，或逢午年，或值五月，皆利。

九三：明夷于南狩，得其大首，不可疾贞。

　　《象传》曰：南狩之志，乃大得也。

　　三居离位之终，南者离之本位，狩者冬猎，守地而取之也。自离而坤为向西，坤伤明不可往，故曰"南狩"。离为兵戈，不曰行师，而曰狩田，亦托言从兽以自晦耳。

　　按离卦上六，曰"王用出征，有嘉折首"，首谓魁首，是恶之大者也。今曰"得其大首"。必是兽之大者，获其大而舍其小，即圣人网开一面之意，于此可见离明之仁德也。"疾"，数也，因狩讲武，固事之正，然数数为之，非特犯从兽无厌之戒，抑且涉日讨军疲之忌，非用晦之道也，故曰"不可疾贞"。《象传》曰"南狩之志，乃大得也"，谓当此明夷之时，犹得于田行狩，私豵献豜，嫌隙不生，得适其晦藏之志，亦大幸矣。一说"南狩"，谓即文王猎于南阳，得遇大公，以得大首，喻太公也。足备一解。

【占】　问时运：大运不无破败，是宜退守；交冬令，从南出行，必得大利。

　　○问战征：卦曰明夷，明曰进兵，必有伤败，宜潜兵从南而入。离上爻曰，"王用出征，有嘉折首"，即合此占。

　　○问功名：南方属文明，猎兽猎名，皆期其得。"大首"，魁首也，其必膺首选乎？故曰"志大得也"。吉。

　　○问婚姻：婚礼奠雁射雀，亦取从禽之象，"得其大首"者，谓得其嘉偶。吉。

　　○问疾病：当出避南方。吉。

　　○问失物：可就宅南寻之，必得。

　　○问六甲：生女。

　　○问家宅：此宅离位南向。"大首"者，一乡之大富家也。吉。

【占例】　明治十六年，某商人来，请占气运，筮得明夷之复。

　　爻辞曰："九三：明夷于南狩，得其大首，不可疾贞。"

　　断曰：明夷，明入地中，离为日，日入坤土之中，明受其伤，故曰明夷。"夷者，伤也"，以论人生气运，是目下运被伤害，本不见佳。足下商人，以商业论之，当于冬季，可往南海道一带收卖货物，必有一种大档生意，可以获利。然不宜再往，谓之"明夷于南狩，得其大首，不可疾贞"。

后果得大利云。

○明治二十七年八月二十六日，占平壤进军，筮得明夷之复，乃赠之于某氏。

爻辞曰："九三：明夷于南狩，得其大首，不可疾贞。"

断曰：此卦内卦日，外卦地，是太阳旋入地中这时。古来说卦者，以此爻为武王之事，曰"于南狩，得其大首"，谓言周之伐商，得其全胜。今占平壤进兵，而得此爻。九月十五日，我军自四面围击平壤，自南而北者，为大岛少将之队，战甚苦，少将亦被铳伤。此应在明夷，夷，伤也。自北而南者，为佐藤大佐之队，得其大胜，陷牡丹台，逼玄武门，遂殪敌将左宝贵，敌军悉溃，十六日晓，不损一兵，而取平壤。曰"南狩"，曰"得其大首"，一一中的，《易》理之玄妙如此！

六四：入于左腹，获明夷之心，于出门庭。

《象传》曰：入于左腹，获心意也。

四爻出离入坤，坤为大腹。按卦位，坤在离之西，为左，"入于左腹"者，即入于坤之腹也。入其腹中，自可获其心意，乃不曰获坤之心，而曰"获明夷之心"。"明夷"者，合全卦而言，即为"用晦而明"之心，是能卑顺不逆，可效腹心之用者矣。"出"，出离也，坤方来，故曰"入于"；离已退，故曰"于出"。又初之六为艮，艮为门庭。门庭光明之地，"于出门庭"，亦即取"用晦而明"之义。一说"于出门庭"，谓即微于去之象。明夷一卦，分配周兴商亡，历历可证。

【占】问时运：爻象出明入暗，知为不利，不宜居家，还宜出门。

○问战征：可潜入敌之左营，探听密计，出告大营，可胜也。

○问功名：功名以高升为吉。"入于左腹"，坤为腹，是入于地也。不吉。

○问营商：释名，"腹"，复也，富也。入于腹，即入于富也；获心，即称心也；"于出门庭"，是出家经商之象。

○问疾病：是病在心腹，恐是内损之症，宜出门求医。

○问家宅：此宅明堂左首，路有阻碍，出入不便。

○问婚姻：女子腹已有孕，不利。

○问六甲：生女。

【占例】缙绅某来，请占气运，筮得明夷之丰。

爻辞曰："六四：入于左腹，获明夷之心，于出门庭。"

断曰：时运宜阳不宜阴，宜明不宜暗。卦象曰明夷，"明入地中"，是向暗入夜。今得第四爻，据爻辞所言，料知贵下执事中，必有腹非小人，隐探贵下心意，藉端生事，出告于长官，致长官有疑于贵下，遂使事事多有掣肘。此皆目下气运之不利也，不如退身避祸。

后依所占，转恳友人陈告长官。长官诺之，使之转任他局云。

六五：箕子之明夷，利贞。

《象传》曰：箕子之贞，明不可息也。

《宋世家》曰：纣为淫佚，箕子谏之不听。人或曰：可以去矣。箕子曰：谏不听而去，是彰君之恶，而自悦于民，吾不忍也。乃披发佯狂而为奴，遂隐而鼓琴。即此可见箕子之贞也。《象传》曰，"内难而能正其志，箕子以之"，五爻居上卦之中，故属之箕子，上承《象传》之意，以释"用晦"之义。《象传》所谓"内难"者，以纣为同姓也；所谓"正其志"者，即"利贞"也。《象传》曰"明不可息"，谓《洪范·九畴》，其道万古常明，箕子能陈之于周，故虽暂夷而终必明也。是之谓"明不可息"也。

【占】问时运：目下正当困厄，不失其正，久后必亨。

○问战征：主师不明，致有谋士逃亡之象。

○问营商：必历经艰苦，方可获利。

○问功名：时事日艰，不宜于进，只宜退守。

○问家宅：主亲族不和。

○问疾病：防有发狂之症。

○问婚姻：宜罢婚。

○问讼事：一时不直，久后自然明白。

○问六甲：生女。

【占例】明治十八年五月，应千家大教正之命，筮佛教之气运，得明夷之既济。

爻辞曰"六五：箕子之明夷，利贞。"

断曰：佛法者，印度之圣人，了达三世，其道法灵妙高远，世界宗教中，无出其右者也，自足昭明万世，终古不息。今占得此爻，爻辞曰"箕子之明夷，利贞"，箕子为纣庶兄，因纣无道，谏之不听，乃佯狂为奴而避位，迨周兴，陈《洪范·九畴》，得封，存殷之祀，是其道虽夷而终明也。现在佛法气运，亦犹是商道衰微之时，千家大教正，犹是当日之箕子也，当守其教道之贞，以明其宗旨之传，使释迦之圣德常明，菩提之宗风不灭，皆赖大教正之力也。《象传》曰"明不可息也"，斯之谓也！

于是千家大教正叹曰："呜呼！神佛二道气运，果如此乎？不胜感悟！"

上六：不明，晦。初登于天，后入于地。

《象传》曰：初登于天，照四国也。后入于地，失则也。

上六居坤之极，为明夷一卦之主，是谓昏君，故"不明"而又加之曰"晦"，言昏之又昏者也。初"登天"，后"入地"，是始之自曙其明，卒之"明入于地"，为明夷之实象也。《象传》所称文王箕子，其圣德之光明，岂不足以照四国？而当日文因于羑里，箕佯狂为奴，正所谓入地者是也。故明夷之世，昏君在上，以入地者为用晦，登天者为失则。彼世之不审时势，而急求登进，光照未遍，而身败名灭，祸皆自取耳。必如文王之"柔顺""蒙难"，箕子之"内难""正志"，斯为善处明夷者矣。明夷六爻，皆教人以"用晦"之方，昏君之凶，不言可知。

【占】问时运：初运虽好，后运不佳。万事宜作退一步想，方可无咎。

○问功名：宜晦藏遁迹，不宜自炫才华。

○问营商：货价初次太昂，落后太贱，显有天渊之隔，宜得其平。

○问战征：防攻山夺险，有坠入深渊之患。

○问婚姻：有先富后贫之嫌。

○问家宅：此宅面对高山，后临深渊，殊嫌地势低陷。

○问疾病：初患气冲，后又下泄，难治。

○问六甲：生女。

【占例】 明治二十一年六月，余与坂田服部两氏，合谋制造摄绵土所于尾州热田，推坂田氏为社长。摄绵土制法，密合石灰与粘土，烧造而成。向来我国所用，皆仰外国输入，每年约费数十万元，设立制局，每年可减却十万元。且热田所制之品，优于外国，大得声价。二十三年春，占该社之景况，得明夷之贲。

爻辞曰："上六：不明，晦。初登于天，后入于地。"

断曰：摄绵土制法，本系粘土石灰两物，合制而成，粘土取之污湿地中，所谓"入地"者是也。不取其洁白，而取其黑泽，所谓"不明，晦"者是也。此土出地，历经工匠融化锻炼，犹如"登天"也；炼成后，用以粉墙筑地，俨然"后入于地"也。该社制出之品，工精物美，可得远售外国，即《象传》所谓"照四国也"。玩爻辞之意，合之摄绵土之制造贩行，历历相符，该社之盛行可必也。

阅数月，复占一卦，仍得前爻，益知神之所示，无有异辞，灵妙诚堪畏服！

䷤ 风火家人

卦体巽上离下，巽木为风，离日为火。木燃生火，故木火相生；日气成风，故风日相成，皆由一气之鼓铸，犹人生一家之生育也。又火取其明，风取其和，伦纪修明，门庭和睦，取其象焉，故曰"风火家人"。且家人自明夷来。明夷之卦，当周兴商亡之际，周兴肇自太姒，商亡由于妲己，国运兴亡，基于家政，此家人所以继明夷也。

家人：利女贞。

利贞两字，为家人一卦中关键。自古家道之成败，罔不由妇人始也。盖贤妇则称内助，淑女乃能宜家。贤而淑，则贞也，否则"牝鸡司晨，惟家之索"，是宜戒也。《易》之全经，《上经》首乾坤。乾为父，坤为母，是谓老夫妇，卦备四德，而不专在利贞；《下经》首咸恒，咸为妇道之始，恒为妇道之终。咸《象》曰"利贞，娶女吉"，恒《象》曰"利贞，无咎"，则知"从一而终"，"妇人贞吉"。恒五爻辞，显揭家人一卦之旨，盖贞则吉，不贞即不吉；家人卦德，专重夫贞，贞之吉象，专属于女，故家人《象》首揭之曰："利女贞。"

《象传》曰：家人：女正位乎内，男正位乎外，男女正，天地之大义也。家人，有严君焉，父母之谓也。父父子子，兄兄弟弟，夫夫妇妇，而家道正，正家而天下定矣。

卦象巽风离火，风顺也，火明也。巽女下缺而顺，离女中虚而明，明而又顺，贤女也。卦体皆为女象，家道首重妇德，故《象传》曰"家人，女正位乎内，男正位乎外"，先女而后男，言家人以治内为先。男有室，女有家，人之大伦，即"天地之大义"，人伦正而大义定矣。君尊也，一国之中，以君为尊，一家之中，以父母为尊。父道虽止于慈，而《孝经》亦称严父，所谓教笞不废于家，严之谓也。母子之间，过多由于溺爱，圣人特以严训，使与父同。风之柔从得其正，火之炽烈取其严，程子所云"正伦理，笃恩义"，家人之道尽矣。家人之中，不外父子、兄弟、夫妇，一正而无乎不正，所谓正一身以正一家，正一家以正一国，正一国以正天下者，胥是道也。

以此卦拟人事，卦曰家人，《彖辞》《爻辞》，所言皆治家要道，人事尽在是焉。所谓"女正位乎内，男正位乎外"，大旨以家内之事，女主之。古来女子之贤，最为难得。女之性阴，阴则或流为险狠；女之质柔，柔则或溺于偏私。闺门之不谨，其祸有极于败亡而不可救者矣，《彖辞》所以首重利贞也。然女之不贞，其始皆由家教之不严，《彖传》曰"家人，有严君"，所以重其责于父母也。初爻其女尚幼，为先立其"闲"，二爻则稍长，当课以"中馈"；三爻则长成，故戒以失节。内三爻女犹在家，约束不嫌其严也。四曰"顺"，得其正也；五曰"假"，"交相爱"也；六曰"孚"，本在身也。外三爻女已成家，"威如"乃得"终吉"也。孟子所云"女子之嫁也，母命之"，曰"必敬必戒，无违夫子"，皆与爻辞相符合。盖严取诸离，离火酷烈，故家教以严为主；顺取诸巽，巽风柔和，故妇道以顺为正。《象传》曰"风自火出"，火固因风而炽，而其焰自能生风。君子法之以为言行，"言有物"而无伪，"行有恒"而无羞，或语或默，或动或静，皆为人事之大防。无风无火，天必不能行运；无言无行，人亦不能以成事。女正夫内，所谓"言不出于阃，行不履于阈"者是也；男正夫外，所谓"言满天下无口过，行满天下无怨恶"者是也。言行之臧否，人事成败系之，即家道之隆替，亦系之焉。故家人一卦，其义取男女，而《象传》则曰"言有物"，"行有恒"，其旨深矣。

以此卦拟国家，家修即为廷献，是家国本相通也；家人亦称"严君"，是君父本一致也。故读《关雎》一诗，知王化启于闺房，《象传》所云"女正位乎内"者，斯之谓也。反是则汉之赵燕，唐之武曌，宫帏渎乱，国纪伤残，身亡国危，祸延宗社，自古来女祸类如斯焉。圣人忧患作《易》，故次咸恒而著家人。家人者，所以明齐家之道，正家以正天下者也。君子治家治国，终不外言行两端。言可信于一家者，即可信于天下；行可见于一家者，即可见于天下，朝廷之颁条教，布政令者，亦犹是焉。全卦六爻，下三爻为齐家之事，教家之始也；上三爻为家齐之事，教家之终也。始则立其防，终则要其成，极其道曰"反身"，《大学》所谓"自天子以至于庶人，一是皆以修身为本"，可知家国之本，即在此一身而已。

通观此卦，《说卦》曰，"万物齐乎巽，相见乎离"，"齐"者，即所以齐家，"见"者，即可推而见之于天下国家。家人卦体，离下巽上，取此义也。修齐之道，端赖明德，故象取离之明；江汉之化，始自宫闱，故象取风之顺，此卦所以名"风火家人"也。卦爻巽长女居上，四为巽主，以从五；离中女居下，二为离主，以从三。以阴居阴，各当其位；长上中下，各循其序；从三从五，各得其偶；外阳内阴，各司其职。君子则风火以为言行，修言行而垂家国。一家之中，夫制而妇从，内明而外顺，恩惠行，爱憎公，而后家可齐，而天下可定也。

《大象》曰：风自火出，家人，君子以言有物而行有恒。

巽为风，离为火；巽位在巳，离位在午，巳午皆火，故有"风自火出"之象。按《康成别传》，见大风起，诣县曰：某日当有火灾，宜广设禁备。至时，果有火起。《左传》所谓"融风，火之始也"，即"为风自火出"之征。且风之发也，瞬息而遍及，火之起也，传燃而不尽，喻言教化之行，自内及外，其机甚捷，故曰"风自火出，家人"。考《洪范》五行，火以配言；小畜诸卦，风皆曰行。故君子取象于风火，以为言行。"物"，事也，"恒"，常也，火附物而生光，"言有物"而可则；风得恒而不易，"行有恒"而化成。言行君子之枢机，风火天地之嘘气，发迩见远，其道相同。夫闺门之内，以恩掩义，以情夺礼，所恃以慑伏家人者，唯赖此言行而已。教化自言行出，言行又必自诚心出。诚则足以化人，不诚则自适以阶厉。君子处家，故于言行尤兢兢焉。

【占】问时运：风得火而愈狂，火得风而益炽，正是时运全盛之会，然入邪则邪，入善则善，言行之间，最宜加勉。

○问营商：《尔雅》云："风与火为庵"，"庵"，聚也，有屯聚货物之象。爻辞曰"有物""有恒"，物，货物，恒，恒久，谓其物不容急售，过后可获高价。

○问功名：风行远，火炎上，有高升远到之象；言行者，出身加民之具，功名可必。

○问家宅：防有火灾。

○问婚姻：家人一卦，象取夫妇，离火巽风皆女，或长女为姊，中女为娣之象，或为两姓对结之亲。吉。

○问疾病：是风火上升，痰多气喘之症，一时不治。

○问六甲：生女。

初九：闲有家，悔亡。

《象传》曰：闲有家，志未变也。

"闲"字，从门，从木，门内加木，所以防外也，故训为防。《易·文言》曰闲邪存诚，谓防闲其邪念；《论语》曰"大德不逾闲"，闲，阑也，谓阑止其出入，皆取禁止防范之意。初爻处下卦之首，为家人之始。"有家"者，孟子谓"女有家"，是专指女子而言；"闲"者，如闺有范，女有箴，皆所以教诫之也。为女之始，先立其闲，使知所谨守，而不敢陨越，犹如蒙之必先养正也。若家渎而后严之，志变而后治之，则有悔矣。《象传》曰"志未变也"，谓其心志本明，未即邪欲，闲之于初，悔自亡也。

【占】问时运：目下好运初来，正当自知检束，斯无灾悔。

○问战征：当行军之始，正宜整其步伐，严其号令，得以有胜无败。

○问营商：是初次贩运，宜恪守商规。

○问功名：是初次求名，宜遵公令，不得妄意干进。

○问家宅：此宅墙围坚固，门户肃睦，治家者有条有则，约束详明。至四年后，可致饶富。吉。

○问疾病：病是初起，宜自谨慎保养，必无灾害。初若不治，必致变症，则难治矣。

○问婚姻：当初订姻好，知是家风清白，闺门素谨，可成。

○问六甲：是初胎，生女。

【占例】 二十三年十二月，友人某来，请占商法成否。筮得家人之渐。

爻辞曰："初九：闲有家，悔亡。"

断曰：风着物而鸣，火着物而燃，是风火皆虚，必托于物而成形，犹商业必藉资本而成事。今占问商业，而得初爻。初者，为商业谋办之始。我国自锁港以前，外商未通，一切商人，皆守旧习，未能远行，是以有悔。近始与各国贸易，所当先定商规，熟识行商之利益，犹是女子初嫁，当先学闺范，能谙为妇之礼教。为妇之道，在正家，为商之利，在裕国，其义一也。若不习之于初，而茫然从事，何能获利乎？爻辞谓"闲有家，悔亡"，家之有闲，谨其出入，商之有闲，慎其出纳，能守其闲，自有吉无悔矣。《象传》曰"志未变也"，为通商伊始，陋习犹未变也。商法必成而有大用焉。

六二：无攸遂，在中馈，贞吉。

《象传》曰：六二之吉，顺以巽也。

"无攸遂"者，谓妇道无成，事无专制也。二至四互坎，坎为酒食，故曰"在中馈"。谓朝夕以治饔飧，妇人之职也。二爻在妇妻之位，备中正之德，应九五离明之主，是能柔顺得正，以从事九五中正之夫者也。盖妇人之道，惟在奉祭祀、馈饮食而已，不得干预外事。《采苹》《采蘩》两篇，皆美其能诚奉祭祀，可知妇职专在中馈，《礼》所谓"奉箕帚，操井臼"者是也。《象传》曰"女正位乎内"，即指此爻。《象传》曰"顺以巽也"，按《象传》称"顺以巽"者有三：蒙之六五，谓事师之道；渐之六四，谓事君之道；此爻谓事夫之道。即孟子所云"以顺为正，妾妇之道"也。

【占】 问时运：目下正当大运，但爻象重阴，只宜因人成事，不能独断独行。

○问战征：此是偏将，必非主师；或是后营，主管粮食军饷。最为紧要，谨防勿失。

○问营商：想是贩运粮食生意，吉。

○问功名：难以遂意。

○问家宅：此宅朝南，宅主必是妇人，家事不能专断。唯灶基最吉。

○问疾病：幸胃口强健，可以无害。

○问六甲：生女。

【占例】 某缙绅来，请占气运，筮得家人之小畜。

爻辞曰："六二：无攸遂，在中馈，贞吉。"

断曰：二爻处下卦之中，为离之主。离象中虚，权无专制；离取鼎养，职在调羹。爻体以顺，爻象属阴，故只宜在内，而不在外也。今占气运，得家人二爻，知足下气运平顺，但才力柔弱，未得独擅大权。只可奉公从事，或者授职宫内省，正所优为也。吉。

○明治三十年，占递信省气运，筮得家人之小畜。

爻辞曰："六二：无攸遂，在中馈，贞吉。"

断曰：风火家人，风取其疾，火取其速，皆言来往迅速也。轮船铁道，亦皆取力风火，则知卦象所云，正与递信局事，大旨相合。家人二爻，爻辞曰"无攸遂，在中馈，贞吉"，"无攸遂"者，谓递信，皆代人传送信物而已；"在中馈"者，谓邮函报告，铁道贩运，惟以粮食为重也。其事行诸国中，达诸海外，正内正外，亦犹是也，故曰"贞吉"。

九三：家人嗃嗃，悔，厉吉。妇子嘻嘻，终吝。

《象传》曰：家人嗃嗃，未失也。妇子嘻嘻，失家节也。

"嗃嗃"，《广韵》："严厉貌"；《玉篇》："严大声"。嗃从口，从高，谓大其声使人畏惮也。"嘻嘻"，《玉篇》，"和乐声"；嘻从口，从喜，谓和其声使人喜悦也。九三以阳居阴，处下卦之极，为一家之主，刚严过甚，过严则伤恩，未免有厉，是嗃嗃之过也。若嘻嘻则和乐无度，过和则害义，终必见吝。盖治家之道，严虽过其中，而要之家庭肃睦，咸知敬畏，自不即于非礼，故曰"厉，吉"；和则虽上下欢悦，而荒淫佚乐，流弊有不可胜言者矣，故曰"终吝"。《象传》以失不失对勘，谓和而终吝，不如厉而得吉也。

【占】问时运：运限平平，终贵自勉，严谨刻苦，不自惮劳，当必获吉。若一味取乐，百事无成。

○问战征：号令严明，万军畏服，纵不免杀戮过甚之患，而所问自得成功。

○问营商：想是外作商店，内作住家，内外齐肃，家政严，店规谨，乃能获吉。否则，过和而流，将有名可问。

○问功名：爻象专在宜家，功名尚缓。

○问家宅：此宅家规严肃，吉。

○问婚姻：九三之应在上九，曰"有孚"，知两姓相从，吉。

○问疾病：九三属离为火，宜进凉剂，虽危得愈。

○问失物：宜严急查问，可得，若宽缓则失矣。

○问六甲：生女。

【占例】 某缙绅来，请占气运，筮得家人之益。

爻辞曰："九三：家人嗃嗃，悔厉吉。妇子嘻嘻，终吝。"

断曰：九三以阳居阴，刚严者也；处下体之极，为一家之长，是以刚严而督率家政也。刚严未必无悔，然较和而流者，其得多矣。足下占气运，今得此爻，知足下禀气刚强，一生处世，与卦象符合。足下职掌政务，悉以严厉治之，一时属员，未免怨苦，而于一切政务，罔不整肃，自无疏忽紊乱之弊，可以允吉。

六四：富家，大吉。

《象传》曰：富家大吉，顺在位也。

离巽二卦，为二女，皆自坤生。坤为富，为财，又为户，有"富家"之象。六四以阴居阴，处上卦之首，与初相应，初曰，"闲有家"，盖保家有法，克勤克俭，日积月累，至四面俨成富家也，故曰"富家，大吉"。《象传》曰"顺在位也"，二四皆为卦主。二爻"在中馈"，中馈掌烹饪，离之位也；四曰"顺在位"，顺，巽之位也。盖妇以顺从其夫，得以致富，自能不失其职位也。

【占】问时运：目下正当盛运，已富者克保其家，未富者即发其财。大吉之象。

○问战征：国富兵强，粮饷充足，可进可退，吉无不利。

○问营商："利市三倍"，立致富饶，吉可知也。

○问功名：官与财多相反，必须破财，乃可成名。

○问家宅：必是巨室阀阅之家，大吉。

○问讼事：财可通神，事无不了。

○问疾病：必是身体肥胖，膏粱过度所致，药之即愈。

○问六甲：生女。

【占例】 近来余与友人谋创一业，占问成败吉凶如何。筮得家人之同人。

爻辞曰："六四：富家，大吉。

断曰：我与友人谋事，则内卦离属我，外卦巽属友，离巽方位相同，可知我与友意气相合；二四为内外卦主，可知我与友，亦各主一职，合以成事。今占得六四，四居巽位，巽为商，为利，取象于"巽，近利市三倍"，利得三倍，即可致富。此商家中大吉象也，故爻辞曰"富家，大吉"。

得此占辞，决计立业，果得吉利。

九五：王假有家，勿恤，吉。

《象传》曰：王假有家，交相爱也。

九五王位，王者以天下为一家，故推极言之。"假"与格同，谓感格也。五爻刚健中正，位居至尊，与六四相比，与六二相应，四以顺在位，二以顺相从，顺则情性相通，缠绵固结，交相爱悦，假之所由来也。一家之中，父子兄弟夫妇，情意如一，王者家大人众，推之天下，无不各长其长，各幼其幼，所谓"王假有家"，假之至矣。"勿恤，吉"者，谓王者感化之神，勿用忧恤，而自无不吉也。盖初爻曰"闲有家"，以法度闲之，为家道之始；至五曰"王假有家"，假即假其闲家之善。王有家，是化家为国，化国为天下，为王者之家，家道之终也。一说：假，大也。取"假哉天命"，谓大哉天命之义。"王假有家"，谓王者大，居正，故曰大有家。较四之富家而更进矣，其说亦通。

【占】 问时运：运来福至，人心自然感通，何忧不吉？

○问战征：王者之师，所向无敌。吉。

○问营商：想此商业，必是奉公谋办，或是贡献品物，为王家之业也，吉。

○问功名：恰如渭水付岩，有梦卜感通之象，吉。

○问家宅：此宅想是公卿巨邸，吉。

○问疾病：人身以心为君，五居巽木，必是肝木太强生风，心火生热。药宜熄火定风，使心气开通，可勿忧也。吉。

○问婚姻：有选入宫闱之象。

○问六甲：生女。

【占例】 友人某来，请占气运，筮得家人之贲。

爻辞曰："九五：王假有家，勿恤，吉。"

断曰：人生作事，全凭气运。运苟不佳，不特事多掣肘，即一家中，父子兄弟夫妇，亦不见信，如苏秦不第归来，嫂不下机，妻不执炊是也。气运一通，不特下民信服，且有梦通良弼，卜兆非熊，忽来王朝之征聘者，是皆运为之也。今占得五爻，五居尊位，故称"王"。"假"，格也，"勿恤"，勿忧也。知足下大运当盛，才志亦强，一年半载中，必有使命下颁，就家起用。五与二相应，二曰"中馈"，馈食也，祭也，或为祠官主祭祀，或奉公采办粮饷，不须忧恤，自能得吉。足下可拭目待之！

上九：有孚，威如，终吉。

《象传》曰：威如之吉，反身之谓也。

上九居巽位之极，巽二阳一阴，上得乾气，乾为信，故"有孚"。乾又为威，故"威如"，且巽风善入，有威孚之义。离火可畏，有威严之象。合上下两体以成其爻，示人可因象以求义也。上与三应，三之"嘻嘻"，和而失节；上之"有孚"，则和顺而能感人也。三之"嗃嗃"，严近于厉；上之"威如"，则严正而若可望也。盖上为卦之终，教家之道，亦至上而成，故"终吉"。夫所谓正家者，其道不自家始也，家之本在身，先正其身，而家无不齐矣。君子不言而信，不怒而威，亦以诚之道感通之耳。《象传》曰"反身"，即《大学》所谓齐其家，在修其身之旨也。

【占】问时运：得人信服，得人敬畏，事无不成，往无不利，可行于近，亦可行于远，万事皆吉。一年好运，过此而终。

○问战征：行车之道，有信则人不我欺，有威则人不我狎，赏罚无私，号令必行，王者之师也，故吉。

○问营商：有信则万金可托，有威则百务皆修，商道之正也。

○问功名：上爻处极位之地，必是身居上位，信义早孚，威望素著之大人也。

○问家宅：此宅地位必高，为一乡之望也。吉。

○问婚姻：两姓允从，吉。

○问六甲：生女。

【占例】明治二十年，占某贵显气运，筮得家人之既济。

爻辞曰："上九：有孚，威如，终吉。"

断曰：爻居上位，适合贵显之象。爻辞曰"孚"，曰"威"，知威孚遍通夫上下，威望夙著于朝廷，所谓不言而信，不怒而威，为能得夫君子之道也，吉何如也！《象传》曰"正家而天下定"，贵显有焉。《象》曰"反身之谓"，国之本在家，家之本在身，贵显必能身修而家齐也。气运之吉，不言可知。

䷥ 火泽睽

卦体上离下兑，离火炎上，兑泽渗下，火动而愈上，泽动而愈下，上下相违，曰睽。睽字从目，从癸；离为目，癸属水，泽亦水也，《六书》故曰"反目为睽"。睽，乖也，盖泽在火上，泽火相济而成革，泽在火下，火泽相反而成睽，此火泽之卦所以名睽也。

睽：小事吉。

《序卦传》曰："家道穷必乖，故受之以睽。睽者，乖也"。睽则众心离散，不可以兴大事，若小事则力可独任，不待众举，虽睽尚可为也，故曰"小事吉"。睽卦上下互既济，既济《象传》曰"亨，小者亨也"，谓所亨特其小者；此卦曰"小事吉"，吉亦唯在小事耳。兑为小，故第言小不言大。要之乖睽之世，不足以成大事也，可知矣。

《彖传》曰：睽，火动而上，泽动而下，二女同居，其志不同行。说而丽乎明，柔进而上行，得中而应乎刚，是以小事吉。天地睽而其事同也，男女睽而其志通也，万物睽而其事类也。睽之时用大矣哉！

离火在上，兑泽居下。在上者动而炎上，居下者动而润下。无相成之道，是以为睽。离中女，兑少女，合而成卦，谓之"同居"；上下异动，各适其适，即各志其志，不能强同也。卦德以兑从离，兑悦也，离明也，丽有所附也。"柔进"者，巽在下而进于上也；"得中"者，巽得中而应乎刚也。卦爻以六五下应九二，五居离之中，二居兑之中，以上应下，居尊者能屈已，下降者得上交，虽处乖睽之时，而小有动作，尚得吉也。夫睽之为言散也，散则人心离，国势分，必不足成大事，似无可用；不知不睽本无合，唯睽乃有以见合也。圣人即因其睽而用之。天高地卑，睽也，位定而天地之睽者同；男外女内，睽也，礼定而男女之睽者通；耕不可衣，织不可食，车不可水，舟不可陆，睽也，制定而万物之睽者类，故曰"睽之时用大矣哉"。不言"时义"，而曰"时用"，盖应用取用，其为用也大矣。

以此卦拟人事，凡起居饮食，暨婚嫁丧祭，皆为人事。事无论大小，无不贵乎情之相同也，志之相通也，物之相类也。卦体离火上动，兑泽下动，离兑皆女，同出于坤，是为"同居"；动则变，变则女而为妇，所行不同，而志亦异，是动而成睽也。睽在天地，而天地之运闭，睽在男女，而男女之伦乱，睽在万物，而万物之品淆，大纲大纪，奚以得吉乎？唯君子"以同而异"，为能善用其睽也。用以设众黎之官，天地可因睽而同；用以行嫁娶之礼，男妇可因睽而通；用以定利用之经，而万物可因睽而类。此火泽之用普，而人事之准立矣。

以此卦拟国家，其卦曰睽，睽散也，是政府与人民，其势有动而不相见，散而不相合者矣。睽之旁通为蹇，险也，因睽而不能济险，更何以正邦乎？睽之反卦为家人，"家人内也"，因睽而不能正内，更何以定外乎？上卦离火，火本就燥，下卦兑泽，泽本润湿，上下相背，燥湿各殊，是为"二女同居，其志不同行"。"二女"者，就离兑二象而言。不特女之志行有异，推之天地万物，而其情亦不能强同也。国家之内，大而天地，中而男女，小而万物，同则见亲，异则见疏，国运之治乱兴衰，罔不于此卜之。然天下无久合不睽之理，天下亦无久睽不合之势，用其睽以济睽也。若徒丽而得正，进而愈上，中而有应，其事犹小，其吉亦微矣，要必同其撰而天地之道乃宏也，通其情而男女之情乃洽也，类其族而万物之利乃普也。其德协造化之机，其功关治平之要，非"同而异"之君子，不能极其用也。

通观全卦，火上泽下，上者动而愈上，下者动而愈下，背道而驰，不得相同，卦之所以谓睽也。卦体下互重离，多视伤明，为睽。上互坎，坎为心病。人各有心，孚则通，疑则睽。情莫亲于家人，睽则为恶人，为鬼，为寇，或劓之，或射之，而不以为过。下苟能悦以事上，上亦能明以视下，则疑释而情亲，即化而为夫，为宗，为婚姻，而不以为嫌。前之相疑若此其甚，后之相合又若此其切，睽合之机，即在此转移间耳。是以睽在内卦，皆疑而有待，睽在外卦，皆反而有应。初与四应，初之"丧马"，得四之"元夫"而全；二与五应，二之巷遇，得五之"噬肤"而合；三与上应，三之"舆曳"，得上之"遇雨"而合。合则恶人化为同室，睽则家人疑为寇仇，恩怨反复，变态无常。君子以无心应物，不党同，亦不伐异。初九见恶人而避咎，为能得用睽之道也。卦体二阴本柔，内以悦而宽其忧，外以明而破其疑。所以始睽者，"二女同居"也；所以终合者，群疑悉化也。卦睽而象合，《易》所以变化不穷也。

《大象》曰：上火下泽，睽，君子以同而异。

卦象皆女也。卦体为火泽，炎上润下，其用各异，故曰睽。君子法之，于同处见其象，于异处别其用，不党同以背道，亦不立异以悖俗。"以同而异"者，譬如声色货财，为人所同欲，而或去或受，不敢苟同于人者，是其所以独异也。此可见君子之"以同而异"也。火泽同卦，而炎润各异其性者，亦犹是焉。

【占】 问时运：目下气运颠倒，惟宜正以处之。

　　○问战征：军情不协，上下异趣，宜防睽散。

　　○问功名：上下不通，功名难望。

　　○问营商：货价上落悬殊，能以人弃我取，尚有小利可望。

　　○问疾病：病在上下焦，胸气隔绝，上有火，下有湿，医治棘手。

　　○问家宅：此宅天盘地盘皆动，阖家上下不利，急宜迁避。

　　○问婚姻：有二女皆愿受聘，大者性躁急，小者性宽柔。择而娶之。

　　○问讼事：即可罢散。

　　○问六甲：生女。

初九：悔亡。丧马勿逐，自复。见恶人，无咎。

《象传》曰：见恶人，以避咎也。

初居兑体之下，自家人上爻来。家人上曰"终吉"，故睽初曰"悔亡"。爻属震，辰在卯，上值房，房为天驷，故称"马"；初动而上，舍我而去，故云"丧"。然四与初同德，他无正应，姑听其去，势必复来，故云"勿逐，自复"。下互离，离性猛烈可畏，故曰"恶人"。兑为见，离亦为见，是离之恶人既来求见，兑若拒而不见，未免嫉之太甚，必致咎也。兑姑与之相见，如阳货欲见孔子，孔子以礼往拜之旨也，故得"无咎"。盖失马而逐之，愈逐愈逸，见恶人而激之，愈激愈乖，是以"勿逐"而"自复"，"见恶人"而不避，可以免咎矣。能以无心而应物，则睽无不合也。《象传》曰"以避咎也"，盖不以避为避，避而有咎，则以不避为无咎可知也。

【占】 问时运：好运初来，灾悔已退，虽有丧失，不必计虑，即有恶人来侵，不必拒绝，自然无咎。

　　○问战征：初次开战，虽有小败，后必大胜，强敌亦不能害我也。无咎。

　　○问营商：新作贸易，失而必复，无须忧虑也。来者不拒，无须计较也。自下未见尽利，后必大亨。

　　○问功名：现下虽无灾悔，未得成名，必待明年，至二爻得其巷遇，斯获显达。

　　○问家宅：阖宅平顺，无悔，无咎。

　　○问失物：不必寻觅，自得。

　　○问婚姻：现下未成，待到六月，或到六年，必就，吉。应在上九"非寇，婚媾"之辞。

　　○问讼事：所讼必直，无咎。

　　○问六甲：生女。

【占例】　友人某来请占气运，筮得睽之未济。

　　爻辞曰："初九：悔亡。丧马勿逐，自复。见恶人，无咎。"

　　断曰：此卦火性上升，泽性下降，彼我之情不洽，名之曰睽。睽者，违也。今足下占气运，而得初爻，初爻地位处最下，孤立无应，可知足下夙性孤高寡与。得失勿较，即有素所心恶之人，彼苟有求而来，亦不至拒而不纳。以初爻处兑之始，外卦为离，兑悦也，离，明也，悦而又明，必能识人善恶，又复和光同尘，不为过甚。卦象睽不终睽，故得无悔无咎。二爻曰"遇主于巷"，足下至明年，必有登进之望。

　　九二：遇主于巷，无咎。

　　《象传》曰：遇主于巷，未失道也。

　　"主"者，君也，指六五而言。巷"，里中道，从"邑"，从"共"，谓里中所共往来者也。二处睽失位，所如不合，与五正应，二居兑中，五居离中，兑离皆为见，知二五均有相见之意，邂逅于巷，是不期遇而适相遇也。君臣相遇，睽而终合，咎何有焉?《象传》曰"未失道也"，谓不假远涉，自得相遇于巷；巷，道路也，即《论语》所谓"遇诸途"者是也。

【占】　问时运：卦值乖睽，运本不佳，近始得有绝好际遇，往必有庆。

　　○问战征：二五相敌，内为我兵，五为敌兵，曲巷相遇，白刃相接，此战未分胜负。

　　○问营商：巷字从共，必是合伙共谋之业，当有一财主相遇，共为经营之象。

　　○问功名：正是风云际遇之时。

　　○问家宅：此宅在曲巷之内，近有贵人来会，相晤为欢，大庆。

　　○问疾病：得遇良医，无咎。

　　○问婚姻：《诗》所咏"邂逅相遇，适我愿兮"，此男妇私情，非正配也。

　　○问六甲：生女。

【占例】　明治二十三年，占文部省教育准则，筮得睽之噬嗑。

　　爻辞曰："九二：遇主于巷，无咎。"

　　断曰：此卦火性上炎，泽性下润，以上下悬殊，故名曰睽。今占教育准则，而得二爻，二爻处睽失位，将无所安。譬诸近时文部省之教育，专以欧美为法，以智与理为主，我国旧时道德之教，亦同二之处失位，几将委弃不用也。

凡留学欧洲生徒，归朝之后，各为教师，以教育子弟；在此辈生徒，本不知我国古来之教，敦纲纪，重名分，自足卓立万世，培育群才者也。乃厌故喜新，如陈相之见许行，尽弃其学而学焉，又相率我国子弟一从其教，余实忧之。为撰《道德本原》一篇，明治二十三年十月十八日，请谒山县总理大臣，乃陈述其说。是日各县知事，亦适在坐，咸相倾听，大臣曰，子之所论，切中时弊，命余往谒芳川文部大臣。余即日谒文部省。复申前说，阅日天皇召问二大臣，遂下教育之敕，以余鄙论上达天听，何幸如之！爻辞所谓"遇主于巷"者，适相合也。《易》理先机，神妙如此！

《道德本原》节略：

昔者我邦以神、儒、佛三道，为道德之标准，维持世道人心。自西学日兴，旧学日废，若不究其由来，未足施救济之策也。以余所见，"仁义忠孝节操廉耻"八字，实为儒道之要旨。明治八年中，文部省议废汉学科，以斥儒教，厥后政略所及，迄至今日，陷溺日深。在文部省亦初无废意，因定各学科年限卒业，谘问于汉学教师，教师答曰："洋学非我所知，在汉学，虽生涯专修，未有究竟，难定年限。"因之议废。余谓此迂儒之论也，岂不问孔子所云十五志学，三十而立，孟子所云"幼而学之，壮而行之"？是学皆在幼时。三十曰壮，则行所学以济时也。程子谓《中庸》之书，善读者，玩索而有得，终身用之有不能尽，不言终身学之而不尽，其于普通科，岂无卒业之期哉！俗儒不知时务，妄作迂论，遂至切要之学，废置不讲，以致今日之祸，罪不容于死。虽然，文部省亦有罪焉。当时俗儒，虽有此议，必系心醉西学，不识道德之本原，其在文部大臣以下，满朝名臣贤相，皆出于汉学之门，何以顿忘此躬修之实学乎？实为遗憾！语曰"上之所好，下有甚焉"者，从此浮薄子弟，蔑视汉学，不知其如何而可。道德凶而廉耻灭，小则判一身之邪正，中则关一家之盛衰，大则系天下之安危，其害有不可胜言者矣。既往不可复咎，为今之计，回狂澜于既倒，以矫正世道人心，上安天子之宸襟，下增国民之福利。道德之教，所关甚巨，地方长官，已具文申详文部大臣，定以儒教主义，为后来学科之准则。讲究儒教主义，德之本原，实今日之急务也。设定二种教育，一曰真理，一曰现理。真理者，出于天理之公，合夫性命之正，即所谓正心、诚意、修身之学，形而上之教也；现理者，成于人类之私，得夫气形之利，即所谓立身、兴家、富国之学，形而下之教也。古人曰"衣食足而知礼节"，又曰"无恒产者无恒心"，实人世之常态。此真现理二种，不可一日或缺者也。

其略如此。

六三：见舆曳，其牛掣，其人天且劓。无初有终。

《象传》曰：见舆曳，位不当也。

上互坎，坎为舆；下互离，离为牛。"无初有终"，遇刚也。离亦为见，上下互既济，既济初有曳轮之辞，故曰"见舆曳"。"掣"，掣曳也，即牵掣之意。"舆"指三，"曳"指四，"掣"指二。三居上下之交，其位不当，四曳之，二掣之，是曳其舆于前，又掣其牛于后也。"天"，胡氏安定谓"天当作而"，篆文而与天字形似，即礼"髡刑曰而"。"劓"，截鼻也，发属心而主火，鼻属肺而主金，此爻兑金值离火，金火相克，故有发鼻受伤之象。兑为刑人，故曰其人"而且劓"。三爻处下卦之终，当睽违之时，以阴居阳，履非其位，与上相应；上居离极，离火性烈，不合则相伤，合则相得，遇雨疑亡，睽终合矣，故曰

"无初有终"。《象传》曰"遇刚也"，刚指四，即上之"遇雨"也。四互坎，坎为雨，四又中立不倚，故曰"刚"。谓四能释上之疑，使之终合也。

【占】 问时运：运不得当，恐有刑伤之灾；三年后，得有好运。

　　○问营商：与人不合，非特不能获利，防有刑狱之厄，待后可成。

　　○问功名：左掣右肘，动辄得咎，安能成名？晚运则佳。

　　○问战征：车脱马逸，兵败将亡，不能前进。必待应军得力，得以始败终胜。

　　○问婚姻：初因男家疑忌，未免受辱，终得疑释完婚。

　　○问家宅：此宅地位不当，前后左右，皆有牵制，宅中之人，时有头面伤残之祸，以朝山向午，离火来克。宜改向朝西兑位，乃吉。

　　○问疾病：必是面上有疮，久后自愈。

　　○问讼事：不免刑厄，终则自解。

　　○问失物：后可寻得。

　　○问六甲：生女，防面有伤痕。

【占例】 一日友人某氏来，曰："某贵显托仆以一事，请占其吉凶。"筮得睽之大有。

　　爻辞曰："六三：见舆曳，其牛掣，其人而且劓。无初有终。"

　　断曰：《象传》谓睽"火动而上，泽动而下"，上下相背，是以成睽；又曰"男女睽而其志通"，是初睽而终合，即三爻所谓"无初有终"之旨也。今足下代占，而得三爻，三爻曰："见舆曳，其牛掣，其人而且劓。无初有终。"玩爻辞，谓人在舆中，曳者欲前，掣者欲后，前后牵引，不得上行，且有面鼻受伤之象。卦体则为女子，料知某贵显所委托者，必为女子之事也。初次向说，必有上下之人阻隔，致生纷争，所委不成，足下对某贵显，亦觉面无光彩。《象》曰"遇刚"，看来当再得一刚直之人，与之帮说，事乃得合，故曰"无初有终"。贵显觅一小妾，本属小事，《象》曰"小事吉"，终必有吉也。

　　○明治二十九年冬至，占三十年农商务省施政实况，筮得睽之大有。

　　爻辞曰："六三：见舆曳，其牛掣，其人而且劓。无初有终。"

　　断曰：玩爻象，牛本足以驾舆，曰"曳"，曰"掣"，是反为牵制，不能前行也。舆不能进，欲强行之。其人反遭损伤之患。爻象如是。今占农商务省施政实况，而得此爻。我邦欲法欧美各邦农商之实例，施之内地，奈富商安于坐食，不愿航海远行，贫商欲行而苦无资本。今虽丝局茶厂，仿用器械，无如贩运外洋，或为关税所困，或为船险所阻。外洋贸易，向与内地不同。农业我国土地狭隘，以人口之半为农计之，一人仅不遇二段，是以欧美便宜之法，施之内地，实不能用。若强用之，皆归游手无产之徒，害忧更甚，唯北海道新垦之田可用耳。及一切杂项商务，亦多不便于行，犹是火炎上，泽润下，两不相洽，终必睽乖而不合用也。幸农商务省曲为设法，使老练者兴工业，附商品，给以一定之商标，俾各品得以信用，又奖励富商，使之兴海陆保险会社、银行支店，以奋起商业，可得渐见有效，谓之"无初有终"。

九四：睽孤，遇元夫，交孚，厉，无咎。

《象传》曰：交孚无咎，志行也。

四居离卦之始，离为目，《说文》"目不相视为睽"。"孤"，谓独立无辅也。其情既睽，其势又孤，故曰"睽孤"。"元夫"指初，四与初所处之时，同在睽也；所居之位，同在始也，其象同，故其志同。四以无应，得初为同志，初在卦首，故称"元"；四阴位，初阳位，故四以初为夫；且初震爻，震为元夫，故曰"遇元夫"。四变损，损曰"有孚"；四之五为中孚，中孚五爻曰"有孚挛如"，有交孚之象焉，故曰"交孚"。"厉，无咎"，谓时当睽乖，幸而得孚，虽厉无咎。《象》以"志行"释之，谓四之志，得此"交孚"，乃可行也。

【占】问时运：性情孤介，不合时宜，幸得同志，差足免咎。

○问战征：孤军深入，几致危殆，幸而获救，可以无咎。

○问营商：孤客远行，货物不合销路，进退两难，得遇故乡旧友，方可脱售，平安无咎。

○问功名：命运孤寒，难望显达，无咎而已。

○问家宅：宅在孤村僻壤，唯有樵夫野老来往而已。

○问疾病：病是目疾，得遇良医，可以无咎。

○问六甲：生女。

【占例】明治二年十二月，晦，余借海军省蒸气船飞龙丸，运载支那米，赴南部宫古，临发筮得睽之损。

爻辞曰："九四：睽孤，遇元夫，交孚，厉，无咎。"

余临事，每自占筮以为常，特此爻"无咎"之言，不复介意。乘船之后，平时忙碌之身，变为闲散。追念昔年，在南部狎昵一妓，拟待抵埠登岸，招呼船长等惊艳称奇，同为一醉。一涉痴想，夜不成眠。阅三日，船抵宫古，号炮一发，村吏来迎，中有旧友二人，遂窃告之，使彼往招。既而率众上陆，剪灯置酒，围坐会饮，频番催呼，答而不来，甚为失望。夜深客散，乃拍手遽问。此妓出曰：妾来此久矣，自愧丑不堪侍娱，故不入也。余亦惊骇曰：何老至此也！既复沉思，盖相别已十八年矣。《易》曰"老妻士夫"，可羞可笑。妓复泣告曰：近因罹疾，容颜顿变，生机亦窘，有死而已。余追思往昔未免有情，谁能遣此？乃赠米二十包，付以券书，彼深喜而辞去。是适符"睽孤，遇元夫，交孚，厉，无咎"之象也。

六五：悔亡。厥宗噬肤，往何咎？

《象传》曰：厥宗噬肤，往有庆也。

五居君位，时当睽乖，故有悔。"宗"指二，五与二应。五处离中，二至四为离，离与离合，是宗也。二曰"遇主"，以五为主，五曰"厥宗"，以二为宗。是君臣会合，故"悔亡"。二动体噬嗑，噬嗑二爻曰"噬肤"、"无咎"，按肤谓肤肉，为柔而易噬；嗑，合也，二居柔位，犹言柔而易合。肤肉，犹骨肉也，盖指"厥宗"而言。大宗伯以饮食之礼亲宗族兄弟，即此"厥宗噬肤"之义也。二往得食，故"有庆"。合族以食，复何睽？二五"交孚"，故"悔亡"而无咎。

【占】问时运：劣运已退，得与同宗共事，可以无咎。

○问战征：可勇跃前往，无咎。

○问营商：防合伙者有侵食之患，然径行而往，终得有利。

○问功名：得有同宗相助，乃能获庆。

○问家宅：此宅是宗族旧屋，往居有庆。

○问疾病：是肌肤之疾，易治也。

○问婚姻：二与五为正应，是亲戚旧家，成则有庆。

○问六甲：生女。

【占例】明治二十三年春，占众议院，筮得睽之履。

爻辞曰："六五：悔亡。厥宗噬肤，往何咎？"

断曰：五为君位，二为臣位，二五相应，即见君臣相合。相合则言听计从，有会议之象焉。卦名曰睽，睽，乖也，违也，知会议必有睽异不合者。"厥宗"者，议院有二，上曰贵族院，下曰众议院，贵族院多是同姓诸侯，众议院亦间有同姓臣庶。"噬肤"者，谓议成得以酒食会饮也。五既居尊亲二，二得荷宠事五，可见上下之志，得因睽而通也。

上九：睽孤。见豕负涂，载鬼一车，先张之弧，后说之弧。匪寇婚媾。往遇雨，则吉。

《象传》曰：遇雨之吉，群疑亡也。

上居外卦之极，孤高独立，故亦称"睽孤"。上互坎，为疑，为豕，为车，为鬼，为孤，皆坎象也。离为目，为见。兑泽污下，象途泥。因睽成孤，因孤生疑，本末尝有豕也，未尝有鬼也，未尝有车也，睽则目视不明，而疑心暗起，若见有豕之负涂焉，若见有车之载鬼焉。积疑成象，变端百出。疑鬼者，忽又疑为寇焉，则将张离之弧而射之，既而谛审所见，先所见豕邪、鬼邪、寇邪，忽又变矣；上变归妹，则"婚媾"也，先之张弧，后即脱之矣。坎又为雨，故曰"遇雨"。上处离极，火烈烟腾，不可向迩，遇雨则火熄，可以往也，故曰"往遇雨，则吉"。《象》以"疑亡"释之，谓群疑消亡，见闻皆真，睽孤自合矣。

【占】问时运：正当交运脱运之时，切宜息心定虑，毋动妄想，妄想一端，幻形百端，防生疑病。

○问战征：营位太高，军力太孤，防有疑兵来袭。

○问营商：目下货价，变迁百出，上落不一；时当盛夏，来客稀少，必待秋雨一通，可以获利。

○问功名：现在牛怪蛇神，变动不一，待十年后，出塞入解，可许发解。

○问婚姻：前因疑忌不睦，后得完好，吉。

○问家宅：此宅有变，防有鬼祟，遇婚嫁喜事，可以解释。

○问疾病：杯弓蛇影，因疑成病，得破其疑，病自霍然。

○问六甲：生女。

【占例】东京大家某氏夫人，偕女访余别在，曰：良人顷患气郁之疾，医药无效。养嗣某，即为此女之夫，性游荡，不克承家，妾等实所忧虑，请幸一占。筮得睽之归妹。

爻辞曰："上九：睽孤。见豕负涂，载鬼一车，先张之弧，后脱之弧。非寇婚媾，往遇雨，则吉。"

断曰：卦体下兑上离，炎上者动而愈上，润下者动而愈下，上下不合，故卦为睽。卦象为"二女同居，其志不同行"，又曰"男女睽而其志通"，是以内三爻言睽，外三爻言睽而合，是始睽后合之象也。上九居睽之极，因疑生睽，愈睽愈疑，目之所见，积疑成象，豕也，车也，鬼也，寇也，恍若历历在前，实则一一皆幻。天下事杯弓蛇影，因疑兆祸者，类如斯也。今夫人为尊君之病患，与养嗣之行止，特来请占，筮得睽之上爻，知其病之由来，与所占之本意，皆由猜疑一念而生也。尊君为养嗣，不克承家，日夕疑虑，以致火气上冲，湿气下郁，上下不通，遂成是疾。"雨"者，下降也，病得大小便一通，自然安愈。君家养嗣，余所深知，文学志操，向超流俗，缘其性情风雅，偶或招妓置酒，怡情于花柳之场，此亦雅人深致，何足为怪？夫人等因之生疑，始则猜忌，继则交谪，终则反目，一切所闻所见，如爻象所谓豕车鬼寇，悉现其形。凡床第间恩爱之私，云雨之梦，久已睽隔，斯疑者益疑，睽者益睽，男女之志，必不通矣。上居离火之极，极则必反，炎上当反而润下为雨，夫人等亦宜反而思之，务劝令媛，温柔以接之，兑悦以事之。如物之枯者得雨而复苏，早睽不终睽矣。《象传》所云"男女睽而其志通"也，正合此占。

○明治二十四年四月十日，余清晨无事，闲阅新闻及杂书。未几意倦，抛书而起。爱此风日晴和，游兴顿发，将赴近县，探赏春光。临行偶试一筮，得睽之归妹。

爻辞曰："上九：睽孤。见豕负涂，载鬼一车，先张之弧，后脱之弧。非寇婚媾，往遇雨，则吉。"

断曰：爻辞曰"睽孤"，犹示余孤身独行也。曰"见豕"、"载鬼"、"张弧"、"脱弧"，言其目见之无定形，犹示余游迹之无定所也。余是日出游，憩息于神奈川停车场，或赴横须贺，或赴箱根汤本，意犹未定，至登车乃决往箱根。车中适遇东京旧友某氏赴大孤，并坐谈《易》，兴味颇好，余遂改意趋大孤。翌日食后，出游市中，将就旧肆，阅览古书。乃过心斋桥，访鹿田书店，问以《易》书珍本。主人出示松井罗州所著《周易解故》。此书余往年遍觅不得，今得购之。又示以松井氏所著《周易释故》，及直势中洲所著《周易大传》等，是皆读《易》家所珍。书面有小岛氏藏书一印，余叩其出处，主人曰：昨购于西京古书肆，此书皆系小岛氏旧藏，氏没后，其子不能读父书，故鬻之。余曰：如子之外，犹有同购者乎？主人曰：西京麸屋町书林某，及东京书林某，相与分买之也。余乃悉以其价购之，后赴西京，又就麸屋町书肆，凡小岛氏遗本，又悉购之。归东访书肆琳琅阁，又得小岛氏《易》书三种，于是小岛氏遗书，悉皆归余。余益感《易》辞之精切也。爻所谓"载鬼一车"者，非鬼，乃书也；"遇雨"者，旧友也，即车中所遇之旧友也；所谓"遇雨则吉"者，此也。

䷦ 水山蹇

《序卦传》曰："睽者，乖也。乖必有难，故受之以蹇。蹇，难也。"蹇与睽不相对而适相似：离在上，兑在下，泽欲润而火自上燥之，用相反也，故为睽；坎在上，艮在下，水欲流而山自下止之，用相阻也，故为蹇。此蹇之所以继睽也。

蹇：利西南，不利东北。利见大人，贞吉。

坎位北，艮位东北。天气由北而东，而南，而西；日月出于东，没于西，天之行也。卦体内艮外坎，自东而北，逆天而行，是以为蹇。蹇自睽来，艮坎位在东北，兑离位在西南，就东北之本位，则难上加难，故"不利"；就西南，是睽位，则可以济难，故"利"。且东北而西南为顺天，顺天者必利。"大人"，即离明继照之大人也，明足济蹇，故"利见"。道得其贞，吉无不利。

《彖传》曰：蹇，难也，险在前也。见险而能止，智矣哉。蹇利西南，往得中也。不利东北，其道穷也。利见大人，往有功也。当位贞吉，以正邦也。蹇之时用大矣哉！

卦体下艮上坎。坎者，水也，艮者，山也，水在上，山在下，坎为险，故曰"险在前"。下互离，离为见，艮为止，故曰"见险而能止"。就艮而言，象取能止，就蹇而言，义取能往，故爻辞多曰"往"。"蹇利西南"，离正南，兑正西，悦而又明，可以出离，故曰"往得中也"。东北蹇之本位，是以难入，难，故"其道穷也"。知其所往则利，不知而误往焉，则不利，"智矣哉"三字，是为处蹇者警醒之也。"大人"者，谓其位居至尊，德足济蹇，故凡有事于蹇者，所当"利见"。往而见之，不特可以平蹇，且可以见功也，故曰"往有功也"。二至上，皆当位得正。"贞吉"，谓五也，五为蹇主，所谓"大人"者，正己而正物者也，故曰"正邦"。孔子论兴邦，曰知难，蹇，难也，五"大蹇"，为知难之君；余爻皆曰"往蹇"，是群策群力，为能相助以图蹇也。盖处蹇之时，不贵知蹇而终止，贵在用蹇而前往，斯蹇之时可济，而蹇之用乃大，故曰"蹇之时用大矣哉"。

以此卦拟人事，蹇字从足，从寒省，与謇、蹇字相类，皆有难义。蹇，《说文》：跛，谓足偏跛，不良于行，而又值"险在前"，故为蹇。"蹇，难也"，凡人当蹇难之际，进退趑趄，皆有偏跛不前之象，此卦之所以名蹇也。卦象为山上有水，水在地则平，在山则险，人见其险，而裹足不行，则险止于此，人亦止于此，虽其智能避险，其将何以济险乎！爻辞皆曰"往蹇"，可知蹇之用，不在能止，而在能往，故曰"往有功"。然往亦宜审其方向，北坎方，东北艮方，坎水艮山，仍为蹇难之方，往之"不利"，是谓"其道穷也"；西南坤方，坤为地，为康，是康壮之地，往之则利，是谓"往得中也"。有位者谓大人，有德者亦谓大人，当此艰险在前，不辨向往，往见老成熟练者，示我周行，斯"往有功也"。"当位"，谓当其方位，正路而行，自然获吉。蹇既得出，人事乃亨，亨则小可以正身，大亦可以正邦。际蹇之时，因蹇之用，不以蹇而伤其穷，转以蹇而大其用，故曰"蹇之时用大矣哉"。

以此卦拟国家，卦以五爻为主。五居尊位，为君，爻曰"大蹇"，是当国家之大难也。坎为沟渎，为隐伏，隐处而有沟渎，是陷阱也。艮为径路，径为路之至小至狭者，是山间鹿兔之蹊，亦险地也。卦象为险，卦名为蹇，国家当此，显见水阻于上，山阻于下，梗塞不通，教化不行，为国步艰难之会，则足以图蹇有功者，惟在此五爻耳。《象》所称"利见大人"者，指五爻而言。五爻能度其往之方位，审其方之利害，并妙其蹇之功用，故诸爻曰"往"，五爻曰"来"，谓能集"朋来"之力，以济"大蹇"之时，内而正身，外而正邦，非大人不克臻此。

通观此卦，卦体以坎上艮下为蹇，易位则为蒙。蒙《象》曰"山下出泉"，泉之初出，贵养之以正；蹇《象》曰"山上有水"，水之有险，贵往之得中。得中则知险，知险则知往，知往则能知利与不利，而所往不误，斯蹇可济矣。自来处蹇而能用蹇者，唯在"当位""贞吉"之"大人"，下此有事于蹇者，皆当"利见"夫"大人"。所谓"大人"者，即指爻中之九五也。五爻又知蹇非独力所能济。五与二应，是以五曰"大蹇"。二曰"蹇蹇"，孜孜矻矻，以共济艰难，惟恐少后。盖五者君之道，民之危，犹己之危也；二者相之道，君之忧，犹己之忧也。以身任天下之重者，固当如此也，若徒效保身之哲，蹈河入海，措世事于无闻，则有能力济此蹇乎？即在初、三、四、六，均有世道之责，或返而安，或速而济，或见而"硕"，俱欲举天下而治之。在"来誉"之贤，犹冀其有待，圣人之不能忘天下，固如是其至也。然天下非一人之事，济天下非一人之力所能。君必网罗人材，以收群策群力之效；臣必靖共尔位，以尽为羽为翼之功。然济蹇者才，而所以济蹇，尤在夫德，《象传》曰"君子以反身修德"，有其德则自足化险，自足以靖难。明夷《传》曰，"以蒙大难，文王以之"，此可见文王之德之纯也。文王为西南之吉，《象》曰"利西南"，其以此也夫。

《大象》曰：山上有水，蹇，君子以反身修德。

山上有水为蹇，蹇反卦解。解之《象》曰"雷雨作"。雷雨自上而降，雨降则山上之水必随而降，则蹇可解矣。君子法之，"以返身修德"，不忧其蹇之难解，惟虑其德之未修。坎为悔，有反悔之意焉；艮为慎，有德之义焉。孟子曰："行有不得者，反求诸其身而已矣"，此之谓也。

【占】问时运：运当艰难，宜加奋勉，方可出险。

〇问战征：入山穷水，复杂之地，进退两难。宜率六军，戮力向西南进攻，方可获利。

〇问功名：坎险艮止，功名有阻，返身加勉，五年后至上爻，《象》曰"利见大人，以从贵也"，成名可望。

〇问营商：水在山上，则水蓄而不流，有财不流通之象，营商者难之。

〇问家宅：此宅傍山，防有山上来水冲落，致损墙屋，宜改易其朝向，乃利。

〇问婚姻：山水本两相为偶，山下水高则为失偶，故有蹇。不成则已，成亦必有反悔。

〇问疾病：蹇为足疾，涉水登山，必不能往行也。

〇问失物：宜反从身上寻之。

〇问讼事：宜自返而罢讼，吉。

〇问行人：被中途发水所阻，大有险难，他日空身可归。

〇问六甲：生男。

初六：往蹇来誉。

《象传》曰：往蹇来誉，宜待也。

初爻居艮之下，当蹇之始，"往蹇"者，往就蹇地。在初去上蹇犹远，可以不往，乃不避险阻，敢于犯难。在六爻之初，能首倡赴义，开"朋来"之先，声闻嘉誉。《象传》曰"宜待也"，以为轻身尝试，徒博一时之誉，不如审机观变，待时而动，斯得济蹇之实功也。

【占】　问时运：好运未来，宜谨守以待。

○问战征：有险在前，未可进往，宜暂退守。

○问营商：售卖之处，适有危，不可贩货前往，须暂时待价。

○问功名：从军效力，皆冒险犯难，获邀奖赏，故曰"来誉"。

○问家宅：地位险阻，迁居不利。

○问疾病：在初起，不必急往求医，宜退而自养。

○问婚姻：不必急就，还宜待。吉。

○问失物：缓之可得。

○问六甲：生男。

【占例】　友人某来，因一事进退未定，请卜以决之。筮得蹇之既济。

爻辞曰："初六：往蹇来誉。"

断曰：卦名曰蹇，蹇难也。卦爻在初，是初次遇难也。《爻辞》曰"往蹇"，其往就难地也；曰"来誉"，称其勇于赴难也。而《象传》则曰"宜待"，盖谓轻身尝试，不如待时而动也。玩释爻意，其于临难进退之机，历历明示。足下所问一事，为进退未定，得此爻而昭然如揭矣。神机发现，不爽毫厘，神妙如此。

六二：王臣蹇蹇，匪躬之故。

《象传》曰：王臣蹇蹇，终无尤也。

"王"指九五，"臣"指六二，二居下卦之中，上应九五，爻互重坎，故曰"蹇蹇"，谓其涉蹇以济蹇，有鞠躬尽瘁之忧。诸爻皆言往，犹为国难而往赴之，二则直以国事为己事，犯其难而不顾也。《象传》以"终无尤"释之，谓其能致身事君，夫复何尤。

【占】　问时运：目下气运尴尬，险难重重，主一身劳碌。

○问战征：防军入险地，身被重围，有庞士元落凤坡之象。

○问营商：为内地运货，中途被水，有人财两失之患。

○问功名：为急公求名，名成而身莫保，邀身后之荣。

○问家宅：此宅在艮山之中，向朝东北。险既重，不利。

○问婚姻：二应五，主结贵亲；防后日夫君有难，身命难保。

○问讼事：凶。

○问行人：凶。

○问失物：终不可得。

○问六甲：生男。

【占例】　明治十三年某月，予过访东京某绅士，互叙久别。主人曰：近因小儿为商务负债，日夕奔走措置，予甚忧虑。予曰：此等债务，忧亦无用，当善谋一置处之方。无已不如占问一卦，以决可否。于是主人自执筮蓍，予代为祈祷，筮得蹇之井。

爻辞曰："六二：王臣蹇蹇，非躬之故。"

断曰：蹇者多难之卦，二爻为下卦之主，是身任其难者也。令郎为商业负此巨债，不能不前往处理，无如债累重重，一时终不能了。今占得蹇二爻，爻辞曰"王臣蹇蹇，非躬之故"，"蹇蹇"谓其事难而又难，"非躬之故"，谓其债因商业而负，非一身之故也。玩前后爻象，三爻以"来返"为喜，知三爻不能相助为理；四爻曰"来连"，能与以为联手；五爻为卦之主，是营商正主，或成讼则为裁判长官，曰"朋来"，谓招集债友，共相商议。《象》曰"中节"，节省也，谓节减债款以了事。上六则为局外之长者，前来居间调剂也。据此现宜从初爻之辞，暂为退待，以俟机会，毋须劳碌。

某绅士深感《易》之妙，后果如占所云。

九三：往蹇来返。

《象传》曰：往蹇来反，内喜之也。

三爻居内卦之上，为艮之主，当上下之交，与坎为邻。"往蹇"者，谓往赴五之"大蹇"。五以三阳当位，使之"来返"，以治其内。三本见险而止，喜退而不喜往也，其往也，为迫于诸爻，故同往；其返也，为得自全，故有喜。三动变为比，比二曰"比之自内"，故《象》以"内喜"释之。

【占】问时运：运值多难，前进不利，不如退守。
　　○问战征：有军出复旋师之象。
　　○问营商：有去而不来，贩货复回，转销内地之象。
　　○问功名：为出使在外，改为内用。
　　○问家宅：此宅后靠山，前临水，初欲他迁，后复归来，得以团聚为喜。
　　○问婚姻：前欲他适，后得归来，可喜。
　　○问行人：即日来，喜。
　　○问失物：失而复得。
　　○问六甲：生男。

【占例】明治二十三年，占国运，筮得蹇之比。

爻辞曰："九三：往蹇来返。"

断曰：卦名曰蹇，蹇，难也；爻曰"往蹇"，为往就蹇地；曰"来返"，为往而复返。《象》曰"内喜之也"，为喜其返而得以自全。详绎爻辞，知国运值此多难，往而济蹇，不如返而治内。至五爻，大君擅权，朋来相辅，而蹇可济矣。则知以三济内蹇，以五济外蹇，相与有功也，喜可知矣。以爻象计之，应在二年之后。

○明治元年四月，友人某来曰：余近奉仕官某藩之命，发程有期，特来告别。观其容貌威武，腰佩两刀，犹是藩士旧状，今际会风云，有志维新者也。请占前途气运，筮得蹇之比。

爻辞曰："九三：往蹇来追。"

断曰：三为艮止之主，当上下之交，进退本多不决。其往也，固非所愿，亦第随人共往之耳；及其"来返"，焉得不中心喜之？《爻辞》之意如此。今足下因奉命将行，占得此爻，度足下之意，或有亦因前途有难，不喜前往。余劝足下，不妨准备前行，当有后命即来召回，欲令足下奉职于内也。

后友人尚未起程，即命止行，留为内用。

六四：往蹇来连。

《象传》曰：往蹇来连，当位实也。

四居上卦之首，比近于五，五所倚重，是为亲近之臣。"连"者，谓君臣一体，如心腹股肱之相联系也。"往蹇来连"，谓三与上为正应，故与上同往，最为联合，比初之往而有待，三之往而复反，较为得其实力也。《象》曰"当位实也"，四当位履正，艮为实，故曰"实"。上既比连尊爻，下又联络诸爻，得以实心实交以济蹇难也。

【占】问时运：运多蹇险，以其能联合众心，得以济险。

○问战征：四爻阴柔，可知军力单薄，以其能与众军同心同德，联络一气，乃可出险。

○问功名："来连"者，有连升之象。

○问营商："来连"者，谓先后商客，皆相连而来；曰"当位实也"，"实"，充实，谓得赢满也。

○问家宅：此宅必与邻屋比连，地位相当，家道殷实。

○问婚姻：必是老亲结亲，重联订好，吉。

○问疾病：此病必连绵已久，一时不愈。

○问讼事：迟久可了。

○问行人：流连在外，一时不归。

○问六甲：生男，想是孪胎。

【占例】明治二十四年，有某友来，占某国枢密院气运，筮得蹇之咸。

爻辞曰："六四：往蹇来连。"

断曰：四爻比连君位，是为亲近之臣，所谓心腹股肱，与君一气相联者也。恰合枢密院之位。足下占问某国，是外国也，故爻应在外卦。《爻辞》曰"往蹇来连"，知某国近有内难外侮交作，枢密院诸臣，防有连累及祸者。诸爻皆曰"往蹇"，唯五与二不言往，五为大君，二为内臣，是身临其难者也。枢密院本在内臣之位，诸爻以图其济蹇，曰"往蹇"者，或指出使于外而言。一时蹇难未平，气运不佳，必待至上爻可以出蹇。

○明治三十一年，占众议院气运，筮得蹇之咸。

爻辞曰："六四：往蹇来连。"

《象传》曰："往蹇来连，当位实也。"

断曰：爻曰"来连"，有联合众议之象；《象》曰"当位"，谓得当议员之位。今政府以战胜之后，受各邦之猜忌，将扩张兵备，预作济蹇之图，已呈出其议于议会。议员等联络私党，不应政府之意，政府因之多难。上卦为坎，坎险也，下卦为艮，艮止也，合之谓蹇，以致政府号令有阻止而不能行也。今占得四爻，四爻比近于五，知众议员中必有深浅时艰，能体合至尊之意，折衷众议之论说，以排解国家之困难，斯议可成，而蹇可济矣。《象》曰"当位实也"，"实"谓能实济其难，非从空言已也。

当时议会自由改进，两党轧轹，议多不合。后自由党迎合政府之意，与国民协会联合，增税之议乃决。

九五：大蹇，朋来。

《象传》曰：大蹇朋来，以中节也。

就诸爻言则为"往"，就五爻言则为"来"，在诸爻则蹇犹小，在五爻则蹇独大，盖五爻合诸爻之蹇以为蹇，而独当蹇之大者也，故曰"大蹇"。君臣以义合，朋友以情合，五略分言情，故喜其来"而称之谓"朋"。五盈满当位，德足任人，故能使疏附后先，咸来辅翼，得藉群才以济"大蹇"。其济也，虽出于君之威福，而诸臣要与有力焉。五动体坤，坤"西南得朋"，"蹇利西南"，故亦曰"朋"。《象》以"中节"释之，谓五得位履中，不易其节，故卒得出蹇也。

【占】问时运：厄运将退，渐得化危为安。
　　○问战征：前既被围，今幸得救兵齐来，得以一战出围。
　　○问功名：位近至尊，足以匡济，大荣，吉。
　　○问营商：众货辐辏，一时难以脱售。
　　○问家宅：地近禁卫，当冲击疲难之区，车马纷逐之会。不宜民居，可改作会馆议院。
　　○问疾病：此是危难大症，宜集众医会治，方可望愈。
　　○问六甲：生男。

【占例】明治二十年，占某贵显气运，筮得蹇之谦。
　　爻辞曰："九五：大蹇，朋来。"
　　断曰：卦名曰蹇，爻曰"大蹇"，知蹇难重重，非一己之力，所能解脱。今某贵显占气运，得第五爻，五爻为蹇之主，其蹇愈大，其济愈难。幸某贵显德望素著，众心归服，得藉朋侪相助，乃能裁平大难。目下正当协力匡济之时，尚未出蹇，待一年后，蹇去解来，斯可平安无患。

上六：往蹇来硕，吉，利见大人。

《象传》曰：往蹇来硕，志在内也。利见大人，以从贵也。

上爻居蹇之极，躬处局外，本为蹇难所不及；爻曰"往蹇"，盖贤人君子，心切时艰，不敢以身不当位，置理乱于不闻也。"硕"，大也，"来硕"者，五得其相助为理，即以大任任之，如莘野渭滨之出而匡时者也，故曰"来硕"。蹇诸爻皆在蹇中，未尝言吉，至上爻，其蹇已终，故称"吉"。"大人"指五也，君臣同德，五爻以臣谓朋，上与五以君谓大人，盖即《象传》所谓"利见大人，往有功也"。《象》以"志在内"释"来硕"，谓上之应在三，故"志在内也"。以"从贵"释"利见"，谓上之阴从阳，故曰"以从贵也"。

【占】问时运：现下大难已退，大运将来，可以出面求仕。
　　○问战征：大兵已集，可以一战，以出重围。
　　○问营商：众商咸来，货价大涨，即此脱售可复本，亦可获利。

○问功名：文名大振，可以"利见大人"。

○问家宅：此宅地位高大，灾煞已退，吉曜照临，且得贵人扶助。

○问婚姻：主贵。

○问讼事：须从大审院判结。

○问六甲：生男

【占例】 友人某来，请占气运，筮得蹇之渐。

爻辞曰："上六：往蹇来硕，吉，利见大人。"

断曰：上爻居蹇之极，极则必变，将变蹇而成解，是大难将解之时也。今足下占气运，得上爻，爻辞曰"往蹇来硕，吉，利见大人"，玩爻辞之意，谓"大蹇"已往，好运将来，吉无不利，且可往见大人，出而求仕，必得贵人提拔，仕途亨通。

䷧ 雷水解

卦体下坎上震。震为雷，坎为水，亦为雨。震坎交错，即成雷雨交作之象。坎于时为冬，震于时为春，自冬涉春，雨水乍来，春雷始发，和风送暖，坚冰渐解，天地郁结闭塞之气，一经雷雨鼓动，枯者生，蛰者起，无不解散而萌发也，故名其卦，曰雷水解。

解：利西南。无所往，其来复吉。有攸往，夙吉。

"解，缓也。"坎位北，震位东，自北转东，而南，而西，是顺天而行也，故曰"利西南"。解即所以解蹇，反东北而东南，倒坎艮而震坎。解之西南，即蹇之西南也，故其利同。"无攸往"者，谓蹇解而难已平，无难则无所往，缓以养之，以俟来复，是以"来复吉"也。"有攸往"者，谓蹇解而难犹在，有难则必有往，急以救之，不懈夙兴，是以"夙吉"也。

《彖传》曰：解，险以动，动而免乎险，解。解利西南，往得众也。其来复吉，乃得中也。有攸往，夙吉，往有功也。天地解而雷雨作，雷雨作而百果草木皆甲坼，解之时大矣哉！

按：解有两音，一古买反，谓解难之初；一谐买反，谓既解之后。《序卦》曰，"解者，缓也"，险难既解，物情舒缓，故为解。解所以解蹇也，止则蹇，而动则解。凡遇险不可不动，动斯能免乎险也，免险则为解。"西南"坤位，坤顺得常，故"利"，坤为众，故"往得众"。往自内而外，来自外而内。坤为纯阴，至震一阳来复，犹言大难初平，疮痍未复，必休养生息，俾得复其元气，故不必"攸往"，而自然"来复"，是以得中而吉也。二之六为晋，晋"明出地上"，日之初升，故有夙象。"晋，进也"，故"有攸往"。晋五曰"往有庆"，即"往有功"之谓也。盖"来复"治内，夙往治外，内外交治，解之事尽矣。解为二月之卦，震阳司令，"雷以动之"，"雨以润之"，天地凝寒之气，因而解散，万物生育之机，因而甲坼。睽蹇二卦，皆兼取"时用"，解独曰"时大矣哉"，盖睽蹇以得用而济，解则不复用其解，惟在待时而动耳。

以此卦拟人事，是险难乍解，元气未复之时也。方其处险，不动则不能脱险。动必当审其方向，又得夫众力。西南为坤顺之方，得众即"朋来"之助。及其已解，有不可再动者，如人身疾病乍瘥，血气未复，当以休养而调摄之，斯为得中也。有不可不速动者，如人家困难甫脱，而盗贼犹在，当必急起而蒐伐之，斯为有功也。震为春，春气一动而雷雨交作，天下之积气乃解，万物之生机始达，犹人之威怒一振，而群邪悉退矣。六爻皆合骞而观，初为难初平，唯求"无咎"而已。二则难已除，斯为"贞吉"矣。三则难虽消，以寇"致寇"，其咎亦自取耳。四之难未得全解，尚望得人相助也；五之难，能以心孚，庶几宵小自退也；上之难积恶未靖，不能不威武加之也。在天怒则雷霆，恩则膏雨，在人唯赏其善，罚其恶当之耳。

以此卦拟国家，卦自明夷来。自家人而睽，而骞，而解，皆为周兴殷亡之象。解为文王羑里脱囚之时，其"利西南"者，文王化行西南之地。虞芮之质成，其"无攸往"也；崇密之蒐伐，其有攸往也。所以动兵兴众者，时当险难，不得不动耳，不动不能以免险，且不能以济天下之骞也。迨至商郊誓师，而来会者八百，是得众也，即得中也。周之所以脱大难者，在此解，周之所以集大勋者，亦在此解也。王怒如雷，王泽如雨，后之王天下者，唯以法周者法天而已。天地得阳和而雷雨作，万物得阳和而萌蘖生，治道亦犹是焉。

通观此卦，解与屯易位。屯震生在下，坎难在上，"动乎险中"，为难之始生，其《象》曰"云雷"，是天气郁结而未能发泄也，故不成雨；解坎难在下，震生在上，动免乎险，为难之已解，其《象》曰"雷雨"，是天气发泄，而恩威并施也，故曰"雷雨作"。解之卦义，其为难者，坎也，阴也，其难解者震，阳也。初爻以其始解而安之。二爻就其获解而治之。三爻防其方解而复致之。内三爻属坎，坎，阴也，故不言解。四爻之解，得朋为助；五爻之解，以孚吉；上爻之解，以"用射"获利。外三爻属震，震，阳也，故言解。统之难之作也，靡不由于小人，而其解也，靡不由于君子。五为解之主，《象》曰"君子有解，小人退"，所谓"君子"，即《大象》所称"赦过宥罪"之"君子"也。此为解一卦之要领也。

《大象》曰：雷雨作，解，君子以赦过宥罪。

按：十二消息者，坎为十二月至正月之卦，坎五六两爻，值雨水惊蛰；震为二月至四月之卦，震初爻，值雷乃发声，三爻值谷雨。解为二月公卦，《大象》曰"雷雨作"，盖因其时而取象焉。坎为罪，为灾，故有过有罪；震为缓，为生，故用"赦"用"宥"。君子法之，号令如雷之震，天下无不耸动；恩泽如雨之降，天下无不喜悦。夫使幽闭久系之人，一旦得"赦过有罪"，弛其禁锢，脱其桎枯，如出陷阱而复见天日，则其忧闷郁结之气，无不解散。是君子与民更新，以之解万民之难也。

【占】问时运：灾难解脱，大有奋发振作之象。

○问战征：威武一振，有大寇蒐灭，小寇服从之象。

○问功名：有声震百里，泽被群生之兆。

○问营商：得时得令，"雷雨之动满盈"，大利。

○问婚姻：震雷坎雨，阴阳交济，生育畅茂，吉。

○问家宅：天盘有动，地盘有难，宜祈祷解免。

○问行人：一时可归，防小有灾难，无咎。

○问讼事：幸得宽有无罪。

○问六甲：生男。

初六：无咎。

《象传》曰：刚柔之际，义无咎也。

初居解之始，大难初乎，不求有功，只求无咎。初与四应，赖应之力，得解其险，故曰"无咎"。《象传》所谓"刚"者，指四，"柔"者指初，"际"，者，谓初与四相应。阴阳相交，其义自可无咎也。

【占】 问时运：困难初解，安时守分，自得无咎。

○问战征：乍脱重围，宜自蓄锐养精，不可妄动，得保无咎。

○问营商：不致耗失，亦为幸矣。

○问功名：目下只可守旧而已。

○问家宅：平安无害。

○问讼事：宜和。

○问婚姻：平平。

○问六甲：生男。

【占例】 明治二十四年三月，为郑永宁与清国公使馆内通书函，一时议论纷起，真伪莫辨。制纸分社长阳其二氏来书，请占一卦，以判虚实。筮得解之归妹。

爻辞曰："初六：无咎。"

断曰：解者，释也，坚冰得暖而解散之象也。初爻曰"无咎"，《易》之爻辞，单言"无咎"者，唯此一爻，是天张其口，以证郑氏之无罪也。且解者，谓解脱罪过，初爻之阴属郑氏，四爻之阳属清国公使。阴阳相应，知情分颇厚，然于国家大义，一无关害。《象传》曰"君子赦过宥罪"，料日后审官，亦必原情赦宥，断不以无稽文字，为之追究也。

九二：田获三狐，得黄矢，贞吉。

《象传》曰：九二贞吉，得中道也。

"田"者，猎也。上互坎，坎为狐；下互离，离为黄矢。狐阴兽，善惑人，故譬言妄邪小人，蛊惑君聪。"三"者，言数之多也。"黄"者，正色；"矢"者，直也。二爻以阳居阴，刚柔得中，上与六五，阴阳相应，为能辅佐大君，进贤黜邪，用以匡济时艰者也。盖欲解难，当先驱狐，故取离之矢，就坤之田，获坎之群狐而尽歼之。斯内治肃靖，于以济险出危，纳一世于中道，其在此矣，是以九二"贞吉"也。

【占】 问时运：去邪归正，自得安吉。

○问战征："田"者猎兽，犹战之猎敌也。获狐者，犹获敌之渠魁也；得矢者，犹得敌之兵器也。故"贞吉"。

○问营商："田"者在猎兽，商者在猎利。"三"者多数，"黄"者黄金。必获厚利，吉。

○问功名：曰"获"，曰"得"，名可望，吉。

○问家宅：此宅防有狐祟，须猎获之，乃吉。

○问婚姻：此必先有小妾，而后纳正室也。黄者正色，为正配，吉。

○问疾病：防是狐媚邪病，宜张弧矢以驱之，吉。

○问六甲：生男。

【占例】 某商人占气运，筮得解之豫。

爻辞曰："九二：田获三狐，得黄矢，贞吉。"

断曰：获狐得矢，知猎财猎名，无往不利。足下灾难既解，所求必得，正是好运发动，有雷雨得时之象。"黄"为正色，"矢"为直，又知足下品行正直，不惑于狐媚，是能以正治邪，故"贞吉"。

○明治二十五年，余患鼻痔，呼吸不通，谈话亦困，颇觉苦之。闻金杉某，留学独逸，专修鼻科，归朝设院受诊。余欲求治，筮得解之豫。

爻辞曰："九二：田获三狐，得黄矢，贞吉。

断曰：内卦水险，外卦雷动，动而免险之象，故不宜坐视，宜速治疗，解去疾病之难也。占得第二爻，为坎之主，动而变豫，有预治之象。"田"为狩猎，"狐"为怪物，"黄矢"者，射其怪物之矢。今鼻中之疣，身之怪物也；"三"者，为数之多；"黄矢"者；想为医治之器也，爻可备观，其象则吉。

余于是向金杉氏乞治，金杉氏一诊，许为易治。先用麻药，通电气于铜线，系挂于疣上，遂得截断其疣。疣数不一，悉皆截去，病苦顿解。医术之妙，实可惊喜，而《易》机之先示，悉合其状，更可惊叹。呜呼！《易》者以森罗万象之事物，照彻于三百八十四爻之中，一一发露其灵机，以垂教于天下后世，圣人之所以为圣人也！

○相州横须贺建筑炮台，又有造船大工场，年年埋筑海面。因采土炭岩石，向归大仓久米马担保。其岩石用船运至海岸筑处，并用小轮船为引，以取快疾。大仓组遂自造运船，免受雇船勒索等弊，指挥得当，独占利益。在官寮察知一人专担，难免弊窦，欲命高岛嘉兵卫分承其役。于是大仓组忌之，隐使船夫等百般妨碍，且故意宽支赁金，每日所损，不下七八百元，两家俱受其困。余乃请占一卦，筮得解之豫。

爻辞曰："九二：田获三狐，得黄矢，贞吉。"

断曰：《象传》谓"解，险以动，动而免乎险"，明言一动乃可出险。就占所言，爻以二五为纷争之主。今得二爻，二在内卦，属高岛氏，五在外卦，属大仓氏，二之负担，为四所妨，遂致互生岐唔，互受亏折。爻辞曰"三狐"，谓彼有三人，狡猾妨事；"黄矢"，谓我有一人，正直当事。以矢射狐，而狐退矣。四爻曰"朋至斯孚"，"朋"者，谓居间而讲和之友，"孚者，谓二五两主，得以感孚而罢争也。五本君子，始为小人所狐惑，故曰"君子有解，小人退也"。

乃依此占，使横山孙一郎传高岛氏之意于大仓氏，事遂平和。

六三：负且乘，致寇至，贞吝。

《象传》曰：负且乘，亦可丑也。自我致戎，又谁咎也。

"负"者，窃负，"乘"者，乘肥，"负且乘"，是窃盗而公卿也，故"可丑"。"致寇至"

者，坎为寇。六三处坎体，本寇也，寇以遭时窃位，得以策肥乘坚，为寇者见之，曰彼亦寇也，今居然"负且乘"矣，是可取而代之也。此谓以寇名寇。当此险难甫解，而使寇者滥居高位，岂非用人者之咎乎？故曰"自我致戎"，咎复何辞？"吝"，即丑也。

【占】 问时运：运非不佳，但因素行不端，为人鄙笑。
　　○问战征：战隙自我而开，以致群盗纷起，一时难平。
　　○问营商：防有盗劫之患。
　　○问功名：沐猴而冠，其能久乎？
　　○问家宅：门户不自谨慎，或用人不当，致招窃盗。
　　○问婚姻：两姓均非端正之家，是富而不仁者也，"可丑"。
　　○问讼事：两造理皆不直。
　　○问行人：满载而归，但来路不正。
　　○问失物：已被窃负盗去，不得。
　　○问六甲：生男。

【占例】 某人来，请占某区长品行，筮得解之恒。
　　爻辞曰："六三：负且乘，致寇至，贞吝。"
　　断曰：负为肩负，小人之役也；乘为乘车，君子之分也。"负且乘"，是以小人而窃居君子之分也。寇者见之曰：是亦寇也，彼以寇显，我岂独不可显乎？故曰以寇招寇，丑有由来也。观此爻辞，则知某氏得为区长，亦寇取而得之，必有寇伺其后者也，何能久居其任乎？
　　未几果罢职。

九四：解而拇，朋至斯孚。

　　《象传》曰：解而拇，未当位也。
　　四居震之始，震为足。"拇"，足大指也。四为解之主，解即解其蹇也。蹇为足疾，疾在一拇，不足以为蹇，解在一拇，亦不成其为解。四不当位，故不能全解其蹇，第见"解尔拇"，"拇"，即指四而汝也，故曰"而拇"。解之四，即从蹇五来，蹇五曰"朋来"，故解四曰"朋至"。四亦自知其不能解蹇，唯望"朋至"，得以相助为理。将由拇以及心，斯心心相感，而蹇得全解矣。坎为孚，故曰"孚"。

【占】 问时运：行年已当强仕，但行运不当，全在因人成事而已。
　　○问战征：防炮弹伤足，幸救兵得力，可以解围。
　　○问营商：所获甚微，唯众心交孚，一二年后，可望厚利。
　　○问功名：拇为足指，卑下已极，至五爻曰"君子维有解"，必待下科，可望登榜。
　　○问家宅：此宅地低下，不得其当，只可作行栈店屋。
　　○问婚姻：得有力媒人说合，方可成事。
　　○问讼事：有朋友出，交相解劝，得可息讼。
　　○问六甲：生男。

【占例】 群马县高崎市某甲书来，曰："仆近邻有乙某者，一子罹病危笃，祷于榛名神社，不日而愈。乙某深喜之，偕子谒谢神社"。一日乙某以遗金尽付其子曰："余居处，恐遭杀害，突然而行，子即出而追寻，不知去向，举家不堪悲叹。请劳一占，以卜吉凶。"余时适罹疾，因使门弟筮之，得解之师。

爻辞曰："九四：解而拇，朋至斯孚。"

余见此占，问门弟将何以断之？门弟答曰："乙某不入山，亦不投水，在东方朋友之家而已。《象传》曰："解，险以动，动而免乎险"，乙某自言，恐遭杀害而逃去，是因险而动也；既得逃避，是"动而免乎险"也。爻辞曰"解而拇，朋至斯孚，"拇"为足大指，父子一体，子在下，是足指也。遗金而别，解拇者也；"朋至斯孚"，是明言在朋友之家也。"孚"者，得朋友一言而心感也。

余喜判语适当，遂书其断语而函告之。后面会某甲，询及此占，曰乙某踪迹，适如贵占云云。

六五：君子维有解，吉。有孚于小人。

《象传》曰：君子有解，小人退也。

此"君子"，即《大象》所云"赦过宥罪"之"君子"也。五居尊位，与二相应。二既能得其中道，以祛群邪，许其更新，五即因之，原情赦宥，不复穷究，是以不解为解者也。小人遂感而有孚，是以吉也。《象传》曰："君子有解，小人退也"，谓君子不必力去小人，小人自心服君子，不敢与君子同居。自古奸邪害政，皆由君子不能感化小人，小人是以不信服君子，以致倾轧。覆辙相寻，皆未明六五"有解"之旨也。

【占】 问时运：正运亨通，群邪悉退。
　　○问战征：不戮一人，不加一矢，外夷来服。
　　○问功名：利君子，不利小人。
　　○问营商：不劳苦计营谋，自然获利。
　　○问家宅：此宅福曜照临，邪魔远避。
　　○问婚姻：吉。
　　○问行人：即归。
　　○问疾病：外邪解散，正气来复，吉。
　　○问讼事：理直者胜，理曲者服，即可罢讼。
　　○问六甲：生男。

【占例】 友人横山孙一郎氏来，曰：近见新闻纸所揭福地氏下狱，想此老衰之身，际此炎暑，其困难不言可知。推其所由，为得金草文，在草文得金，与受贿营私者，固有别焉。公冶缧绁，孔子特以非罪明之，予将为福地氏筹一解救之方，请烦一占。筮得解之困。

爻辞曰："六五：君子维有解，吉。有孚于小人。"

断曰：解者，解散也。占得第五爻，为解之主。《爻辞》曰"君子维有解"，且系以"吉"，称曰"君子"，知罪非其罪，不以罪而贱其人也。曰"维有解，"知不解而解，不待救而自然脱罪也。曰"有孚于小人"，在被起事之小人，亦知陷害君子，于心不忍，自愿认罪而退也。福地氏暂受其厄，自得安吉。

余因面东京裁判检事，具语此易，不日而福地氏出狱。

阅后有相知永井泰次郎氏，以讼事嫌疑，牵连被引，伊妻来请一占，又得此爻，遂即将此判词告之。永井氏亦果以无罪放免。其事同，其爻同，其应验亦果相同，故附记之。

上六：公用射隼于高墉之上，获之，无不利。

《象传》曰：公用射隼，以解悖也。

震为诸侯，故称"公"；坎为弧，为弓，故曰"射"。卦体上互离，离为飞鸟，故有隼象。四动而成坤，坤为城墉，象城墉之上。上爻居解之极，自初至五，凡用刚，用柔，用猛，用宽，所以解除内难，亦既备矣，至上犹有飞翔在外，如鸷鸟之强悍者，五乃命六曰：公其乘坤之墉，张离之弧，抽一矢而射之，获其魁首，无不利也，以解悖也。坎为悖，谓灭此悖逆之徒，斯内患外寇，悉皆扫平矣。前诸爻，即《象》所云"其来复吉"；上爻乃《象》云"有攸往，夙吉"是也。

【占】问时运：运途吉顺，出外或遇小寇，宜急防之。

○问战征：防有敌兵劫掠城外，宜高阜伏矢以射之，必有获也。

○问营商：运货出外，防有盗劫，宜严备御，非特无失，且可以获盗粮也，故曰"无不利"。

○问功名：爻称公，必已贵显也，当立功于外。

○问家宅：墉墙宜高，可备外窃。

○问婚姻：《诗》云"弋凫与雁"，有射之象，吉。

○问讼事：悖逆自解，利。

○问六甲：生男。

【占例】镰仓圆觉寺住僧今北洪川和尚，博晓释典，当今之高僧也。予一日游镰仓，欲访和尚，意予所谈在《易》理，和尚所说在禅味，不知禅之三昧，与易之六爻，其旨果相符合否耶？试为一占，筮得解之未济。

爻辞曰："上六：公用射隼于高墉之上，获之，无不利"。

断曰：佛法以解脱为宗旨，取解脱烦恼之义也。今得解上爻，不言解而言射，是用佛法，摄伏外魔，内性既定，外魔自消，与解所云之"三狐"为内魔，上之"隼"为外魔，其旨相同。知今日和尚，对余所谈，大旨如斯。予乃就卦义，书道歌一首，怀之以访和尚。

和尚延予入禅堂，茗谈移暑，佛法《易》理，各极其妙，遂出道歌示之，一笑而别。

○一日横滨商人左右田金作氏来访，请占利根运河株式高低。筮得解之未济。

爻辞曰："上六：公用射隼于高墉之上，获之，无不利。"

断曰：解者，动而免险之卦。方今卖却株式，得此难得之利益，以免后日之灾，故曰"无不利"。恰如见隼集于高墉之上，一矢射之，以去后患，若迁延过时，及至损卦，必有损而无利也。

氏从此言，一次卖之，即得利益；后因获利，而复买之，致招损失云。

〇明治三十一年，占伊藤内阁气运，筮得解之未济。

爻辞曰："上六：公用射隼于高墉之上，获之，无不利。"

断曰：爻辞曰"公"，适合内阁之称也；内阁居高位，故曰"高墉"。"隼"，指政党首领而言。政党首领，身处位外，飞扬跋扈，每与政府为难，如隼之悍鸷善掠，残害善类。六五之君，命公乘高，射而获之。不曰歼而曰获，以隼本有用之材，素有功劳，故期获而用之，以收其效，故曰"获之，无不利"也。《象传》曰"解悖"，是谓解去悖逆之心，以冀归顺也。内阁躬膺总理，既修文德，又具武功，靖内难，戡外侮，固公之所优为，解之上而难解，正公今之时也。

然解难为解，解位亦为解，尤公所宜慎审。遂呈此占于内阁。后内阁推荐大隈板垣两伯，问余以占断当否？余曰：执一隼，又欲获一隼，但恐所执之隼，振羽欲翔，放手遂不得复执。两隼相轧，而不能相容。公乃遂辞内阁，亦合解卦之义也。

䷨ 山泽损

卦体上山下泽，山高也，高者愈高，谓之益上；泽卑也，卑者愈卑，谓之损下。故下不可损，损在下而益在上，谓之损；下本当益，益在下而损在上，谓之益。损益之理固相反，而损益之用适相济。人第知其损也，而不知益即益其损；人第知益也，而不知损即损其益。是以《序卦》先损而后益。事先简而后烦，礼先俭而后奢，物先虚而后盈，故《易》道先损。损兑益艮，所以为损。

损：有孚，元吉，无咎，可贞，利有攸往。曷之用？二簋可用享。

损通咸。有心为感，无心为咸。咸，感孚也，故曰"有孚"，以其所损者，出于中心之诚，有足以见信于人也。不然，损主节俭，而俭不中礼，卒来讥刺，咎且难免，奚见"元吉"乎？唯损而"有孚"，斯人感其诚，自得"元吉"，复何咎？损而可正，以斯而往，无往不利也。损俭如此，何用丰为乎？约之"二簋"，亦可"用享"，不特有孚于人，且可上孚夫神明矣。

《象传》曰：损，损下益上，其道上行。损而有孚，元吉，无咎，可贞，利有攸往。曷之用？二簋可用享。二簋应有时，损刚益柔有时。损益盈虚，与时偕行。

损，减省也，减乾下之刚，以益坤上之柔，故谓之"损下益上"，亦即"损刚益柔"也。益在于上，故谓之"其道上行"。"有孚"者，以孚行损，则损下而下不病其损，益上而上不嫌其益，上下交孚，吉莫大焉，复有何咎？"贞"，正也，谓可以正其未孚也。艮在上，艮止也，艮得其益，则不为止而为往，故曰"利有攸往"。损既"有孚"，损自"无咎"，何必用丰？损之又损，即"二簋"亦可"用享"矣。震为祭，艮为宗庙，有用享之象。"簋"，盛黍稷之器，按礼簋多用八用六，今用二，是从损也。享以诚孚，故虽二簋可也。然损宜应时，时而当损，太羹不以为俭；时不当损，豚肩终伤其益。故损益盈虚，要贵"与时偕行"也。

以此卦拟人事，损，节省也，节财为损，节欲亦为损。节财所以利用，节欲在于清心，此固人事之要也。顾可损而损，虽损之而不以为损；不可损而损，即不损而已疑其损。凡人事之动辄得咎者，皆由于损其所损，而不能见信于人；不信于人，则有损无益，咎且不免，奚以得吉？或损大益小，止且不可，奚以能往？是以损卦，首曰"损，有孚"。卦体艮上兑下。艮，止也，兑，悦也，有孚则悦止相承，"山泽通气"，刚柔合志，上下交孚矣，不特在己愿受其损，即在人亦不疑其损。故用之于家，而财用省；用之于身，而情欲寡；极其用以格神明，而神明亦享其诚，从其啬，可无用丰也，有所往，乌乎不利也？夫亦因乎其时而已矣，若时不当损，而概从节俭，或讥其损人而益己，或斥其损公而益私，是为人事之患，咎复何辞？故人事当察夫天时，观日月之盈昃，寒暑之往来，即可知"损益盈虚，与时偕行"之道也。

以此卦拟国家，国家之制，田有赋，廛有征，货物出入有税，此皆损下以益上也。当其全盛，上不必须索夫下，下自乐输将夫上，上施其仁，下怀其德，朝野一心，无事则献籺私豜以奉上，有事则箪食壶浆以迎师。所谓信则民任者，此也。得其信，则上下交孚，其道有吉而无咎，其用无往而不利，其义贵与时而偕行。取其约勿取其丰，惟其诚不维其物，可以裕国，可以理财，推之亦即可以格宗庙。凡国家之损益盈虚，唯在法夫天以应夫时而已矣。六爻言损，酌盈虚，审彼我，度终始，义各有在。初"酌损"，二"弗损"，三"损一"，四损疾，五不曰损，上亦曰"弗损"。盖卦虽曰损，爻多不言损也。初、二、上皆曰"志"，三曰"疑"，四曰"喜"，五曰"祐"，其道皆取其孚也。盖治国之道，首在得民心，民心未得，虽上日施其惠，而民不知感也；得其民心，民将曰小民之饮食日用，皆出自上之所施，何敢自私其孚乎？虽损之不以为怨也。损卦首揭"有孚"二字，其旨深远，最宜体玩。

通观全卦，卦下体，本乾三画皆刚，为有余而当损也；上体本坤三画皆柔，为不足而当益也，谓之"损下益上，其道上行"。损益为盛衰之机，亦即为否泰之兆。损自泰来，益自否来，损二五失位，益二五得位，可以见否泰之相反也。损兑有余，补艮不足，上下相洽，止悦相承，是以益卦不待孚而民悦，损卦必先孚而乃吉。以损为人情所不欲，然人情固忧缺乏而求盈，君子则恶盈满而思节。"二簋"虽薄，可享宗庙，道在以诚为贵耳。"二簋"指兑之二阳，谓其简略也。上卦爻辞，多取"有孚"之旨，下卦爻辞，多取用享之象，合之皆取悦而止之义。然非谓刚之尽可损，柔之尽可益也，时可损则损，时可益则益，非人之所能强致焉，故曰"损刚益柔有时，损益盈虚，与时偕行"。

《大象》曰：山下有泽，损，君子以惩忿窒欲。

地以益而成山，即以损而成泽。山泽本损益之物，不益则山必崩，不损则泽必涸，此卦之所以名损也。在人之易发而难制者，无如忿，易炽而难绝者，无如欲。君子见此象，知怒气之盛，势足拔山，故必惩之，以遏刚强之性；贪念之深，盈难填壑，故必窒之，以塞利窦之源。怒起于刚，"惩忿"以息其既往；贪牵于情，"窒欲"以闲其将来。艮山止而兑泽塞，皆有损之象焉。

【占】问时运：目下行运不正，宜自惩忿。

○问营商：营商原在谋财，宜和气，不宜恃气；宜审利，不宜放利。

○问功名：忿欲不除，虽有功名，恐不能保其终也。

○问战征："山下有泽"，防山下深处，有敌兵埋伏。

○问婚姻：卦自咸恒来，女悦而男止，夫妇之道，得其正也。

○问家宅：此宅后有高山，前有深泽，地势颇险，宜开凿之使平。

○问讼事：不使气，不贪财，讼自平矣。

○问失物：不得。

○问六甲：单月生男，双月生女。

初九：已事遄往，无咎。酌损之。

《象传》曰：已事遄往，尚合志也。

初爻处卦之始，即为谋事之始也。"已事"者，已其事也，即艮止之意。"遄往"者，遄，速也。事既可已，即当"遄往"，一经因循，必致误事，是以有咎，故曰"已事遄往，无咎"。若事在可已不可已之间，已之则失业，不已则害公，惟当酌其轻重缓急之宜，故曰"酌损之"。《象传》以"尚合志"释之。"尚"作上，庶几也。"已事遄往"，庶几与上合志也。虞氏以"已"作祀，谓祭祀，祀事而云"酌损"，即《象》所云"二簋可用享"之义。其说亦通。

【占】 问时运：已往莫追，目下宜急加勉，自可免咎。

○问战征：宜速进兵，不可迟缓，辎重粮食，亦须"酌损"。

○问营商：贩运宜速，审时度势，宜酌量前行，定可获利，必无咎也。

○问功名：速往则得，迟缓无成。

○问婚姻：即日迎娶，两姓好合。

○问家宅：须速他迁，吉。

○问讼事：即速了结罢讼。

○问失物：速寻可得。

○问六甲：生女。

【占例】 友人某来曰：有朋友以急需借金，请占后日利害。筮得损之蒙。

爻辞曰："初九：已事遄往，无咎。酌损之。"

断曰：爻居内卦，又在初位。内卦为兑，兑为口，有开口求人之象。《爻辞》曰"已事遄往，无咎"。谓当此时处困难，宜抛弃其事，赶急前往，以求救援，得季布之千金一诺，斯可无咎矣。"酌损之"者，谓其所借金数，或有不足，又宜酌量多寡，以赈其乏。玩此《爻辞》，知需用急切，有不可片刻宽缓者，缓即有咎。但所借之款，必有减少，亦不至空手而回也。

九二：利贞，征凶。弗损益之。

《象传》曰：九二利贞，中以为志也。

二处内卦之中。凡事之有待损之益之者，必其未协于中也。二得中，则以"弗损"为"利贞"。若不可损而损之，则损之反失中，是以"征凶"。损与益相对，人只知损其所损，以损为益，不知不损其所不损，不损乃为益。盖其所弗损弗益者，惟在守其中道而已，得其中，即"利贞"也。《象传》以"中以为志"释之，志，犹射之的，以中为的，志之于此也。

【占】问时运：好运方来，不减不加，万事得中，自然获利。
　　○问战征：不必减粮，不必添兵。坚守中营，有胜无败；若鲁莽前往，恐有凶也。
　　○问营商：货物合宜，不必减价，无不获利。
　　○问功名：无荣无辱，青毡守旧。
　　○问婚姻：两姓门户相当，吉。
　　○问家宅：地位得中，不必添改，大利。
　　○问讼事：平和。
　　○问失物：原物无失。
　　○问六甲：生女。

【占例】友人某来曰：余为家兄在大阪垄断米市，大受亏耗。有献斡旋之策者，以电报来告，催余运送多金，犹得转败为胜。余恐再失，则受亏愈大，因占其成否如何？筮得损之颐。

　　爻辞曰："九二：利贞，征凶。弗损益之。"

　　断曰：卦象泽低而山高，知一时米价，大有高下之势。初次见价低，而多数约买，今临期腾贵，不能不如数应付，以致受耗。东京支店之金，不可动也，谓之"利贞"，若送金而往，谓之"征凶"。大阪本店虽亏，以东京支店维持之，自可挽回，谓之"弗损益之"。

　　后果如所占。

　　○明治六年，贵显某任某县县令，来请占气运，筮得损之颐。

　　爻辞曰："九二：利贞，征凶。弗损益之。"

　　断曰：损卦为损下而益上，二爻曰"弗损益之"，是明明言下不必损，上不必益也。今足下出任某县令，占得此爻，《爻辞》曰："九二：利贞，征凶。弗损益之。"以九二爻位得正，宜固守成规，不必改作，自得其利。若妄自更张，竞求进步，反致凶也，故无取于损，"弗损"即为"利贞"。足下其谨遵《爻辞》，行之可也。

六三：三人行，则损一人，一人行，则得其友。

　　《象传》曰：一人行，三则疑也。

　　六三辰在亥，得乾气。乾为人，又为行，三爻为三人，故曰"三人行"。乾上至三而变兑，是三损一也；上互坤，变坤之上画成艮，二阴一阳，故曰"一人行"。三为损卦主爻，居兑卦之终，兑为友，故曰"得其友"，是艮得其友也。盖天下事，一则不足，三则过之，以二为得中，乃奇偶之定数。是以"三人行"，则损其一以成二；一人行，则"得其友"亦成二。一而二，二而一，斯之为合志，不然，三人成众，众则人心不一，而疑惑生焉，故《象传》以"三则疑也"释之。

【占】问时运：财运平平，少则获利，多则有损。利双月，不利单月。
　　○问战征：宜从兑方，一路进军，自有援兵相助，有胜无败。

○问营商：商业宜于一人独做，否则二人同办，再多则必有损。

○问功名：须一人独往，必得成名。

○问婚姻：得友，即得偶也，吉。

○问家宅：宅在兑方，宅中丁口，每家只有两丁可断。

○问讼事：两造成讼，为中有一人唆弄所致，去此一人，则讼了矣。

○问六甲：生女。

【占例】 明治二十五年四月，余任北海道炭矿铁道会社长之役。将赴所在，占改正处分如何，筮得损之大畜。

爻辞曰："六三：三人行，则损一人，一人行，则得其友。"

断曰：卦体艮山兑泽，卦德损下益上，明见上卦之山愈高，下卦之泽愈低，有上下不通之势。上下不通，必致事务阻碍，弊端百出，会社因之招损失也。今余恭任社长，势不可不淘汰人员，革除敝害，然此社之弊有二：一系社务，不专关营利主义；一系社员，多由官吏而来；不关营利主义，则社用之出纳无准，由官吏而来，则社规之约束难齐，于是耗费多，冗员众，社中诸务，皆有名无实而已。余欲振兴会社，所以不能不锐意改革也。今占得三爻，玩绎爻辞，是明明告我三分中损一之法也。

余得此卦，遂单身赴北海道，断行改革，先减役员三分之一，开其端绪。自是而社务遂大得整顿。

○明治二十五年，余为北海道炭矿会社社长，时因石炭之贩路有碍，所采掘石炭，堆聚不售，社员皆为焦心。筮得损之大畜。

爻辞曰："六三：三人行，则损一人，一人行，则得其友。"

断曰：据爻辞称"三人行，则损一人，一人行，则得友"，是明示以少则得利，多则有损，为目下之情形也。至四爻，则曰"损其疾，使遄有喜"，是明言去其货之劣者，使往售而有喜也。五爻则曰"或益之十朋之龟，弗克违，元吉"。按，古者货贝五朋，是明言必将益价，莫之能违，是以大吉；上爻则曰"弗损益之，利有攸往"，是明言价格上落，可以到处销售，自能获利也。此后出损入益。益《象》曰"利有攸往，利涉大川"，是明言可以贩运出洋，销行于外国也。益六爻，皆有畅销获利之象。由此推之，以一爻为一年，洞悉九年如一日，集社员示以此断。

果哉！二十五年，多蓄石炭，二十六年贩路顿开，照此占辞，料知此后社务，必可隆昌也。

○友人某来，请占事业之成否，筮得损之大畜。

爻辞曰："六三：三人行，则损一人，一人行，则得其友。"

断曰：此卦山高而上耸，泽低而下陷，山泽不通气，有草木不生，鱼龟不育之象。今占得三爻，爻辞大旨，谓三人则损，一人则得，知合众兴事，必多意见不合，反致损失。足下能独力成事，必得同心之友来助，可以兴业而有为也。

○明治三十二年一月，自由党与政府提携议会，所议渐合政府之意。自由党乃推选三人，请置大臣之位。政府不允，诸新闻多论其可否。某议员来，请占自由党之意向，果否贯彻，筮得损之大畜。

爻辞曰："六三：三人行，则损一人，一人行，则得其友。"

断曰：此卦外卦为政府，内卦为党员。党员向政府推举大臣，政府秉艮止之性，不允其请，是下悦上止，故名其卦曰损。六三阴爻，与上九阳爻相应，故党员之意，得达政府，在政府为今进党员三人，不得不点大臣三人，是政府之所以为难也。或三人中选用二人乎？谓之"三人行，则损一人"；或只用一人乎？谓之"一人行，则得其友"也。

他日偶晤板垣伯，谈及此占，相与一笑。后因党内有猜忌者，此事遂止。

六四：损其疾，使遄有喜，无咎。

《象传》曰：损其疾，亦可喜也。

此爻以阴居阴，为外卦之始，与初九相应。初动体坎，坎为心病，疾所由生。疾曰"其疾"，"其"指初也，得四为之应。内外皆知所当损，而决计损之，则事之损犹在后，疾之损为在先也。疾损而"遄"，"遄"者初，使之遄者，四也。盖有疾则忧，疾损则喜，故"无咎"也。《象传》以"亦可喜"释之，谓不必言损事，但言损疾，而亦可喜，则损事之喜，更可知矣。

【占】问时运：目下虽有小灾，得救即疗，可以转忧为喜。
　　○问营商：货宜减办，使之即往贩售，获利可喜。
　　○问战征：未免遭伤，医治可疗，无咎。
　　○问家宅：此宅阴气过盛，宅眷致多疾病，祈祷可疗，无咎。
　　○问功名：一时难望。
　　○问婚姻：四与初相应，初阳四阴，阴阳相合，必成可喜。
　　○问讼事："疾"者，害也，去其所害，讼自平矣。
　　○问行人：有事他往，一时未归，有喜无咎。
　　○问六甲：生男。

【占例】工部省书记杉实信氏，予旧亲也。明治十五年二月某日晨起得电报，云杉氏罹急疾。余惊而筮之，得损之睽。

爻辞曰："九四：损其疾，使遄有喜，无咎。"

断曰：观爻辞，已得明示，谓此病颇重，使名医速施治疗，可立愈也；若迁缓过期，员名医亦将束手，故曰"损其疾，使遄有喜，无咎"。

不幸夜来，大雪纷飞，杜绝行道，朝来风雪益狂。余冒雪赴品川，访于氏之病室。医师皆为大雪所阻，延期不到，果即日死去。亦天数也，可叹可悼！

六五：或益之十朋之龟，弗克违。元吉。

《象传》曰：六五元吉，自上祐也。

"十朋之龟"，元龟长一尺二寸，直二千一百六十，为大贝十朋；公龟九寸以上，直五百，为牡贝十朋；侯龟七寸以上，直三百，为公贝十朋；于龟五寸以上，直百，为小贝十朋——见《汉书》。坤数十，又偶为朋，故有"十朋"之象。龟者灵物，能前知吉凶，为卜质吉凶之具。此爻柔顺得中，诚孚于下，故人献其诚。"或益之十朋之龟"，"或"者，不知其所从来之辞，意外之益，君子疑焉，故问之于卜筮。理数已定，十朋之元龟，不能违，其吉可知，故曰"十朋之龟，弗克违，元吉"。《象传》以"自上祐也"释之，"上祐"者，"自天祐之"也。以爻象言，"上"指上爻，谓上能辅祐六五之君也。

【占】 问时运：运途全盛，可得意外宠遇。
　　○问战征：军事先卜，其兆大吉。
　　○问营商：财运之来，虽辞不去。
　　○问功名："自天祐之，吉无不利。"
　　○问家宅：家业兴隆，不卜可知。
　　○问婚姻：天作之合，吉。
　　○问疾病：病愈之后，且可得财，吉。
　　○问六甲：生男。

【占例】 东京豪商某家甲干某来，曰："仆受本店之命，担任大藏省用务，率数百人以从事。近闻明年大藏省将有改革，此事拟废，则仆所管数百人，一时皆失其业，实所不忍。今转谋于某会社，欲授此等人以相当之业，请占其可否？"筮得损之中孚。
　　爻辞曰："六五：或益之十朋之龟，弗克违，元吉。"
　　断曰：此爻以阳居五，位得中正，可知足下秉心正直，当久任其事，不必转而他往也。"十朋之龟"者，谓将来有意外之幸福也。今者大藏省有改革之议，其中或损或益，足下别有担任之务，此数百人，因之得福，亦未可知。就爻位推之；明年当上爻，《爻辞》曰"弗损益之，无咎，贞吉，利有攸往"，明年无所损益，且贞吉有利，此事务或不复拟废，亦未定也。总之足下与此数百人，皆得无咎且吉，不必怀忧。
　　某大喜，后果如此占。

上九：弗损益之，无咎，贞吉。利有攸往，得臣无家。

《象传》曰：弗损益之，大得志也。
　　此爻居损之极，不可复损也，曰"弗损益之"。其辞与二同，其义与二别。上与三应，三处当损之位，人或疑损三以益上，三之损实为上之益也。故特示之曰"弗损益之"，以明三虽有损，而于上则无所损益焉。无损则事皆平均而"无咎"，理得安详而"贞吉"。"利有攸往"，即《象传》所称"与时偕行"之义，上为艮之极，极则变，故不为止而为往也。上互坤，坤为臣，艮为家，艮动而变坤，"得臣无家"之象。弗损下以益上，是王者以天下为家，臣下化之，亦皆国而忘家，故曰"得臣无家"。《象传》以"大得志"释之，谓王者以不损益为益，潜移默化，不见其迹，志量之所及甚大，故曰"大得志也"。

【占】 问时运：目下绝无窒碍，所往皆利，大吉。
　　○问战征：军队不须添减，率此以往，攻克战胜，无往不利，可"大得志也"。
　　○问营商：货价无甚上落，往售皆可获利，大吉。
　　○问功名：目下即可得志。
　　○问家宅：此宅不必改造，自得吉利。
　　○问疾病：当出外求医，无咎。

○问行人：在外大吉，一时未必归家。

○问六甲：生男。

【占例】 明治九年，长崎商人大浦阿启与神代某来，曰：前自驿递局，借与横滨制铁所，从事船舶修缮费用，后因得不偿失，大被亏损。计将返纳于驿递局，或转让与他人。两者未决，请占其孰可？筮得损之临。

爻辞曰："上九：弗损益之，无咎，贞吉，利有攸往，得臣无家。"

断曰：此爻为损之极，今后更无所损。不损则必有所益，故其辞曰"弗损益之，无咎，贞吉，利有攸往"也。

二友信之，遂决计续承其业。翌年有西南之役，船舶繁多，大得利益云。

䷩ 风雷益

卦体上巽下震。巽为风，震为雷，风自天来，雷自地出，是以损乾下画之阳为巽，益坤下画之阴为震。益者益阴，损者损阳。阳实，而乾为纯阳，实之至也，故可损；阴虚，而坤为纯阴，虚之至也，故曰益。且风之势过暴，必致摧丧万物，损之而其气和；雷之威不振，无以鼓动万物，益之而其气斯畅，是以损上益下，名其卦曰风雷益。

益：利有攸往，利涉大川。

益字，上从兴，横之则从水，坎为水，亦为大川。下从皿，《释文》"益以增长为名，以宏裕为义"，增长宏裕，皆言其利益之普也。震为行，巽为利，故曰"利有攸往"。凡卦言"利涉大川"，有取乾，有取坤，有取巽，随卦取象。益上卦为巽，变巽之下成乾，变巽之上成坎，得乾坎之气；巽为风，风行最疾，波涛无阻，是以既曰"利有攸往"，又曰"利涉大川"也。

《彖传》曰：益，损上益下，民说无疆。自上下下，其道大光。利有攸往，中正有庆。利涉大川，木道乃行。益动而巽，日进无疆。天施地生，其益无方。凡益之道，与时偕行。

益与损相对。损者，减省也，益归于上，损归于下，未免有剥民奉君之象；益者，增加也，益归于下，损归于上，即孔子加富加教之意也。"民悦"者，即自损之兑下来，兑为悦，民受其益，必感其恩，故悦。下互坤，坤道无疆，坤亦为民，故曰"民悦无疆"。"损下益上"，谓之"上行"；"损上益下"，故曰"自上下下"。"道"者乾道也，损乾之阳，益坤之阴，坤得其益，适以成乾之大，显乾之光，故曰"其道大光"。旁通为恒，恒《象》亦曰"利有攸往"，恒之"攸往"，利在恒久；益之"攸往"，利在"中正"。正而且中，是以"有庆"也。"利涉大川"，言木者三，益、涣、中孚是也，皆取巽木，益则震巽皆木。卦本三刚在外，四柔在内，有"刳木为舟"之象。乘风而行，蓬蓬然达于北海，蓬蓬然止于南海，斯之谓"利涉"，斯之谓"木道乃行"。益动而骄盈，则益即变损；动而巽顺，则所益日进。"益下"者，益坤也，故悦无疆，而进亦无疆。乾为施，坤为生，四时百物，并受化育，不可以方隅限，故曰"其益无方"。四时之序，由震而巽，益为正月之卦，风雷始作，膏泽下降，王者体之以益民，有加无已，道亦如斯，故曰"与时偕行"。

以此卦拟人事，所谓益者，有益于我谓之益；若于我有益，而于人有损，即不得谓之益。必于我有益，而于人亦无损，斯可谓之益矣。此谓"损上益下"，要即"哀多益寡"也。以此理家，因其有余，从而损之，则损即为益；因其不足，从而益之，则益不为损。以此治身，己有未克，力为损之，是损所当损；礼有未复，力为益之，是益所当益。得其益而往，则无往而不获益，即无往而不获利也。坦途可往，"大川"亦可往，惟其"中正"，乃得"有庆"。"木道"，谓震巽。凡人之所用，莫不各因其利。陆用以车，水用以舟，人力之无远弗届者，即赖此木道而行也。动者，震也，动而曰进者，得巽之顺也。推之天地之运行，上施下生，一气鼓铸，发育无穷，其为益未可限量。人事，一小天地也，亦惟法夫天地，顺时而推行已耳。

以此卦拟国家，卦义以"损上益下"为益，正为有国家者示一条戒：毋私尔财，毋剥下以奉上，毋足国以贫民。反是谓损，即使有孚而无咎，而损下终非美名，有国家者所当凛凛也。凡民情莫不欲无损而有益。有益则喜，喜则悦，益愈宏，悦愈众，所谓自西自东，自南自北，无思不服，其悦也，诚有悠久而无疆者矣。盖益之道，自上及下，悦之情，自下感上，上下相孚，即五爻所云"有孚惠心"者是也。道即乾道，损乾益坤，乃愈见乾道之大而光焉。乾为健行，震亦为行，故"利有攸往"，以斯而往，往无不利。涉川者，利用舟楫，舟楫以木而成，故曰"木道"。圣人"以美利利天下"，刳木剡木，应时定制，守约而施博，道济天下，知周万物，《说卦传》曰"益以兴利"，此之谓也。人主本惠心，行惠政，省方观民，百废俱举，归于有孚，其益无方。有施有生，天道也，地道也，君道也。与时偕行，一而已矣。

通观此卦，损与益名相反，而用相济。乾在下，邦国富庶之象，故损下；乾在上，朝廷丰盈之象，故损上。损上不曰损而曰益，厚其本也；益上不曰益而曰损，剥其基也，圣人所以示厚下也。能损则益，此卦所以次损也。"损上而益下"，即自上而下下，上以益往，下以悦来，上之益得"中正"也，下之悦在"有庆"也。是上"以美利利天下"，不期悦而民自悦焉。悦至此，将见悦以劳民，民忘其劳，则险难不避，波涛可涉，焉往而不得哉！故"利涉大川"。"益动而巽"，震为动，巽为顺，动而顺行，是以"日进无疆"。"其道大光"，乾道也；"木道乃行"，巽道也，亦震道也。乾动而为施，坤动而为生，不动不见其益，动则见其益，动无方，益亦无方。观夫天之道，随时而动，故其益随时而行，君子之"见善则迁，有过则改"，亦随时而迁，随时而改。知益之在身者如是，即益之在天下国家者，无不如是。上下互卦为剥，剥《象》曰"剥，上以厚下"，其旨与"损上益下"相同。然剥六爻多凶，而益六爻多吉，所谓因民之所利而利之，有益之惠，无益之病，故与剥上者有异焉。卦与损反，六爻亦与损先后互反。益初"大作""元吉"，即损上之"大得志"也。益二"十朋之龟"，即损五之"或益"之龟也。益三"用凶事"，即损四之"损其疾"也。益四"迁国"，即损三之得友也。益五"有孚惠心"，即损三之"中以为志"也。益上"莫益之"，即损初之"酌损之"也。其辞或相因而来，其义或相济而成，其旨或相反而为戒。《语》曰："节用而爱民，使民以时"，损者节用，益者爱民，"时"即"与时偕行"之义，国道之要在是焉。

《大象》曰：风雷益，君子以见善则迁，有过则改。

风雷者，二气之升降、进退、周旋以相损益者也。故震上巽下为恒，《象》曰"雷风恒"，巽上震下为益，《象》曰"风雷益"。象以风雷易其位，盖以风雷相遇，天地之间，上下无常也。以方位言，震为卯，巽为辰巳，由震而巽，其行也顺，故其为益也宏。君子法之，见人之善则屈己以从，见己有过，则返躬自讼。故迁善当如风之速，改过当如雷之勇，谓之"见善则迁，有过则改"。"见"、"有"二字，可以见人己之分界。王弼曰："迁善改过，益莫大焉。"

【占】 问时运：迅雷烈风，正当运途振作之际，改旧换新，在此时也。
　　○问战征：电逐风行，正可一鼓而平。
　　○问营商：有利则贸易，无则改售，宜迅速，不宜迟缓。
　　○问功名：风雷合益，大得志也。
　　○问疾病：是肝木太盛之症，治宜损阳扶阴。
　　○问婚姻：震男巽女，天然配合。
　　○问家宅：此宅防有雷击风摧之患，完者宜修葺之，朽者宜改作之。
　　○问讼事：返躬自省，怒息气平，讼事自罢。
　　○问失物：已经迁改变易，不可复得。
　　○问六甲：单月男，双月女。

初九：利用为大作，元吉，无咎。

《象传》曰：元吉无咎，下不厚事也。
　　"大作"者，天子巡狩之事。所谓"春省耕而补不足，秋省敛而助不给"，其他祭告、赈贷、迁国，皆"大作"也。震为作，巽为利，乾为大，为元，坤为用，为厚。"厚事"，即"大作"。初居内卦之下，事之始也。王者举大事，建大功，利益计夫恒久，规则定于首图，故"利用为大作"。在初，其事与天下共为之，其益亦与天下共享之，斯下民乐事趋公，愿效其劳，不以其事为上之事，直以其事为己之事也，故得"元吉，无咎"。《象传》以"下不厚事"释之，谓不以其事厚重而难为，乃以其事轻易而乐从，踊跃争先，"吉无咎"焉。或云震属春，巽属春夏之交，"大作"者，东作之事。《系辞》所云"耒耜之利，以教天下，尽取诸益"。其说亦通。

【占】 问时运：好运初交，可以与作大事，无不如意。吉。
　　○问战征：兵队初交，即可一战以成大功，有吉无咎。
　　○问营商：初次营业，资本既厚，经营亦大，可获大利，且能悠久无咎。
　　○问功名：可望大魁天下，大吉。
　　○问家宅：此宅新造，屋宇宽大，大吉无咎。
　　○问婚姻：大吉。
　　○问讼事：此讼为公众大事，非关一己私愤也。无咎。
　　○问行人：在外正当谋事立业，一时未归。
　　○问六甲：生女。

【占例】 明治二十四年，占秋收丰歉，筮得益之观。

爻辞曰："初九：利用为大作，元吉，无咎。"

断曰：此爻虞氏以"大作"为东作，即《系辞》谓耒耜之利取诸益，与所占秋收，爻象适合。爻辞曰"利用"，曰"元吉"，曰"无咎"，知收成必丰无歉。卦名曰益，卦体曰"益下"，年谷丰登，千仓万箱，正如《象传》所云，"天施地生，其益无方"，吉莫大焉。

六二：或益之十朋之龟，弗克违，永贞吉。王用享于帝，吉。

《象传》曰：或益之，自外来也。

"十朋之龟"，解同损五，益二之龟，即损五之龟也。损五以龟奉上，益二即以下所奉者，转而益下。龟之益人，其灵爽足以世守，非在一时之吉也，故曰"永贞吉"。二居震之中，当位应巽，震为帝，为祭，故曰"王用享于帝"。"王"指九五，五用二之朋龟，告享于帝，以乞上祐，吉莫大焉。《郊·特牲》曰："卜郊受命于祖庙，作龟于祢宫"，是为享帝用龟之事。《象传》以"自外来"释之，以益为内，损为外，龟自损来，故谓"外来"也。

【占】问时运：主得意外之财，且能世守，永吉。

○问战征：古者行军先卜，出师必祷。此爻均吉，其战必克。"自外来也"，可由外而攻之也。

○问营商：贝货即货币也。"十"，数之盈也。"或益之"者，疑有神助也。营商得此爻，必获厚利，永吉。

○问功名：古者命相举贤，皆从枚卜，既得吉兆，其显可知，故曰永吉。

○问疾病：祷之即愈。

○问家宅：二至四为坤，坤为安，为土，有安宅之象。坤"利永贞"故曰，"永贞吉"。此宅可以久居也。

○问婚姻：震巽为长男长女，卜凤之兆，自昔称祥，百年好合，故得永吉。

○问六甲：生男。

【占例】友人某来，请占某富绅家政，筮得益之中孚。

爻辞曰："六二：或益之十朋之龟，弗克违，永贞吉。王用享于帝，吉。"

断曰：二爻处内卦之中，体柔当位，卦名曰益，已知伊家内政得当，有益无损也。《汉书·食货志》云："人用莫如龟"。龟者，货贝。"十朋之龟"，"十"，盈数，富足之象。"或益之"者，不知谁为益之也。《象传》曰"自外来也"，盖谓其益有来自外者也。《正义》谓："二居益用谦，物自外来，朋龟献策，弗能违也。"故曰永贞乃吉。享帝者，谓明灵降福，报告于天也，即损五所谓"上祐"，"上"，天也，"自天祐之，吉无不利"，其在斯乎？今占某富绅家政，得此爻辞，知某富绅家风清正，内政修明，卜之而蓍龟呈祥，祷之而神明赐福。家道之盛，日进日益，盖有应乎时，得乎天，可大可久，而未有艾也。

六三：益之用凶事，无咎。有孚中行，告公用圭。

《象传》曰：益用凶事，固有之也。

六三以阴居阳，处震之极，是动而求益者也，故曰"益之"。下互坤，坤为用，为事，为死丧，故曰"用凶事"。益在于三，民信素著，不特处常为益，即处变亦为益。盖益非私己，用适其时，志在拯凶，事得无咎，故曰"无咎"。三动体家人，家人上爻曰"有孚威如"，震为应，诚心相应，有威孚之象。三当内外卦之中，震又为行，故曰"有孚中行"。震为诸候，又为告，故曰"告公"。《周礼》，"珍圭以征守，以恤凶荒"；毛氏西河云："凡王者忧凶之礼，出珍圭以致王命，使恤凶之地，或去其征，或弛其政"，此即益下之"用凶事"者也。圭为符信，所以示信，以通上下之情也，故曰"告公用圭"。《象传》以"固有之也"释之，谓益"用凶事"，在民若第知为益，而不知为凶，以为其事为固有之也。夫益而至于"用凶事"，斯真其益之无方矣；凶事而若"固有之"，愈见民悦之无疆矣。初爻《象传》曰，"下不厚事"，意亦相同。

【占】问时运：运途多欢，以其素行诚实，人皆信之，可以无咎。
　　○问战征：兵本凶事，又陷危地，幸众军同心戮力，得奔告大营，获救出险，无咎。
　　○问功名：先苦后甘，先难后获。
　　○问营商：谚云"欲求富，走险路"。
　　○问家宅：此宅多凶，唯有中行之德，斯能逢凶化吉。
　　○问婚姻：恐从丧服中成亲，然无咎也。
　　○问讼事：须诉之上官，乃得准信，罢讼。
　　○问失物，恐涉词讼。
　　○问六甲：生男。

【占例】友人某来，请占气运，筮得益之家人。
　　爻辞曰："六三：益之用凶事，无咎。有孚中行，告公用圭。"
　　断曰：爻辞曰益用凶事，是能极凶济危，为益之至难至急者也。曰"有孚中行，告公用圭"，是必所益之事，得中行之道，可见信于人，即告诸上官而无不允行也。今足下占气运，而得此爻，知足下有过于求益之心。一涉私己，咎有难免，幸而志在救凶，素行中正，又能实心办事，可以无咎。此皆就爻象而论也。近闻足下设立移民会社，于西亚米利加地方，收买土地，创办开垦牧畜之业，使无产之徒，各就其业，爻辞所云"益之用凶事"者，盖指此也。迩来贫民信之，纷纷迁徙出外，即爻辞所谓"有孚中行"也。政府以足下创此拯凶济危之大业，为之赏誉嘉奖，即爻辞所谓"告公用圭"之义也。至四爻曰"从，利用为依迁国"，其辞愈明。五爻曰"有孚惠心"，其德愈新。《象传》曰"大得志也"，正足下得志之时也。
　　○明治二十五年四月，余就任北海道炭矿铁道会社长。一次巡行铁道矿山，地当严冷，冻雪未消，一时胃寒罹疾。止宿札幌旅店，就札幌病院长诊察，发热超四十度。翌朝约将入院，因之一筮，得益之家人。
　　爻辞曰："六三：益之用凶事，无咎。有孚中行，告公用圭。"
　　断曰：此卦名曰益，益之为言增也，于病亦然。爻曰"益之用凶事，"在病恐愈增凶也。至翌日则当四爻，四爻有"利用""迁国"之辞。
　　余笃《易》占，决计带疾发程。遂告病院长，请给药剂，院长止而不听，即夜自小樽搭汽船，翌朝至函馆。忽得札幌来电，报昨夜札幌市中失火，余所止宿旅店，已被回禄。乃知《易》机所云，有不在病，而在火者，其神妙诚不可测也。时札幌新闻社所论，谓余举动，有预知有火而去者。然余因病而占，就病论病，第知为凶，犹幸无咎，故得力疾而行，并未尝推测火灾，今灾后推绎，乃知变卦为离，离为火也。

六四：中行告公，从，利用为依迁国。

《象传》曰：告公从，以益志也。

四居巽之始，与初相应，与三相比。初曰"利用"，故四亦曰"利用"；初曰"为大作"，四之"迁国"，即"大作"之事也。三曰"中行"，曰"告公"，故四亦曰"中行告公"，三四皆当内外卦之中，故皆为中行。"告"，指三，"公"，指四，以四为益主爻，三欲益下，恐四阻之，是以告于四也。"公从"者，四从之也。上互艮，艮为社稷，下互坤，坤为国邑，震为奔走，巽为进退，皆有迁之象，故曰"迁国"。卦体本为乾坤否，否五爻曰，"其亡其亡，系于苞桑"，有国难之忧焉；否《象传》曰"俭德辟难"，有遁避之意焉；否变而为益，故利用迁国。《左传》隐公五年，《传》曰"我国之东迁，晋郑焉依？"盘庚曰："视民利用迁"，皆以迁为益者也。《象传》以"益志"释之，谓四从而迁之，四之志，唯在益下也。按震为东方，巽为东南，《易》当殷周之际。"迁国"者，指太公迁岐而言，岐属殷西南，为坤方，是明证也。

【占】问时运：目下有难，宜择善地暂避。
〇问战征：宜退兵移营，急请救援。
〇问营商：宜禀告店主，改迁别地，另开市面。
〇问家宅：宜迁居。
〇问功名：不成，须改就别业。
〇问婚姻：须别寻媒妁。
〇问失物：不得。
〇问六甲：生女。

【占例】友人来请占某贵显气运，筮得益之无妄。

爻辞曰："六四：中行告公，从，利用为依迁国。"

断曰：卦象为损上益下，爻象为动众迁国，某贵显身任当道，为国为民，正合此象。我国寰海平定，固无盘庚迁殷，太公迁岐之事，唯近来为开拓北海道地面，使内民移住。天皇陛下议就北海道建筑行宫，为避暑计，爻辞所云利用迁国，意者其在此乎？且闻移民之议，某贵显实主其事，爻所云"中行告公"，谓某贵显秉中行之德，创利用之谋，进告于天皇，得以允从而行也。此为国家开化之盛业，即可卜贵显运命之盛行也已。

友人大喜曰：《爻辞》精切的当，诚吉事之占也。当速回告某贵显。匆匆辞去。

九五：有孚惠心，勿问元吉。有孚惠我德。

《象传》曰：有孚惠心，勿问之矣。惠我德，大得志也。

五爻刚健中正，得位居尊，为益之主。以惠为益，其益愈大，以心行惠，其惠愈宏。是以实心行实惠，心无尽，惠亦无尽，故谓"有孚惠心"。自初爻以来，凡巡狩、祭告、赈灾、迁国，无一非惠民之事，即无一非惠民之心，所谓"乾元以美利利天下"者，即此心也。事之益，其吉待问，心之惠，其吉不待问矣，故谓之"勿问元吉"。信惠之施于下者，在我为心，下之受此信惠者，目之为德；九五得坤气，坤为我，故谓之"有孚惠我德"。"问"，问卜也，古者举大事，必卜之，以决吉凶。以惠行政，勿疑何卜？"元吉"，即从初爻"元吉，无咎"来，上以孚惠下，下即以孚德上，下上交孚，上益下而上亦受其益也。《象传》以"大得志"释之，谓本此惠心，行此惠政，天下皆受我德惠，而中心诚服，正可得志而有为也，故曰"大得志也"。

【占】 问时运："心好无歹运"，以仁存心，事无不吉，不待问也。

　　○问营商：以义为利，诚实相交，利益与共，以此为商，利益广矣。

　　○问功名：实至名归，大吉。

　　○问战征：罚必信，赏必公，战无不克，大吉。

　　○问家宅：此为仁里德门，勿问而知为善人之室也，大吉。

　　○问婚姻：非亲即友，必是旧交，"勿问元吉"。

　　○问六甲：生女。

【占例】 友人某来曰：欲以某氏子为养嗣，占前途吉凶。筮得益之颐。

　　爻辞曰："九五，有孚惠心，勿问元吉。有孚惠我德。"

　　断曰：九五坎爻，坎为孚，为心，为美，亦为后，故《爻辞》曰"有孚惠心"。美，即吉也，为后者，适合足下养嗣之占也。卦以损上益下为益，就养嗣论，益在损父益子。"有孚惠心"，是父以诚实之心，授惠于子，子必乐为其子，不待问而知其吉也。子既受父之惠，当必有以报父之德，将承父之业，继父之绪，必兴父之宗，故曰"有孚惠我德"。《诗》所云"为他人子，为他人子"，可不必咏也。

　　○明治二十八年，占我国与清国交际，筮得益之颐。

　　爻辞曰："九五：有孚惠心，勿问元吉。有孚惠我德。

　　断曰：此卦内卦为雷，其性动，外卦为风，其性顺。内卦属我，外卦属清，即可见两国之动静矣。卦名曰益，知两国必互受其益。爻居九五，应在六二，二内，五外，亦当以二属我，以五属清。二爻曰："或益之十朋之龟，弗克违，永贞吉"，在我国得此十朋之益者，即清之偿款是也。"永贞吉"者，谓其吉不徒在一时也。五爻曰，"有孚惠心，勿问元吉。有孚惠我德"，谓清与我国，从此议和以后，不问而知其元吉。论欧洲各国，虎视眈眈，唯图损清而益己，或侵其地，或夺其利。在清固守旧政，不知改图，其为外邦所损削者，亦不知凡几矣。而我与清幅员相邻，当思有利共享，有益共受，以共保此东海之国也。《象传》曰，"大得志也"，不为欧西各国所轻视也。

上九：莫益之，或击之。立心勿恒，凶。

《象传》曰：莫益之，偏辞也。或击之，自外来也。

　　上九，阳刚居外卦之极，是求益而过甚者也。太过则变，变则不为益而为击矣。圣人观象设卦，以"损上益下"为益，其心本偏在厚下，至上九，为上之益下者已多，转而责下之益上，非待"莫益之，"夫且"或击之"。"或"者众而未定之辞。上动体为屯，"屯其膏"，即"莫益之"之谓也；反卦损，损上为艮，艮为手，故称"击"也。巽为进退，为

易

断

不果，是无恒也；上动为坎，坎为心，本以益下之心，易而为益上之心，是无恒也。旁通为恒，恒上曰"振恒，凶"，振恒致败于垂成，无恒不可以持久，故皆凶也。《象传》所云"偏辞"者，谓其心之偏而不公也。"外来"者，谓其击之出于意外也。

【占】 问时运：好运已退，贪心过甚，防有意外之祸。
　　○问战征：不待添兵加饷，即可进击。
　　○问营商：专求利己，所谓不夺不厌，必启争端，凶。
　　○问功名：夺人之功以为名，其名必不久也，凶。
　　○问家宅：此宅地位太高，有害无利，不可久居。
　　○问婚姻：恐不能偕老。
　　○问讼事：讼事无恒，转凶为吉。
　　○问行人：防中途有盗劫之患，凶。
　　○问失物：或已打破，不可得也。
　　○问六甲：生女。

【占例】 友人某来，请占气运，筮得益之屯。
　　爻辞曰："上九：莫益之，或击之。立心勿恒，凶。"
　　断曰：卦名曰益，本有大得利益之象。今占得上爻，上爻居益之极。物极则变，恐非特无益，且有损伤之患。爻辞曰"莫益之"，是无益也；曰"或击之"，是被伤也；曰"立心无恒"，谓人心不测，反手为雨，覆手为云，防有意外之变也；终之曰"凶"，明言其占之不吉也。爻象如是，足下当有戒焉。
　　友人闻之，颇为心忧。后据所闻，此友一日至某家，商借千金，适某家藏金无为多，仅借得五百元，怀之而归。途过某友家，告以其故，曰："今因商要用款，约需千元，顷向某氏，贷得其半，复欲向君假取，以足其数。"此友即以囊乏余金婉辞。不知此友近遭破落，知其携有巨金，忽生不良，伺其归途，乘间袭击，夺其金而去，某氏失金，又被重伤。日后此友就缚，始知夺金者，即为此友，倍感《易》理先示其兆也。
　　○明治二十六年某月，受亲友雨宫敬次郎之嘱，占银货涨落之结局。筮得益之屯。
　　爻辞曰："上九：莫益之，或击之。立心勿恒，凶。"
　　断曰：此卦下卦为震，震为玄黄，上卦为巽，巽为白色，白色银，黄色金也。卦象巽上震下，是为银高金落，可知银之出产，多量于金也。爻辞曰："莫益之，或击之。立心勿恒，凶。""莫益之"者，为价不再涨；"或击之"者，谓价必损减；"或"者，将然之辞；"勿恒"者，谓时价无定也。上爻变而为屯，屯者，难也。银货下落，市面皆受困难，必待出益入夬，夬者决也，将决去其弊，使银货时价，再得复旧也。若第以纸币充行，恐未可永久继续也。

䷪ 泽天夬

《序卦传》曰："益而不已必决，故受之以夬。夬者，决也。"夫物未有增益盈满而不溃决者，夬所以继益也。夬与剥反，剥以五阴剥一阳，阳几于尽。剥者，削也，其心险，故其剥也深而刻。夬以五阳决一阴，阴几于尽。"夬者，决也"，其气刚，故其决公而明。卦体乾下兑上，泽在天上，有决而欲下之势，故名其卦曰夬。

夬扬于王庭，孚号，有厉，吉。告自邑，不利即戎，利有攸往。

夬，五阳方长，孤阴垂尽。兑在乾上，是一阴处群阳之上，其势足以压制群阳，群阳虽盛，不敢以造次求夬。乾为王，兑为口，"扬于王庭"，是声明小人之奸状，宣扬于王庭之上。"孚号"者，五刚合志，众口同声，呼号其侣，以决一阴。"有厉"者，譬如履虎咥人，时切危惧，故厉。兑二动为震，震为告。兑上本坤，坤为邑，告邑，告坤也。坤势至兑已孤，告坤者欲其一变从乾，去邪就正，归为君子。若恃此一阴，与五阳相抗，则疑阳必战，"其血玄黄"，不利孰甚焉！故曰"不利即戎"。乾为健行，乾阳刚直，不为难阻，刚德日进，斯阴邪日退，故曰"利有攸往"。

《象传》曰：夬，决也，刚决柔也。健而说，决而和。扬于王庭，柔乘五刚也。孚号有厉，其危则光也。告自夬，不利即戎，所尚乃穷也。利有攸往，刚长乃终也。

兑泽乾天，兑为附决。决之文，从夬，故夬取义于决。一柔五刚，合而为夬，是谓之"刚决柔"也。乾健兑悦，乾健而决，兑悦而和，是谓之决而悦，五阳在下，以下夬上，不明其罪，不足以正其辜，故必声罪致讨，显然扬布于君廷，以示公正而无私曲也。"孚"者，信也；"号"者，号令也；"厉"者，危也。秉乾之信，号召群阳，共力一决。夬履易位，履五曰"夬履，贞厉"，谓怀此危厉，乃能履之而"不疚"。履《象传》曰"光明也"，故夬《象传》曰"其危乃光也"。"告"，告诫也，阴居上位，必有采地。"邑"，即阴之邑也。"告自邑"，谓诫之用劝，使之自退，告而不退，则继之用威，必将群起而攻之，是"即戎"也。以一抗五，势必不利。"尚"，加也，谓阴虽加于五阳之上，至此而阴乃穷矣，不利在阴，利在于阳。阳刚齐进，以夬一阴，是去恶务尽，往何不利？柔消刚长，故曰"刚长乃终也"。盖君子之去小人，深虑熟计，"不敢轻用其夬，必先告以文德，不得已而后出以武功。视小人之害君子，残忍苛刻，其用心迥不同也。

以此卦拟人事，阳正而阴邪，刚直而柔曲。人事与国事，虽分大小，而害则一也。一在治家，奸邪固足兆祸，群邪竞进，其家必亡。即或间容一奸，似可无害，不知遗孽之萌，由此渐滋，其终遂致蔓延而不可去。一在交友，偏僻固足招损，朋比皆奸，其隙必深，即或偶与往来，亦尝思避。不知既入其党，因之坠名，其终必至牵连而不可解。譬如群鸟之中畜一鹯，而群鸟皆被其噬；譬如百谷之中，留一秕，而百谷咸受其害。君子处此，不敢以邪势之孤，而宽意容之，亦不敢以邪势之孤，而轻心除之，必为之声明其罪，宣告大众，昭示信义，号召群阳，其事虽危，其道乃光。而犹不欲急切用猛，有失忠厚之道，故必就其家而告之，沼以去邪归正，勿终"迷复"，如其不从，则兴众用强，势所不免。然不利在彼，而利终在我，一阴势衰，众阳力盛，所往故无不利也。去恶如去草，务绝其根，不使复萌，一阴虽微，务尽夬之，斯阴尽灭，而阳得尽长矣，如是而夬之事乃终。法此卦义以处人事，斯阴消而家道正，邪去而交道善，凡起居动静，一以崇正黜邪为主，而人事全矣。

以此卦拟国家，就卦体而言，五阳为五君子，秉乾阳之德，刚方中正，群贤在位，不可谓非国家之福也；独惜首居上位者，为阴险奸邪之小人，如汉献帝朝之有曹操，宋高宗时之有秦桧。方其初，在奸臣亦尝屈己下贤，罗致群才，以收人望；而在正人君子，必不受其牢笼，务欲削除奸恶，以清朝政。或奏牍以辨奸，或奉诏以除乱，计谋不密，反致斥为罪臣，目为朋党，古来忠臣杰士，由兹罹祸者不乏其人，是皆未详审夫夬卦之义者。夬之卦体上兑下乾，五阳在下，一阴在上；夬之卦义，合此五阳，以夬一阴。《象》曰"泽上于天，夬"，意将决此天上之水，使至下流，夬之不慎，势必洪水滔天，则一阴未去，五阳反传所称"刚"者阳也，"柔"者阴也，"健而悦"，健而不专用其健也；"夬而和"，决而不遽施其决也。其审慎周详为何如乎！"扬于王庭"，所谓声罪致讨也；"孚号有厉"，所谓"夕惕厉"也，其深虑熟计为何如乎！然犹不欲直行力争也，嫉恶纵严，而劝善犹殷，必先进而告之曰：欢兜共工，圣世必流；恶来飞廉，盛朝见戮。毋恃高爵，宜早投诚，从则复其官，不从戮于社，利与不利，请自择焉！盖所谓"告自邑，不利即戎，所尚乃穷也"。吾侪同志，黜邪崇正，以光朝政，以肃官方，志在必往，以终乃事，是所谓"利有攸往，刚长乃终也"。自来小人之害君子也，穷凶极恶，无所不至；而君子之待小人也，每以姑息宽容，反受其祸。《象传》所云"刚长乃终"者，以示后世除恶务尽之道也。观六爻无一吉辞，多以凶咎为戒，所以痛绝小人，亦即以申警君子。履之一阴，目之为虎，盖君子之防小人，无异防虎也，不则即为所咥矣。《彖》所谓"健而悦，夬而和"，夬阴之旨，其在斯乎！

通观此卦，五阳一阴之卦凡四，履、夬、姤、小畜是也。姤、小畜，一阴属巽；夬、履一阴属兑。履一阴在三，小畜一阴在四，是小人处君子之间。姤一阴在下，是初进之小人也，其势本孤，其力皆微。夬则一阴在上，是小人居高临下，足以压制群刚，未可轻用力夬者也。故《象传》言"健"，言"决"，言"扬"，言"号"，言"往"，皆示以必夬之意；言"悦"，言"和"，言"厉"，言"危"，言"不利"，皆惕以用夬之惧。大壮之戒"用壮"，夬之用决，其旨同也。若藐视孤阴，恃群阳之盛势，而造次求决，此私智自雄，非观变时中之道，古来党祸，可为前鉴。六爻之辞，多与《象传》相表里：初诫以"不胜"，二惕以"有戎"，三警以"有凶"。内三爻为乾，乾健也，健所以宜进也。四曰"牵羊悔亡"，五曰"无咎"，上曰"不可长"。外三爻属兑，兑，和也，和乃可以用夬也。在五阳秉刚决柔，是以盛决衰，以强决弱，宜若易易，而《易》辞谆谆垂诫，不胜危惧，盖谓君子易消，小人难退，由来已久。夬之一阴，夬之未尽，姤之一阴，即生于下。阴阳消长，不能与造物争，而因时保护，唯存乎其人而已。

《大象》曰：泽上于天，夬，君子以施禄及下，居德则忌。

兑为泽之气，上天则化雨而下降，有夬之象，故曰"泽上于天，夬"。君子法此象，取上之富贵德泽，施之于下，故曰"施禄及下"。禄之及下，犹天之泽于万物也；下之待禄，犹万物之待泽于天也。君子与贤者，共治天职，共食天禄，未尝以德自居。若居德自私，靳而不施，失夬决之义，故曰"居德则忌"。"忌"，禁忌也，凡行惠施恩之事，喜决而忌居，乘危构怨之事，喜居而忌决，是尤圣人言外之意也。

【占】问时运：目下气运强盛，财宜散，不宜聚，聚则有祸。

〇问战征：赏要明，罚要公，切勿夸张自伐，克减军粮。

〇问营商：获利颇厚，但利己利人，分财宜均，若靳而不施，必致众嫉。

〇问功名：泽上于天，有居高位之象；盈满致损，所当自警。

○问家宅："泽上于天"，防有水溢之患。

○问婚姻：夬有决绝之义，且夬反为姤，姤曰"勿用取女"，此婚不成。

○问讼事：夬者决也，有断之义，一断便可了讼。

○问六甲：生男。

初九：壮于前趾，往不胜为咎。

《象传》曰：不胜而往，咎也。

初九居卦之下，为夬之始，是率先而用夬者也，故曰"壮于前趾"。壮趾之辞，与大壮初爻同，所谓"前"者，较大壮尤长一阳也。夫以最下之阳，往而决最上之阴，上下悬殊，其不胜也必矣。若其径情直往，不特无济于事，反以招咎，亦何取其往乎！爻辞为初当观变待时，量力而进，毋以躁妄速祸也。《象传》以"不胜而往"释之，谓于未往之先，而已知其不胜也，较爻辞而益激切矣。

【占】 问时运：负气太盛，任意妄动，动必得咎。

○问战征：将微位卑，恃勇直前，必致败北。咎由自取也。

○问营商：不度地位，不审机宜，率意贩货前往，不特伤财，更防损命，宜慎宜戒！

○问功名：躁进取败。

○问婚姻：门户不当，不合，合则有咎。

○问家宅：此宅地势低下，迁居不利。

○问行人：宜即归，可以免咎。

○问失物：不必往寻，寻之反有余祸。

○问讼事：宜即罢讼。

○问六甲：生男。

【占例】 丰岛某来，曰余近有所谋，请占其成否。筮得夬之大过。

爻辞曰："初九：壮于前趾，往不胜为咎。"

断曰"夬者，决也"，卦义在用刚决柔。初爻之辞，谓"不胜为咎"，是谓不可率而前往也。今足下谋事，卜得初爻，就卦位言，初居最下，就爻辞论，往必不胜。想足下所谋之事，地位必高，非易攀及，虽与足下同志者尚不乏人，而足下独欲奋身前进，不自量力，不特其谋难成，反致招咎。足下宜从缓图之。

后某不从占断，遽往谋事，果招其辱。

九二：惕号，莫夜有戎，勿恤。

《象传》曰：有戎勿恤，得中道也。

二居乾卦之中，得乾"夕惕"之义，故曰"惕号，暮夜"。"惕号"者，内凛警惕，而外严号令也，即《象》所云"孚号，有厉"之旨。"莫夜"者，凡阴爻皆属坤象，坤为夜。兑寇盗窃发，乘其不备，多在昏暮，故严密周防，暮夜尤宜加警。二动体为离，离为戈兵，故曰"有戎"。"勿恤"者，九二为坎爻，坎为恤，坎变坤，故"勿恤"。"有戎，勿恤"，谓有备无患也。《象传》以"得中道"释之，二居乾之中，谓"有戎，勿恤"者，能得"大哉乾元"，"刚健中正"之道也。

【占】 问时运：目下运途中正，事事谨慎，即有意外之事，皆可坦然无患。

○问战征：军事最患夜袭，宜时作警备，可以无忧。

○问营商，贩运货物，盗警水火，总宜保险，使可无虑。

○问家宅：此宅阳刚过盛，二爻动而变离，火灾宜防。暮夜更当小心。

○问婚姻：婚字从女，从昏，故称"昏礼"，有暮夜之象。诗云"弋凫与雁"，弋有戒象。"勿恤"，即有喜也。婚姻吉。

○问讼事：即可断结无忧。

○问疾病：日轻夜重，是阴虚火盛之症，当慎意调治，可以无患。

○问六甲：生男。

【占例】 某豪商家甲干某来曰：仆为商用旅行，暂以店事托友代理。不料彼等通同舞弊，擅支余金，又复伪抬货价，捏造虚帐。余近已得悉奸状，意将揭发其私，以正其罪，抑将隐瞒其迹，以了其事乎？二者若何？请为一占。筮得夬之革。

爻辞曰："九二：惕号，暮夜有戎，勿恤。"

断曰：夬者以刚决柔，为决去小人之卦也。上爻一阴，是奸恶之渠魁也；五阳在下，合志去谗。《象》曰"孚号，有厉"，谓明信发号，而不胜危厉，奸恶之难除如是。今足下占得二爻，辞曰"惕号，莫夜有戎，勿恤"，凡作伪舞弊，皆为阴谋，阴为夜，且鼠窃之徒，昼伏夜行，其象亦为"暮夜"，而因事防维，亦要在"暮夜"之间。"惕号"者，为警惕申令，如防盗然，终夜击柝也。兑为口，惟口兴戎，足下若过于严诘，彼等皆为穷寇，小则口舌，大则用武，在所不免；足下理直辞当，彼即用武，亦无忧也，故曰"勿恤"。至夬卦全义，虽在夬去小人，而《象传》称"健而悦，决而和"，是夬之中，亦不失忠厚之意。足下其审度行之！

某甲干闻而大感，悉从予占，其事乃得平和而了。

九三：壮于頄，有凶。君子夬夬，独行遇雨，若濡有愠，无咎。

《象传》曰：君子夬夬，终无咎也。

"頄"者，面颧也。三爻居乾卦之极，过刚不中，且夬卦大象，大率与大壮相似似，故初与三皆称"壮"。"壮"者，刚壮也；"壮于頄"者，是刚怒之威，先见于面也。凡谋逐奸臣，最宜深计密虑，不动声色，若事未举而怒先形，则机事不密，灾必及身，故曰"有凶"。夬三之君子，即乾三也；乾曰"乾乾"，故夬亦称"夬夬"，谓夬之又夬也。夬阴者，五阳而三独与上应，乾为行，故曰"独行"。兑为雨，夬反则为姤，姤为遇，故曰"遇雨"。兑泽在上，有降雨之象，三独行前进，有遇雨之象。"濡"，濡滞也，"独行遇雨"，而若有濡滞焉。"愠"，即《诗》所谓"愠于群小"，故曰"有愠"。然君子志在祛邪，虽与上应，实与上敌，即濡滞而必进，虽"有愠"而"无咎"。《象传》以"终无咎"释之，谓"无咎"即从乾三来。阳盈于三，当上下之交，其地本危。"君子夬夬独行"，虽"若濡有愠"，有危心无危地也，故终得无咎焉。

【占】 问时运：目下运得其正，但阳气过盛，率意独行，未免被人疑忌，然幸可无咎。

　　○问战征：孤军独入，防中途遇水有阻，然亦无咎。

　　○问营商：孤客独行，虽得无咎，恐遇雨有阻，濡滞时日。

　　○问功名：孤芳独赏，恐遭小人所忌。

　　○问家宅：此屋门面壮丽，栋上恐有渗漏，致被濡湿，急宜修葺，无咎。

　　○问婚姻：《爻辞》曰"独"，一时未得佳偶。

　　○问疾病：面上浮肿，必是湿热之气，上冲所致，医治无咎。

　　○问六甲：生男。

【占例】 明治二十二年某月，占印幡沼开凿。

　　按：关东沃野，为常总武野，皆自利根、户田两川流出之泥土，联络安房国，故上总下总之国，即为上洲砂下洲砂也。乃知关东居民，均沾利根、户田两川之利。两川中以利根为大，其水常注下总铫子港，流出之泥沙，归入大海，善识地利者，深为国家惜之。若能开凿印幡沼，疏通检见川，导此流出泥沙，归蓄于东京弯上，积日累岁，便可成一片沃壤，使上总下总之间，又可添出中总，与古来天明度、田沼、玄蕃头、天保度、水野、越前守等，同此利益也。在开凿之地，中有一种称为硅藻土，试以此土和水搅之，半浮半沉，土无膏粘，用之堤防，立见崩坏。唯积其土于两岸，以重物镇压之，地底泥土为之突出，斯得坚固。约计开凿之地，凡四里。自印幡沼，至大和田一里半，皆平坦，间有一二丈高低而已。至在山间之地，当筑三丈之堤，其上设置二十马力之唧筒二十台。以此唧筒，一昼夜可注入开方五万步之水于堤中，俨如山中蓄一大湖。取水力所到，冲过花山、观音山之下，其山下所蓄硅藻土，每日被水冲击，约可流出二万步之砂土，以一昼夜水力，可代数万人之劳力也。随蓄随流，凡经一年，左右之山土流空，可变成利根一样之川底。观横须贺船渠所用小唧筒，一时能浚干船渠之水，知唧筒之功力为甚大矣。至山平地成之日，除去山间之堤，自大和田至印幡沼，又成一方安居乐土。在布施新田之间，当度地作堰，塞堵利根川上流，使其水流入东京湾。或云移利根川于东京湾，有患利根川下流，水势减少，殊失通船之便者，谓宜预设善策；不知铫子港地势最平，南沿犬吠岬之暗礁，北带常陆原之沙漠，流入于海，至利根川，一经大水，口狭而水不得出，每逆流而激入霞浦北浦，凡沿湖田圃，被水所淹，其害甚巨，得此开凿竣功，不啻免此灾害，可新得数万町步之膏腴。今请一占，以决成否如何？筮得夬之兑。

　　爻辞曰："九三：壮頄，有凶。君子夬夬，独行遇雨，若濡有愠，无咎。"

　　断曰：泽为受水之地，以卑下为用。《象传》曰"泽上于天"，是洪水滔天，其势甚凶，故卦以夬夬去为义。谓之"夬者，决也"。决字从水，从夬，明是决水之象，与所问开凿印幡沼水，其象适合。兹占得三爻，辞曰："壮于頄，有凶。君子夬夬，独行遇雨，若濡有愠，无咎。""頄"为头面，是高处也。譬言水势壮盛于上，一经泛决，其势甚凶，故曰"凶"。"君子"者，指此创凿之人；"夬夬"者，谓其功非一夬能了也。"独行遇雨"者，议夬者因多同志，以三为首创，故曰"独行"；水之下流，一如雨之下降，故曰"遇雨"。"若濡有愠"者，治水一夬，势必汹涌直下，凡所就近村居，或有稍被淹没者，未免有愠恨之意，故曰"若濡有愠"。谚云"谋大事者不记小怨，成大功者不顾小害"，此沼凿成，其利及数十万民，其功垂千百年，故《象传》曰"终无咎也"。凡兴一利必有一弊，《象》曰

"终无咎"，可知此事，有利有弊，得以永终，利莫大焉。

九四：臀无肤，其行次且。牵羊悔亡，闻言不信。

《象传》曰：其行次且，位不当也。闻言不信，聪不明也。

夬与姤反对，姤四"臀无肤，其行次且"，姤之四，即为夬之三，故其辞同。四体坎，坎为臀，故有臀象。《易》例阳为脊，阴为肤，四本阴位，故"无肤"。且夬旁通剥，剥四曰"剥床以肤"，"无肤"，则剥之已尽矣。夬四出乾入兑，与上同体，不无瞻徇之意，故"其行次且"，欲行而复退也。兑为羊，羊善决。四亦羊之一，能牵率群羊以行，则悔可亡。朱子曰："牵羊者，当前则不进，继之使前，而随其后，则可行。"四随九五之后，可以牵之使进也。"闻言不信"，言即《象》"孚号"之辞，一时声罪致讨，大言疾呼，天下莫不闻知，四首鼠两端，"其行次且"；四非不闻其言，特以疑信不定，故欲进复止，尚得谓有耳能听乎？《象传》以"位不当"释次且，谓四以阳居阴位，刚为阴掩，故曰"位不当也"。"聪不明"释"不信"，谓四居兑首，与上相比，故曰"聪不明也"。

【占】　问时运：目下运途不当，作事颠倒，精神不安，所谋难成。

　　○问营商：心无主见，故贩售货物，每失机宜，获利殊难。

　　○问功名："次且"者，不进之状，焉得成名？次且，通次且。下同。

　　○问战征："臀无肤"，是见伤也；"行次且"，是欲退也；"闻言不信"，是号令不行也。以此行军，何能决胜乎！

　　○问疾病：剥肤之灾，其疥癫之患乎？防溃烂及耳，致两耳失聪。

　　○问家宅：此宅屋后无余地，屋前行路迂斜，为羊肠小径，居者尚无灾悔。

　　○问婚姻：始则踌躇不决，久之得以牵羊成礼。

　　○问讼事：防有杖笞之灾。

　　○问行人：一时不归。

　　○问六甲：生女。

【占例】　元老院议官西村贞阳、前神奈川县令井关盛艮两氏，偕一商人来访。两氏指商人曰：此为横滨洋银仲买雨宫启次郎也。此友近以洋银时价，博取十五万元。获此巨金，意欲谋度此后基业，与余偕来，请求一筮，以决之。筮得夬之需。

爻辞曰："九四：臀无肤，其行次且。牵羊悔亡，闻言不信。"

断曰：足下以一博，骤得十五万金，可谓大幸。足下欲定后来基业，问诸《易》占，余有一策，先为足下告之。山梨县为足下父母之乡也，县下有富士川，川路浅狭不能运载重物。若陆道通横滨东京，其路险恶，行道苦之。足下能将此巨金，首创一大利益，自山梨八王子通达东京，开凿马车铁道，县下富绅亦必闻风兴起，则一举可以成业。将合山梨长野两县人民，开一公行之便道，可以一日而达东京，其利益为何如乎！在足下以此十五万金，每年亦得沾五朱利润，约计一年可得七千五百元，拟之华族之世禄，不多让也。今占得夬之四爻，辞曰"臀无肤，其行次且。牵羊悔亡，闻言不信"，"臀无肤"者，臀在人身下体，"无肤"，皮伤也，知足下早年气运不佳，不免有剥肤之患。今去皮而得肉，肉肥满也，为目下得巨金之象。"其行次且"者，为足下既得巨金，筹谋不决，行止未定，是来卜之本意也。"牵羊悔亡"者，兑为羊，亦为金，"牵"，牵率也，言足下得巨金，就山梨县下，创设马车铁道，牵率诸豪商，共成此举。羊之义亦通祥，夬易位为履，履二曰"履道坦坦"，履上曰"视履考祥"，其斯之谓欤？既曰其祥，悔自亡矣。"闻言不信"者，言即余之所言也，"不信"，谓足下疑而不能从也。就夬卦义言，夬者，亦为夬去险恶而成坦夷也。

雨宫氏闻之，唯唯而去。阅十四日，又来曰：过日受教，实铭心肺，不意归途，遇同商某，劝余乘此盛运，再博一筹，遂致大耗，丧其过半，后果再得巨利，必从君命。余曰：噫！已矣！爻象所示，至此益验。"臀无肤"，谓足下有切近之灾，终不获安坐而享福也。"其行越越"，"闻言不信"，与足下行为深切著明，不待解而晓然也。"牵羊悔亡"，为足下此后当牢牵此羊，毋萌贪念，否则此羊亦遂亡矣。人生得失，自有定数，《易》道先知，不可强也。

九五：苋陆夬夬，中行无咎。

《象传》曰：中行无咎，中未光也。

"苋陆"之说，马、郑、王皆云：苋陆，一名商陆。宋衷以苋为苋菜，陆为商陆，分作两物，本义从之。《虞氏易》作"莞睦"，以苋为莞，以陆为睦。诸说纷如，各有偏解。按《说文》："苋，山羊细角者，胡官切，音桓。"苋字从廿，象羊角，不从艹。夬全卦是兑，皆有羊象。羊性善决，五动体大壮，夬之爻象，多与大壮相同；大壮五曰"丧羊"，故夬五取象山羊。古称皋陶决狱，有疑罪者，令羊触之，羊能夬邪，是其明证。四曰"牵羊"，羊指五，四在其后，而牵之也。"夬夬"者，四五同卦，牵引并进，故曰"夬夬"。五居兑卦之中，下承乾来，乾为行，故称"中行"。五阳至五而尽，上爻一阴，与五比近，最易惑聪，必待夬而又夬，始得去逸远佞，廓清王庭。"中行"者，中道而行，示无偏曲，不为已甚。《象传》以"中未光也"释之，谓五始近小人，纵能联合群阳，决而去之，虽不失中，而于光明之体，终未尽显，故曰"中未光也"。

【占】问时运：运得中正，万事无咎。

○问战征：五为卦主，是主将也，率诸军以齐进；"中行"者，就大道而行，故得无咎。

○问营商：夬，决去也。爻当五位，时令将过，货物宜决计速售，斯可无咎，否则有悔。

○问功名：五为尊位，其名必显，唯宜远小人，近君子，斯可无咎。

○问家宅：此宅蔓草丛生，几成荒废，当速剪除尽净，居住无咎。

○问婚姻：五与二应，五居兑中，二居乾中，阴阳相合。"羊"取义于祥，有吉祥之兆，故无咎。

○问疾病：五以阳居阳，气过盛，宜调剂得中，可以无咎。

○问讼事：以正决邪，决去务尽，不使复萌，讼乃得吉。

○问六甲：生女。

【占例】某华族家仆来，请占其老主人气运，筮得夬之大壮。

爻辞曰："九五：苋陆夬夬，中行无咎。"

断曰：五爻与上爻，一阴相比，群阳在下，协力并进，决去小人，以清君侧，故名卦曰夬。贵主翁向有痼癖，维新以来，隐居别邸，遗弃故旧，狎比小人，以致家业日索，人所共知也。今占得夬五爻，夬之为义，以刚决柔。苋草柔弱，易生易长，夬之不尽，渐复滋萌，是以夬而又夬，务使剪根灭种。然不得中行之道，不足以服邪，亦不足以去害，唯其中行，故得"无咎"。五为卦主，正合贵主翁之象，务劝贵主人，远小人，亲君子，家道乃正，气运亦盛矣。

上六：无号，终有凶。

《象传》曰：无号之凶，终不可长也。

"号"者，即《彖》之"孚号"、二之"惕号"也。至上则卦已终，夬已尽，谓小人之道已消，可以"无号"矣，不知"无号"，则小人之罪名不彰，小人之奸谋，亦将复起。夬于此终，姤即于此始，故曰"终有凶"也。《象传》申之曰"无号之凶，终不可长也"。姤夬相反，姤上五阳，喜君子之犹存；夬上一阴，虑小人之复盛。阴阳消长，本相倚复，明"无号"之凶，姤之始，即伏于夬之终，故曰"终不可长也"。

【占】问时运：正运已退，更宜警惕，斯可免凶。

〇问战征：军事将毕，余孽犹在，所当重申号令，警严戒备，始得廓清。若偷安忘备，终必有凶。

〇问营商：上为卦之终，是货物脱售将尽，当重申后约，斯商业得以继续。"无号"，为无商业名目，其业必凶。

〇问功名："无号"，为声名灭绝之象，凶。

〇问家宅：凡一宅之中，或书声，或歌声，或笑语声，以至鸡鸣狗吠，皆有声也，"无号"，则寂灭无闻，其家必凶。

〇问疾病：是阳尽阴息之症，痛痒不觉，叫号无声，其病危矣。凶。

〇问婚姻：媒妁无言，不成。

〇问讼事：冤莫能伸，讼不得直，凶。

〇问行人：未通音问，凶。

〇问六甲：生女。

【占例】一日，外务书记官北泽正诚君来访，曰：

余同藩士佐久间象山先生，当世有志之士也。夙讲洋学，旁说《易》理。余尝游其门，屡闻先生讲说。会长藩吉田松荫氏，私谋出洋，先生大赞其志，赋诗赠之。及松荫事发，先生被议，幽闭江户，未几得免。时辰侯萨侯，皆慕先生名，遣使招聘，先生皆不应。其后一桥公重礼来招，先生乃应命。余曰：先生嗜《易》，此行请为一筮。先生曰：今四夷内侵，国步艰难，士应将军之召，荣誉莫大，出而有为，正在此时，奚用卜为？余复强之，先生乃揲筮占之，得夬之乾。先生曰：此卦凶象，然既应使命，不复犹豫，唯慎而已。携装将发，苦不得马，适木曾氏有一马来售，先生知为骏马，高价购之，呼其名曰都路，盖取乘而上都之义。先生过大垣，寓于旧友小原仁兵卫氏邸。小原氏亦知《易》，乃问曰：此行《易》卜如何？先生曰：夬之乾。小原氏默然久之，如有阻意，先生不语，告别而行。至京都，公卿盛来问贺。一日赴中川宫召命，酒间陈说欧洲形势、兵备严整及骑卫之术，兴酣，先生请间，乃出乘都路，试演骑术之精，以自夸耀。中川宫大为赏赞，亲赐杯酒，先生感激曰：微臣出自卑贱，忝殿下之宠遇，荣誉已极。复改都路为王庭，拜谢而退。归至木屋街，浪士左右要击，殪先生于马上。余时在藩邸，闻变慨叹，惊感《易》理神妙，凶祸之来，有不能幸免矣。

仆闻北泽之言，谓象山先生虽能知《易》，而惜其不能守《易》，终为急于用世之念误之也。仆有感于此，特节其语以附录之。

䷫ 天风姤

姤为夬之反。夬为一阴在上，五阳决之，几至于尽，至姤而一阴复生于下。造化之理，阴阳奇偶，如影随形，循环反复，去而复生。天地不能有阳而无阴，圣人虽恶阴，而终不能绝阴。姤之一阴，即自坤元下画而来，履霜之渐，已兆于此矣。按：姤字从女，从后，女阴象，后与後通，谓阴即伏于乾后也。此五阳一阴卦之所以名姤也。

姤：女壮，勿用取女。

姤五月之卦，一阴自坤初来，生于乾下；坤为女，又为老阴，故曰"女壮"。盖阴之始生，其机甚微，其势甚捷。寒霜坚冰，渐积渐长，阴之侵阳，有防不及防者矣。往往家道之索，其始皆启于女子，是壮莫壮于女也，惩其壮，故戒以勿取。特于姤阴始生发之，所以杜女祸之萌也。"

《象传》曰：姤，遇也，柔遇刚也。勿用取女，不可与长也。天地相遇，品物咸章也。刚遇中正，天下大行也。姤之时义大矣哉！

姤，古文作遘，或作逅。遘谓行而相值也；逅，邂逅，谓不期而会也。要即相遇之义也。卦体下巽上乾，乾者天也，巽者风也，天本清明在上，而微风乍起，适与相遇，故曰"柔遇刚也"。娶女本人伦之大，然《诗》"野有蔓草"，为男女相遇之私，遇而不正，故曰"勿用取女"；而《象传》谓"不可与长"，盖防姤阴之长而侵阳也。惟相遇而不相侵，斯阴阳相济，而适以相成。夫独阳不生，独阴不育，天地相遇，乃能生物。乾曰"品物流形"，坤曰"品物咸亨"，惟其相遇有成也。姤当四月纯乾之后，坤阴始生，乾为刚，坤土居中，为中正，谓之"刚遇中正"，将见天子当阳出治。握乾德之刚方，阐坤阴之中正，斯德以位显，道与时行，黎民于变，四方风动，在此时也。风之行最捷，风在天下，故曰"天下大行"。王化行而礼义修，礼义修而风俗正，江汉之间，女子皆能贞洁自守，相遇而不与长，复何虑乎"女壮"者哉！姤之时为盛夏，夏之为言养也，姤之时义之大，于此可见矣。

以此卦拟人事，人事不外男女嫁娶，是人伦之大端也。勿娶则人伦灭，天地闭绝，阴阳睽隔，不生不育，不特无以为家，抑且无以为天下矣。《象》所谓勿娶者，非不娶也，为勿用姤道以娶之耳。姤字从女，其义为遇。女本阴柔，阳遇之而授以权，则阴乃长，阴长则"女壮"，五阳虽盛，一阴得以消之矣。《传》曰"不可与长"，是抑其壮而归之以中正也。所遇既得中正，则巽顺以从，所谓"宜尔室家，乐而妻孥"，刑于之化，可行于邦国。由是而推之，即天下亦可大行矣，夫何忧"女壮"哉！圣人作《易》，以著消长之几。阴阳起伏，不能偏废，惟在因时以保护之耳。故六爻之义，多取以阳包阴，而九五之"包"，最得中正。诸爻之受其包者固包，即不受其包者，亦不能外其包。斯阴不至于侵阳，则阴阳得其平，阴阳平而夫妇之道和，夫妇和而人事乃无不中正矣。

以此卦拟国家，自来国家颠覆，其衅每启自闺闱。如殷纣之亡由妲己，周幽之乱启褒姒，"女壮"之祸，万古垂鉴。圣人于姤卦，首示其戒，惕之曰"勿用娶女"，盖所以遏其流而杜其渐也。其义则正，其旨则严，而其辞未免过激，惩其壮而"勿娶"，不特人伦有缺，且何以处《关雎》"好逑"也耶？故《传》申之曰"不可与长"，谓所恶于女者，恶其阴之渐长也。阴不长，则阳不消，阳足以育阴，而阴不能剥阳，斯相遇而不相争，且更得其相助。王者之化，起自宫中，后妃之德，被于江汉，自来郅治之朝，未尝不藉内助之贤也。"姤者，遇也"，卦体上乾下巽，乾刚巽柔，谓之"柔遇刚也"。推之天地相遇而品物生，夫妻相遇而家政修，群臣相遇而治化行。盖得遇则成偶，不遇则为奇。事无大小，未有不以相遇而成者也，待所遇务期中正耳。姤卦六爻，惟九五独得中正。以杞为刚，以瓜为柔，杞之遇瓜，即刚之遇柔，得其包，则刚不为柔侵，而柔自乐为刚用；诸爻亦以中正为吉，以不得正中为凶。刚包之，实乾元包之，"大哉乾元"，其遇者广，其包者愈大矣。为姤言之，非专为姤言之也，国家教化之臧否，皆可于此卜之矣。

通观此卦，卦之体属夫女，卦之义取夫遇，卦之象用惩其壮，卦之用戒其与长。天下不能无女也，天下亦不可无遇也，因其壮之为害，而遂欲绝其女，却其遇，是率天下于寂灭之途，岂圣人作《易》之旨哉？盖壮之为害，不在于壮，而在与壮以权者，壮乃得以渐长。《传》曰"不可与长"，则壮无其权，而女不为害，相遇适足以相成，而遇正大可用也。姤之为卦，何尝不善？乾天上运，巽风下行，"帝出乎震，齐乎巽，相见乎离"，遇之象也。是以天地得遇而物生，刚柔得遇而道平，君臣得遇而治成，姤之时义，所以为大也。天下有风，为天风相遇，天无远而不覆，风无远而不届，古先哲以大中至正之道，宣告四方，象取此耳。爻以九五阳刚居尊，为卦之主。初以一阴方来，有君民相遇之象；二以刚中下应，有大臣宣化之象；五所用以招携怀远，风行下国者也；三、四、上三爻，或病于"牵"，或失于"远"，或伤于"穷"，是皆不善于包，而相遇之未得其中正也。圣人爱阳而恶阴，爱阳而喜其来，故于复之一阳，而喜其"来复"，恶阴而亦不能禁其不来，故于姤之一阴，而戒其用壮。可见圣人之于阴，未尝不予阴以并生，但不便阴之浸长为患也已。

《大象》曰：天下有风，姤，后以施命诰四方。

风字从几，从一，从虫。几象天体，一者大也，虫者生化之机。巽为风，为虫。风之来也，遍行天下，故曰风。乾为君，巽为命，君门九重，堂下万里，命诰不施，上情壅而不通，下心疑而未信，何以与民遇哉？故凡立一政，兴一法，必颁之典章，布之训话，自朝廷以及里闾，使天下晓然而知上意。风教之行，疾如音响，故曰"后以施命诰四方"。乾为西北，巽为东南，四方之象也。

【占】问时运：好运盛行，能使四方闻名。

〇问战征：军令迅速，赏必信，罚必行，有席卷天下之势。

○问营商：为商为利，宜贩运远方，可以随在获利。

○问功名：有名扬四海之象。

○问婚姻：婚礼所重，在父母之命，媒妁之言，犹政事之有诰命也。得其正，则天下可行也。

○问家宅：此宅防有被风倾圮之虑。

○问疾病：小儿为惊风，大人为肝风，防有四肢不仁，或手足牵拘之症。

○问讼事：此讼牵连甚广，一时未得罢休。

○问失物：窃者已远飏，难以再得。

○问六甲：生女。

初六：系于金柅，贞吉。有攸往，见凶。羸豕蹢躅。

《象传》曰：系于金柅，柔道牵也。

初得巽下一阴，女象也。乾为金，巽为木，木入金，成柅之象，故曰"金柅"。"金柅"，络丝之树，女子所用。"系于金柅"，系丝也。"系"犹牵也，丝至柔，故《传》曰"柔道牵"。九家《易》曰："丝系于柅，犹女系于男。"《高古录》云：晋武帝选女子有姿色者，以绯采系其臂，是其证也。按系者为系著不动。妇人之德，静为吉，动为凶。系而不动，则"贞吉"，"有攸往"，则"见凶"。妇人言不出闺，行不履阈，行将何往？有往则必不安于室也，凶可知矣。初六辰在未，上值柳，南宫侯曰，柳，其物为豕，故象豕；初巽阴柔，为之牝豕。群豕之中，牡强而牝弱，故曰"羸豕"。"蹢躅"，不安也，牝豕阴质而淫，躁动尤甚；初以柔承五刚，不系而往，故曰"羸豕孚蹢躅"。总之，丝为柔物，豕为阴兽，一失其系，丝必紊乱，豕必奔突，任其所往，势必消阳而剥刚。其蹢躅也，不待否剥之至，而已可预知矣。"孚"，信之先至者也。

【占】问时运：目下运途，有所牵制，不可妄动，妄动必凶。

○问战征：初爻为出军之始，巽象阴柔，兵力必弱，显见固守则吉，躁进则凶。

○问营商：利坐贾，不利行商。

○问功名：宜守旧而已。

○问婚姻：九家《易》曰："丝系于柅，犹女系于男"，正位夫内，故吉。

○问家宅：此宅防有闺范不修之羞。

○问疾病：此病是阴弱之症，宜安居静养。

○问失物：必为绳索所系，即寻则得，过日不能得也。

○问行人：在外必有女子牵连，不能即归。

○问六甲：生女。

【占例】明治十八年十二月，鸟尾得庵居士来访。谈及东欧乱事，居士谓予曰：方今保加利亚、罗马尼亚两国暴动，关系全欧大局，子幸占其结果。筮得姤之乾。

爻辞曰："初六：系于金柅，贞吉。有攸往，见凶。羸豕孚蹢躅。"

断曰：姤者，遇也，是必率然相遇而启衅也。初爻属巽，一阴微弱，是必小国也。初应在四，四曰"包无鱼"，是为包藏祸心，因而起凶者也，意者其在俄罗斯乎？在保罗二国，能各安疆界，共相修好，如否卦所云"其亡其亡，系于苞桑"，是"安不忘危，治不忘乱"，得其系而国本固矣，即爻辞"系于金柅，贞吉"之旨也。若无端而听外邦之唆惑，妄动干戈，势必立见凶灾，即爻辞所谓"有攸往，见凶"是也。"羸豕孚蹢躅"者，《说文》亥为豕，戌亥乾位，则犬占属乾，初动为乾，故有豕象。初本一阴为巽，巽柔弱，故为"羸豕"。巽为躁卦，豕又阴淫躁动，故曰"蹢躅"。谓二国庸弱暗昧，如豕之负涂，猖狂躁动，如豕之出互，徒见纷扰奔突而已。巽为风，《象传》曰"天下有风"，想因此二国开隙，恐天下亦有闻风骚动者矣。究其结末，当在上爻之时，上爻曰"姤其角"，为姤之终，上乃穷矣，穷上反下，二国庶反而修好也。

鸟尾君闻之，殊有所悟。

九二：包有鱼，无咎。不利宾。

《象传》曰：包有鱼，义不及宾也。

乾为包，巽为鱼。鱼阴物，谓初，二包之，故曰"包有鱼"。剥之"贯鱼"，即从姤之一鱼所生，能就姤之始而包之，故得无咎。二居内卦之中，当刚柔相遇之始，见其为柔，特以优容而并包之。不敢以激烈而启变，亦不至以姑息而养奸，斯诚御阴之善道也。"宾"，谓九四，四辰在午，上值张，石氏曰"张主赐宾客"；二"有鱼"，四则无之，是不及四也，故曰"不利宾"。《传》以"义不及宾"释之，"不及"者，即《象传》不与长之义。千古御小人之法，莫善于使之不相及。予之以并生，不予之以渐长，则终无相及之时矣。姤初之"不利宾"，以二为之包也。

【占】 问时运：人生处世，安得相遇尽为君子？惟当曲意调护，不为小人所害，自得无咎。

○问功名：鱼有化龙之象，"包有鱼"者，鱼已为其所包矣，则升腾可必也。"不利宾"，利必在己也。

○问营商："包"为包罗富有之象，众唯鱼矣。鱼亦有众多之象，主货物充盈，财利富厚。"不利宾"，为其利非外人所得窃取也。

○问战征：马融曰，"鱼介鳞之物，兵象也"，鱼而能包，是必善用其兵者也。曰"不利宾"，宾即敌也，敌必可破矣。

○问婚姻：鱼阴物，以阳包阴，姻事成矣。

○问家宅：鱼为阴物，象取女子，此宅定是女子主政。

○问疾病：防有池鱼殃及之灾。

○问六甲：生女。

【占例】 某甲来请占气运，筮得姤之遁。

爻辞曰："九二：包有鱼，无咎。不利宾。"

断曰：此卦以一阴而上接五阳，必女子之不贞者也。今占得二爻，爻辞曰"包有鱼"，鱼阴物善败，"包有"者，是匿藏其物而有之也。又曰"不利宾"，知宾亦尝欲利而有之，及有之而反为不利。不利于宾，其必利于主矣。想此物俨如鱼之在市，尔可有，我亦可有，本无定主也，利不利在包之者善自为之耳。

后据所闻，知某甲来占，非为气运，实为一女子耳。商人留妻于家，暂归故里，经四月而回，其妻以夫不在，与某甲私通，及其夫来，乃以其妻寄之于外国商人，诡云以预借外国人数百金，不得已以身抵之。其夫无力偿金，遂弃其妻而去，某甲乃得娶为己妻。后某甲死，财产悉归其妻所有，故爻象发现如此。

九三：臀无肤，其行次且，厉，无大咎。

《象传》曰：其行次且，行未牵也。

姤与夬反对。夬之臀在三，姤之臀在四，姤三即夬四也。三居下体之上，巽为股，臀在股上，故三有臀象。剥四曰剥肤，是剥阳也，姤三亦为初阴所剥，故曰"无肤"。上卦为乾，乾为行，三居乾巽之间，柔未变也，故"其行次且"，有危心焉。乾之三"厉，无咎"，姤三化巽变柔，进退不果，其"趑趄"也，即其咎也。幸其由此以进，行将入乾，尚不失健行之性，故曰"无大咎"。《象传》以"行未牵"释之。"牵"者，牵制也，谓其行虽缓，尚能不失乾健，不为阴柔所牵制也。

【占】问时运：气运柔弱，诸事迟疑，是以动辄有危。

○问战征：欲进不进，因疑生危，不能得胜也。无大败亦幸矣。

○问营商：贩运不快，安能获利？

○问功名：尚须迟缓以待。

○问婚姻：迟缓可成。

○问家宅：此宅后面墙屋，定已倾圮矣，殊为可危，修茸斯可免咎。

○问疾病：此病必是下体溃烂，行坐不安，治之无咎。

○问讼事：防受笞杖。

○问失物：物已损坏，迟之可得。

○问六甲：生女。

【占例】有友请占一事，以决成否，筮得姤之讼。

爻辞曰："九三：臀无肤，其行次且，厉，无大咎。"

断曰：姤者不期而遇，为其事之出于意外者也。今足下占得三爻。细玩爻象，臀在人身下体，所以安坐也，"无肤"，则坐不得安；"趑趄"者，昧于事机，欲进而不进，则行不能决，坐行两难，是以有厉也。其事终归不成，故亦"无大咎"。

○明治二十八年六月，三浦中将奉命为朝鲜公使，临行占问朝鲜交际政策，筮得姤之讼，呈之内阁总理大臣。

爻辞曰："九三：臀无肤，其行次且，厉，无大咎。"

断曰：卦名曰姤，姤，遇也。方今海禁大开，玉帛往来，正当万国会遇之时也。卦体五阳在上，一阴在下，是孤阴为群阳所制，有大国携服小邦之象。今当三浦中将出使朝鲜，为占两国交际方略，公使外行，则当以我为外卦，以朝鲜为内卦。内卦为巽，柔顺无力，可见朝鲜之弱小也。臀在身后，为隐伏，有后宫之象，主有妃妾擅权，侵害朝政。"无肤"，即剥肤，为切近之灾，致不能安坐深宫也。天下大势，正当改旧从新，力图富强，朝鲜因循旧习，欲改不改，是为"其行趑趄"也。国势之危，因此益甚，故"厉"。三居巽之终，为乾之始，将化柔而变刚，以内卦而从外。三又以二四为上下邻，朝鲜向属清国，四谓清也，以无包而起凶；二本乾体，谓我国也，以克包而无咎。朝鲜盛衰之机，历历可见。在我国交际之道，要亦不外是焉。

○明治三十年，占伊藤侯爵气运，筮得姤之讼。

爻辞曰："九三：臀无肤，其行趑趄，厉，无大咎。"

断曰：卦体乾上巽下，一阴生于五阳之下。阴小人也，浸藏浸长，五阳渐受其剥，而不自觉也。今占得三爻，曰"臀"，为人身下体；曰"无肤"，为剥伤已甚；曰"其行趑趄"，为刚而变柔，故欲进不进。是皆小人之情状也。在侯刚方端正，断不为小人所惑，唯此五阳中一有不察，将有授之以权，而小人遂得出而为难，凡侯所建善后之谋，必为之而败，所策力行之政，必为之而阻，即所谓"臀无肤，其行趑趄"是也。至此而侯必不安于位也，故曰"厉"；然侯德望素著，故"无大咎"，此为侯本年不得意之占也。是年十月，侯果辞总理大臣之职。

九四：包无鱼，起凶。

《象传》曰：无鱼之凶，远民也。

四入乾，复变而为巽。巽为鱼，鱼已为二所包，故"无鱼"。盖天包乎地，阳包乎阴，得所包而"含宏光大"，并育无害，此二之包所以"无咎"也。失所包，而鱼将吸浪扬波，顿生凶患，小人之施毒以害君子者，其凶由是而起也。《象传》以"远民"释之，"鱼"，犹民也，谓鱼之不可不包，犹民之不可或远。不以民为小人，而驱而远之，必以民为同胞，而亲而近之，斯民得兼包并育，何致有消阳之患哉！

【占】 问时运：刚变而柔，运途不正，气量浅狭，是以多凶。

　　○问战征：主将才力微薄，不能包容众军，防有兵变之祸。

　　○问营商："包无鱼"，有囊里空虚之象，何以获利？

　　○问功名：鱼喜得水，人喜得名，无鱼则水涸，无名则人穷，故凶。

　　○问婚姻：婚姻之道，重在生育，"包无鱼"，言无胎孕也。凶。

　　○问家宅：《象》曰"远民"，此宅必在民居相远之地，是孤村也。恐有不测之灾。

　　○问疾病：鱼阴象，无鱼是阴已亏极，阳不能包，必凶。

　　○问六甲：生女。

【占例】 有友人来占气运，筮得姤之巽。

　　爻辞曰："九四：包无鱼，起凶。"

　　断曰：卦象为天下有风，风之起也，忽焉而来，忽焉而去，有不期而相遇者也。在人则为意外之遭逢也。今占得四爻，四爻入乾，乾为包，变而为巽，巽为鱼，四欲包鱼，而鱼先为二所有，故欲包而无鱼也。足下占问之意，想必有一事欲谋，乃其事已落他人之手。是足下运途不顺所致，足下还宜含容优待，斯可免凶，否则凶祸从此起矣。

九五：以杞包瓜，含章，有陨自天。

《象传》曰：九五含章，中正也。有陨自天，志不舍命也。

巽为杞，杞，柳也，可屈以包物。"杞"谓五，"瓜"谓初，杞刚而瓜柔，刚包柔，即"杞包瓜"也。姤者，五月之卦，瓜以五月生，杞以五月盛，包之，正及其时矣。及时而包之，柔者扬其花，刚者蕴其美，自觉章采之内含也。五秉中正之德，初得其包，亦归于中正，即《象传》所谓"天地相遇，品物咸彰"者，其在此爻乎？"有陨自天"者，瓜之为物，不能经久，黄熟而陨，亦天为之也。在包之者，不肯委诸于天命，故于其陨也，若不胜其哀矜焉，故《传》以"志不舍命"释之。

【占】问时运：运行中正，才力所及，自能包罗诸有，虽不言吉，吉可知矣。

　　○问营商：生意虽不外木植瓜果等品，而包容甚广，自有大财可得。

　　○问功名：五居尊位，功名自显，但进退荣辱，俱当安命。

　　○问战征：堂堂之阵，正正之旗，王者之师也。逆者诛，顺者从，有包扫一切之势焉。

　　○问婚姻：有瓜瓞绵绵之象，吉。

　　○问疾病：为热包寒之象。

　　○问六甲：生女。

【占例】明治二十二年某月，横滨辩护士某来，曰：近日商人与地主，为争公共财产上权利，起一大讼，此案向来纷争，迄今未见和解也，请烦一筮，以卜胜负。筮得姤之鼎。

　　爻辞曰："九五：以杞包瓜，含章，有陨自天。"

　　断曰：姤者，一阴遇五阳之卦，阴欲长而阳抑之。盖阴长消阳，阳长消阴。卦与夬相反，所谓"反复其道"，一消一长，亦天运使然也。今足下为占争财讼事，而得此爻，知此财产为公共之物，甲可取，乙亦可取，犹之阴阳消长，彼此互有权也。《爻辞》曰"以杞包瓜"，就杞瓜而论，杞为植木，特立在上，瓜为蔓生，绵延在地，当以杞为商人，瓜为地主。所谓包者，宜以商人包容地主，地主之权利，藉商人调护而出，犹瓜之施于杞木而生也。"含章"者，谓所包之中，自有章华内含，以见利益之大也。"有陨自天"者，陨，落也，其终财产归结，要自有天数存焉，非人力所可强争也。孔子曰："得之不得，曰有命。"劝两造亦各听命而已矣。

上九：姤其角，吝，无咎。

《象传》曰：姤其角，上穷吝也。

上九辰在戌，得乾气，乾为首，位居首上，故曰"角"。遇而在上，遇亦极矣，故曰"姤其角"。角善触，遇之而触，不如遇之而包也，触之，故"吝"；然触亦不害其正，故"无咎"。《象传》以"上穷"释之，凡上穷必返下，剥之穷上返下，而"硕果不食"，一阳乃"来复"焉。"姤其角"，正穷上返下之象，故虽吝无咎。圣人之于阴，欲以并生，不欲其浸长，上之"姤其角"，令其穷而自返也。

【占】问时运：运至于上，运亦穷矣。

　　○问营商：角逐者争利也。"姤其角"，为能得其首利也。盖吝在商人，"吝，无咎"焉。

○问功名：有头角峥嵘之兆。世传魁星有角，"姤其角"是遇魁星也，功名大利。

○问战征：角力角胜，皆有战象。角之字为刀下用，此战大有杀戮，是穷兵之祸也。

○问疾病：想头角之上患疮，医治无咎。

○问婚姻：上居乾之极，上穷返下，必是老夫而求女妻也。

○问失物：物本在高处，穷而返下，须就低处寻之，可得。

○问六甲：上穷而返，生男。

【占例】 一日有友人来曰："仆与某贵显，素来亲厚，大蒙恩遇。自贵显欧美归朝，交情忽疏，偶请面谒，遂至见拒。余实不知因何获咎也。请为一占。"筮得姤之大过。

爻辞曰："上九：姤其角，吝，无咎。"

断曰：姤者"女壮"之卦。女子之言，最易惑听，朋友交情，为妇言所谗间者，往往多有。今占得姤上爻，姤本女象，其义为遇。爻辞曰"姤其角"，角善触，是必于相遇之际，有触其怒者，彼妇遂挟其怨恨，设其计以相抵触，进谗于贵显。此贵显与足下之疏远，所由来也。"无咎"者，以角在上爻，上穷返下，贵显必久当自返，知其为谗，返而思旧，当与足下复寻旧好也。

某氏闻之，顿有所悟，曰：仆向于贵显他出，屡访其邸。一日见渠夫人，因事规劝，致拂其意。既而贵显归，度彼妇畏仆告知，遂设计谗间，谅事所必有也。后悟贵显有云：我家之事，非外人所可干涉。知此言非无因而来也。今得其占，其疑乃释，彼妇可吝，在我固无愧焉。

泽地萃

卦体泽上地下，泽能畜水，地能畜泽。卦通大畜，有畜聚之象；反则为升，升《象》曰"积小以高大"，有积聚之义。卦自姤来，《序卦传》曰："姤者，遇也。物相遇而后聚，故受之以萃。萃者，聚也。"此卦之所以名萃也。

萃：亨。王假有庙，利见大人，亨，利贞。用大牲吉，利有攸往。

萃与涣名相反，而义则相须。涣之亨，取诸水流风行；萃之亨，取诸兑悦坤顺。涣亦假庙，涣之假庙，见神气之发扬；萃之假庙，见精诚之贯注。一散一聚，义各不同，而所以致诚者一也。王者合万国之欢心，以事其祖考，侯助男卫，骏奔在庙，是萃之盛也。"大人"谓九五，五"萃有位"，能御众以治乱，故"利见"。"亨，利贞"者，兑曰"亨，利贞"，坤曰"柔顺利贞"，盖即从坤兑来也。坤为牛，亦为用，故曰"用大牲"，言大人有嘉会，必杀牛而盟；既盟则可以往，故曰"利有攸往"。

《象传》曰：萃，聚也。顺以说，刚中而应，故聚也。王假有庙，致孝享也。利见大人，亨，聚以正也。用大牲吉，利有攸往，顺天命也。观其所聚，而天地万物之情可见矣。

坤为聚，泽者水之所归聚也，合之谓萃。萃者聚也。为卦上悦下顺，上下合志，二中五刚，二五相应，故能聚也。"王假有庙"者，陆绩云：王谓五，庙为上。王者聚百物以祭其先,诸侯助祭于庙中,是谓致孝于鬼神也。五刚中而二应之,故称"大人";二得离气,离为目,故"利见"。萃与升反,升曰"用见大人",不言利,故不言亨;萃曰"利见",利则必亨,而所以亨者,又在聚之得正也。"大牲",牛也,《左传》"牛卜日曰牲"注:既得吉日,则牛改名曰牲。坤为杀,执坤牛而杀之,以荐牲也,故曰"大牲吉"。用以享神,有以摄其心也,往以助祭,有以集其力也。其萃也,非势驱力迫所能为也,亦唯顺天之命而已。自昔殷汤用元牡昭告皇天,以誓万方,十一征而无敌于天下,是即"用大牲吉,利有攸往",顺天命之明证也。

以此卦拟人事,内而聚其精神,外而聚其财力,皆为之萃也。然不顺则散,不悦则离,不刚则无以畏众,不中则无以服人,虽萃终必涣也。唯顺以悦,刚中以应,斯聚得其正矣。"庙",祖庙,祭之以礼,所以致孝也。"大人",主祭之人,一家之长也。大人率一家之子孙,有事于祖庙,凡子孙入庙者,必先见主祭之长,故曰"利见大人",庶几心亨而理亦正矣。"大牲"者,祭礼也。大则牛羊,小则鸡豚,皆谓之牲。牲不丰不足以祭,不备无为祭,故曰"用大牲吉。""利有攸往"者,承祭使民,理本一致,入可以承祭,出乃可以使民,故曰利往。一身之事,以祭为重,以孝为先,幽以精诚格祖考,明以和乐宜室家,虽曰人事,岂非天命哉!由一家以及一国,由一国以及天下,观其所聚,即可知天地万物之情矣。《彖传》之旨,在上聚祖庙之神灵,下聚四海之欢心。圣人以孝道治天下,而民德归厚,万国来同,此萃之全象也。如天之无不覆,如地之无不载,万物皆会萃发育于天地之中,谓之"观其所聚,而天地万物之情可见矣"。

以此卦拟国家,国家之要,在广土众民。兑为悦,坤为土,为众,有悦而归聚之象。顺则民从,悦则民服,刚则民不屈,中则不偏,皆足以使众也,得其正则民聚矣。王者继体承统,未临民,先假庙,所以承祖考之重也。《孝经》所谓王者合万国之欢心,以事其先王,上以尽孝享之诚,下以广孝治之道,而天下兴孝矣。"大人"即王者。利见利往,所谓济济多士,奔走在庙,率见昭考,以孝以享是也。一时荐广牡,相祀事者,咸皆顾视天之明命,罔不祗肃焉,萃莫盛于斯矣。王者法天则地,以天地之并育万物者,联合万国,斯其情可与天地参矣。六爻皆反复言萃。初则以萃致乱,三则因萃兴嗟,上则为萃流涕,皆不得其萃之正,为可惧也。五得萃之位,四得萃之吉,二得萃之孚,即《彖传》所谓"顺以说,刚中而应,故聚也"。民之归之,如水之就下,可以见泽地之功也。

通观此卦,"国之大事,在祀与戎",故《象》言"假有庙",象言"戒不虞",而其要首在于得众,此卦之所以取萃也。卦体下顺上悦,顺而悦,故兆民归往,以之执笾豆而相祀事,而礼仪不忒,以之执戈矛而从王事,而踊跃知方。上以兴孝,下以兴仁,风同道一,万邦协和,萃莫萃于此焉。萃易位为临,临《象》曰"容保民无疆",萃之象矣。二卦同为泽地。泽足以惠民,地足以容众,故泽下地上为临,地下泽上为萃。六爻以五为萃之主,乃刚中之大人也,二萃焉,初与四亦萃焉,其位足以致萃,故曰"萃有位"。上则无位,未免泣涕而不安矣。三与上应,上悲而三亦嗟矣。内三爻为地、地之所归不择土壤,萃虽众,心不一,故初因之而"号",三因之而"嗟",二虽吉犹待引也。外三爻为泽,泽之所萃,心自悦矣。五之萃,得"永贞"也;四之萃,自"无咎"也;上居泽之极,泽满则水溢,故有"涕洟"之象焉。盖惟天民有欲,无主乃乱,万国来会而禹帝,万姓悦服而武兴,人心之所向,即见天命之所归也,故萃不可力取,唯在德化也。

《大象》曰:泽上于地,萃,君子以除戎器,戒不虞。

兑为金，坤为器，有戎器之象。"除"，修治也，修治戎器，以防不虞，所谓有备无患也。卦象为泽上于地。水满则溢，溃决奔突，势莫能御，所当预为之防。水犹兵也，故可惜鉴。按《穆天子传》：有七萃之士，取宿卫环聚为名。是萃为防御之士，所以遏乱也。萃象之"除戎器"，义盖取此耳。

【占】问时运：气运平顺，但能安不忘危，自得欢乐无忧。

○问战征：兵凶器，战危事，惟能临事而惧，好谋而成，可无意外之虞也。

○问营商：萃有财聚之象，然聚必有散，盈必有亏，亦理之循环，所当时时预防。

○问功名：宜由武功得名。

○问婚姻："非寇婚媾"，《易》每以寇婚对言，盖防兵祸，犹防女祸也。唯能预防，自可无咎。

○问家宅：泽上于水，防有大水入屋之象。

○问疾病：防胸腹有水胀之症，宜预为调治。

○问行人：中途兵阻，一时难归。

○问六甲：生女。

初六：有孚不终，乃乱乃萃。若号，一握为笑。勿恤，往无咎。

《象传》曰：乃乱乃萃，其志乱也。

兑为孚，故"有孚"。坤为终，初失位，故"不终"。坤为聚，亦为乱，故曰"乃乱乃萃"。初为萃之始，相孚犹浅，是以有初鲜终也。不得其终，则一念萃于此，易一念而萃于彼，其志先乱矣，是萃适以长乱也。《象传》以"志乱"释之，"乃"犹汝也，汝自萃之，汝自乱之也。初爻阴柔居下，虽得众，未足以总之。初与四应，则御萃之权，当在四也。"若"，顺也，"号"，令也，谓顺从四之号令。"一握为笑"，谓推诚相与，众皆欢悦，即《象传》所云"顺以悦"也。上互巽，巽为号，下互艮，艮为执，执手，犹握手，退之所谓"握手出肺肝相示"者是也。兑为口，故曰"笑"，既得其笑，故"勿恤"。"往"，往四也，四能恩威并著，初自不致乌合为乱也，故"无咎"。

【占】问时运：运当初交，一顺一逆，反复无常，得所救援，可以无咎。

○问功名：忽荣忽辱，由于中心无主也。

○问营商：有初无终，聚散不定，不能获利，仅可免咎而已。

○问战征：统军出征，防有兵变之忧。

○问婚姻：有始乱之，而终娶之之象。

○问家宅：此宅不利，可暂住，不可久居。

○问疾病：此病忽号忽笑，由于心神昏乱。往而求医，必无咎也。可勿忧。

○问六甲：生女。

【占例】明治十五年十月，大水陡发，上野高崎间铁道所辖户田川口假桥，致被冲塌。余曾执司工事，往晤铁道局长井上君。井上君曰：川口假桥冲裂，铁道被梗，不得不急议修筑。按川口堤岸，高出平地丈余，若架造坚固铁桥，工程既大，经费亦巨，若仍筑假桥，一经发水，便遭冲决，亦非善策，若何而可？请为筹度。余曰：不如问诸神易。乃筮得萃之随。

爻辞曰："初六：有孚不终，乃乱乃萃。若号，一握为笑。勿恤，往无咎。"

断曰：此卦泽上于地，明示洪水泛滥之象。占得初爻，知此假桥建筑不久，乍筑乍倾，故谓之"有孚不终，乃乱乃萃"。初正应在四，宜听令于四。"若号"者，四之号令也。"握"，犹执也。得四之号令，众皆欢欣，愿执其役，兑为悦，所谓"悦以劳民，民忘其劳"也，故曰"一握为笑"。但四不当位，则必桥之地位不当，五曰"萃有位"，则位宜从五。五变为豫，豫者有豫备之义，豫卦震上坤下，萃为兑上，兑西震东，易兑为震，桥宜改西从东方为当位。坤地在下，坤为厚，为基，宜从平地培土为基，营架一桥，再设铁索，系锁于两堤，水来随高，水落随平，使无冲溃奔突之患，故得"无咎"。

井上君闻之，亦以为然，众议乃决，依此作桥。翌年水复大发，桥得无患，益叹《易》象之神也。

六二：引吉，无咎。孚乃利用禴。

《象传》曰：引吉无咎，中未变也。

二居下卦之中，上应于五，知萃之当归于五也。二与初、三为同体，初之"乱"，三之"嗟"，是失所萃也，二能引之，同萃于五，故曰"引吉，无咎"。上互巽，巽为绳，下互艮，艮为手，有引之象。"禴"，夏祭名，六二为离爻，离南方，为夏，故"利用禴"。二动体困，困二曰"利用享祀"，萃反为升，升二亦曰"利用禴"，以二得中，故其象同也。《彖》称假庙用牲，二为助祭，助祭当献方物。坤为吝啬，故薄。然输诚来萃，虽薄亦孚，孚，固不在多仪也。

【占】 问时运：运得正中，吉。

○问功名：可望汲引而进。

○问营商："引"，牵引也。想是合众生意，必可获吉，但须答愿酬神。

○问战征：古者出师必祭，于内曰类，于野曰祃是也，盖祭神以誓师也。吉。

○问婚姻：二应于五，是二五订婚也，故曰"引吉"。

○问疾病：仙人辟谷之法，曰引导，为引运其元气，使之充实无亏，即可却疾。

○问六甲：生女。

【占例】 友人某来，请占气运，筮得萃之困。

爻辞曰："六二：引吉，无咎。孚乃利用禴。"

断曰：此卦地上有泽，可以蓄水，即可聚财，故卦曰萃。今占得二爻，爻辞曰"引吉"，知足下所谋之事，必待有人引而伸之，乃可获吉。二与五应，能为足下指引者，必属于五。惜其中有三四两爻间隔，宜备礼祈祷，以乞神祐，使三四不能阻碍，则所谋得遂，自然吉而无咎也。

六三：萃如嗟如，无攸利。往无咎，小吝。

《象传》曰：往无咎，上巽也。

三处坤之上，坤为众，得萃之象。盖萃必众心欢悦，其萃乃为可用。三以阴居阳，不能统率坤众。萃者以利而萃，萃而无利，则萃者嗟矣，故曰"萃如嗟如"。卦以五爻为萃之宗主，即《象》所称"利见"之"大人"也，往而归之，有攸利焉。"小吝"者，三无御萃之才，致腾众口，为可鄙耳。《传》曰"上巽也"，萃上互巽，巽五曰"无不利"，谓往而可得巽之利也。

【占】 问时运：运途平平，无可获利也。

○问功名：功名不利，反被人鄙。

○问营商：货物虽多，不售可嗟，何所获利？惟转运他处，可得无咎。

○问战征：有兵而不得其用，反致怨嗟，在主将无御众之才也。

○问婚姻：未免兴怨偶之嗟。

○问家宅：同居不睦，致多口舌，往迁可以无咎。

○问疾病：胸隔积滞作痛，致声声叫苦。以两便不利所致，利则可以无咎。

○问讼事：不利。

○问六甲：生女。

【占例】 友人来，请占气运，筮得萃之咸。

爻辞曰："六三：萃如嗟如，无攸利。往无咎，小吝。"

断曰：卦体上悦下顺，众人归附，占象得此，可为佳矣。今占得第三爻，三爻以阴居阳，自无御众之才，无以利众，以致众怨，故曰"萃如嗟如，无攸利"。知足下身任副局长，不得众心，爻辞之言，若适为足下发也。足下当令其往附于局长，斯众得其利，而可无咎矣。《象》曰"上巽"，巽顺也，在足下运途亦顺矣。

九四：大吉无咎。

《象传》曰：大吉无咎，位不当也。

四出坤人兑，当内外卦之交，为多惧之地。初应之，三比之，开馆招宾，礼贤下士，如汉之王莽曹操，臣而得众，凶莫大焉。爻曰"大吉无咎"，必其克尽"大吉"之道，乃得"无咎"；必其能立"无咎"之地，乃得"大吉"。若文王三分有二以服事殷，能有其萃，而不自以为萃，必率其萃而归之于君，斯可谓大吉而无咎矣。《象传》于"大吉无咎"，而犹以"位不当"释之，其旨严矣！

【占】 问时运：气运大好，无往不吉，但于地位不当，宜慎。

○问功名：大吉，但恐德不称位。

○问营商：得财得，利大吉；宜作退一步想，方能有始有终。

○问战征：战胜攻克，大吉大利；防功高震主，谤毁随之。

○问婚姻：四与初为正应，即为正配，吉；但门第恐不甚相当也。

○问家宅：此宅人口兴旺，家室平安，大吉；但地位少嫌卑下。

○问疾病：是外强中干之症，目下可保无咎。

○问六甲：生女。

【占例】 某家支配人，请占气运，筮得萃之比。

《爻辞》曰："九四：大吉无咎。"

断曰：凡占卦取《爻辞》，亦当兼取爻象。往往有《爻辞》则吉，而爻象则凶者，亦有爻象则凶，而爻辞则吉者。今此爻之辞曰"大吉无咎"，《象传》曰"位不当"，未免于吉中有凶。足下占气运得此爻，在足下身任支配，凡主家之权利，皆归足下担负，一时趋附权利者，不必归向于主家，必皆归向于足下，此亦势之所必然也。于是足下之名大震，足下之运大盛，安得不谓之"大吉"哉！其实此等权利，皆主家所有，非足下所可自有也，《象传》以"位不当"戒之，足下最宜凛凛焉。

九五：萃有位，无咎，匪孚。元永贞，悔亡。

《象传》曰：萃有位，志未光也。

五居尊位，为萃之主，故曰"萃有位"；居其位以御其众，故"无咎"。然亿兆之归往在有位，亦不仅在有位也，要必有足以服众者，而众乃中心诚服矣。是萃以位，实萃以德，以德服人，此之谓"孚"，若徒曰"萃有位"而已，是以权位胁取，非心服也，孚何有焉？"非孚"而萃，后且有悔。"元永贞"者，乾坤之德也，"元"者，乾之"长人"，"永贞"者，坤之载物，既具此德，则德位兼备，群黎百姓，罔不相应，悔自亡矣。《象传》曰"志未光"，为徒有其位言之耳。按：比《象》亦曰"元永贞"，比以一阳统众阴，故"元永贞"言于卦；萃虽有二阳而统众阴者，以五为主，故"元永贞"言于五。义各有当也。

【占】 问时运：得位得权，运当全盛，自可无咎。

○问营商：财则聚矣，信尚未也。能守其正，业自可久。

○问功名：位则高矣，望则隆矣，更宜修德履正。

○问战征：三军既集，大业可成，更宜推诚相与，可保永终。

○问婚姻：位尊金多，可称贵婿。

○问家宅：此宅地位，山环水聚，聚族而居，吉。

○问疾病：心神不定，宜静养。

○问讼事：以讼者爵位隆，声势盛；虽枉得直。

○问六甲：生女。

○问失物：久后可得，无咎。

【占例】 一日友人来，请占气运，筮得萃之豫。

爻辞曰："九五：萃有位，无咎，匪孚，元永贞，悔亡。"

断曰：五爻为萃之主，既有其位，又有其众，运无咎也。足下占气运，得此爻象，知足下非卑下之俦，有位有财，非一乡之望，即一家之主也。特一时信义未孚，在众人或怀疑虑，当履道守正，久而不失，斯言寡尤，行寡悔，而万事亨通矣。

上六：赍咨涕洟，无咎。

《象传》曰：赍咨涕洟，未安上也。

"赍咨"，嗟叹之辞。目出曰涕，鼻出曰洟，"赍咨涕洟"，悲泣之状也。上爻阴柔不中，居萃之极，三与上为敌应，敌应则无萃，孤立于上而安得安乎？知其不安，则忧之深，虑之甚，极之"赍咨涕洟"，悲愁百结，人亦当谅其哀怨而来萃也，故得"无咎"。皖江陈氏以"咨"为资财，"赍"为持，谓财聚民散，是有其财而不能有其众，则坐拥厚资，适以自危，如鹿台巨桥，卒供兴王之恩赏，此诚当痛哭流涕者也。其说亦亲切。

【占】问时运：人必年老运退，极至穷极悲苦，为可悯也。然必有怜而救援者，得以无咎。

　　○问营商：孤客无伴，途穷日暮，大可悲虑，幸而得救，无咎。
　　○问功名：时衰运极，难望成名。
　　○问战征：有军众叛离，主将孤立之象。
　　○问婚姻：有生离死别之悲。
　　○问家宅：仳离啜泣，家室不安。
　　○问疾病：病自悲泣过甚而来，宜宽怀调养。
　　○问六甲：生女。

【占例】　明治二十一年六月，余为谋设摄绵土制造厂，游寓爱知热田。偶过热田神宫，得晤神职某氏，相与讲《易》。时际旱魃，乡农数百，赛社祈雨。余语神职某曰：乡人诚求，神其谆谆然命之乎？神职曰：神何言哉！余曰：神固不言，有足以通神之言者，其唯《易》乎？易不筮之？筮得萃之否。

　　爻辞曰："上六：赍咨涕洟，无咎。"

　　断曰：此卦上卦之泽，为受水之地，泽出地上，有泽满水溢之象。《爻辞》曰"赍咨"，在人为悲怨之情，在天为震怒之声，即迅雷也；曰"涕洟"，在人为悲泣之状，在天为滂沱之泽，即大雨也。当此迅雷大雨，洪水暴作，人民罹灾，神亦为之不安，故《象》曰"未安上也"。计其时日，自初至上为六日，当必有验。

　　时七月十六日也，闻者多未之信。届期天日晴朗，大宫司角田氏谓余曰：大雨之期，占在今日，恐不验也。余曰：余唯就占论占，验不验非余所知。然向来所占，未有不验也。至午后，云涌风起，迄三时，雷公电母，风伯雨师，数驾齐来，顷刻之间，沟浍充盈，平地皆水，于是宫司等，惊骇感服，过余称谢。翌年伊藤议长佐野顾问赛热田神宫，向宫司诸人询问余占雨神验，宫司即以断辞上申。两公大感神德之灵应，详询热田神社始祀之由。后宫内省发给祠币十万元，社格列伊势大庙之次。

䷭ 地风升

　　卦体坤上巽下。按坤辰在未，未土也，故坤为地；巽辰在巳，上值轸，轸主风，故巽为风。陆绩云："风土气也"，巽为坤所生，故风从地而起，即庄子所云"大块噫气，其名为风"也。地上风下，盖风起自地下，顷刻而行于天上，有升之象。升为十二月之卦，阴气下凝，阳气上升，此其时焉。此卦所以名地风升也。

升：元亨。用见大人，勿恤。南征吉。

卦象由巽升坤，故曰升。巽本"小亨"，"元"者，坤之"元"，得夫坤元之气，故曰"元亨"。"大人"谓二，巽《传》曰"利见"，此曰"用见"，谓不升则不得见，用升而后可见也，故曰"用见"。得见大人，则大人必相与同升，自可无恤。"南征"者，出幽入明之谓也。巽之往坤，坤之往巽，皆必历于南，譬如日月之升，皆南征，而其降也，皆北行，故曰"南征吉"。

《象传》曰：柔以时升，巽而顺，刚中而应，是以大亨。用见大人，勿恤，有庆也。南征吉，志行也。

巽位在巳，坤位在申，其升也，历时而渐进，故曰"柔以时升"。阴始于巽，而终于坤，柔莫柔于巽矣。巽《象传》曰"柔顺乎刚，坤《象传》曰"柔顺利贞，是所谓"巽而顺"也。二为升之主，刚而得中，二五相应，谓之"刚中而应，其亨是以大也。王制升诸司徒，升诸司马，皆为大人，得以用见，是可"勿恤"。柔依刚而立，初得二而升之基益固，而升之道乃亨，故曰"有庆"。阳称庆，庆在初也。巽属东南，坤属西南，自下升上，必历离之南，乃交于坤，南为阳明之方，故"征吉"，得其吉而升之，志于是乎遂，故曰"志行也。

以此卦拟人事，是人之屈者求伸，穷者求达也，然屈伸穷达，有时存焉。刚主动，柔主静，"柔以时升"，当静以待时焉。巽柔也，坤亦柔也，无刚以作其气，则柔弱不能自树，其何以升哉！故必应以刚中，柔乃得依刚以为立，即巽《象传》所谓"刚巽乎中正而志行"者也，其亨可谓大矣。凡人之求升，必藉大人为之先导。引而进之，登而用之，皆大人之力也，然必先见之，而后得邀其赏识。"用见"者，进见之谓也，举不举未可知也，故不谓之"利见"。然以时而见，必以时而升，当有庆焉，可无忧也。昔吕望之于文王，相见于渭南，孔明之于先主，相见于南阳，南征之吉，是其证也。三代之英，有志得逮，大道之行，人事之亨也。巽为风，坤为用，正风云际会，用之则行之时也。

以此卦拟国家，升为升平也，所谓道隆德隆，国家全盛之时也。其卦自萃来，萃则得民，得民则国治，国治而后天下平，是治道之大亨也，故升曰"元亨"。然一治一乱，时为之也，时未可升，宜静以俟之，不宜躁进。"巽而顺"，谓坤顺以承天也；"刚中而应"，谓巽刚以应时也。得其时，则贤能登进，俊杰超迁，允升天子之阶，用布永清之化，君臣一德，风行俗美，在正时也。"大人"者，恭己面南之大人也，当阳出治，天下之士，咸皆怀抱利器，愿期一见之为荣，斯士无被黜之忧，朝有得人之庆。《说卦传》所云"帝出乎震，齐乎巽，相见乎离"，离南方也，故"南征吉。卦以二五为刚中相应，二曰"有喜"，五曰"大得志"，即可见万年有道，升平之象也。

通观此卦，卦名取地风，卦象取地木。风从地而起，木自地而出。巽为风，亦为木，木与风，其为升一也。升反萃，萃坤居下，为群众之象，升则举于众，而登之民上，是古者论秀书升之制也，故反萃为升。《象》辞曰"用见"，曰"征吉"，谓贤士怀抱道德，乐为世用也；曰"大亨"，曰"有庆"，谓朝廷任用俊彦，得奏时雍也。往见者在士，举而用之者在大人，故士之吉，即为大人之吉，大人"有庆"，亦即为士之庆也。柔依刚而能立，志得坤而斯行，《象》曰"积小以高大"，譬如升高，必自卑而登，譬如升阶，必由下而进，盖有愈升而愈上者矣。其大旨唯在"柔以时升"，先时则躁，后时则悔，皆失升进之道也。士者出而用世，审时其至要也。《易》之作也，多在殷周之际。周室王化之行，始于二南，所谓征南，是明证也。爻象内三爻为巽，初"合志"，二"有喜"，三无疑，是升之得其人、得其道也。外三爻气坤，四曰"山"，五曰"阶"，六曰"冥"，是升有其地、有其时也。总之，二为大人，五应之，则升阶以见；初得允吉，四应之，则恭顺以事；三尚可升，六应之，则其升已极。卦体坤巽皆柔，如木初出，枝条柔软，及其干霄直上，自然刚健不屈，所谓"巽而顺，刚中而应"者也。

《大象》曰：地中生木，升，君子以顺德，积小以高大。

地中生木，当其萌蘖始生，藐乎小矣；及至蔽日干霄，其高大不可限量，盖不知几经岁月，得以积累而至此也。顺德以坤为极，巽柔在下，坤顺在上，由巽升坤，非积不能。君子法之，以顺其德，积小高大，德必日新而日懋也。人以此而树木者，君子、即以此而树德焉。

【占】 问时运：得春生之气，运途当日进日盛。

　　○问功名：有指日高升之象。

　　○问营商：积累锱铢，可渐成富饶巨室。

　　○问战征：宜平地架列木梯，可以登高攻城。

　　○问婚姻：顺为妇德，有以妾作嫡之象。

　　○问家宅：此宅初时低小，近将改造大厦。

　　○问疾病：是肝木春旺之症，若不顺气宽养，势将日积日重，颇为可危。

　　○问货价：有逐步腾贵之象。

　　○问秋收：风雨调顺，年谷丰登。

　　○问行人：一路顺风，且积蓄颇丰。

　　○问六甲：生女。

初六：允升，大吉。

《象传》曰：允升大吉，上合志也。

初居升之始，为巽之主。升者下也，而允其升者上也。上允其升，则升之志遂矣。上互震，震雷出地，声闻百里，有升之象；下升上允，志同道合，吉莫大焉。晋六三曰"众允"，下为二阴所信；升初六曰"允升"，上为二阳所信。以阴信阴，悔亡而已，以阴信阳，乃得大吉。

【占】 问时运：运途大顺，求名求利，无不如志，大吉。

　　○问功名：一举成名，大吉。

　　○问营商：货价高升，大可获利。

　　○问战征：升高窥望，得识敌情，一战可得胜也，大吉。

　　○问婚姻：两姓允合，大吉。

　　○问家宅：有出谷迁乔之兆，吉。

　　○问疾病：爻象本吉，于问病独非吉兆，惟在下痢下陷等症，则吉。

　　○问失物：须就高处觅之。

〇问讼事：宜上控，吉。

〇问六甲：生女。

【占例】 缙绅某来，请占气运，筮得升之泰。

爻辞曰：“初六：允升，大吉。”

断曰：卦象取“地中生木”。木得春气，枝叶怒生，渐增渐大，犹人行运得时，渐入佳境之象也。今占得初爻，是初运也。升者，自下升上，允者，我求而被允。升得其允，斯升之志遂，升之道行矣。运途得此，所求所谋，于名于利，无不“合志”，大吉之占也。

九二：孚乃利用禴，无咎。

《象传》曰：九二之孚，有喜也。

二居巽之中，备刚中之德，即为“用见”之“大人”。初欲升五，必先历二，以求孚于二也。古者求贤审官，得人则告诸宗庙。二既孚初之升，特为斋祓以进之。上互震，震为祭，故“用禴”。巽，孟夏之月，“禴”，夏祭，“用禴”者，取“柔以时升”之义也。“禴”，祭之薄者，然输诚求升，虽薄亦孚，在诚不在物也，故“无咎”。《象传》曰“有喜”，即《象传》所云“有庆”也。萃六二以柔应五之刚，升九二以刚应五之柔，其至诚感应，则一也，故爻象“用禴”同，“无咎”亦同。

【占】 问时运：运途得中，必有喜事临门。

〇问营商：商业全凭信实。有信卖买进出，无诈无虞，自能永远，且可获利。

〇问功名：定有泥金报喜。

〇问战征：出师必祭，信为兵家之要，得信则三军一心，无战不克矣。

〇问婚姻：二五爻孚，阴阳合德，大喜。

〇问家宅：主有喜兆。

〇问疾病：宜祷。

〇问六甲：单月生男，双月生女。

【占例】 友人某来、请占气运，筮得升之谦。

爻辞曰：“九二：孚乃利用禴，无咎。”

断曰：升者自下升上，有积小高大之象。今足下问气运，占得第二爻。二爻刚中，为卦中之大人。“孚”者，信也，得其信，不特上下爻通，即鬼神亦能感格。爻象如此，知足下信谊素著，于朋友上下之间，无不爻孚，故得“无咎”，且近日即有升腾喜兆。

〇明治二十九年，某贵显来，为设立农工银行，占问成否。筮得升之谦。

爻辞曰：“九二：孚，乃利用禴，无咎。”

断曰：卦体坤上巽下。坤为财，为富，巽为商，为利。五行以我克者为财，巽木克坤土，土为财。升者，积小高大，有渐进渐长之象。今贵下占问银行生业，得第二爻，爻辞曰“孚”，孚者，信也，金银贸易，最要在信。“利用”者，利于用也，《洪范·六府》“心曰利用”，即此旨也。据此爻辞，银行必成，且有喜兆。

九三：升虚邑。

　　《象传》曰：升虚邑，无所疑也。

　　升之三，巽之终，坤之始也，坤为虚，亦为邑，故曰"升虚邑"。《说文》："虚，大邱。九夫为井，四井为邑，四邑为邱"。邱，谓之虚。《诗》"升彼虚矣"，虚，即墟也。墟为空旷高地，由井升邑，由邑升虚，可见"积小以高大"，历试诸艰，胜任愉快，地日辟而日大，位日进而日高。《象传》曰"无所疑"，信乎三之升，升之得其任矣。征诸太王居岐，一年成邑，二年成都，三年五倍于初，艾所言升虚升邑，盖谓此也。升卦爻象三、四、五三爻，皆隐指周室之事。

　　【占】 问时运：目下运途恰好，渐进渐盛。
　　　　○问营商：市廛谓之趁虚，言就虚地，会集货物而成市邑，可见商业日盛也。
　　　　○问功名：升本发达之象，初方"允"，二则"孚"，至三则已升而在上，可无疑也。
　　　　○问战征：经此兵燹，城邑空虚，"升虚邑"，夺取空城矣。
　　　　○问家宅：有前空虚，后富实之象。
　　　　○问婚姻："虚邑"，犹空房也，不吉。
　　　　○问疾病：必是虚弱之症无疑。
　　　　○问失物：不得。
　　　　○问六甲：九三阳爻，生男。

　　【占例】 明治十六年，缙绅某任某县令，将赴任，请占任事吉凶，筮得升之师。
　　　　爻辞曰："九三：升虚邑。"
　　　　断曰："虚邑"，为凋敝之地，人烟寥落，治理殊难，非盘根错节之才，未易胜任也。今贵下新授某邑知事，行将赴任，占得此爻，以贵下练达之才，任此积衰之邑，必能治剧理繁，为人所难为，当有措之裕如，无容疑也。可为贵下信之矣。
　　　　○明治廿八年五月，为开垦北海道十胜国利别原野，占其成否，筮得升之师。
　　　　爻辞曰："九三，升虚邑。"
　　　　断曰：《爻辞》与卦象，悉相符合，可谓深切详明。曰"虚邑"，即荒土地，曰"升虚邑"，是辟荒土而成村落也。初则允其升，谓从事开垦者，志相合也；二则孚其升，谓从事开垦者，必"有喜"也；三则升已成矣。事虽难，可无疑也，其成必矣。
　　　　○明治三十一年，占司法省气运，筮得升之师。
　　　　爻辞曰："九三：升虚邑。"
　　　　断曰：《象》谓积小高大，凡风化之日趋日上，政教之日进日强，皆为升也。今占司法省，欲改设公明之法律，为内地杂居之准备，得升卦三爻。夫有其邑而不治，谓之"虚邑"，有其法而不用，亦谓之虚法。兹者司法省，新颁法律，将实施之于内地，是升虚而作实也，此令一行，必无阻碍，无容疑虑焉。

　　六四：王用亨于岐山，吉，无咎。

　　《象传》曰：王用亨于岐山，顺事也。

岐山为周发祥之地，太王迁之，文王康之，时告祭乔狱，岐山当必在其内也。盖天子祭天地，诸侯祭其境内之山川。"亨于岐山"，岐山在周境内，周先王实主其祀焉。称王者，追王之谓也。迁岐山之始，避狄而来，而积小高大，遂成为王业之基，吉何如也！《象传》以"顺事"释之，盖隐指文王服事之诚，有顺德，无二心也。此周公不言之旨，合前后爻象观之，而可知矣。

【占】 问时运：事顺适，吉而无咎。

　　○问战征：古者祷战，祈克于上帝，然后接敌，此即用享之义也。享而后战，其必克矣，吉。

　　○问营商：货物之生也，多取于山林川谷之间。祭法，民之取财用者，必祭之，谓祭之可获利也。吉。

　　○问功名："亨于岐山"，易侯而王，大吉之兆。

　　○问家宅：宜祭告宅神，吉。

　　○问疾病：宜祷。

　　○问六甲：生女。

【占例】 某商人来，请占气运，筮得升之恒。

　　爻辞曰："六四：王用亨于岐山，吉，无咎。"

　　断曰：升卦诸爻，皆言升，唯二四不言升，其义并取于祭享，谓人欲升腾发达，必先求神明之保也。四《爻辞》曰，"王用亨于岐山"，岐山为太王避狄之地，浸炽浸昌，大启尔宇，为周室王运发祥之始。今足下占得此爻，知足下气运通顺，正如晓日东升，逐步，步增高，财运亨通，其中虽由足下计划之精，要亦有神助也。宜斋被以祷之，吉。

六五：贞吉，升阶。

　　《象传》曰：贞吉，升阶，大得志也。

　　五以坤德居中，位极其尊，《象传》所称"君子以顺德，积小以高大"，唯五当之。"阶"，天子之阼阶也。升之于阶，尊之至焉。然不正则为新莽，为曹操，其何能吉？古来必如大舜之有鳏在下，侧陋明扬，以至命陟帝位，爻曰"贞吉"，《象》曰"大得志"，惟舜有之矣。而作《易》之旨，则隐指西伯方百里起，终受周命之事也。

【占】 问时运：平生志愿，无不得遂，大吉之兆。

　　○问功名：拾级而登，荣宠已极。

　　○问营商：五为中数。凡营财之道，不宜过盈，以得中为吉，故曰"贞吉"。

　　○问战征：凡攻城，必用梯阶，所以升高也。城必可克，故吉。

　　○问婚姻：五与二相应，父曰"升阶"有攀结高亲之象，故二曰"有喜"。

　　○问疾病：升，增也，病不直升，乱阶厉阶，皆非吉兆。

　　○问讼事：讼本凶事，是谓祸阶，升阶则讼愈凶，何以得吉？

　　○问失物：当就阶墀间寻之。

　　○问六甲：生女。

【占例】 某氏来，请占其女气运，筮得升之井。

爻辞曰："六五：贞吉，升阶。"

断曰：升者谓"柔以时升"，升得其时，是以吉也。人之气运，亦以时行，得时则顺，失时则逆，唯在当其可之谓时也。今足下占问子女行运，想必为嫁娶之事也。《诗》咏迨吉，为婚姻之及时。阶，上进也，"升阶"，升而愈上也，是必有贵戚订姻，上嫁之象。大吉。

后闻此女，果嫁某缙绅。

上六：冥升，利于不息之贞。

《象传》曰：冥升在上，消不富也。

上居坤之极，升至于上，升无可升矣。如日之升，朝而日出，昼而日中，暮而日入。"冥"，则昏暮也，坤为冥，故曰"冥升"。"不息"者，昼夜循环之谓也，今日月没，明日复升，故曰"利于不息之贞"。坤曰"永贞"，即"不，息之贞"也。在人之升，至上则禄位已尽，魂升魄散，归入幽冥之域，凡生前富贵利达，消归无有，惟此道德勋名，足以流传于不息耳，故《象传》以"消不富"释之，此之谓也。

【占】 问时运：好运已过，且待后运重来，可以得利。

○问战征：有率军夜进，误入幽谷之象。利于息，待天明可出险也。

○问营商：防有人财两失之患。

○问功名：升至于上，功名已显，防身后萧条。

○问婚姻：恐不得偕老。

○问家宅：宅运已过，势必中落。

○问疾病：大象不利，"冥升"者，魂升于天也。

○问六甲：生女，恐不育。

【占例】 明治二十四年，占国运，筮得升之蛊。

爻辞曰："上六：冥升。利于不息之贞"。

断曰：论卦体，坤上巽下，由巽升坤。升至于六，坤位已终，无可再升矣。今占国运，得升上爻。我国家自维新以来，一革旧政，悉效欧美之法，以为取彼之长，补我之短，以冀日进于富强也。当时使年轻子弟，游学欧美，以习学其文学言语、政化风俗，三年学成归国，即升为学士、博士之职，使之教授国内子弟。法非不善，意非不良，无如此辈游学子弟，其于我国向时政教，本未谙练，即于外国教育，亦徒窥其皮毛，反以扬扬自得，蔑视老成。其间所谓进步者，如海军陆军，骏骏日上，亦自有可取，而极之教育之原，身心之本，终觉利不胜害，为可慨也。维新迄今，已二十余年，升进地步，约计已到上爻。"冥升"者，为日已近暮，无可复升，其利在"不息之贞"。"不息"者，为去而复来，循环不息之谓也。盖谓我国治运所关，凡新法之不善者，皆当反我旧政，以返为升，犹是日之没而复升，晦而复明，即所谓"不息之贞也"。斯之谓"利"，斯之谓"贞"。

泽水困

卦体本乾坤否。坤以上一阴往乾，成兑，乾以中一阳来坤，成坎，是为兑上坎下。易位为节，节《象》曰"泽中有水"，言泽能节水，不使漏溢，有滋润，无枯涸也；反是为困，泽在水上，则水无所节，随泻随下，而泽涸矣。上互巽，巽为木，泽竭则木槁；下互离，离为日，"日以烜之"，则水益涸。《序卦传》曰："升而不已必困，故受之以困。"夫有升必有降，升而不降，上愈升，下愈竭，竭则困，故名其卦曰困。

困：亨，贞。大人吉，无咎。有言不信。

困字，从木，在口中。木为阳之生气，历坎地则涸，逢兑金则刑，木斯困矣。必自兑而坎，转而入震，震为春，为生，则木道乃亨。古来贤哲，其蒙难艰贞，不知几经困苦，而始得亨通者，类如斯矣，故曰"大人吉，无咎"。"有言不信"者，谓当此困厄之际，身既不用，言何足重？唯宜简默隐忍，以道自守，若复喋喋多言，反足招尤，其谁听信乎！

《象传》曰：困：刚揜也。险以说，困而不失其所亨，其唯君子乎？贞大人吉，以刚中也。有言不信，尚口乃穷也。

困者，如敌之被困于重围，兽之受困于陷阱，困而不能出，即《象传》所谓揜"也。坎，刚也，兑，柔也，九二为二阴所揜，四五为上六所揜，内卦坎阳，为外卦兑阴所揜，谓之"刚揜"，揜斯困矣。坎险兑悦，是困在身，而亨道也。二五刚中，有大人之象，处困能亨，道得其正，唯君子足以当之。以德则称君子，以位则称大人，以其刚中，乃能不失所亨，是以吉也。若文王之幽囚鸣琴，周公之居东赤乌，孔子之被厄兴歌，是之谓险而悦，困而亨，乐天知命，有非险阻艰难所得夺其志也。兑为口，故"有言"。坎为孚，坎刚为兑柔所揜，故"不信"。人当困厄，或陈书以干进，或立说以矜才，由君子观之，窃叹其徒尚口说耳。道既不行于世，言必不信于人，侈侈烦言，益致困穷矣。大人处之，唯在秉刚履中，以济其困而已。

以此卦拟人事，"困"、"囚"二字形相似。木在口为困，人在口为囚，故困亦有囚禁之义，是人遭穷被厄之时也。困与亨相反，困必不亨，亨必不困，唯君子处之，其身虽困，其心则亨，其遇虽困，其道则亨。所以"不失其所亨"者，要在能守此贞也。贞则不为小人之滥，而为大人之吉，是天之所以玉成大人者，正在此困耳。卦徒以刚为柔揜，刚阳上升，自升入困，为柔所抑，屈而不伸，则困。卦体下险上悦，虽居坎险，不失兑悦，所谓遇而不怨，穷而不悯，唯争其道之亨不亨，不问其遇之困不困也。卦象为泽无水，泽以得水为润，无水则泽涸，然泽不以涸而怨水，人亦当不以困而怨命，"致命遂志"，此君子之所为君子也。在不安命之小人，一遭困难，势必怏怏于心，轻举躁动。始则甘言媚世，用以乞怜；乞之不应，激而发为怨言，不知因困而有言，卒至因言而益困，是之谓"有言不信，尚口乃穷也"。玩六爻之辞，多以"往"为凶，"来"为吉，"往"者谓欲前往而争之，是不知命也，"来"者谓待其来而安之，是能俟命也。《易》之大旨不外扶阳抑阴，即所以戒小人而进君子。观小人之处困，困则终困矣，君子之处困，困即为亨也。

以此卦拟国家，在人为困亨，在国为治乱。人不能有亨无困，国亦不能有治无乱。困不终困，秉正以守之，则困亨；乱不终乱，有道以治之，则乱治。乱之由来，在于亲小人，远君子。小人，柔也，君子刚也，是柔揜刚也。坎为险，兑为悦。险则为艰难离乱，国家当此，政散民流，上下交困，欲其悦而使众也，不亦难乎？苟其险而能悦，以兑济坎，则险不终险，如太王之避狄迁岐，而终得兴周，勾践之卧薪尝胆，而卒能灭吴，皆所谓处困而不失其亨，虽乱而终治也。原其所以治乱者，道在刚中耳。"刚中"指二五而言，二五两爻，皆得中。五，君也，二，臣也，君臣合志，同济时艰，犹文王之得吕望，越王之有范蠡，乱而得治，皆二五之功也。是以"幽谷"不能为之藏，"蒺藜"不能为之刺，"葛藟"不能为之挠。天下事无不可为，惟在居刚履中，应天顺人而已。若徒以空言惑世，则惟口兴戎，适以滋乱，其何益乎！

通观此卦，按蹇、需、困三卦，皆处险。蹇"险而能止"，足以避难；需险而不陷，义不至穷；困卦上下三刚，为柔所揜，而无所容，是困也。《象传》之旨，以险而悦，困而亨；爻象之义，以往为凶，来为吉。往者自下往上，来者自上来下，来者龃龉而不得合，往者内外互塞。初之"株木"障内；三之"蒺藜"拒中；上之"葛藟"蒙上。九二在险，九五同德，为拯困之主，而为四所隔，四与初应，而为二所隔，必待四来初，而五乃得与二合。苟三之"蒺藜"不去，则四未得行；上之"葛藟"不去，则五亦未一得通。故困之害在三上，三上去而可无忧于初矣。总之，困之者柔，而为其所困者刚也，即《象传》所谓"刚揜"也。岂知刚困而柔亦困，刚困为"酒食"，为"金车"，为"朱绂"，悦而在下，困亨之象；柔困为木石，为"蒺藜"，为"葛藟"，险而在上，困人之象。惟其险而能悦，则险不为陷。法坎之信，坎可以济，得兑之悦，困可以亨。彼"酒食"、"朱绂"、"金车"，即从木石、"蒺藜"、"劓刖"、"葛藟"而来，其百般而磨折者，正所以试历而成就之也。困愈深，成愈大，孟子所论"天降大任"一章，可作为困卦之注脚。

《大象》曰：泽无水，困，君子以致命遂志。

井《象》谓"木上有水"，取其可汲养也；师《象》谓"地中有水"，取其能容畜也；困之《象》曰"泽无水"，无水则无可汲养，亦无所容畜，而泽困矣。坎为水，亦为志，君子观之，谓泽之不得水，犹士之不得志也，孔子曰，得之不得曰有命，命当其困，身可困，志不可夺也。譬如危城孤守，强敌环攻，内兵疲而外援绝，矢穷力尽，一战身亡，以遂靖共之忠，斯不失见危授命之义也，是之谓"君子以致命遂志"。盖命在天，志在我，时当困穷已极，无可奈何；命则听之于天，志则尽夫在我，为道谋不为身谋，计百年不计一日。"困而不失其所亨"，惟君子能之。

【占】问时运：困穷至此，宜自安命。

○问战征：是为孤城危急之时，惟竭力图存，生死在所不计也。

○问功名：名成则身难保，身存则名恐败，唯善自处之。

○问营商：资财既竭，时事又危，爻取往凶来吉，不如归来，得可免困。

○问婚姻：《象》曰"刚揜，男必天命，女必守寡。易位为司节，女必能守节成名。

○问家宅：宅中有枯井，防致损命。

○问讼事：不特讼不能直，且防因讼损命。

○问行人：在外困苦不堪，且有生命之忧。

○问疾病：肾水亏弱，症象已危。

○问失物：坠入深潭之下，不可复得。

○问六甲：生男。

初六：臀困于株木，入于幽谷，三岁不觌。

《象传》曰：入于幽谷，幽不明也。

坎为臀。初处内卦之下，臀在人身之下，取坎下之象。《象传》曰"泽无水"，为漏泽，臀之象亦漏下。坎于木为坚多心，"株木"为根在土上者，最在低下。人以臀为下，木以株为下，故为"臀困于株木"。凡人间居失业，谓之株守，可以为证。兑为谷，为幽，坎为人，为穴，为陷，阴爻亦为穴，"入于幽谷"，是陷坎"之底。兑为见，坎为三岁，坎伏兑下，自初至四，历三爻而兑始见，故曰"入于幽谷，三岁不觌"，皆从坎为隐伏取象。《象传》以"幽不明"释之，"幽"，暗也，人当困厄之来，宜审机度势，择地而蹈，冀可兔厄。"困于株木，入于幽谷"，是困上加困也，亦因其不明所致也耳。

【占】问时运：厄运初来，渐入苦境，三年后可望顺适。

　　○问战征：兵陷险地，如司马氏军入葫芦谷。

　　○问营商：是贩运材木生意，木在深谷，困于发运。

　　○问功名：卑下之象，名必不显。

　　○问家宅：宅在深山，人迹孚到，宜于幽人。

　　○问疾病："株木""幽谷"，有棺椁山丘之象，凶。

　　○问婚姻：男家卑微，恐有遇人不淑之叹。

　　○问行人：三年后可归。

　　○问六甲：生男。

【占例】 明治十九年七月，横滨友人某来，谓："本年大孤兵库等处，虎列喇疫病流行，幸东京横滨皆得无恙，不料本月横滨花町忽有一人患此症，尔来仆居邻近，亦有传染。深为忧虑，请为一筮，以决吉凶。"筮得困之兑。

爻辞曰："初六：臀困于株木，入于幽谷，三岁不觌。

断曰：坎为疾，为灾，显见有病。卦名曰困，困者难也。卦象"泽无水"，泽在水上，水必下漏，臀为孔，是必泄泻之症。兑为秋，坎为冬，病起于秋，延及于冬，是时疫也。今占初爻，爻辞曰"臀困于株木"，象近棺木，"入于幽谷"，象近葬穴。爻象颇凶；幸在初爻，病在初发，《象传》曰"困亨"，明示困之中，自有得亨之道也。"入于幽谷"，其殆示以避疫之地也；"幽谷"者，必是深山幽僻之所。"三岁不觌"者，自初至四，凡历三爻，四爻入兑，兑为悦，为见，至兑则灾脱，而心悦，可以出而相见。三者为数之一变，暂则三岁，久则三月，皆取三也。玩此占辞，君宜暂避于函根、伊香保等处，自可无患。

某氏闻之大惊，即日起行，赴伊香保，果得平安无灾。

九二：困于酒食。朱绂方来，利用亨祀。征凶，无咎。

《象传》曰：困于酒食，中有庆也。

三、四、五三爻为刚，皆因于富贵者也。二与五应，二所云服饰祭享，与五爻同；五虽未言"酒食"，有祭享必有酒食，义亦可通。坎五曰"樽酒簋二"，故有酒食象。困三阴三阳，卦自乾坤来。乾为衣，亦为朱，坤为裳，故有朱绂象。二动体为萃，萃二曰"利用禴"，故有享祀象。按：绂，蔽膝祭服。一作韨。《玉藻》曰："一命缊韨幽衡，再命赤绂幽衡，三命朱绂葱衡。"二为大夫，故祭服用朱绂。二得乾气，方膺大夫之命，故曰"方来""酒食""朱绂"，谓膏粱足以伤生，文绣因而溺志，富贵之困人，即所谓死于安乐者是也。君子知之，不以酒食自养，不以朱绂自耀，而用诸祭祀，则俎豆馨香，孝孙有庆矣。"征凶"者，以斯而征，坎险在前，为三所阻，故"凶"；幸二居坎之中，故得"无咎"。是以《象传》即以"中有庆"释之。

【占】　问时运：爻象富贵，运非不佳，惜其不知撙节，反为富贵所困也。
　　○问战征：防有因酒食误事，遂致败北，主将困而招褫徘之辱。
　　○问营商：因商起家，膏粱文绣，足以荣亨，但再往则有凶也。
　　○问功名：功名已显，但恐为功名所困耳。
　　○问疾病：是逸乐过甚，醉饱无度。宜祷。
　　○问家宅：是富贵之家，住宅六神不安，宜虔祭告。无咎。
　　○问婚姻：聘礼始备，彩礼方来，一说即成。
　　○问六甲：生男。

【占例】　板垣伯占气运，得此爻，断词附载地雷复上爻，可以参看。

六三：困于石，据于蒺藜。入于其宫，不见其妻，凶。

《象传》曰：据于蒺藜，乘刚也。入于其宫，不见其妻，不祥也。

初、三、上三爻为柔，皆困于患难者也。柔爻象取草木，三与上应，三曰"蒺藜"，上曰"葛藟"，其象相近。三居坎之极，互体为艮，艮为小石，《象传》谓"泽无水"。无水之地，泥土皆成砂碛，有石之象，故曰"困于石"。坎为蒺藜。蒺藜，草之有刺者也。军中有铁蒺藜。形似蒺藜，以铁为之，布之于地，使敌不能前进。三爻陷下，乘二之刚，欲进不能，欲退不得，有似"据于蒺藜"。坎为宫，为入，兑为少女，有妻之象"，亦为见。三动体为大过，二曰"女妻"，五曰"老妇"，三则曰"栋挠"，则宫崩矣。宫之中已阒无人，何有于"女妻"，何有于"老妇"？故曰："入于其宫，不见其妻"。《系辞》谓"非所困而困，名必辱，非所据而据，身必危"，辱且危，故凶。《象传》以"乘刚"释据"蒺藜"，以三乘二之刚也；以"不祥"释入其宫，以不见妻为凶也。

【占】　问时运：命运尴尬，进退两难，凶。
　　○问战征：上布矢石，下设陷阱，前进则身多危，后退则营已陷，大凶之象。
　　○问功名：身将不保，奚以名为？
　　○问营商：卜例，妻为财又，宫即命宫，既丧其命，爻失其财，大凶。
　　○问疾病：《系辞》曰"死期将至"，知病不可救也。
　　○问婚姻：防有悼亡之戚。

○问失物：不得。

○问讼事：必散。

○问六甲：生男。

【占例】 明治十九年七月，余为避虎列喇时症，滞留函岭木贺温泉，东京物商藤田某，亦为避疫而来。止宿同馆，出东京来简示余曰："仆亲戚之妇某氏，忽罹时症，不知死生如何？敢请一占。"筮得困之大过。

爻辞曰："六三：困于石，据于蒺藜。入于其宫，不见其妻，凶。"

断曰：《系辞》谓困三"非所困而困，非所据而据"，"死期将至，妻其可得见耶"？已明示其凶矣，不待断而可知也。

翌日得电报，此妇已死，计其时刻，昨当撲蓍之顷，适值入棺之候。三变为大过，《易》以大过为棺椁，其机更为灵妙。

九四：来徐徐，困于金车，吝，有终。

《象传》曰：来徐徐，志在下也，虽不当位，有与也。

兑为金，坎为车，九四震爻，辰在卯，上值房。石氏曰"房主车驾"，故有金车之象。四与初应，故相往来。"徐徐"，舒迟之状；初居最下，四自外来，为二所间，疑惧不前，敌曰"来徐徐"。四为诸侯，得乘金车，是亦乘刚而困于富贵者也。困于坎窞，困在身，困于富贵，困在心。四知初之困于柔，若不知已之困于刚也，乘此金车，徐徐来往，而不能以济困，车殆马烦，徒自苦耳，故"吝"。以阳居阴，为履不当位，然虽无二五之中，而自有二五之刚，惟刚足以自立，四得其刚，而二五复为推挽，庶几相与有成，岂至终"困于金车"哉！故曰"有终"。是以《象传》以"有与"释之。

【占】 问时运：运非不好，但地位不当，致多疑惧，未免为人所鄙。

○问战征：迟缓不进，以致车辙靡乱，幸得救援，不至终败。

○问营商：办事不力，致运载货物，中途失陷，急救得全。

○问功名：始困终亨。

○问家宅：地位不当，为间分间隔，不能联合，待迟缓乃佳。

○问婚姻：缓缓可成。

○问疾病：病势迟缓，已非一日，想是驰驱劳顿致损。爻曰"有终"，其命永终矣。

○问失物：想遗落车中，寻之可得。

○问讼事：迁延已久，今始可罢。

○问六甲：生女。

【占例】 友人某来，请占气运，筮得困之坎。

爻辞曰："九四：来徐徐，困于金车，吝，有终。"

断曰：君所问在气运，而君意专在借贷，以借贷论。四下与初应，初爻柔为贫，四爻刚为富，当以初爻属君，四爻属贷舍。在四固有意于初，间为二爻所阻，致四迟疑，不克速允，四亦未免有吝。为今之计，二与五应，必须挽五与二说开；则不相阻而相助，斯借贷终得许允也。

后挽人向二说之，果得成就。

九五：劓刖。困于赤绂，乃徐有说。利用祭祀。

《象传》曰：劓刖，志未得也。乃徐有说，以中直也。利用祭祀，受福也。

兑为毁折，亦为刑人。劓截其鼻，刖断其足，古之所谓肉刑也。五居尊位，为困之主，是主刑者也。至治之朝，政简刑清，君民相得，不为无耻之幸免，而为有耻之且格，斯可谓之得志矣。若惟恃劓刖之用，自矜明察，上邀受服之荣，下蒙赭衣之苦，槛车毚衣，徒见其困而已，故"困于赤绂"，系诸"劓刖"之下也。兑为口，"乃徐有说，"弼教之道，以渐而入，故曰"徐"。知用刑之不得其志，则齐之以刑，不如道之以德，此为教化之渐，而仁义之流，非独肌肤之效也。道惟在于中直，中则无偏，直者无枉，以此中直而临民，即以此中直而事神，则服赤绂而荐馨香，而来亨来格，降尔遐福，斯困于人者，必不困于天矣，故曰"利用祭祀"。《象传》以"受福"释之，九五阳爻属乾，乾为福，福自乾来，即所谓自天受之也。

【占】问时运：命运刚强，刚则必折，防有损伤。作事宜筹度舒迟，乃可变祸为福。
〇问营商：货物底面，防有溃烂损伤，须拆看收拾，徐徐出售，无咎。
〇问功名：防富贵后，致有刑伤，宜祷。
〇问战征：主败，须徐缓收兵，可图后胜。
〇问家宅：家业却好，主家人有烂鼻破足之患，宜祈祷。
〇问疾病：病在头足，徐徐调养，求神医治，可愈。
〇问婚姻：主有残疾，始不合意，后得完好。
〇问讼事：防有刑狱之灾，须徐徐辩白，方可免罢。
〇问行人：在外有灾，宜祷，后可得意而归。
〇问失物：必有破伤，久后可以寻获。
〇问六甲：生女。

【占例】缙绅某来，请占气运，筮得困之解。
爻辞曰："九五：劓刖。困于赤绂，乃徐有说。利用祭祀。
断曰："劓"，谓截其鼻也，"刖"，谓断其足也。"困于赤绂"，谓富贵而受困也，"乃徐有说，利用祭祀"，谓舒缓开道，利用酒食以和解也。想足下于朋友之间，严厉过甚，令人面目无光，无可退步。今彼故与足下为难，于广众之地，乘足下文绣而来，大施残辱，是所谓"困于赤绂"也。足下须降心下气，徐徐辩说，或复置酒立盟，誓不复记旧恨，乃可转祸为福，否则冤冤相寻，无有已时也。足下占得困五爻，爻象如此，余就占而断，合与不合，足下当自知之。

上六：困于葛藟于臲卼，曰动悔，有悔，征吉。

《象传》曰：困于葛藟，未当也。动悔有悔，吉行也。

兑为附决。孔颖达曰，"附决为果瓜之属"。故有葛藟之象。上六居兑之极，与初三并为阴爻，故象取草木，是谓困于患难者也。上六去坎已远，似可出幽谷而迁乔木矣，乃重柔不中，不能自立，如葛藟之附物蔓延，摇宕不安，故臲卼。臲卼，不安之状；一作杌陧，文异而音义通也。欲脱此困，非动不可，然动则不能无悔，故曰"动悔"；唯知其动之有悔，而审慎以出之，正将因悔以求全，转以有悔而可往。盖道以穷而始达，境由苦而得甘，此迁善所以必先悔过也。由此以往，往无不吉，故曰"吉"。《象传》一则以"未当"释之，谓其为柔所困，柔"未当也"；一则以"吉行"释之，谓其以动得悔，悔亦吉也。

【占】 问时运：目下苦运已终，本可脱难，缘其心神不安，未能立作变计，一旦改悔，即可获吉。

○问功名：困穷既久，行将风云变动，一举成名。吉。

○问营商："困于葛藟"，必是包扎货物，久不得售，今当时价发动，即可获利。吉。

○问战征：爻曰"征吉"，《象》曰"吉行"，其中虽有灾悔，定可因悔得吉也。

○问疾病：此病必缠绵已久，神志不安，当迁地静养，自然痊愈。

○问家宅：此宅已旧，藤葛丛生，栋柱倾斜，宜动工改作，乃吉。

○问婚姻：其中防有瓜葛未清，看其动静如何，一动之后，斯可成就。吉。

○问讼事：缠绕未休，致多臲卼，必待断结，乃可无事。

○问行人：一时被事纠缠，难归。

○问失物：被物绕住，不见，必移动后，乃可寻获。

○问六甲：生女。

【占例】 友人某来，请占气运，筮得困之讼。

爻辞曰："上六：困于葛藟，于臲卼，曰动悔，有悔，征吉。"

断曰：《大象》曰"泽无水"，无水则物不得滋养，而无以生发，犹人无财而无以生活，为困穷之甚也。今占得上爻，上爻困之终，本可脱困，困卦体柔弱过甚，如葛藟之施木，不能自立，以致飘荡不安。若能决然思奋，动而有为，故曰"征吉。"所谓"征吉"，利于出行，不利坐守。足下宜乎遵此断而行，后运正佳。

䷯ 水风井

卦体坎上巽下。巽为风，亦为木。风善入，木善出，巽在坎下，是入水又能出水，有桔槔之象焉。坎为水，亦为穴，穴地出水，是为井也。卦自困来，困则泽涸，故"无水"，反之则有水。坎又为乎，水之平莫如井，此卦之所以名井也。

井：改邑不改井，无丧无得，往来井井。汔至亦未繘井羸其瓶，凶。

井，通也，物所通用也。古者建设都邑，必凿井以养民，即或邑有改迁，而井之制不改。人得井以为养，而井不因之见损，故"无丧"；井所以养人，而井不以此见功，故"无得"。但见往者往，来者来，人之就养于井者，亦未尝归功于井也。"繘"，所以引而下，"瓶"，所以盛而上，至若缱未下，而瓶已羸，则井为虚设，而缱亦为虚悬矣，故曰"凶"。

《象传》曰：巽乎水而上水，井。井养而不穷也。改邑不改井，乃以刚中也。汔至亦未缱井，未有功也。羸其瓶，是以凶也。

巽木入水，象取桔槔。按《庄子》："凿木为机，后重前轻，挈水若抽，其名曰槔。"即井上转水辘轳，故曰"巽乎水而上水"。巽为绳，故象缱，坎为虚，故象瓶，以缱系瓶，所以引水而上也。井有水，取之而不竭，故曰"井养而不穷也"。三阴三阳，卦体本自乾坤来。坤为邑，坤五化坎则成井，成井则坤之邑改，而坎之并不变，故谓之"改邑不改井"。《传》曰"刚中"，即由坎之《象传》来。刚中指坎五"不盈，祗即平"，井之为井，在是矣。然并不能自为养也，必有以汲之，而养之功乃见，缱牵之以下水，瓶盛之以上水，缱与瓶，汲水之大用也。至而未缱，井成虚设，功复何有矣；瓶若更羸，缱亦无用，凶已可知矣。"汔"，几也，"缱"，绠也，"羸"，钩羸也。《系辞》曰"井，德之地也"，取其养也。盖井养不穷，喻王者政在养民。汲井期于得水，为政期于得民，不可半途辄止，废弃全功，孟子所谓掘井而不及泉，犹为弃井，亦即此旨。

以此卦拟人事，井。节也，井节水以备养，犹人节财以备用也。国有治乱，邑因之改，而井则仍在焉。人汲之无所得，不汲亦无所丧，在井固无关得丧也。人之处财亦然，吾闻有以人弃财者，未闻以财弃人也。攘而往者，为财往，熙而来者，为财来，财在地，任人取之而不竭，犹水在井，任人汲之而不穷焉。然汲水非可徒手往也，卦体坎水巽木，坎水为井，巽木为桔槔，巽亦为绳，互体离为瓶，兑为口，是井口也，言桔槔以绳引瓶，下入井口，汲水而上。《象传》所云"巽乎水而上水"，井之象也；随所在而不改，井之德也。至若井而未缱，无以上水，井无功也；瓶而既羸，势将坠井，汲者凶矣。《彖》为井言，而不仅为井言也，凡天下事之节其源而通其流者，皆可作井观焉。卦以坤五化坎，以乾初化巽。乾为用，利用者为财，厚生者为养，皆人事之切要也。有其养而不知所养，井几成为虚设，有其财而不知所用，财终归于虚靡矣。是非财之咎也，在人之不善取耳，君子所以"劳民劝相"，为天下通其源流焉。

以此卦拟国家，井之为言养也。因民之所养而养之，而并不自知其为养也；王者以德养民，因民之所利而利之，而王者亦未尝言利也。巽，人也，坎，信也，井，静也。入故通，而资之不竭；信故深，而改之不迁；静故安，而应之不劳，是刚中之德也。君子法井之德，以渊深者修诸己，以汲养者惠诸民，推己及民，利斯普矣。然君子具此德，而遇不遇听诸天，井能养，而汲不汲在于人，其中或得或丧，或吉或凶，人自招之，君子之德，必不以此而改也。汲水之器有缱瓶，缱而下，瓶而上，其机甚捷，弃而不用，则器废，而井亦废矣。为政之具在德礼，道以德，齐以礼，其化甚神，然弛而不张，则具坏，而政亦坏矣。故作《易》者戒之以无功，惕之以有凶，亦深为功荒垂成者惜也。

通观此卦，井反困。《序卦传》曰："困乎上者必返下，故受之以井"。《杂卦传》曰："井通而困相遇也。"易位为涣，涣《传》曰"乘木有功"，井之取桔槔而不取舟，其用巽木一也。旁通为噬嗑，噬嗑，养也，有井养之义。下卦为革，革者，改也，有"改邑不改井"之象。要之，井为井，汲之而不穷也，其用取诸养，得地而不改也；其德在夫刚中，或汲或不汲，于井固无得丧也。此汲而彼亦汲，一任人之往来也，苟舍其缱，羸其瓶，以为并不可食也，是自弃其井矣，井固无咎，而汲者凶焉。卦体全象主坎，是为井中之象，阴虚为出汲之口。初阴在下，故为"井泥"，二承阳无坎，故为"敝漏"；三得位应上，故为"受福"；四修德补过，故为"井甃"；五阳刚中正，故为泉美；六进养功成，故为"井收"。以卦时论之，巽初当春夏之交，水潦混浊，故井有泥；二当离夏，而水多鱼。三四两爻为秋，秋水澄清；三为坤，泉泄地上；四为兑，故其毁折。五六冬也，故井寒冽；上爻终坎，为水养之终也。大抵下卦坎水流行东南，失时不遇，故不吉；上卦水归西北，得其方位，故多吉。

《大象》曰：木上有水，井，君子以劳民劝相。

坎为水，在上，巽为木，在下，其象为"木上有水"，即《象传》所谓"巽乎水而上水"之象也。君子玩其象，而修其德，以之"劳民劝相"。"劳"，用民力也，"劝"，劝道也，"相"，辅相也。坎为劳卦，互卦兑，兑为悦，悦以劳民；兑又为口，巽为同，为又，有同心协助之象，故曰"相"。天下之民无穷，一人之养难周，君子于是劳来之，劝相之，使比闾族党相亲，贫穷患难相恤，开导诱掖，以尽其相生相养之道，如是则所以养民者，周恤完全，而无一人之漏养者，所谓"井养而不穷"也。

【占】问时运：目下交木水相生之运，正可相助成事。
　　○问战征：有水灭木之象，水军有厄，宜劳力相助，可以出险。
　　○问功名："木上有水"，有得春雨发生之象，功名可望。
　　○问营商：有利过于本之象，吉。
　　○问家宅：此屋栋柱，恐有水湿溃烂之患，宜急修葺。
　　○问婚姻：坎男巽女，男上于女，阴阳之正也，吉。
　　○问疾病：肾水暴溢，宜急调治。
　　○问六甲：生男。

初六：井泥不食，旧井无禽。

《象传》曰：井泥不食，下也。旧井无禽，时舍也。

"旧井"者，坏而不治之井也；"禽"者，辘轳之轴，运缳者也，轴上刻以禽形，故曰"禽"。或谓轴转之音，似禽鸣也。初居最下，象井底，水涸泥污，故曰"井泥不食"，成为废井，井久有毒，故人不食。其井既废，则辘轳之禽，亦腐朽而无有矣，故曰"旧井无禽"。《象传》以"下也"释"井泥"，谓泥在井下，故不可食；以"时舍"释"旧井"，谓井已废旧，故为时所舍。按：《鲁语》"取名鱼，登川禽"，韦昭注：川禽，鳖蜃之属。《易林》遁之井曰："老河空虚，旧井无鱼。"此无禽即蜃蛤鱼蛙之类，说亦有据。

【占】问时运：为时过运衰，不为世用。
　　○问战征：有兵器朽旧，不克制胜之患。
　　○问营商：货物陈腐，不可贩售。
　　○问功名：年老无用。
　　○问家宅：荒芜已久，不可居也。
　　○问疾病：是旧症也，不治。
　　○问婚姻：人品卑下，虽属旧亲，不成。

○问讼事：必不得直。

○问六甲：生男，防难育。

【占例】 友人某来，请占气运，筮得井之需。

爻辞曰："初六：井泥不食，旧井无禽。"

断曰：井既旧，有泥无禽，是废井也；在人则运退时衰，必见弃而无用也。占者得此，知其人品行卑下，为人所弃，难望进用之日也。卦爻初与四应。初之旧井，得四修之，即可无咎。今足下犹旧井也，甘辱泥涂，不自悔改，故终为世弃，不可复用也。

九二：井谷射鲋，瓮敝漏。

《象传》曰：井谷射鲋，无与也。

"井谷"者，泉穴也。《汉书·沟恤志》，"井下相通行水为井渠"，井固有旁穿孔穴，二动体艮，艮为穴也。"鲋"，鱼之小者，《子夏传》谓虾蟆。井五月之卦，故有虾蟆。《尔雅翼》，"鲋，鲭也"，今作鲫。二体巽，巽为风，风主虫，虾蟆与鱼，要皆不离夫介鳞虫类。"射鲋"者，古有射鱼，《淮南子·时则训》，"季冬之月，命渔师始渔，天子亲往射鱼"；《史记》："秦始皇至芝罘射，得巨鱼。"井谷无巨鱼，所射者鲋耳。"瓮"，盛水之器，与瓶相类，二至四互兑，象兑口，巽在下，象底穿，故曰"瓮敝漏"，即《象》所谓"羸其瓶"也。盖井之为水，以上汲为功，而谷水下注，如敝瓮之无底者，复何与于井养之功哉！而徒以射鲋为能，故君子所不取也。

【占】 问时运：所得者小，所失者大矣。

○问战征：误中敌计，军入幽谷，致破釜缺养而不得出。

○问功名：弋获虚名，其何能久？

○问营商：为贪意外之财，致失本分之利。

○问婚姻：门地卑微，声名残败，不佳。

○问家宅：此宅有废井，井口残破，水不可食。

○问疾病：是下漏之症，医治可愈。

○问失物：物已敝败，得亦无用。

○问六甲：生男，防此儿有残疾。

【占例】 友人某来，请占气运，筮得井之蹇。

爻辞曰："九二：井谷射鲋，瓮敝漏。"

断曰：井曰"井养"，然井不能自养，亦在人取之以为养也；乃不取水而取鲋，取非所取，是失井之义也。今足下占气运，得井二爻，知足下素好学问，亦如井之有源；病在专尚旁门，不务正学，犹是谷水为井之旁穴，射鲋非井之应得，究何与于井养之义也？"瓮敝漏"者，为言井水下注，如人之流品日下也。爻象实为足下示警，足下当求通晓世情，躬行实践，毋徒盗虚誉也。

○明治三十年，占司法省气运，筮得井之蹇。

爻辞曰："九二：井谷射鲋，瓮敝漏。"

断曰：此卦下三爻为井中之水，上三爻为汲水以供用也，故下三爻不吉，上三爻皆吉。我国近来许外国人杂居，一仿欧美各邦规则，定为法律。在我国人居住欧美各邦者，亦受欧美之保护，故我国亦保护彼国旅人，如出一辙也。今占得二爻，其立法恐有徒贪小利，转致失其大体，谓之"井谷射鲋，瓮敝漏"。司外务之任者，所宜注意焉。

九三：井渫不食，为我心恻。可用汲，王明，并受其福。

《象传》曰：井渫不食，行恻也。

"渫"，治也，谓治井而不停污也。初则"泥"，二则"漏"，三居巽之终，巽有洁齐之义，故为"井渫"。渫则泥去，漏塞，清洁可食。其有不食者，非井之咎也，犹人澡身浴德，惠泽足以养人，当局者莫之知，旁观者知之矣。"我"，则旁观自谓也，谓如此清泉，而竟弃之如遗，我则为之心恻矣。井既浚治，则可汲而用者，莫如此井也，此而不用，不明甚矣，安得明王出而用之也？是众人祈祷而求其用者也。"王"指五，三至五互离，故为明王。阳为福，喻王者登用贤才，则德泽单敷，遇迹受福，贤者之福，即明君之福，亦天下之福也。"并受其福"，是一井之利，遍及万家也。

【占】问时运：怀才不用，命为之也。

○问战征：兵器既修，士卒可用，惜无主将，以致士气颓丧，为可惜也。

○问营商：明见货物辐辏，可以获利，不知贩运，徒逡无用耳。

○问功名：有才无命，为世所弃；两年后至五爻，可望登用。

○问婚姻：目下不成，至五爻必得成就，须在二年后也。

○问家宅：此宅必有旧井久湮，宜渫治之。得食此水，一家获福，若不渫不食，大为可惜。

○问疾病：必是心神不安之症，宜饮井泉可愈。

○问失物：必坠入井，须汲取之，可得。

○问六甲：生男。

（附言）井为震宫五世之卦，凡问疾厄，得下卦多不治。下卦变则瓶体破，不能汲水，即《象辞》所谓"羸其瓶，凶"。补治其破，犹病者得医而治也，凶尚可救。其象如此，余二十年来，屡占屡验，无一或爽。

【占例】明治二十六年一月，祝贺新年，偶谒某贵显。贵显顾余曰："近来有奇妙之《易》断乎？"余曰："《易》象精微，诚心感格，无不奇妙。昨年十月间，与杉浦重刚诸君，会于星刚茶寮，为占众议院议会结局，得井三爻。当时政府与众议院，意见不合，势甚决裂，后上乞天裁，始得平允。是所谓井井有条者也。"

爻辞曰："九三：井渫不食，为我心恻。可用汲，王明，并受其福。"

断曰：井，一也，而食者众，所谓"往来井井"，有众之象焉。想井之始凿，赖众而成，迨井既成，则众皆得井而养；喻言议之建，赖众而倡，迨议既定，则众皆依议而行也。故在众议院，主张人民生活尚多不足，为之节省官费，整理财政，意在开国家富足之源也。在政府，谓议员不谙政体，不通时事，以致两议不协，譬如汲水者，来至井上，互论井水之清浊，而两下停汲，终归无用，究何济乎？局外者未免为之心忧矣，即所谓

"并渫不食，为我心侧"者是也。政府既不允议院，议院欲力逼政府，彼此各执一见，遂至冲突，此势之不能中止也，于是唯有仰求宸断，即爻辞所谓"可用汲，王明，并受其福"是也。幸圣上至仁至明，能两酌其平，政府有可让者让之，议院有可容者容之，于适宜之中，立预算之准，以使上下各得其情，斯天下"并受其福"矣。

贵显闻之，谓余能臆测时事，特假《易》以立说也。余曰："此乃《易》理之先机，能贯彻干事前，余不过就《易》论《易》，而其时事之应验，自不能出于《易》之外也。"

○明治二十三年七月，新泻审判所长富田祯次郎氏来访。氏，余旧知也，不相见数年矣，得见之余，互谈契阔。氏曰："我今来访，专为道谢往年《易》断也。"乃详述从前求卜，得井之三爻。辞曰："井渫不食，为我心侧。可用汲，王明，并受其福。"是井水本清洁，无人汲之，井养之功无所施，喻人虽有才德，无人用之，则展布之能无所见，必得明王之赏识，拔而用之，斯不特一人受福，天下"并受其福"也。就爻位而推之，以五爻为任用之日，六爻当大任之时，盖即在三年四年间也，谓当必有应验也。

至今日，断词一一灵验，不爽毫厘，心窃喜之，特来致谢。

六四：井甃，无咎。

《象传》曰：井甃，无咎，修井也。

"甃"者，以砖垒井，防井之败坏者也。此卦三阳为泉，三阴为井，初六最下，曰"泥"，上六最上，曰"收"，四居其间，不失其正，故曰"甃"。凡井之坏，坏于污浊不修，而井遂至于无用，四能甃之，故得"无咎"。有四之甃乃得有五之"寒泉"，是助五以养人，皆赖四之甃也。甃井之功，不可为不大矣。

【占】 问时运，正当运途改变之时，宜自修饬，不特无咎，可望上进。
　　○问营商：宜整理旧业，自可获利。
　　○问功名：修身立名，二三年后，可大得志。
　　○问战征：诗云"修我矛戟，与子偕作"，在此时也。
　　○问婚姻：尚须待时。
　　○问家宅：此宅宜改修为吉。
　　○问六甲：有弄瓦之象，生女。

【占例】 横滨港町接近居留地，有鱼鸟菜兽市场。此市场，依各国开港条约所设，其业最为繁盛。一日有友来，曰：近来横滨市场上，商人大起争论，遂至休业，有人欲出而调停，未得处理之方，特请一占。筮得井之大过。

　　爻辞曰："六四：井甃，无咎。"

　　断曰：就市中商业而论，彼此俱有关系，譬如汲井之用缩瓶也。有井而无缩瓶，则井水将何从而汲？有缩瓶而无井，则缩瓶亦终归无用。"同在此市场贸易，知益则俱益，害则俱害，两相斗必致两败也。今占得三爻，曰"井甃，无咎"，"甃"者，治也。因井之败坏而重修之也。今两家商业，因此一争，未免败坏，出而修之者，是在四也。盖四即为居中调停之人，得四调停，而后五之"寒泉"，可以复食。四与五相隔一爻，一爻当一月，则来月必可和解，重复旧业矣。

○占清法二国争据安南事由。本年三四月启衅，至今未得和战的讯，诸新闻纸所揭，皆由街谈巷说，未足信凭，余因先筮清国，得井之大过。

爻辞曰："六四：井甃，无咎。"

断曰：卦德为井养不穷，谓其井之大，而得其养者众矣。以喻清国之大，物产丰饶，他邦皆愿与贸易，受其润泽。故已汲者去，未汲者来，其贸易之品物无尽，犹井水取之不竭也。但清国航海之术未精，不能由己自输其物产，譬如井水不能自出，必待人汲之，而后能泽物。故今为安南事件，虽欲与法开战，而终归不战者，亦如井水之不能自动，可知清国必不起战也。万一清国决计开战，则于各国贸易，大有障碍，凡局外中立之国，必为之出而调停，曲意保护，犹是以砖垒井，不使污浊之得入也。"井甃，无咎"，此之谓也。自井四至革四爻，为七年，今后七年，清国必有改革之变。谚曰"唇亡齿寒"，我国亦宜严整预备也。

九五：井冽，寒泉食。

《象传》曰：寒泉之食，中正也。

"冽"，水清也。井水在上，故冽。五为坎之主、位居中正。坎为寒泉，辰在子，子水也，属北方，故寒。按水之性，冬则温，夏则寒，是阴中纳阳，阳中纳阴，其性然也。井为五月之卦，是以冽而且寒。孟子曰："夏日饮水，冬日饮汤"，当此仲夏，汲此寒泉而食之，为得其时焉。盖井自三"渫"之，四"甃"之，则"泥"去"漏"塞，而五之"寒泉"乃出，复之者众，斯受福者亦众矣。王者德润生民，遍及万方，亦如是耳。井旁通为噬嗑，"噬嗑，食也"，故曰"井冽，寒泉食"。

【占】问时运：家道必寒，幸运得其时，可望进用。

○问营商：井出寒泉，喻言财源之长也，可望获利。

○问功名：品行中正，可享鼎养之荣。

○问家宅：有廉泉让水之风。

○问婚姻：家风清白，同甘共苦，夫妇之正也。

○问疾病：是外寒内热之症，宜服寒凉之剂。

○问六甲：生女。

【占例】明治二十二年，占山县伯气运，筮得井之升。

爻辞曰："九五：井冽，寒泉食。"

断曰：井者所以养人，然不汲之，则井泉虽冽，亦无所用其养。喻贤者泽足惠民，然不举之，则贤才在下，亦无以施其惠。今占山县伯气运，得井之五爻，知伯才德渊深，志操清洁，寒素起家，超升显要，其惠泽之敷，一如"王明""用汲"，"并受其福"于无穷也。爻曰："井甃"，喻言伯之气体清明也；曰"寒泉食"，喻言下民食伯之德者，恍若一酌寒泉，顿觉胞膈凉爽也。伯之恩惠无穷，伯之荣显，亦未有爻也。

此年山县伯果任内阁总理。此占辞，当时上申三条公与伊藤伯。

上六：井收勿幕，有孚元吉。

《象传》曰：元吉在上，大成也。

"收"，谓辘轳收缩。"幕"井盖也，"勿幕"者，即《象》所云"往来井井"，汲者众多，无昼无夜，取之不竭；在井固不擅其有，不私其利，任人汲灌，故"勿幕"也。上居坎之极，偶画两开，有"勿幕"之象。"孚"，指五，五为"王明"，能用汲者也。"元吉"，元，大也，谓井之利大，故吉亦大。"在上"者，谓上在井口，养人之功，从此而出。"大成"者，谓井养之道，至此而大成矣。凡爻辞阴柔在上，多不吉，在上"元吉"，唯井一卦而已。

【占】 问时运：功德在世，信用在人，"大成""元吉"，运之极盛者也。

　　○问功名：有大用大受之象，非一官一邑之微也。

　　○问营商：商务会集，利益浩繁，可久可大，无往不吉。

　　○问婚姻：上应在三，三曰"并受其福"，知两姓皆吉。

　　○问战征：凡军将发则撤幕，"勿幕"，即撤幕前进也。一战功成，故曰"大成"。吉。

　　○问疾病：幕亦作暮，言旦夕可即愈也，吉。

　　○问六甲：生女。

【占例】 明治三十年，占贸易景况，筮得井之巽。

　　爻辞曰："上六：井收勿幕，有孚元吉。"

　　断曰：此卦下巽木。上坎水，即《象》所云"巽乎水而上水"，是为汲引井水之象。至上爻，则井之功用已成。"勿幕"者，王弼所谓"不擅其有，不私其利"也。今外商与我商从事贸易，我国不自输出，待外商舶运而往，犹井水之待人而汲。内三爻井水不食，为货物不能旺销，外三爻则泉美可食，汲取者众。四爻当七八月，五爻当九十月，上爻已在井口，当十一二月，正是百货辐辏，销运兴旺之时，即在生丝一业，大宗输出，为贸易最好景况也。

　　果于上半年，生丝商况不振；七八月以后，逐步发动；十一二月，时价涨至于弗以上，悉为外商所买，国内机织场，反为之休业焉。